유학과 현대 총서 5

생명철학과 생태미학

유학과 현대 총서 5
생명철학과 생태미학

초판 1쇄 2024년 12월 31일

지은이 신정근·펑판런·정석도·청샹잔·김현미·한칭위·이진명·장톄청
        진함·위안저우페이·고승환·왕치·정순종·황위안·친티엔
펴낸이 김기창
디자인 銀

펴낸곳 도서출판 문사철
주소 서울 종로구 창경궁로 265 상가동 3층 3호
전화 02 741 7719 • 팩스 0303 0300 7719
홈페이지 wwww.lihiphi.com • 전자우편 lihiphi@lihiphi.com
출판등록 제300-2008-40호

ISBN 979 11 92239 47 7 (94150)
ISBN 979 11 86853 58 0 (세트)

※ 값은 뒤표지에 있습니다.

유학과 현대 총서 5

신정근 辛正根 · 쩡판런曾繁仁 외

생명철학과 생태미학

도서출판문사철

서문

성균관대학교 동양철학과 박상환(朴相煥) 교수와 산동대학 문예미학 중심 쩡판런(曾繁仁) 교수가 양교의 학술 교류를 위한 초석을 놓았다. 동양철학과의 신정근(辛正根)·백영선(白英宣)·윤석민(尹錫珉) 교수와 문예미학중심의 탄하오저(譚好哲)·청샹잔(程相占)·후요우펑(胡友峰) 교수가 교류의 장을 넓히고 있다. 그 인연은 10년을 넘겨 계속되고 있다. 코로나19가 한창이여서 수많은 교류가 일시 정지되는 상황에서도 양측은 온라인으로 학술대회를 진행했다.

우리가 2023년 학술대회를 위해 칭다오(靑島) 공항에 도착하여 칭다오 역으로 이동했을 때 뜻하지 않는 폭설을 만났다. 이로 인해 모든 열차 운행이 중단되어 우리는 지난(濟南)으로 갈 수가 없었다. 우리는 칭다오 역에서 갑자기 갈 곳을 잃은 손님이 되어 열차 운행이 가능해질 때까지 무작정 기다리는 수밖에 없었다. 우리가 다음 날까지 지난에 도착하여 학술대회를 진행할 수 있을지 걱정되었다.

우리는 심야에서야 어렵사리 지난으로 가는 열차표를 구해 12시를 넘겨 지난 역에 도착했다. 한칭위(韓淸玉) 교수는 추운 날씨에 아랑곳하지 않고 그 늦은 시간까지 우리 일행을 기다렸다. 호텔에 도착했을 때 우리가 밥을 제대로 먹지 못했을까 염려하여 빵과 음료를 마련해주었다. 다음 날 학술대회가 열릴 때 문예미학중심측은 동양철학과 일행에게 박수로 환영해주었다.

지금 생각해도 산동대학 문예미학중심의 배려와 한칭위 교수의 환대를 잊을 수가 없다. 양측의 교류 역사에서도 오랫동안 이야기될 만큼 빛나는 순간이라고 할 수 있다. 당시 우리는 너무나도 힘들었지만 2023년의 학술대회를 원만하게 치를 수 있어서 기쁘기 그지없었다.

이제 2023년 학술대회의 발표문을 다시 정리하여 "생명철학과 생태미학"의 이름으로 책을 출판하게 되었다. 다섯 번째의 소중한 결실이다. 해를 거듭할수록 양측 교류의 결실이 "유학과 현대 총서"의 시리즈로 서가를 차지하는 비중을 넓히고 있다. 양측의 교류와 출판을 위해 그 사이에 연락하고 조율하고 출판하기까지 도움을 준 모든 분들께 진심으로 감사드린다.

2024년 12월
신정근 辛正根
성균관대학교 유학동양한국철학과 학과장 겸 동양철학과 주임교수

서문

2007년 12월 2일, 산동대학교 문예미학연구센터와 한국 성균관대학교 동양철학 및 예술 실크로드 문화 연구소는 정식 학술 협력 협약을 체결하며 양측의 학술 교류의 길을 열었습니다. 이후 양 기관은 공동으로 '동양 미학과 문화 산업의 현대적 발전' 국제 학술 심포지엄, '기억으로서의 문화- 동양 미학과 문화의 역사와 현실' 국제 학술 심포지엄, '문화 원형의 대중화, 해석의 문제' 국제 학술 심포지엄, '전통 문화의 세계적 확산과 문화 산업' 국제 학술 심포지엄 등 네 차례의 국제학술심포지엄을 개최하였고, 이 기간에 두 차례 한국 측 박상환 교수님을 초청하여 단기 방문 학자로 연구센터에서 머물게 했습니다.

2014년 11월, 산동대학교 문예미학연구센터와 성균관대학교 동양철학과 BK21 PLUS 사업단은 학술 협력 협약을 갱신하며 양측의 협력을 더욱 심화시켰습니다. 같은 해 11월, 양측은 '온고이지신: 유가 사상과 현대적 창의성' 국제 학술 심포지엄을 공동 개최하였습니다. 2016년 10월 25일부터 26일까지 '유교 미학과 창의적 인재' 국제 학술 심포지엄이 한국 서울에서 개최되었고, 2017년 11월 21일에는 '동아시아 철학과 생태미학' 국제 심포지엄이 산동대학교 본교에서 열렸습니다. 2018년 10월 25일, '생태미학과 동양 철학' 국제 학술 심포지엄이 성균관대학교에서 성공적으로 개최되었습니다. 2019년 10월 19일부터 20일까지 양측은 산동성 지난에서 '대화와 이해: 생태미학 담론 연구' 국제 학술 심포지엄을 공동 개최하였습니다. 2020년 12월 28일, '동양 생명 미학 연구' 한중 양자 심포지엄이 온라인으로 열렸습니다. 2021년 12월 18일, '동아시아 철학, 생태미학과 생태예술' 심포지엄이 온라인과 오프라인 결합 방식으로 개최되었으며, 2022년 12월 16일에도 '생태와 동아시아 철학' 학술대회가 같은 방식으로 열렸습니다. 2023년 12월 6일, '동아시아 철학, 생태미학과 생태예술' 한중 양자 학술 심포지엄이 산동대학교 본교에서 열렸습니다.

2007년부터 지금까지, 산동대학교 문예미학연구센터와 성균관대학교는 17년간 학술적으로 협력해왔으며, 공동으로 개최한 국제 학술회의는 총 13회에 이릅니다. 또한, 협력 기간 내에 방문 학자 파견 등을 통해 양국 간의 학술 교류와 협력을 더욱 강화하였습니다.

이번 논문집은 2023년 12월 '동아시아 철학, 생태미학과 생태예술' 한중 양자 학술 심포지엄의 연구발표 성과를 모아 출간한 것입니다. 한중 양측의 전문가와 학자의 논문 15편을 선정하였으며, 전체적으로 볼 때, 이러한 연구 성과는 현재의 새로운 형세와 현실과 결부된, 동아시아 철학과 미학의 가치와 의의에 대한 한중 양측 학자의 더욱 심도 있는 해석을 보여주고 있습니다.

논문집에 수록된 논문은 주로 세 가지 주요 내용을 담고 있습니다. 첫째, 고전 문헌에 나타난 생태철학과 생태미학 사상을 깊이 있게 해석한 내용입니다. 특히 유불도(儒佛道) 삼가의 저술에 대한 해석은 여전히 생태철학과 생태미학 연구의 초점으로, 생생미학(生生美學)의 중요한 사상적 자원입니다. 또한, 근현대 동아시아 학자들의 사상은 뚜렷한 동서 문화 교류와 융합의 특징을 보여주며, 그 사상에 대한 해석은 생태미학 고전 자원의 현대적 전환을 탐구하는 중요한 계기를 제공합니다. 둘째, 현대 생태미학 이론 구축의 발전 과정과 그 문제점을 깊이 돌이켜 본 내용입니다. 생태미학은 현재까지 다각적 분석과 체계적 정리 및 종합적 분석 과정을 거쳐 발전해왔습니다. 따라서 단계적 반성은 생태미학의 지속적 발전을 촉진하는 동력이 됩니다. 이는 생태적 심미의 지혜가 창조적 전환과 혁신적 발전을 이루는 데 도움이 되며, 동서 비교 연구의 관점에서도 생태미학 이론 구축의 맥락을 더욱 분명히 하는 데 기여합니다. 셋째, 생태예술과 문화 산업의 최전선 문제를 적극적으로 탐구한 내용입니다. 예술 창작과 예술 실천 활동은 생태미학 연구에서 오랫동안 주목받아온 중요한 분야입니다. 생태예술의 실천 활동에 주목하고, 인간중심주의의 관점 아래 생태계를 파괴하는 인간 활동을 인식, 비판, 반성하고, 생태철학과 미학의 관점에서 합리적인 대응 방안을 제시함으로써 생태미학이 현실을 중시하는 이론적 품격을 보여주며, 생태철학과 미학 연구의 현실적 의미를 나타냅니다.

전체적으로, 이번 논문집은 철학, 미학, 예술 분야에서의 한중 양자 간 학술 교류와 협력을 반영하고 있습니다. 양측 학자들은 최신 학술 연구 성과를 공유함으로써 동아시아에서의 생태미학 학술 연구를 공고히 하고, 한중간 학술 문화 교류를 촉진하는 데 있어 귀중한 경험과 영감을 제공하였습니다. 또한, '동아시아 철학, 생태미학과 생태예술'

또 지구 온난화와 기후변화로 인해 동물과 인간의 생태를 둘러싼 환경 문제가 세계적으로 관심을 끌고 있다. 서양철학에서는 일찍부터 환경철학에서 이 주제를 다루고 있는 반면 동양철학과 동양미학에서도 생태 철학과 생태 미학 등으로 초보적인 논의가 진행되고 있다.[9]

앞으로 동양철학과 동양미학이 원론적이고 추상적인 담론에만 머물지 않고 현재의 이슈에 제 목소리를 낸다면 논의의 활성화와 풍부화에 도움이 될 뿐만 아니라 시대와 함께 호흡할 수 있다. 예컨대 육식(肉食) 대 채식(菜食), 식구(食狗)의 찬성 대 반대, 지구 온난화와 기후 재난 등의 주제는 국내만이 아니라 국외의 다양한 학문에서 논의가 진행되고 있다. 동아시아 사회가 국제적 조류와 동떨어져 있을 수 있다면 문화 다원주의를 내세우며 육식과 개 식용을 둘러싼 논쟁에 침묵할 수 있다. 하지만 우리가 국제적 조류와 동참하려면 국내외에 제기된 철학적 윤리적 미학적 쟁점에 더 이상 침묵할 수 없다.

이 글은 동양철학 중 맹자와 순자 철학의 맥락에서 인간과 동물이 애완을 넘어 반려 관계가 가능한지 그 가능성을 검토하고 또 그런 사례를 살펴보고자 한다. 이 글은 동양철학에서 앞으로 동물권 논의를 벌이기 위한 출발점이라고 할 수 있다. 이를 위해 먼저 동아시아의 고대 문헌과 철학에서 인간과 금수(동물)가 상통한다고 보는 논의를 다루고자 한다.[10] 이어서 조선 숙종(肅宗)과 금묘(金猫)의 관계를 반려 관계로 볼 수 있는지 살펴보고자 한다. 이상의 논의를 통해 동아시아의

---
9 신정근·쩡판런 외, 『생태미학과 동양철학』, 서울: 문사철, 2019 참조.
10 사람과 금수(동물)의 차이에 대해서 김시천, 「고대 중국에서 '동물' 표상의 철학적 함의: 동양철학 동물연구 서설(1)」, 『공자학』 44, 한국공자학회, 2021 참조.

고대 유학이 오늘날 동물권 담론에 참여할 수 있는 지점을 찾아볼 수 있을 듯하다.

2. 인간과 부분적으로 같은 금수(동물)

1) 인수仁獸의 교훈과 격물格物의 사례

인간은 상고시대에 힘의 측면에서 금수에 비해 열위에 있었다. "맹수(猛獸)"는 인간의 관점에서 이러한 사실을 잘 반영하고 있다. 하지만 요순시대에 익(益)의 장화(掌火)와 우(禹)의 치수(治水) 사업 이후로 중원 지역에서 맹수의 위협은 현저하게 줄어들었다.[11]

『주례』에서는 맹수의 위협에 대처하기 위해 우(虞)와 복불씨(服不氏) 등 제도적 장치를 갖추었다.[12] 물론 맹수가 산간 지역이나 산간 지역에 인접한 도시에 출몰하여 피해를 주는 문제를 완전히 해결했다고 할 수는 없다. 조선시대만 해도 호랑이가 한양의 민가에 출몰하여 인명을 살상하는 "호환(虎患)" 문제가 발생할 정도였다.[13] 이렇게 보면 맹수는 여전히 인간에게 위협적인 존재이지만 인류의 문제에서 특정 지역의 사안으로 바뀌게 되었다.

---

11 孟子는 益과 禹의 작업으로 "驅猛獸而百姓寧"의 결과가 나왔다고 서술하고 있다(「滕文公」下 9). 이는 "驅猛獸"를 하기 이전에 백성이 맹수로부터 위협을 느꼈다는 점을 보여준다.
12 『周禮』「夏官 服不氏」: "服不氏掌養猛獸, 而敎擾之. 凡祭祀, 共猛獸."
13 박승규, 『재밌어서 끝까지 읽는 한중일 동물 오디세이』, 서울: ㈜은행나무, 2020 2쇄 참조.

"맹수(猛獸)"의 위력이 관리되는 상황에서 금수와 관련해서 새로운 용어가 등장했다. 그것이 바로 인수(仁獸)이다. 인(仁)은 공자 이후에 사람다움을 가리키는 최고의 덕목으로 자리 잡게 되었다.[14] 인수는 그 인이 금수 중 수 자와 결합한 꼴이다.

인수(仁獸)는 문헌에 린(麟)/기린(麒麟)과 추우(騶虞)처럼 두 가지로 예시된다. 린(麟)은 원래 황하 중하류에 살지 않는 존재다. 이로 인해 사람은 린(麟)이 "있다"라는 말을 들었지만 존재 여부가 확인되지 않아 전설의 금수로 여겨졌다. 린(麟)은 『공양전』 애공 14년(BC 481)의 "서수획린(西狩獲麟)" 기사에 처음 보인다.[15] 나무꾼은 인을 사냥하고서 "노루 모양에다 머리에 뿔이 있다"라고 말할 정도로 그 정체를 몰랐다. 나무꾼만이 아니라 주위 사람은 모두 인을 처음 보았기 때문이다.

서수획린으로 인해 린(麟)은 전설의 장막을 찢고 현실로 그 모습을 나타냈다. 특이하게도 공자는 뭔지 이름을 모르는 동물의 사냥 소식을 전해 듣고서 문제의 사냥물이 린(麟)이라는 점을 알아챘다. 이로써 공자는 황하 중하류 지역의 생태만이 아니라 그 밖의 지역을 두루 아는 지식의 소유자로 밝혀진다.

문제는 전설의 린(麟)이 왜 현실에 모습을 드러냈다가 사냥감이 되어 죽었는가에 있다. 『공양전』을 보면 린(麟)의 출현은 왕자(王者)의 출현과 연동되어 있다. 왕자가 출현하면 인이 출현하고, 왕자가 출현하지

---

14 신정근, 『사람다움의 발견』, 서울: 이학사, 2005 참조.
15 『公羊傳』哀公 14년: "西狩獲麟. 何以書? 記異也. 何異爾? 非中國之獸也. 然則孰狩之? 薪采者也. 薪采者, 則微者也. 曷爲以狩言之? 大之也. 曷爲大之? 爲獲麟大之也. 曷爲獲麟大之? 麟者, 仁獸也, 有王者則至, 無王者則不至. 有以告者, 曰有麕而角者. 孔子曰, 孰爲來哉! 孰爲來哉! … 西狩獲麟, 孔子曰, 吾道窮矣." 『文選』 「劉禎」: "靈鳥宿水裔, 仁獸遊飛樑." 劉良注: "仁獸, 麟也."

않으면 인이 출현하지 않는다. 당시 왕자가 없는데 인이 출현한 탓에 사냥감이 된 것이다. 이는 그만큼 시대가 왕자의 출현을 기다리는 상황이라는 점을 강조하는 희망의 표현이라고 할 수 있다.

인수(仁獸)는 자신의 이름에 어울리게 "입으로 생물을 먹지 않고 발로 산 풀을 밟지 않을(口不食生物, 足不踐生草)" 정도로 생명을 존중하는 특성을 갖게 되었다. 이 특성은 죽음보다 못한 삶을 살아가는 백성의 위기를 구원하는 왕자(王者)의 역할과 일치한다고 할 수 있다.

다음으로 추우(騶虞)를 살펴보자. 추우는 『산해경』에 처음 보인다. 추우는 임씨국(林氏國)의 진수(珍獸)로 호랑이처럼 크고 털이 다섯 색깔이 있고 꼬리가 몸보다 길고 하루에 천 리를 갈 수 있다.[16] 『회남자』에 나오는 추우는 백호에 검은 무늬가 있고 생물이 아니라 자사지수(自死之獸), 즉 천수를 누리고 죽은 금수를 먹으며 하루에 천 리를 간다. 이 때문에 추우는 린(麟)과 마찬가지로 인덕에 어울린다.[17] 『시경』에 나오는 추우는 『회남자』의 경우와 생김새가 같고 산 풀을 뜯어 먹지 않고 지신(至信)의 덕을 갖춘 인물이 나타나면 호응하여 출현한다. 『시경』의 주석에서는 추우를 의(義)와 연결시킨다.[18]

---

16 『山海經』 券12 「海内北经」: "林氏国有珍兽, 大若虎, 五彩毕具, 尾长于身, 名曰騶虞, 乘之日行千里." 騶虞 관련 자료는 『钦定古今图书集成』 券58권 『博物汇编禽虫典』 참조. 王颋, 「明代 "祥瑞" 兽 "騶虞" 考」, 『暨南史学』 第3輯, 2004: 嚴國榮·劉昌安, 「騶虞考辨」, 『西北大學學報(哲學社會科學版)』 2004 11月 第34卷 第6期 참조.

17 『淮南子』 「道應訓」: "商乃拘文王於羑里, 於是散宜生乃以千金, 求天下之珍怪, 得騶虞鷄斯之乘, 玄玉百珏, 大貝百朋, 玄豹黃羆青犴, 白虎文皮千合, 以獻於紂. 因費仲而通, 紂見而說之, 乃免其身." 주: "騶虞, 白虎黑文而仁, 食自死之兽, 日行千里." 은 주왕이 주 문왕을 억류했을 때 散宜生이 문왕의 석방을 위한 받친 선물 꾸러미를 나열하고 있는 추우가 그중의 하나로 들어있다.

18 『毛詩』 「國風 騶虞」: "彼茁者葭, 壹發五豝, 于嗟乎騶虞." 『毛传』: "騶虞, 义兽也, 白虎黑文, 不食生草, 有至信之德, 则应之." 『毛詩正义』: "白虎西方毛虫, 故云义兽."

이렇게 보면 한 제국에 이르러 린(麟)과 추우(騶虞)는 경전의 주석에서 각각 인(仁)과 의(義)의 덕목에 어울리는 금수로 서술되고 있다. 물론 이런 평가는 금수의 생태라기보다 인간의 관점이 투영된 입장이라고 할 수 있다. 한 제국의 경학자는 춘추전국 시대와 초한(楚漢) 쟁패를 거치면서 장기간과 혼란과 전쟁이 반(反)생명에 바탕을 두고 있다는 사실을 반성할 필요성을 느꼈다. 그들은 주석을 통해 금수가 생명을 존중하는 생태를 제시하면서 인간의 존재 의의를 되묻고 있는 셈이다. 이러한 반성은 후대에도 나타난다. 예컨대 안국선(安國善, 1878~1926)은 『금수회의록(禽獸會議錄)』(1908년)을 통해 만물의 영장이라는 인간이 금수보다 못하다는 점을 고발하고 있다.[19]

린(麟)과 추우(騶虞)의 발견 이후에 경학과 문학의 영역에서 다른 금수에서 인간의 덕성과 가치를 실현할 수 있는 사례를 찾는 다양한 시도를 수행했다. 그 시도의 사례가 까마귀의 "반포지효(反哺之孝)"이고 양의 "궤유지은(跪乳之恩)"이다.[20] 전자는 까마귀 자식이 벌레를 물어다 어미에게 주는 측면이고 후자는 새끼 양이 꿇어앉은 자세로 어미의 젖을 빠는 측면을 가리킨다.

인수(仁獸)는 맹수(猛獸)는 상반된다. 맹수는 힘에서 인간을 압도하고 그 힘으로 인간에게 해를 끼칠 수 있다. 맹수는 인간과 한 곳에 있을 수가 없다. 이 때문에 맹수는 사람이 치수 등의 사업을 벌여서 인간 사회에서 쫓아내야 하는 추방의 대상이다. 맹수는 더 이상 모든 세계

---

19 안국선은 反哺之孝, 狐假虎威 등을 주제로 인간의 타락을 비판하고 있다. 송창현 엮음, 『금수회의록 외』, 서울: 지식의숲, 2013 참조.
20 蔡邕, 『蔡中郎集』七「为陈留太守上孝子状」: "乌以反哺, 托體太阴, 羔以跪乳, 为贽国卿. 禽鸟之微, 猶以孝宠."

를 활보하지 못하고 사람이 없는 그들만의 영역에 살아야 하는 상황에 놓였다.

반면 인수는 인간이 바람직하게 여기는 덕목을 실천할 수 있다. 이 덕목은 인간이 할 수 있지만 현실에서 제대로 못하는 행위이기도 하다. 인수는 앞으로 세상이 폭군과 완전한 다른 왕자(王者)의 출현을 예고하는 특성을 지니고 있다. 따라서 인수는 인간과 함께 같은 덕목을 공유할 수 있을 뿐만 아니라 인간이 인수의 출현을 고대하게 된다.

인수의 이러한 특성은 다른 금수로 확대되거나 금수 일반으로 확대될 수가 없다. 이런 측면에서 인수와 인간의 소통은 특정한 사례에 해당된다. 따라서 인간과 인수는 인간과 금수의 전면적인 소통이 아니라 부분적 소통에 한정된다고 할 수 있다.

인수 사례는 여러 문헌에 나오지 않고 『공양전』과 『산해경』 등의 문헌에 제한적으로 등장한다. 제자백가는 『공양전』을 통해 인수를 알고 있겠지만 자신의 주장을 대변하는 상징 또는 사례로 간주하지 않았다. 대신에 공자 등은 현실에서 관찰할 수 있는 동물을 대상으로 배울 점이 있다고 말하고 있다. 일종의 격물(格物)이라고 할 수 있다. 즉 『논어』에는 인수(仁獸)가 아니라 일상의 동물을 통해 인간과 금수 사이의 소통 가능성, 금수의 변화 가능성을 말하고 있다.

예컨대 공자는 『시경』「주남(周南) 관저(關雎)」가 한쪽의 극단으로 치우치지 않은 중용(中庸)의 미덕을 읊었다고 극찬했다.[21] 이때 공자는

---

21 『論語』「八佾」: "子曰, 關雎, 樂而不淫, 哀而不傷." 이와 관련해서 자세한 논의는 신정근, 「中庸 미학에서 生生 미학으로: 『시경』을 중심으로」, 『동양철학연구』 110, 동양철학연구회, 2022 참조.

저구(雎鳩)의 생태에 주목하지 않는다. 『시경』「관저」에서도 저구가 강가에 앉아 있는 배경으로 읊고 있을 뿐 별다른 서술되지 않는다. 그럼에도 불구하고 당시 저구는 한번 짝을 맺으면 바꾸지 않고 잘 지내는 새로 간주되었다.[22] 이런 점에서 보면 저구는 시의 소재에 머물지 않고 공자가 말하는 중용(中庸)의 미덕과 호응되는 사례라고 볼 수 있다.

공자는 『논어』에서 저구(雎鳩)와 달리 자치(雌雉)에 대해 직접적으로 언급한 적이 있다. 공자가 자로(子路)와 함께 산을 갔다가 새를 관찰한 모양이다. 자치가 인기척을 느끼자 나무에 앉아 있다가 하늘로 날아올랐다.[23] 이는 자치가 자기 보호를 위해 한 경계라고 할 수 있다. 이에 공자는 자치가 때를 알아차린다는 점을 밝히면서 때를 놓치는 인간에게 메시지를 전달하고자 했다.

또 공자는 한 번에 천 리를 달리는 기(驥)의 습성에 대해 말한 적이 있다. 보통 사람들이 기가 천 리를 달리는 힘(力)에 주목한 모양이다. 이와 달리 공자는 기가 어자(御者)와 호흡을 맞춰서 수행하는 역할(德)에 주목했다.[24] 물론 기의 덕은 힘을 전제로 한다. 하지만 기가 천 리를 달리는 힘을 가졌다고 하더라도 조련을 받아 기수와 호흡을 맞추지 못하면 오히려 사고를 일으키기가 쉽다.

이렇게 보면 공자는 저구(雎鳩)와 자치(雌雉) 그리고 기(驥)의 사례에서 인간과 특정 금수가 소통 가능하다고 보고 있다. 이중에도 저구

---

22 『詩集傳』권1: "雎鳩, 水鳥, 一名王雎. 狀類鳧鷖, 今江淮間有之. 生有定偶而不相亂, 偶常幷遊而不相狎." 주희는 『모전』과 『열녀전』에서 雎鳩 관련 언급을 소개하며 "蓋其性然也"로 보고 있다.

23 『論語』「鄕黨」: "色斯擧矣, 翔而後集. 山梁雌雉, 時哉時哉! 子路共之, 三嗅而作."

24 『論語』「憲問」: "子曰, 驥不稱其力, 稱其德也."

(雎鳩)와 자치(雌雉)는 학습이 아니라 본능에 따른 활동을 보이지만 인간에 대비되는 사례라고 할 수 있다. 기는 본성에다 후천적 학습(조련)을 받아 인간의 활동과 보조를 맞출 수 있다. 이런 점에서 기는 금수이지만 후천적 학습을 통해 변화 발전할 수 있는 특성을 갖는다고 할 수 있다.[25]

2) 악무(樂舞)로 인간과 금수의 어울림

가축을 제외하고 금수, 특히 맹수는 인간으로부터 격리되어야지 같은 곳에 있을 수 없다. 맹수는 인간과 의사소통할 수 없고 또 주어진 본성을 바꿀 수 없기 때문이다. 인간은 이러한 인식을 바탕으로 "금수"가 자신보다 열등하다고 생각한다. 또 사람이 사람답지 않은 언행을 하게 되면 그런 인물을 "금수(짐승)와 같다"와 같이 멸칭하는 맥락에서 금수로 불렸다.

하지만 인수(仁獸)의 인과 의수(義獸)의 추우처럼 아주 일찍부터 인간과 금수가 함께 호응하는 경우도 있다. 금수가 인간의 활동에 공감하여 참여할 수 있다는 점을 나타낸다. 또 일상의 동물 생태에서 사람이 동물에게 배울 점이 있다. 이는 금수가 인간과 완전히 불통이 아니라 어떤 측면에서 소통이 가능하다는 점을 말한다.

여기서 인간과 금수가 소통할 수 있는 또 다른 측면을 살펴보고자

---

[25] 공자는 금수(동물)가 아니라 우주에서도 인간의 교훈을 찾고 있다. 예컨대 『論語』「爲政」에서 北辰의 특성에서 德의 가치를 끌어내고 있다. 趙紀彬, 신정근 외 옮김, 『反論語』, 서울: 예문서원, 1996, 345쪽. 동물을 비롯하여 공자의 자연 인식에 대해 앞의 책, 345~386쪽 참조.

한다. 금수가 사람(후손)과 조상신(祖上神)이 함께 하는 자리에서 참여하여 의례에 호응하기도 한다. 예컨대 『서경』을 보면 요(堯)와 순(舜)처럼 고대의 성왕을 다루는 부분에 인간과 금수 그리고 신(神)이 의례를 진행하는 한자리에 모여서 어울리는 내용이 나온다.

내용을 좀 구체적으로 살펴보자. 순(舜)이 우의 치수 사업 이후에 사회 각 분야의 임무를 현명한 신하에게 하나씩 맡겼다. 계(契)에게 오교(五敎)를, 고요(皐陶)에게 외교와 오복(五服)을, 기(夔)에게 악(樂) 분야를 맡겼다. 이때 악은 오늘날 음악 분야에 한정되지 않고 노래무용·공연·기예(연희) 등을 포괄하는 종합 예술이라고 할 수 있다.[26]

이때 순(舜)은 서로 다른 팔음(八音)이 조화를 이루어 서로 역할(倫)을 빼앗지 않으면 신과 인간이 잘 어울린다고 당부했다. 여기서 팔음의 조화가 인간의 조화로 이어지고 최종적으로 신과 인간의 조화로 이어지고 있다. 기의 지시로 큰 경쇠를 치고 작은 경쇠를 두드리자 백수(百獸)가 호응하여 군무를 추는(百獸率舞) 등 모든 참여자가 하나로 어울렸다.[27] 이는 순이 말한 효과를 넘어 인간과 백수(금수)의 호응까지 끌어내고 있다.

다른 곳에서도 악(樂)이 인간과 금수의 호응을 끌어내고 있다. 기(夔)의 지시로 아마 당상에서 명구(鳴球)와 금슬(琴瑟)을 연주하자 죽은 조고(祖考)가 강림하고 당하에서 도고(鼗鼓)와 축어(柷敔) 그리고 사

---

26 『書經』「舜典」: "詩言志, 歌永言, 聲依永, 律和聲."
27 『書經』「舜典」: "帝曰, 夔, 典樂. … 八音克諧, 無相奪倫, 神人以和, 夔曰, 於! 余擊石拊石, 百獸率舞, 庶尹允諧."『史記』「五帝本紀」에도 같은 내용이 나온다. 이 "百獸率舞"와 아래 「익직」의 "鳥獸蹌蹌"을 사람이 백수와 조수의 가면을 쓰고 추는 춤으로 볼 수도 있다. 그러면 부족과 토템의 관계를 말하게 된다.

이사이에 생용(笙鏞)을 연주하자 조수가 너울너울 춤추고 소소(簫韶)를 연주하자 봉황이 와서 춤을 추었다.[28]

여기서 조고(祖考)는 앞에서 말한 신을 가리키는 듯하다. 이 신은 천신(天神) 등이 아니라 조상신으로 볼 수 있다. 이로 인해 죽은 조상과 산 후손이 함께 어울리는 축제의 장이 되고 있다. 또 앞보다 더 많은 악기와 음악을 연주하자 조수가 호응하고 또 봉황을 별도로 언급하고 있다. 이 봉황은 인수에서 살펴본 인수(仁獸)와 비슷한 맥락과 상징을 갖는다고 할 수 있다.

여기서 우리는 악(樂)이 산 사람과 죽은 조상 그리고 백수(조수)와 봉황의 화합을 끌어내는 특별한 힘을 지니고 있다는 점을 알 수 있다.[29] 물론 "이러한 현상이 어떻게 가능할 수 있을까?"라고 합리적 의심을 제기할 수 있다. 원래 텍스트에는 이 물음에 대한 설명이 없다. 『예기』「악기」의 내용과 『서경』의 주석을 통해 실마리를 찾아보고자 한다.

『예기』「악기」에 보면 순의 시대에 기가 제악(制樂)의 과제를 수행한 일을 말하고 있다.[30] 「악기」에서는 먼저 성(聲)·음(音)·악(樂)을 구분한다. 이 순서는 낮은 차원으로 높은 차원으로 나아가는 맥락이다. 금수에는 성에 호응하지만 음에 호응하지 못하고, 중서(衆庶)는 성과 음에 호응하지만 악에 호응하지 못하고, 군자(君子)는 성과 음 그리고 악 모

---

28 『書經』「益稷」: "夔曰: 戛擊鳴球, 搏拊琴瑟以詠, 祖考來格, 虞賓在位, 群后德讓. 下管鼗鼓, 合止柷敔, 笙鏞以間, 鳥獸蹌蹌. 簫韶九成, 鳳凰來儀." 판본에 따라 위의 「舜典」에 나오는 夔의 말이 아래의 「益稷」 바로 다음에 나오기도 한다.

29 『書集傳』 권2: "言樂音, 不獨感神人, 至於鳥獸無知, 亦且相率, 而舞蹈踊然也."

30 『禮記』「樂記」: "昔者舜作五弦之琴, 以歌南風. 夔始制樂, 以賞諸侯."

두에 호응할 수 있다.[31] 이런 분류는 금수가 음의 절주와 악의 의미를 공감하지 못할지라도 성(聲)에 반응할 수 있다는 사실에 바탕을 두고 있다.

이 분류에 따르면 『서경』「순전」과 「익직」의 악은 『예기』「악기」의 성에 대응한다고 할 수 있다. 금수는 「악기」의 음과 악에 호응하지 못하지만 성에 호응하여 솔무(率舞), 창창(蹌蹌), [來]의(儀), 즉 모두 춤을 출 수 있다. 이 춤은 『예기』「악기」의 음과 악을 알고서 호응하는 대응이 아니라 성에 반응하는 몸동작이라고 할 수 있다. 『예기』「악기」의 설명을 통해 『서경』의 솔무(率舞)가 이해될 수 있다.

또 『서집전』에 보면 "혹왈(或曰)"과 『풍속통(風俗通)』에서는 악기 모양이 동물을 닮아서 그렇게 말할 뿐이지 조수와 봉황이 실제와 의례에 함께 하며 춤을 출 수 있느냐고 의문을 제기했다. 이에 채침(蔡沈)은 백아(伯牙)가 금(琴)을 연주하자 여섯 말이 먹이를 먹다가 머리를 들었다는 일화처럼 백수솔무(百獸率舞), 조수창창(鳥獸蹌蹌), 봉황내의(鳳凰來儀) 등을 성악감통(聲樂感通)과 치상소물(致祥召物)의 사례로 믿을 만하다고 본다.[32] 악음이 감신(感神)·감인(感人)·감물(感物)의 효력을 발휘할 수 있는 것이다.

근래에 동물이 기예의 조련을 통해 음악에 반응한다거나 혹등고래

31　『禮記』「樂記」: "凡音者, 生於人心者也. 樂者, 通倫理者也. 是故知聲而不知音者, 禽獸是也. 知音而不知樂者, 衆庶是也. 唯君子爲能知樂. 是故審聲以知音, 審音以知樂, 審樂以知政, 而治道備矣. 是故不知聲者不可與言音, 不知音者, 不可與言樂, 知樂則幾於禮矣."

32　『書集傳』권2: "或曰, 笙之形, 如鳥翼. 鏞之簴, 爲獸形. 故於笙鏞以間, 言鳥獸蹌蹌. 風俗通曰, 舜作簫笙, 以象鳳. 蓋因其形聲之似, 以狀其聲樂之和, 豈眞有鳥獸鳳凰, 而蹌蹌來儀者乎? 曰, 是未知聲樂感通之妙也. 瓠巴鼓瑟, 而游魚出聽. 伯牙鼓琴, 而六馬仰秣, 聲之致祥召物, 見於傳者多矣. 況舜之德, 致和於上, 夔之樂, 召和於下, 其格神人, 舞獸鳳, 豈足疑哉!"

가 노래한다는 사례가 보고되고 있다. 이러한 사례는 동물이 음악을 수용하여 사람과 같은 수준으로 향유할 수 있다고 할 수는 없다. 하지만 사람이 음악을 통해 동물과 소통할 수 있다는 가능성을 완전히 부정할 수는 없을 듯하다.[33]

오늘날 기념일, 특히 국가 차원의 행사에서 묵념과 예술 공연이 식순에 꼭 들어있다. 묵념과 예술(樂舞)이 현장에 있는 사람을 예식에 집중하게 하게 하고 또 기념의 의의를 되새기는 데에 중요한 역할을 한다고 보기 때문이다. 이것이 『예기』「악기」에서 악무가 참여자들의 신분과 역할의 차이를 넘어 화(和)로 이끈다고 보는 관점과 유사하다고 할 수 있다.[34] 『서경』에서는 이 화의 세계에 사람(후손)만이 아니라 조고(祖考)/조상신(祖上神)과 조수까지 두루 포함시키고 있는 것이다.

제자백가의 시대에 이르면 『서경』처럼 신·인·조수가 어울리는 화의 세계가 잘 나타나지 않는다. 『논어』에는 예술(악무)과 금수의 솔무(率舞)를 말하지 않는다. 반면 공자는 『예기』「악기」와 마찬가지로 예술(악)이 정치 사회에 미치는 영향을 긍정하고 있다. 자유(子游)가 무성(武城)의 읍재가 되자 공자가 그곳을 방문한 적이 있다.

당시 공자는 무성 읍내에서 현가지성(弦歌之聲)을 듣고서 소 잡는

---

33 혹등고래 등 여섯 종의 수염고래를 대상으로 피크 주파수, 노래의 주파수 범위, 노래 지속 기간, 노래 재생의 패턴을 분석한 결과 고래마다 각각 정량화될 수 있는 특성을 가지고 있다는 점이 밝혀졌다. Pranab Kumar Dhar, 김종면, 「수염고래의 노래 특성: 사운드 분석의 새로운 접근」, 『한국공학·예술학회 논문지』 1-1, 한국공학안전보건예술학회, 2009 참조. 물론 이들의 소리가 인간의 노래와 다르겠지만 『예기』「악기」의 성과 노자와 장자가 말하는 자연의 악에 해당될 수 있다.

34 『禮記』「樂記」: "大樂與天地同和, 大禮與天地同節. 和故百物不失. 節故祀天祭地. 明則有禮樂, 幽則有鬼神. 如此, 則四海之內合敬同愛矣. … 是故樂在宗廟之中, 君臣上下同聽之, 則莫不和敬. 在族長鄉里之中, 長幼同聽之, 則莫不和順. 在閨門之內, 父子兄弟同聽之, 則莫不和親. 故樂者, 審一以定和, 比物以飾節, 節奏合以成文, 所以合和父子君臣, 附親萬民也."

칼로 닭을 잡느냐고 말한 적이 있다. 예술(樂舞)은 제후의 국 차원에서 활용할 만한데 자유가 읍 차원에서 활용하자 넌지시 꼬집은 것이다. 자유가 예술(樂舞)은 국과 읍의 차이에 상관없이 사람을 선한 영향력을 미칠 수 있다고 반론하자 공자도 이에 수긍한 적이 있다.[35] 순자는 아예 「악론」을 집필하여 악(樂)을 사회적 낭비로 보는 묵자를 비판하고 있다. 순자도 「악론」에서 『서경』에서 말하는 차원의 화를 말하지 않지만 악무가 사람을 변화시키는 깊이와 속도를 긍정하고 있다.[36]

이렇게 보면 인간과 금수는 『서경』과 『예기』에서 음악과 무용 등 예술을 통해 부분적으로 소통할 수 있었다. 음악과 무용은 언어와 달리 금수와 인간이 함께 호응할 수 있는 창으로 작용하고 있다. 음악과 무용의 예술은 인간과 금수라는 종의 차이를 극복할 수 있는 내재적 역량을 지니고 있다. 나아가 음악과 무용은 인간과 금수의 소통에서 나아가 인간과 신이 화합할 수 있는 매개 역할을 수행하고 있다. 고대 유학에서 예술은 금수와 소통을 적극적으로 말하지 않지만 이풍역속(移風易俗)의 효과를 거두는 점에서 공감대를 가지고 있었다.

---

35 『論語』「季氏」: "子之武城, 聞弦歌之聲. 夫子莞爾而笑曰, 割雞焉用牛刀? 子游對曰, 昔者偃也聞諸夫子曰, 君子學道則愛人, 小人學道則易使也. 子曰, 二三者! 偃之言是也. 前言戲之耳."
36 『荀子』「樂論」: "夫聲樂之入人也深, 其化人也速, 故先王謹爲之文. 樂中平, 則民和而不流, 樂肅莊, 則民齊而不亂. 民和齊, 則兵勁城固, 敵國不敢嬰也. 如是, 則百姓莫不安其處, 樂其鄉, 以至足其上矣."

3. 인간을 닮은 금수 또는 인간과 같은 금수(동물)

1) 맹자의 불인론(不忍論)

맹자는 어별(魚鼈)과 계돈구체(鷄豚狗彘) 등의 가축을 식용으로 먹을 수 있다고 말한다.[37] 맹자는 특히 노인의 영양과 복지 차원에서 식육의 필요성을 말하고 있다.[38] 오늘날 언어로 말하면 맹자는 식어(食魚)와 식육(食肉)의 찬성론자라고 할 수 있다. 이렇게 보면 맹자는 사람과 동물을 평등하게 바라보지 않는다고 할 수 있다.

맹자가 사람과 동물을 평등하게 바라보지 않은 이유를 찾아보자. 애(愛)에 대한 묵자와 맹자의 차이를 논의해 보자. 묵자는 나와 남, 나의 가족과 남의 가족 사이에 놓인 경계가 시대 혼란의 원인이라고 보며 겸애(兼愛)를 주장했다(『묵자』「겸애」). 사람이 나와 남을 엄격하게 구별하고서 나를 위해 남을 공격하는 것이다.

이에 대해 맹자는 묵자의 겸애가 무부(無父)의 사회로 나아간다고 비판하면서 단계적 차별애를 주장했다. 나의 가족과 남의 가족을 동등하게 대하면 나를 있게 한 근원이 제대로 존중을 받지 못하기 때문이다. 이러한 단계적 차별애는 먼저 나의 가족에서 출발하여 이웃으로 확대되는 특성을 보여주고 있다. 여기에 그치지 않고 맹자는 다시 그

---

[37] 『孟子』「梁惠王」上 3, 7: "五畝之宅, 樹之以桑, 五十者可以衣帛矣. 鷄豚狗彘之畜, 無失其時, 七十者可以食肉矣."
[38] 『孟子』「梁惠王」上 3: "不違農時, 穀不可勝食也. 數罟不入洿池, 魚鼈不可勝食也. 斧斤以時入山林, 材木不可勝用也. 穀與魚鼈, 不可勝食, 材木不可勝用, 是使民養生喪死無憾也. 養生喪死無憾, 王道之始也."

범위를 넓혀서 사랑이 가족과 친척 그리고 백성과 물(物)로 확대되는 과정을 보여주고 있다.[39]

맹자는 확대 과정에서 가족과 친척에 대해 친(親), 백성에 대해 인(仁), 물에 대해 애(愛)라는 다른 대응 관계를 주장했다. 친은 오직 가족과 친척에게 어울리고, 인은 백성에게 어울리고, 애는 물에게 어울린다. 다시 말해서 물은 인과 친의 대상이 될 수 없다. 백성은 인의 대상이지 친의 대상이 될 수 없다.

그렇다면 물(物)이 무엇을 가리킬까? 하나는 사물, 재화를 가리킬 수 있다. 그러면 애물(愛物)은 비용과 재정의 문제에서 절약을 말하는 셈이다. 다른 하나는 재화를 가리키면서 금수를 포함할 수 있다. 그러면 애물은 이해와 감정을 나타낼 수 있다.

애물의 용례는 맹자 이전에 공자에게서도 보인다. 공자는 고삭(告朔)의 의례와 관련해서 자공(子貢)과 이견을 보였다. 자공은 현실에서 사회적 의미가 없는 고삭례에 희생으로 쓰는 양을 쓰지 말자고 제안했다. 이에 대해 공자는 "자공이 애양(愛羊)하지만 자신은 애례(愛禮)하겠다"라는 의사를 드러냈다.[40] 여기서 애양(愛羊)의 애가 돌보고 사랑하는 감정이 아니라 불필요한 비용을 줄이자는 절감의 맥락이다. 이 애양은 애물의 실례가 될 수 있다.

『맹자』에는 또 다른 의미의 애물 용례가 보인다. 제 선왕은 흔종(釁鐘) 의식을 하느라 끌려가는 소를 보고 "소를 양으로 바꿔라!"라고 지

---

39 『孟子』「盡心」上 45: "君子之於物也, 愛之而弗仁. 於民也, 仁之而弗親. 親親而仁民, 仁民而愛物."
40 『論語』「八佾」: "子貢欲去告朔之餼羊. 子曰, 賜也! 爾愛其羊, 我愛其禮."

시한 적이 있다. 이에 대해 제나라 백성이 선왕의 지시를 애우(愛牛)의 맥락으로 보았다. 여기서 애우도 소를 돌보고 사랑하는 감정이 아니라 소가 양보다 비싸다고 생각하는 절감의 맥락을 나타낸다고 할 수 있다.[41]

그렇게 되면 애우는 앞서 살펴본 고삭례의 애양과 같은 맥락이 된다. 즉 자공의 애양(愛羊)과 백성의 애우(愛牛)가 같은 애물(愛物)의 맥락이라고 한다면, 둘 다 "아끼다, 절약하다"라는 비용과 손실의 절감을 나타낸다. 이러한 맥락이라면 애물(愛物)은 사랑, 배려, 돌봄 등이 인간에서 금수로 확장될 수가 없을 듯하다.

우리가 제 선왕의 경험을 다시 들여다보면 사랑·배려·돌봄이 인간에서 금수로 확장될 수 있는 가능성, 즉 새로운 애물의 용례 가능성을 엿볼 수 있다. 선왕은 종에 피를 바르는 흔종(釁鐘) 의식을 거행하기 위해 도살장으로 끌려가며 두려움에 벌벌 떠는(觳觫) 소를 보고서 평소에 느끼지 못했던 마음의 흐름을 겪었다.[42]

소는 아무런 잘못을 저지르지 않고서 도살장으로 끌려가게 되자 이런 상황을 감지하고서 평소와 달리 벌벌 떨며 앞으로 쉽게 나아가지 않았다. 『맹자』에서 명확하게 말하지 않지만 문맥으로 보면 소가 자신이 죽게 되리라는 상황을 스스로 지각하는 듯하다.

마침 선왕이 이 광경을 보자 소가 그렇게 끌려가는 모습을 그대로 내버려 두지 못하고 소를 양으로 바꾸라고 지시했다. 이때 선왕은 "나

---

41 『孟子』「梁惠王」上 7: "曰, 是心足以王矣. 百姓皆以王爲愛也, 臣固知王之不忍也."
42 『孟子』「梁惠王」上 7: "王坐於堂上, 有牽牛而過堂下者, 王見之, 曰, 牛何之? 對曰, 將以釁鐘. 王曰, 舍之! 吾不忍其觳觫, 若無罪而就死地. 對曰, 然則廢釁鐘與, 曰何可廢也? 以羊易之."

는 소가 벌벌 떨며 끌려가는 모습을 불인(不忍)하다"라고 말했다. 이는 죽기를 두려워하는 소의 모습이 다른 종, 즉 선왕에게 전달될 수 있다는 점을 나타낸다. 물론 이 전달은 사람마다 다를 수 있다. 견우자(牽牛者)는 흔종을 위해 소를 끌고 가야 하므로 설령 죽기를 두려워하는 소의 상태를 느낀다고 해도 선왕처럼 선택할 수는 없다. 직무를 수행하기 때문이다.

맹자도 선왕의 불인(不忍)을 소가 아니라 사람에게 적용하고 있다. 어린아이가 앞에 우물이 있는 줄 모르고 기어갈 때 누군가가 그 장면을 본다고 가정해 보라. 그러면 그 사람은 그 어린아이를 그냥 내버려두지 못하고 반드시 구출한다고 한다고 맹자는 주장했다. 이때 맹자는 불인인지심(不忍人之心)의 존재를 주장하고 불인인지정(不忍人之政)을 올바른 정치의 방향으로 제시했다.[43]

여기서 우리는 불인(不忍)이 유자입정(孺子入井)의 유자에게 적용되고, 또 곡속(觳觫)의 소에 적용되고 있는 점에 주의할 만하다. 불인이 사람과 동물에게 동등하게 작용하는 심리적 반응이라고 할 수 있다. 이런 점에서 선왕의 애우는 애물의 새로운 용례라고 할 수 있다. 하지만 선왕의 애물에는 더 따져볼 문제가 남아있다. 즉 선왕이 왜 "소를 양으로 바꿔라!"라고 말했는지 더 살펴볼 문제가 있다.

맹자는 처음에 선왕의 "오불인기곡속(吾不忍其觳觫), 약무죄이취사지(若無罪而就死地)"에 긍정적인 반응을 보이고 백성의 애우(愛牛) 혐의를 적극적으로 변호했다. 이어서 맹자는 선왕에게 새로운 치명석 공격

---

[43] 『孟子』「公孫丑」上 6: "所以謂人皆有不忍人之心者, 今人乍見孺子將入於井, 皆有怵惕惻隱之心, 非所以內交於孺子之父母也, 非所以要譽於鄕黨朋友也, 非惡其聲而然也."

을 가했다. 선왕이 곡속의 소를 두고 보지 못하고 양으로 바꾸라고 했다면 "눈에 보이는 소"와 "눈에 보이지 않은 양"을 어떻게 가릴 수가 있느냐고 물었다. 이때 맹자는 선왕의 불인(不忍) 대신에 은(隱)을 사용하는데, 이는 「공손추」상 6에 나오는 측은(惻隱)의 줄임말이라고 할 수 있다.

선왕은 자신이 "소를 양으로 바꿔라!"라고 지시해 놓고 그 이유를 제대로 설명하지 못했다. 이에 맹자는 선왕의 경험과 지시를 인술(仁術)로 평가하고서 군자가 금수에 대해 동물의 "(1) 산 모습을 보고서 얼마 뒤에 죽은 모습을 보는 데에 불인(不忍)하고, (2) 도살할 때 소리를 듣고 고기를 먹는 데에 불인(不忍)하다. 이 때문에 군자는 푸줏간을 멀리한다."라고 설명했다.[44]

맹자는 금수의 식육(食肉)을 인정하지만 제한을 설정하고 있다. (1)과 (2)의 제한이 조금 다르다. (1)의 경우는 생명과 공감에, (2)의 경우는 무자비와 잔인에 초점이 있다. (1)의 경우 사람이 직접 동물을 돌보고 교감을 나눈 사이라면 그 불인의 강도가 훨씬 강할 수 있다. 나아가 식육의 거부로 나아갈 수 있다. (2)의 경우 도축 장면을 보고 듣는 상황과 관련된다. 푸줏간에서 가축을 도살하는 장면을 보고 그때 가축이 내는 비명을 듣고서 아무렇지 않게 식육한다면 잔인하고 무자비할 수 있다. (1)과 (2)는 맹자만의 생각이 아니라 인간의 오랜 집단 경험을 담은 삶의 지혜라고 할 수 있다.

맹자는 선왕을 변호했다가 비판하고 다시 해명했다가 새로운 제안

---

[44] 『孟子』「梁惠王」上 7: "王若隱其無罪而就死地, 則牛羊何擇焉? 王笑曰, 是誠何心哉? … 君子之於禽獸也, 見其生, 不忍見其死. 聞其聲, 弗忍食其肉, 是以君子遠庖廚也."

을 던지고 있다. 맹자는 "소냐 양이냐?"라기보다 불인의 확장성에 초점을 두고 있다. 선왕이 소에 대한 불인의 경험을 바탕으로 정치를 백성을 위한 방향으로 전환하도록 길을 바꾸라고 말하고 있다. 이 제안에서 맹자는 "불인기곡속(不忍其觳觫)", "은기무죄이취사지(隱其無罪而就死地)"처럼 불인(不忍)과 [惻]은(隱)을 말하지 않고 "은족이급금수(恩足以及禽獸)"라는 새로운 표현을 사용하고 있다.

맹자는 먼저 선왕에게 "은혜가 금수에게 미칠 수 있는 반면에 공업이 왜 백성에게 미치지 않는가?"라고 정면으로 의문을 제기했다. 이어서 맹자는 당신이 소에 대한 느꼈던 마음을 다른 것(彼)으로 옮겨갈 수 있다고 보았다. 이러한 "가(加)"는 뒤에 범위를 넓혀가는 "선추(善推)"와 같은 뜻이다. 가(加)와 선추(善推)는 모두 "은족이급금수(恩足以及禽獸)"를 넘어서 궁극적으로 "추은족이보사해(推恩足以保四海)"에 이르게 된다.[45]

보사해는 처음의 출발점이 아니라 궁극적으로 도달할 수 있는 목표이다. 이때 보사해가 지배력이 미치는 공간의 최대 확보가 아니라 그 안에 살아가는 생명권의 보장을 확대될 수 있다. 이 경우에 맹자의 애물에는 궁극적으로 사람과 동물이 동등하게 존중될 수 있는 가능성을 결코 배제하지 않는다고 볼 수 있다. 이것은 맹자가 애물을 새로운 방식으로 사용하는 용례이거나 새롭게 해석할 수 있는 가능성이라고 할 수 있다.

이렇게 보면 맹자는 선왕의 "불인기곡속(不忍其觳觫)"에 대해 긍정

---

45 『孟子』「梁惠王」上 7 "今恩足以及禽獸, 而功不至於百姓者, 獨何與? … 詩云, "刑于寡妻, 至于兄弟, 以御于家邦." 言擧斯心, 加諸彼而已. 故推恩足以保四海, 不推恩無以保妻子. 古之人所以大過人者, 無他焉, 善推其所爲而已矣."

적으로 보지만 완전하다고 생각하지 않았다. 또 소와 양의 선택이라는 새로운 문제가 제기될 수 있다. 이에 대해 맹자는 "원포주(遠庖廚)"처럼 문제를 회피하는 방식으로 식육 문제를 잠정적으로 해결하고자 했다. 또 맹자는 선왕에게 불인과 측은 그리고 추은(推恩)의 선추(善推)를 요구하면서 더 나아가 "추은족이보사해(推恩足以保四海)"를 궁극적인 목표로 제시하고 있다.

이 궁극적 세계에서는 추은(推恩)에서 제외되는 존재가 없어진다. 여기서 식육(食肉) 문제는 충돌 상황(何擇)과 회피(遠庖廚)에서 한 걸음 더 나아가 재검토의 사안이 될 수 있다. 『맹자』에 나오는 표현으로 말하면 "문기성(聞其聲), 불인식기육(弗忍食其肉)"이 "불문기성(不聞其聲), 불인식기육(弗忍食其肉)"이 될 수 있고 "불인인지심(不忍人之心)"이 "불인금수지심(不忍禽獸之心)"으로 확장될 수 있을 듯하다. 금수에 대한 이전과 달리 반려와 공존의 포용이 가능할 수 있다.

2) 순자의 유지론有知論

순자는 식육의 조건과 가능성을 말하면서 또 절제를 주장했다.[46] 사람은 한편으로 지금 당장 잘 먹고 입고 말과 수레 타고 싶지만, 다른 한편으로 앞날을 위해 재산을 모아 불리고자 한다. 이 때문에 집에서 계구(雞狗)와 저체(豬彘) 그리고 우양(牛羊)을 길러 식육할 수 있지만 앞뒤 따져보지 않고 무작정 주육(酒肉)으로 소비하지 않는다. 이는 "지

---

46 『荀子』「修身」: "食飲, 衣服, 居處, 動靜, 由禮則和節, 不由禮則觸陷生疾." 「榮辱」: "人之情, 食欲有芻豢, 衣欲有文繡, 行欲有輿馬."

금 당장"이 아니라 "나중에 훗날"을 고려하고 없을 때를 대비하여 절제하는 것이다.[47] 이러한 절제는 누가 시켜서 하는 선택이 아니라 자기 스스로 장기적 관점에서 검토한 행위이다.

상례에서 상복을 입고 짚신을 신으며 지팡이를 하고 죽을 먹는 사람은 뜻을 술과 고기를 마시고 먹는 데에 뜻을 두지 않는다.[48] 이때 상복 입기와 죽 먹기는 그렇게 하는 모습을 다른 사람에게 보여주려는 쇼가 아니라 고인에 대한 자신의 애도를 나타내는 의례이다. 애도를 온전히 나타내기 위해 주육(酒肉)을 마시거나 먹지 않는 것이다. 상주가 상례 중에 주육을 먹고 마신다면 평소와 다를 바가 없게 된다.

이렇게 보면 식육에 대한 맹자와 순자의 초점이 조금 다르다. 맹자는 양생상사무감(養生喪事無憾)의 기준에서 연장자 우선의 영양과 복지에 초점을 두었다면, 순자는 재산 증식과 욕망 절제라는 측면에서 접근하고 있다. 맹자의 경우 연장자가 아니면 우선순위에 밀려 식육의 기회가 줄어든다. 만약 연하자에게도 식육의 기회가 주어진다면 식육의 인구가 자연스럽게 늘어나게 된다. 순자의 경우 인간은 식육의 기회를 갖지만 장려고후(長慮顧後)와 절용어욕(節用御欲)의 관점에서 스스로 절제할 수 있다. 식육을 할 수 있지만 스스로 절제한다는 점에서 식육에 거리를 둘 수 있는 가능성이 있다.

여기서 한 걸음 더 나아가 순자가 맹자의 불인(不忍)과 달리 금수가 인간과 소통할 수 있는 가능성과 그 근거를 어디에 찾고 있는지 살

---

47 『荀子』「榮辱」: "人之情, 食欲有芻豢, 衣欲有文繡, 行欲有輿馬, 又欲夫餘財蓄積之富也. … 蓄雞狗豬彘, 又蓄牛羊, 然而食不敢有酒肉. … 是何也? 非不欲也, 長慮顧後, 而恐無以繼之故也. 於是又節用御欲, 收斂蓄藏以繼之也."
48 『荀子』「哀公」: "斬衰,菅屨, 杖而啜粥者, 志不在於酒肉."

펴보기로 하자. 순자는 「비상」에서 "인지소이위인자(人之所以爲人者), 하이야(何已也)?"라며 인간의 정체성을 직접적으로 질문하고 그에 대해 "유변(有辨)"이라 대답했다. 「왕제」를 보면 순자는 이 질문을 다시 던지지 않지만 인간의 정체성을 다른 존재와 구별해서 탐구하고 있다. 내용을 보면 「왕제」에서는 「비상」에 나오는 "유변(有辨)"의 내용을 좀 더 명확하게 설명한다고 할 수 있다.

순자는 먼저 존재를 수화(水火), 초목(草木), 금수(禽獸), 인(人) 등 4가지로 분류한다. 현대 언어로 말하면 각각 무생물, 식물, 동물, 인간으로 분류할 수 있다. 수화는 기(氣)가 있지만 생(生)(생명)이 없다. 초목은 기(氣)와 생(生)이 있지만 지(知)(지각)가 없다. 금수는 기, 생, 지가 있지만 의(義)(인륜)가 없다. 인(人)[間]은 기, 생, 지, 의를 모두 지니고 있다. 상위의 존재는 하위의 존재가 지닌 특성과 능력을 모두 갖지만 하위의 존재는 상위의 존재가 지닌 특성과 능력을 모두 가질 수가 없다. 이런 측면에서 인간이 천하에서 가장 귀중하다는 결론이 나오게 된다.[49]

인간이 천하에서 가장 귀중하다고 하지만 사실 금수에 비해 모자라거나 뒤떨어지는 측면이 없지 않다. 인간은 힘에서 소보다 세지 못하고 주력에서 말보다 빠르지 못하다. 이는 신체적 조건에 따른 객관적 사실이다. 결국 인간은 인륜을 지킨다는 점에서 가장 귀중할 수 있지만 신체적 역량에서 뒤떨어진다.

여기서 순자는 새로운 질문을 던진다. "인간은 신체적으로 금수에

---

49 『荀子』「王制」: "水火有氣而無生, 草木有生而無知, 禽獸有知而無義, 人有氣有生有知, 亦且有義, 故最爲天下貴也."

뒤지면서 어떻게 금수를 부릴 수 있는가?" 이에 대해 순자는 「비상」에서 유변(有辨)을 제시하고 「왕제」에서 유변을 군(群)·분(分)·의(義) 등으로 좀 더 명확하게 설명하고 있다.[50]

순자에 따르면 인간은 군·분·의를 통해 두 가지 이상에 이를 수 있다. 하나는 인간이 자신의 역량을 집중하여 자연을 통제하는 우월적 지위를 확보하게 된다. 순자는 이를 승물(勝物), 재만물(裁萬物) 등으로 말했다.[51] 자연을 인간의 욕망에 따라 재배열하는 자연의 인간화라고 할 수 있다. 다른 하나는 인간, 특히 군주는 이 세계의 조정자로서 모든 존재가 합당한 몫을 누리고 생명권을 보장받게 한다.[52]

순자는 인간이 다른 존재에 비해 탁월한 점을 갖는다고 말하고자 했다. 이런 점에서도 순자도 인간과 다른 존재가 완전히 동등하다고 보지 않는 듯하다. 인간과 다른 존재의 차이를 인정하면서도 인간과 다른 존재, 즉 금수가 소통할 수 있는 가능성을 찾아보도록 하자.

앞에서 「왕제」의 내용을 인간의 우월성으로 읽었다면 이번에는 공통성의 맥락으로 읽어보자. 인간은 금수만이 아니라 심지어 초목, 수화와 공통성을 갖고 있다. 인간은 수화와 기(氣)를 공유한다. 이는 나중에 장재(張載)의 우주 가족론과 만물일체론(萬物一體論)의 근거가 된다. 인간은 초목과 기, 생을 공유한다. 이는 나중에 주돈이(周敦頤)의 생의

---

50 『荀子』「王制」: "力不若牛, 走不若馬, 而牛馬爲用, 何也? 曰, 人能羣, 彼不能羣也. 人何以能羣? 曰, 分. 分何以能行? 曰, 義."
51 『荀子』「王制」: "故義以分則和, 和則一, 一則多力, 多力則彊, 彊則勝物, 故宮室可得而居也. 故序四時, 裁萬物, 兼利天下, 無它故焉, 得之分義也."
52 『荀子』「王制」: "君者, 善羣也. 羣道當則萬物皆得其宜, 六畜皆得其長, 羣生皆得其命."

론(生意論)으로 확대되어 창 앞의 풀을 베지 않은 논의로 이어졌다.[53]

인간은 금수와 기, 생, 지를 공유한다. 여기서 인간과 금수만이 공유하는 지(知)에 주목해 보자. 순자에 따르면 혈기(血氣)가 있는 부류는 반드시 지(知)를 발휘하고 지를 발휘하는 부류는 반드시 동류(同類)를 사랑한다.[54] 또 당시 사람은 생사에 따라 존재를 달리 취급할 수 있는데, 이는 지의 유무로 정당화되고 있다.[55]

여기서 지는 사람과 금수가 자신이 속한 동류 및 자신을 둘러싼 환경과 소통할 수 있는 지각 활동에 해당된다. 이 맥락의 지는 생명 활동에만 한정되지 않는다. 이 지는 금수가 언어와 문자가 아니더라도 후천적으로 반복적인 조련(학습)을 받아 인간과 교감할 수 있고 심지어 예술(樂舞)로 소통할 수 있는 창문이라고 할 수 있다.

물론 『순자』에서 지가 지각 활동만이 아니라 단기와 장기의 이해 득실을 비교 판단하고 부분과 전체의 개념적 차이를 이해하는 사유 능력과 활동을 가리키기도 한다.[56] 이렇게 보면 금수는 모든 지의 능력과 활동을 공유하고 하지 않고 지각 능력과 그 활동만을 공유한다고

---

53 신정근, 「주렴계의 생태사상」, 『철학』, 한국철학회, 2018, 137쪽 참조.
54 『荀子』「禮論」: "凡生天地之間者, 有血氣之屬必有知, 有知之屬莫不愛其類." 큰 동물이나 작은 제비나 참새도 무리나 짝을 잃으면 바로 떠나지 못하고 배회한다는 관찰을 밝히면서 부모가 죽으면 자식이 3년상을 치르는 이유를 밝히고 있다. 순자는 부모가 아침에 죽더라도 저녁이면 잊어버린다면 "금수보다 못하다(禽獸之不若)"라고 비판하고 있다. 흥미롭게도 『禮記』「三」에도 똑같은 내용이 있다.
55 『荀子』「禮論」: "夫厚其生而薄其死, 是敬其有知, 而慢其無知也." 이 논리는 송에서 육식을 정당화하는 논리로 활용되었다. 동물은 죽어서 신에게 자신의 고통을 전달할 수 없다는 맥락이다. 이에 대해 김송주, 「宋代사대부, 동물의 '知'를 변론하다」, 『중국어문논역총간』 44, 중국어문논역학회, 2019 참조.
56 이와 관련해서 자세한 논의는 장원태, 「전국시대 인성론의 형성과 전개에 관한 연구: 유가·묵가·법가를 중심으로」, 서울대 철학박사 학위논문, 2005 참조. 장원태는 순자는 지를 고요한 상태로서의 지와 활동-지로 구분한다.

할 수 있다. 바로 이 때문에 금수는 지각 맥락의 지(知)만을 인간과 공유하므로 인류의 의(義)를 바탕으로 사회(群)를 구성할 수 없는 것이다.⁵⁷

금수는 지(知)에서 인간과 소통할 수 있는 가능성을 갖고 있다. 이 유지론(有知論)은 세계의 조정자로서 인간론과 결합하게 되면 인간과 금수의 관계가 조정될 수 있다. 금수는 식육(食肉)의 대상로만 간주되지 않고 득기의(得其宜), 득기장(得其長), 득기명(得其命)의 몫을 누릴 수 있는 공존의 존재가 될 수 있다. 여기에 사람의 인식 변화라는 조건이 있지만 순자의 유지론은 금수가 식육의 대상을 벗어날 수 있다는 점에서 의의를 갖는다.

이렇게 보면 순자의 유지론(有知論)은 맹자의 불인론(不忍論)과 함께 동양철학에서 동물권의 논의를 펼칠 수 있는 근거를 제공한다고 할 수 있다. 특히 맹자와 순자를 종합하면 "유지(有知)에 대한 불인(不忍)" 또는 "불인에 대한 유지"는 동양철학의 맥락에서 동물권을 옹호할 수 있는 사상 자원이 될 수 있다.

4. 숙종(肅宗)과 금묘(金猫)의 관계: 애완(愛玩)에서 반려(伴侶)로

현대 사회에서 결혼과 출산이 의무가 아니라 선택이 되고 있다. 결혼 연령이 차츰 늦어지고 출산율도 현저히 떨어지고 있다. 특히 한국은 세계에서 유례가 없을 정도로 저출산의 위기를 맞고 있다. 이와 딜

---

57 장원태, 「순자의 '군(群)' 개념을 통해 본 욕망과 본성: 인간과 동물의 구분을 중심으로」, 『동양철학』 44, 서울: 한국동양철학회, 2015 참조.

리 가정에서 반려동물의 숫자는 급증하고 있다. 특히 개와 고양이가 반려동물로 하나의 "산업"이 되고 있을 정도이다. 사실 반려동물이란 말의 사용도 그리 오래되지 않았다. 반려동물은 동물권 논의와 함께 애완동물을 고쳐 쓴 개념이라고 할 수 있다.

그렇다면 동아시아의 전통 시대에 오늘날 반려동물이라고 볼 수 있는 사례가 없었을까? 반려동물은 아니더라도 사람의 목숨을 살린 의견(義犬) 설화는 많이 전해진다. 일례로 전북 임실군 오수면에는 주인(金蓋仁)이 술에 취해 들판에 잠이 들었는데 불이 났다. 개가 앞 개울에서 몸에 물을 묻혀 주인이 잠든 주변을 적셔서 목숨을 구하고 죽었다. 이로 인해 지명도 오(獒) 자와 수(樹) 자를 합쳐서 오수(獒樹)가 되었고 지금 의견비(義犬碑)가 세워져 있다.[58] 의견은 달리 충견(忠犬)으로도 불린다. 오수(獒樹)는 주인의 생명을 구한 일로 인해 유명해졌지만 평소 주인과 어떤 관계인지를 알 수가 없다.

송나라 태종(太宗)과 도화견(桃花犬)의 일화는 양자의 정서적 교감을 짐작하게 한다. 합주(合州)에서 도화견을 공물로 바쳤는데, 궁중에서는 태종이 어탑(御榻) 부근에서 도화견과 놀았다. 태종이 병으로 자리에 누워 거동을 못하자 도화견은 밥을 먹지 않고 태종이 죽을 때까지 울부짖고 눈물을 흘리며 몸이 파리해졌다. 진종(眞宗)은 철롱(鐵籠)을 만드는 등 도화견을 잘 돌보았는데, 개가 죽자 태종의 희릉(熙陵) 근처에 묻었다. 그 뒤에 사대부들은 도화견을 소재로 시를 읊으

---

58 崔滋, 『補閑集』券中「金蓋仁居寧縣人也, 畜一狗甚怜」; 金養根, 『東埜集』권3「歌行 次義狗行」; 박임근, 「임실 '반려동물센터' 들어선다 … 불길 속에 주인 구했던 마을에」, 『한겨레』 2023.10.16. 기사 참조.

며 찬양했다.[59]

도화견은 평소 태종이 생활하는 근처에 생활했다.[60] 이로 인해 태종과 도화견이 정서적 교류를 나눌 수 있었다. 하지만 태종이 도화견을 어떻게 대했는지를 알 수 없다. 태종이 도화견을 일종의 총물(寵物)(애완동물)로 보고 보살폈는지 반려동물로 보았는지 확실하지 않다. 도화견은 태종의 죽음이 임박하여 평소와 달리 밥을 먹지도 않아 몸이 파리해졌다. 이는 도화견이 태종의 상태를 인지하고 그에 대해 정서적 반응을 하고 있다고 볼 수 있다.[61]

조선시대 숙종은 어릴 때부터 금수와 일화가 있다. 기르던 참새 새끼(雀雛)가 죽자 묻어주도록 했다. 또 내국(內局)(의약(醫藥) 담당)에서 소에게서 우락(牛酪)을 짤 때 송아지가 비명을 질렀다. 숙종이 그 소리를 듣고서 불쌍히 여겨 우락을 먹지 않았다. 어려서부터 인효(仁孝)의 본성이 드러났다고 평가했다.[62]

숙종이 왕이 되고서 후원을 거닐다가 굶주린 노란 고양이를 발견했다. 숙종은 데려와서 잘 돌보고 금덕(金德)이란 이름까지 지어주었다. 금덕이 새끼를 낳자 금손(金孫)이라 부르고 잘 돌보았다. 그 뒤 금덕이 죽자 숙종은 장례를 치르고 애도하는 시까지 지었다.[63] 숙종과 금손의

59　李瀷, 『星湖僿說』 권4 「萬物門 金猫」; 李颀 編纂, 『古今詩話』 1, 60 「李至桃花犬歌」 참조.
60　『宋史』 「錢若水傳」: "初, 太宗有畜犬甚馴, 常在乘輿左右. 及崩, 鳴號不食, 因送永熙陵寢." 李颀, 『古今诗话』: "淳化中, 合州贡桃花犬, 甚小而性急, 常驯擾于御榻之側. 每坐朝, 犬必先吠, 人乃肅然. 太宗不豫, 此犬不食. 及上仙, 號呼涕泗, 瘦瘠. 章聖(宋真宗)令谕以奉陵, 即搖尾饮食如故."
61　이 밖에도 송나라 仁宗은 玉逍遙라는 말을, 徽宗은 五色鸚鵡를 아끼며 돌봤다.
62　『肅宗實錄』 「附錄 行狀」
63　肅宗, 『列聖御製』 券16, 「埋死猫」

관계는 김시민(金時敏)의 글에 잘 나타난다.

> "궁중에 황금색 고양이가 있으니 지존(숙종)이 좋아하여(愛) 이름까지 지었네. '금묘야!'라고 부르면 금묘가 곧 달려오니 금방 말귀를 알아듣는 듯하네. 기린과 공작도 오히려 멀리 두지만 금묘만 곁에서 숙종을 모시며 밥 먹네. 낮에는 조용히 앉아 궁궐 섬돌에서 세수하고 차가운 밤에는 몸을 말아 용상 곁에 잠이 드네. 비빈도 금묘를 가까이하며 놀지 못하고 숙종이 손으로 쓰다듬으며 은혜를 베푸네."64

숙종은 고양이의 이름까지 짓고 서로 그 이름으로 소통하고 있다. 이름을 짓는 것은 관계를 맺는 맥락이다. 또 금묘와 숙종은 시간이 날 때, 필요할 때만 찾는 것이 아니라 서로 많은 시간을 함께 보낸다. 아울러 숙종과 금묘 사이에 비빈이 끼어들 수 있는 둘만의 정서적 교감을 나누고 있다. 이런 맥락에서 보면 숙종과 금묘는 총물보다 반려의 관계에 가깝다고 할 수 있다.65

금묘가 숙종의 수라상 고기를 훔쳐먹었다는 혐의로 더 이상 궁에 있지 못하고 절로 나갔다. 숙종이 죽었을 때 금묘가 밥을 먹지 않고 3일간 울었다. 인원왕후가 이 소식을 듣고 금묘를 다시 궁궐로 데려왔다. 금묘는 궁궐로 돌아와서 죽자 명릉 부근에 묻히게 되었다. 마지막은

64　金時敏,『東圃集』券2「詩 金猫歌」: "宮中有猫黃金色, 至尊愛之嘉名錫. 呼以金猫猫輒至, 指顧之間如有識. 麒麟孔雀尙疎遠, 金猫獨近侍玉食. 晝靜洗面蟢陞頭, 夜寒做圓龍床側. 姬嬪不敢狎而馴, 御手撫摩偏恩澤."

65　숙종 이외에도 고양이는 인간의 삶에 깊이 뿌리내리고 있다. 이와 관련해서 국립민속박물관,『요물, 우리를 홀린 고양이』(2024.5.3.~8.18) 도록(https://www.nfm.go.kr/common/data/home/book/detailPopup.do?seq=11103) 참조.

태종의 도화견과 비슷하다.

그렇다면 숙종이 금묘를 대할 때 어떻게 애완동물에서 반려동물로 한 걸음 더 나아갈 수 있었을까? 숙종이 굶주린 금덕(金德)을 보고 데려왔는데, 이는 맹자의 불인(不忍)으로 볼 수 있다. 숙종이 어릴 때부터 참새와 송아지에 대한 느끼는 인성(감성)이라면 굶주린 고양이를 차마 내버려 두고 오지 못했을 것이다.

숙종과 금손(金孫)/금묘(金猫)의 관계는 순자의 유지(有知)로 설명할 수 있다. 지(知)가 있기 때문에 숙종이 이름을 부르면 금묘가 이에 호응해서 달려갈 수 있고, 또 이러한 요압(擾狎)을 통해 정서적 유대가 생겨날 수 있다. 금묘가 숙종이 죽은 걸 알고 절에서 "불식삼일곡(不食三日哭)"과 궁으로 돌아와 20일간 "골견한모(骨見寒毛)"로 죽게 되는데, 이는 순자의 유의(有義)에 가깝다고 할 수 있다. 이렇게 보면 숙종은 맹자의 불인(不忍)과 순자의 유지(有知)를 완전히 실천했다고 할 수 있다. 이는 숙종이 금묘의 관계에서 순자가 말한 "만물개득기의(萬物皆得其宜), 육축개득기장(六畜皆得其長), 군생개득기명(羣生皆得其命)."의 기준을 실현한 군주라고 할 수 있다.

하지만 같은 일화도 보는 사람에 따라 다르다. 금묘에 대한 이익(李瀷)은 도화견과 마찬가지로 간주하고 있다. 숙종이 금묘를 길렀고, 숙종이 세상을 떠나자 금묘가 밥을 먹지 않고 죽자 명릉(明陵) 곁에 묻혔다. 이익은 금묘를 아주 특이하게 생각했다. 개와 말이 주인을 생각하는(犬馬戀主) 일이 많지만 고양이는 성질이 사나워 여러 해 길들여 진해도 하루아침이라도 맞지 않으면 떠나가는데 금묘는 그렇지 않기 때문이다.[66] 이익은 금묘를 애완동물로 보지 반려동물로 보지 않는 듯하다.

5. 맺음말

동양철학은 현대의 쟁점과 의제에 개입하여 발언하면서 현대철학이 될 수 있다. 오늘날 인공지능(AI)은 호모 사피엔스에 바탕을 두고 있는 인간의 정체성을 다시 묻게 한다. 동물권 논의는 이상적 차원의 만물일체론이나 추상적 차원의 생태주의와 달리 인간과 동물이 공존할 수 있는 지점을 찾고 있다. 그래야 동양철학에서 현대 사회의 문제를 바라보는 독창적인 주장을 내놓을 수 있다.

이글은 동양철학의 내재적 맥락에서 동물권 논의에 참여할 수 있는 가능성을 알아보는 시론이라고 할 수 있다. 이를 위해 1) 고대 유학에서 인간과 금수(동물)가 완전히 다르다고 하는 관점, 2) 서로 부분적으로 닮았다는 관점, 3) 서로 공통의 지점이 있다는 관점으로 나눠서 논의를 진행했다.

1) 금수가 맹수일 때 위험성이 부각되고 형용사화되어 인간의 멸칭으로 쓰이기도 하고 식육(食肉)의 대상이 된다. 앞의 두 경우에서 금수는 치수 등의 사업에 의해 인간과 격리되고 추방되었다.

2) 금수가 인수일 때 인간의 덕목을 실현하고 왕자의 출현을 예언하기도 하고, 예술(樂舞)을 통해 인간과 소통할 수 있다. 이때 금수는 특정 사례에서 인간과 부분적으로 소통할 수 있다.

---

66 李瀷, 『星湖僿說』 券4 「萬物門 金猫」

3) 맹자의 불인론(不忍論), 순자의 인지론(有知論)은 인간과 금수가 서로 소통할 수 있는 접점을 제공한다. 나아가 이는 고대 유학의 맥락에서 동물권을 위한 근거를 제공해 줄 수 있다. 조선 숙종과 금묘의 관계는 총물(애완)을 넘어 반려로 나아갈 수 있는 사례로 볼 수 있다. 양자는 필요할 때만 찾지 않고 일상을 공유하고 명명을 통해 서로 소통하며 숙종이 죽자 금묘가 상실의 고통을 겪고 있기 때문이다. 숙종은 맹자의 불인론과 순자의 유지론에 따라 금묘(금수)를 인간과 동등하게 대우했다고 할 수 있다. 숙종과 금묘는 시대적 한계를 초월하여 동물권 개념에 가까이 다가갔던 사례라고 할 수 있을 듯하다.

이 글에서는 이상의 논의를 통해 고대 유학의 관점에서 동양철학이 동물권 논의에 개입할 수 있는 이론적 근거를 모색할 수 있었다. 앞으로 고대 유학 이후의 역사에서도 동물권 논의를 위한 자료를 발굴하여 이와 관련된 논점을 뚜렷하게 하고 현대 사회의 논점에서 유학적 주장을 제시할 수 있을 듯하다.

참고문헌

『周禮』『書經』『毛詩』『禮記』『公羊傳』
『論語』『맹자』『순자』『山海經』『淮南子』『蔡中郎集』
『詩集傳』『書集傳』『肅宗實錄』『列聖御製』
金時敏, 『東圃集』; 金養根, 『東埜集』; 李漢, 『星湖僿說』; 崔滋, 『補閑集』.
톰 레건, 김성한·최훈 옮김, 『동물권 옹호』, 파주: 아카넷, 2023.
문석윤, 『호락논쟁 형성과 전개』, 서울: 동과서, 2006.
박승규, 『재밌어서 끝까지 읽는 한중일 동물 오디세이』, 서울: ㈜은행나무, 2020 2쇄.
박임근, 「임실 '반려동물센터' 들어선다…불길 속에 주인 구했던 마을에」, 『한겨레』 2023.10.16. 기사.
신정근, 『사람다움의 발견: 仁 사상의 역사와 그 문화』, 서울: 이학사, 2005.
신정근·쩡판런 외, 『생태미학과 동양철학』, 서울: 문사철, 2019.
피터 싱어, 김성한 옮김, 『동물 해방』, 고양: 연암서가, 2012 초판: 2021, 11쇄.
이경구, 『조선, 철학의 왕국: 호락논쟁 이야기』, 서울: 푸른역사, 2018.
자오지빈趙紀彬, 신정근 외 옮김, 『反論語』, 서울: 예문서원, 1996.
최훈, 『동물 윤리 대논쟁: 동물을 둘러싼 열 가지 철학 논쟁』, 고양: 사월의 책, 2019.
한국사상연구회, 『인성물성론』, 파주: 한길사, 1994.
김송주, 「宋代사대부, 동물의 '知'를 변론하다」, 『중국어문논역총간』 44, 중국어문논역학회, 2019.
김시천, 「고대 중국에서 '동물'(動物) 표상의 철학적 함의: 동양철학 동물연구 서설(1)」, 『공자학』, 한국공자학회, 2021.
신정근, 「주렴계의 생태사상」, 『철학』, 서울: 한국철학회, 2018.
신정근, 「中庸 미학에서 生生 미학으로: 『시경』을 중심으로」, 『동양철학연구』, 서울: 동양철학연구회, 2022.
안국선, 송창현 엮음, 『금수회의록 외』 서울: 지식의숲, 2013.
嚴國榮·劉昌安, 「騶虞考辨」, 『西北大學學報(哲學社會科學版)』 2004 11月 第34卷 第6期.
王頲, 「明代 "祥瑞" 獸 "騶虞" 考」, 『暨南史學』 第3輯, 2004.
왕희자, 『금수회의록과 인류공격금수국회의 비교연구』, 서울: 보고사, 2014.
이동철, 「고대 중국의 인간동물 관계에 대한 인식」, 『퇴계학논집』, 서울: 영남퇴계학연구원, 2016.
장원태, 「순자의 '군(群)' 개념을 통해 본 욕망과 본성: 인간과 동물의 구분을 중심으로」, 『동양철학』, 서울: 한국동양철학회, 2015.
Pranab Kumar Dhar, 김종면, 「수염고래의 노래 특성: 사운드 분석의 새로운 접근」, 『한국공학·예술학회 논문지』 1권 1호, 서울: 한국공학안전보건예술학회, 2009.
Roel Sterckx, The Animal and the Daemon in Early China, Albany: State University of New York Press, 2002.I. 명말(明末) 생생미학(生生美學)의 독특한 형태

명말(明末) 생생미학(生生美學)의 독특한 형태

: 이지(李贄)의 '정생론(情生論)' 미학

쩡판런曾繁仁
산동대학교 문예미학연구센터

내용요약

이지(李贄)의 '동심설(童心說)'과 '정생론(情生論)' 미학은 개척적이고 혁명적인 중요한 가치를 지니고 있다. 그의 '정생론' 미학은 '동심설'에서 직접 유래하였으며, 특히 '동심'을 '진심'으로 해석한 이론에서 비롯된다. '동심설'은 육경(六經) 및 『논어』와 『맹자』를 비롯한 유가 사상의 '문견도리(聞見道理)'를 배격하며, 이를 '도학의 구실'과 '위선자의 온상'이라고 비판하였다. '정생론' 미학 사상은 봉건적 위선자들과의 논쟁, "사람은 반드시 사사로움이 있다(人必有私)"는 생활 실천, 그리고 '화공설(化工說)' 예술 사상의 해석 속에서 나타난다. 특히 그의 '화공설' 예술 사상은 '정생론' 미학 사상의 집약적 표현이라 할 수 있다. 이러한 사상은 학술사에서 처음 등장한 것으로, 그는 봉건적 전통유학과 도학에 맞서 싸우며 이를 위해 헌신한 전형적인 인물로 평가된다.

주제어: 명말, 이지, 동심설, 사심설, 자연정성론, 화공설

이지(李贄)의 '정생론(情生論)' 미학에 대한 연구는 명말 미학의 중요성과 그 특수성에 의해 결정된다. 명말 미학은 중국 미학사에서 개척적, 급변적, 전복적이라는 특징을 지닌다. 우선 개척성 측면에서, 명나라 말기 중국 미학사는 왕양명(王陽明)의 '심성론(心性論)'에서 점차 발전하여 이탁오(李卓吾)의 '동심론(童心論)'에 이르며, 중국 현대 미학의 인간학적 방향을 열어주었다. 급변성은 명말 미학이 송명(宋明) 이학(理學)의 '이본론(理本論)'에서 왕양명과 이탁오의 '심본론(心本論)'으로 갑작스레 전환되었음을 의미한다. 또한, 명말 미학은 전복성이 크다는 특징을 가지며, 왕양명에서 시작하여 특히 이탁오에 이르러 중국 전통 유가 철학과 미학에 대해 철저히 비판하고 전복하였다. 그는 이를 "도학의 구실이며, 위선자의 온상(道學之口實, 假人之淵藪)"이라 명명하였다. 명말 미학의 중요한 가치는 일련의 근본적인 논제에서 대체할 수 없는 가치와 의미를 지닌다는 점에 있다.

학계에서 명말 미학에 대해 많은 연구가 이루어졌지만, 그에 대한 잘못된 독해 또한 적지 않다. 예를 들어, 저우쮀런(周作人)과 린위탕(林語堂) 같은 인물들은 특히 명말의 소품문(小品文)을 중시하였지만, 이를 단순히 "한적(閑適)"한 것으로 곡해하였다. 또한, 명말 미학과 문학의 특성을 일부 학자는 '도피'와 '회피'로 간주하며, 그 긍정적인 건설적 의미를 간과하기도 했다. 이러한 명말 미학에 대한 평가는 대체로 명말 철학과 미학이 문학에 기여한 개척성과 건설성이라는 가장 근본적인 중요 공헌을 놓치고 있다. 이에 필자는 이에 대해 미숙하지만 몇 가지 의견을 제시하고자 한다.

명말 미학은 중국 전통 미학 발전에서 매우 중요한 한 단계이다. 현재 중국 전통 미학은 '생생지학(生生之學)'을 기초로 하여 '생생미학(生生美學)'으로 귀결되고 있다. 이는 팡둥메이(方東美), 쭝바이화(宗白華), 류강지(劉綱紀)를 비롯한 여러 선배 학자들의 연구를 기반으로 하고 있다. 중국 초기 미학이 군자의 "천지와 덕을 함께한다(與天地合其德)"는 '덕생론(德生論)'에 기반하고, 송명(宋明) 이학(理學)이 "이는 기보다 앞선다(理在氣先)"는 '이생론(理生論)'을 주장했다면, 명말 시기에는 이탁오(李卓吾)의 '동심론(童心論)'을 중심으로 "자연적 정성과 본성을 아름다움으로 삼는다"는 '정생론(情生論)' 미학으로 발전하였다. 실제로 이러한 '정생론 미학'은 중국 희극과 소설의 전례 없는 번영과 함께 나타났다. 『서상기(西廂記)』, 『모란정(牡丹亭)』, 『비파기(琵琶記)』, 『홍루몽(紅樓夢)』, 『금병매(金瓶梅)』, 『요재지이(聊齋志異)』와 같은 인간성과 욕망을 반영한 희극과 소설들이 이 시기에 대거 등장하였다.

1. 이지(李贄) '정생론(情生論)' 미학의 등장

이지(李贄)의 '정생론(情生論)' 미학은 그의 유명한 '동심론(童心論)'에서 직접 유래하였다. '동심론'은 주희(朱熹)의 "천리를 밝히고 인욕을 없앤다(明天理, 滅人欲)"는 봉건 윤리 주장을 비판하며 등장하였다. 이지는 1592년 『서상기(西廂記)』에 대해 평론하면서 간행자였던 교굉(焦竑)이 말한 "지혜로운 자는 나에게 아직 동심이 있다고 말하지 말라

(知者勿謂我尚有童心可也)"라는 구절을 출발점으로 '동심설'을 논하였다. 잘 알려져 있듯이, 『서상기』는 원대(元代)의 왕실보(王實甫)가 지은 유명한 잡극으로, 학자인 장생(張生)과 아가씨인 최앵앵(崔鶯鶯)이 하녀 홍랑(紅娘)의 도움으로 사랑을 이루고 혼인에 성공하는 이야기를 담고 있다. 이 극에서 두 사람이 첫눈에 반하고, 달빛 아래 몰래 만나 사랑을 나누는 이야기는 사랑의 힘을 잘 드러내는 것으로, 당시의 '남녀대방(男女大妨)'이라는 사회적 금기에 비추어 매우 드문 내용이었다. 이지는 이러한 사랑을 '동심'으로 귀결하며, 이에 대해 전례 없는 논의를 전개하였다. 그는 다음과 같이 말한다.

"동심(童心)이란 곧 진심(真心)이다. 만약 동심이 옳지 않다 말한다면, 이는 진심을 옳지 않다 말하는 것과 같다. 동심이란 가식이 없고 순수하며 가장 처음의 한 생각의 근본이다. 만약 동심을 잃는다면 진심을 잃게 되고, 진심을 잃는다면 진정한 인간을 잃게 된다. 인간이 진실하지 못하면, 처음을 완전히 잃게 되는 것이다."[1]

여기서, 이지는 이러한 감정을 포함한 '동심'을 진심(真心), 본심(本心), 초심(初心)으로 간주하였다. '동심'이란 마음 깊은 곳에서 우러나오는 진정한 감정으로, 이는 『육경』, 『논어』, 『맹자』와 같은 공맹(孔孟)의 '고전'과 무관하며, 어떠한 '견문과 도리(聞見道理)'도, 성인의 가르침도 아니다. 또한, 그것은 위선적인 인물, 가짜 말, 가짜 일, 가짜 문장과도 무관하다. 오직 이러한 '동심'을 지니고 있을 때만 고금의 "최고의 글

---

[1] (明) 李贄, 『焚書』(上), 中華書局, 2018, 585쪽.

(至文)"을 쓸 수 있다고 이지는 주장하였다.

이지는 이후 자신의 저작인 『장서(藏書)』에서 이러한 '동심(童心)'을 더욱 발전시켜 '사심(私心)'으로 귀결하며, "인간은 반드시 사사로움이 있다(人必有私)"는 중요한 명제를 제시하였다. 그는 다음과 같이 말했다.

"인간은 반드시 사사로움이 있어야만 비로소 그 마음이 드러난다. 만약 사사로움이 없다면 마음도 없게 된다. 밭을 가는 사람은 가을의 수확을 자신의 것으로 삼아야 비로소 밭을 열심히 가꾸게 되고, 가정을 꾸리는 사람은 창고의 소출을 자신의 것으로 삼아야 비로소 집을 열심히 돌보게 되며, 학문을 하는 사람은 학업에서 얻는 성공을 자신의 것으로 삼아야 비로소 학업에 힘쓰게 된다. 관직에 있는 사람도 녹봉을 자신의 것으로 삼지 않으면, 비록 그를 초대한다 해도 결코 오지 않을 것이고, 높은 작위가 없다면 비록 권유한다 해도 결코 응하지 않을 것이다. 공자와 같은 성인도 마찬가지로, 만약 사구(司寇)와 승상이라는 직분이 없었다면 하루도 노나라에서 편히 머물 수 없었을 것이다. 이는 자연의 이치이며 반드시 그러한 사실로, 공허한 논리나 억측으로 말할 수 있는 것이 아니다. 그렇다면 '무사(無私)'를 주장하는 말들은 모두 그림의 떡과 같은 헛된 말로, 마치 구경꾼이 하는 얘기처럼 들리기 좋게 꾸민 것이며, 실질과는 상관없이 발뒤꿈치가 부실한 상태를 신경 쓰지 않고, 아무런 도움도 되지 않은 채 그저 귀를 어지럽힐 뿐이다. 따라서 채택할 가치가 없다."[2]

여기에서, 이지는 '인간의 마음'을 '사심(私心)'으로 돌려놓으며, 개

---

2 張建業, 『李贄評傳』, 首都師範大學出版社, 2018, 195쪽.

인의 주체성을 강조하는 명제인 "인간은 반드시 사사로움이 있다(人必有私)"는 주장을 하였다. 그는 농부, 과거 응시자, 관리를 예로 들어 "인간은 반드시 사사로움이 있다"는 사실을 설명하였다. 특히 성인인 공자조차도 반드시 사사로움이 있으며, 만약 사구(司寇)나 승상의 직책이 없었다면, 공자 역시 노나라에서 안심하고 머물 수 없었을 것이라고 지적하였다. 그는 "인간은 반드시 사사로움이 있다"는 것이 하나의 '자연의 이치'임을 분명히 보여주며, 보편성을 지닌다는 점을 강조하였다. 이러한 주장은 당시로써는 전례 없는 충격적인 발언이었다.

동시에 이지는 이러한 '동심(童心)'을 "자연적 정성과 본성"의 "아름다움"이라고 말했다. 그는 다음과 같이 언급한다.

"대체로 소리와 색이 오는 것은 정성(情性)에서 발하며, 자연에 따르는 것이다. 이는 억지로 끌어내거나 강제로 할 수 있는 것이 아니다. 그러므로 자연적으로 정성에서 발하는 것은 자연스럽게 예의와 의리에서 멈추게 되며, 정성과 형상 외에 따로 예의와 의리가 있어 이를 멈추게 하는 것이 아니다. 오직 강제로 하면 잘못될 따름이다. 그러므로 자연이란 곧 아름다움이다. 또한, 정성과 본성 외에 다시 '자연스러움'이라는 것이 따로 존재하는 것이 아니다.──그렇다면 이른바 자연이라는 것은 의도적으로 자연스러움을 꾸며 자연이라 여기는 것이 아니다. 만약 의도적으로 자연스러움을 만들려 한다면, 이는 억지와 다를 것이 없다. 그러므로 자연의 도는 쉽게 말로 표현할 수 있는 것이 아니다."[3]

3　(明) 李贄, 『焚書』(上), 中華書局, 2018, 769쪽.

여기에서, 이지는 "아름다움"을 분명하게 '자연'으로 귀결시키며, 이른바 "그러므로 자연을 아름다움이라 한다(故以自然爲美也)"고 하였다. 이 '자연'은 "자연적 정성"으로, 이른바 "대체로 소리와 색이 오는 것은 정성에서 발하며, 자연에 따르는 것이다.(蓋聲色之來, 發於情性, 由乎自然)" 여기서 말하는 '자연'은 인간 내면의 정성으로, "의도적으로 자연을 꾸미는 것이 아니며(非有意爲自然)", 이는 인간 본성의 품격에 속한다. 이른바 "그런 품격이 있으면 그런 조화가 있다(有是格便有是調)"는 것이며, 이는 인간의 내외가 결합한 정신적 품격의 내적 함의로서 "자연적 정성" 범주에 속한다.

자연과 예의의 관계에 대해, 이지는 예술이 "정성에서 발하여 예의에서 멈춘다(發乎情性, 止乎禮儀)"고 보았으나, 예의는 자연적 정성 안에 존재하며, "정성 외에 따로 예의라는 것이 있는 것이 아니다(又非情性之外複有所謂禮儀)"라고 주장하였다. 여기서 말하는 "자연적 정성"은 '예의'를 포함하므로, 순수한 '생리적 본성'과는 차별화된다. 이는 매우 중요한 문제로, 이지가 주희(朱熹)의 "천리를 보존하고 인욕을 없앤다(存天理, 滅人欲)"는 전통 윤리에 대해 내린 근본적인 평가를 드러낸다.

분명히, "자연적 정성"에 아름다움이 있다는 이지는 주희(朱熹)의 주장을 반대하는 입장에 서 있다. 그러나 그의 "자연적 정성"에서의 '예의'는 '천리'에 대해 일정 부분 수용하는 태도를 보이며, '인욕'에 대해서도 어느 정도 제약을 가한다. 이는 이지의 내적 모순을 반영함과 동시에 그의 이른바 '도(度)'를 보여준다. 이 점은 우리가 그의 "사연적 정성"을 아름다움으로 이해하는 데 있어 하나의 중요한 시사점을 제공한다.

저명한 문학사학자인 장페이헝(章培恒) 선생은 이러한 "자연적 정성"을 '욕망'으로 해석하는 데 더욱 무게를 두었다. 그는 다음과 같이 말했다.

"이지의 이러한 관념은 '덕과 예(德禮)', '형벌과 정치(刑政)'를 표방하는 유가 사상과 전혀 다를 뿐만 아니라, 노자와 장자(老莊)의 주장과도 상충한다. 그가 바란 것은 인간의 감각적 즐거움, 남녀 간의 욕망('호색'), 개인의 향상 욕구('근학', '진취'), 그리고 후손에 대한 사랑과 배려('자손을 위한 계획') 등이 사회적으로 인정받아 사람들이 자유롭게 이를 추구하고 실현하며, 인간의 마음을 억압하지 않는 것이다."[4]

미학자 왕전푸(王振復)는 이지의 철학과 미학을 '정본론(情本論)'으로 개괄할 수 있다고 본다. 그는 다음과 같이 말했다.

"전체적으로 볼 때, 이지의 사상적 특성은 '정본론'으로 요약할 수 있다. 그는 천지 만물과 모든 지식, 사상, 학문이 모두 영원불변의 '정(情)'이라는 글자에서 비롯된다고 보았다. 인간도 예외가 아니며, 그는 스스로를 자조하며 다음과 같이 말했다. '고금의 인간의 정은 하나이고, 고금의 천하의 형세 또한 하나다. 나는 젊었을 때부터 늙을 때까지 항상 정에 따라 형세를 논하였으나, 나와 같은 이를 한 사람도 보지 못했다. 그래서 매번 놀라며 하늘이 어찌 나를 이렇게 불가사의하게 만들었는가 생각한다!'(『청령요(蜻蛉謠)』). 이지의 철학은 근본적으로 '정(情)'에 있으며, 이를 '기운이 만물을 변화시키니, 천하에는 오직 하나의 정이 있을 뿐이다(墨子注)'라는

---

4   章培恒, 『中國文學史』(下), 復旦大學出版社, 2007, 55쪽.

말로 요약할 수 있다."⁵

현재로 보아, 이지의 '자연적 정성론(自然情性論)' 미학 사상을 '정생론(情生論)'으로 귀결시키는 것이 더 적절해 보인다. 이는 이지가 어느 정도 '예의'를 인정했기 때문이다. 그러나 장페이헝이 강조한 '인욕(人欲)'도 무시할 수 없다. 이지가 전통 윤리를 돌파하려 했던 태도는 매우 분명하기 때문이다. 따라서 이지의 "아름다움의 자연적 정성론"은 비록 '정'을 중심으로 하지만, 인간성에 내재한 소리와 색, 공리적 욕망의 내용을 포함하고 있다고 할 수 있다. 이지의 유명한 '부부론(夫婦論)'에서는 다음과 같이 명확히 제시한다.

"부부라는 것은 그 시작이 이와 같다. 궁극적으로 말하자면, 천지 또한 한 쌍의 부부다. 그러므로 천지가 존재한 이후에야 만물이 존재할 수 있다. 따라서 천하의 만물은 모두 둘에서 생겨나며, 하나에서 생겨나는 것이 아니다."⁶

이지는 부부간의 사랑을 만물의 기원으로 인정했으며, 이는 『역전(易傳)』에서 유래했지만, "부부가 만물의 시작이다(夫婦之謂物始)"라는 논술을 명확히 한 것은 전통적인 "남녀대방"이라는 봉건 윤리를 돌파한 것이자, 그의 자연적 정성론 미학의 필연적인 구성 요소이다. 한편, 이지의 '자연적 정성론'에서의 아름다움을 '정본론'으로 귀결시키는 것

5　王振復,『中國美學範疇史』(第三卷), 陝西教育出版社, 2005, 220쪽.
6　(明) 李贄,『焚書』(上), 中華書局, 2018, 536쪽.

에 대해서는 논의의 여지가 있다. 중국 전통 철학과 미학에는 주객(主客)이나 유물론·유심론과 같은 논제가 없으며, 생생(生生), 천지(天地), 선악(善惡)과 같은 판단이 있을 뿐이다. 미학적 관점에서 볼 때, 이를 생생미학으로 개괄할 수 있으며, 따라서 '정생론 미학'이라 부르는 것은 생생미학이 명말 시기에 나타난 독특한 표현 형태라고 할 수 있다. 이는 미학과 예술이 공공적이고 집단적 차원의 '덕(德)'과 '이(理)'에서 개인적 차원의 '정(情)'과 '욕(欲)'으로 전환된 것을 의미한다. 이는 인간성의 각성, 개인적 욕망의 각성으로, 중국 미학사에서의 급변이자 혁명적인 사건이라고 할 수 있다.

그렇다면 명말 시기에 어떻게 이러한 급변과 혁명이 가능했을까? 이는 당시의 경제적·사회적·역사적 조건에 의해 결정되었다. 전통 중국은 송대 이후, 특히 명말 이후에 이르러 도시가 끊임없이 부상하고 상업 경제가 지속적으로 발전하면서, 중국 전통 사회의 "농업을 근본으로 삼는다(以農爲本)"는 기본 구조가 크게 변화했다. 상업과 상인의 지위 또한 상당한 변화를 겪었다. 만력(萬曆) 연간에 탄생한 『금병매(金瓶梅)』의 주인공 서문경(西門慶)은 관료와 상인의 역할을 겸비한 부유한 인물로, 그는 금전의 무한한 추구에 집착하며, "그 물건은 가만히 있는 것을 좋아하지 않고, 움직이는 것을 좋아한다(兀那東西, 是好動不好靜的)"라고 말해 상업 활동 속에서 금전이 끊임없이 가치를 증대시키는 본질을 드러냈다. 이는 농민이 추구하던 토지나 주택 같은 부동산과는 완전히 다른 개념이다. 그의 아버지는 비단 가게를 운영했으며, 서문경은 약재 상점을 경영하다가 이후 권력을 이용해 소금과 쌀 사업을 운영하면서 지역의 거부가 되었다. 『금병매』와 주인공 서문경은 명말 시기 상업의 발전과 상인의 이념 및 추구를 집약적으로 반영하고 있다. 이는 "인간은 반드시 사사로움이 있다(人必有私)"라는 관념이 형성된 경제적 환경을 보여준다. 이지가 살던 집은 국내외를 연결하는 항구 도시인 취안저우(泉州)에 있었으며, 그의 조상은 상인이었다. 그는 상업과 상인에 대해 깊이 이해하고 그들의 이념을 인정하였다. 그는 다음과 같이 말했다.

"상인들이 어찌 천하다고 할 수 있겠는가? 수만 자본을 가지고 풍랑의 위험을 겪고, 관료의 모욕을 감수하며, 시장에서 거래할 때 온갖 욕설을 참아내는 등, 온갖 고생을 겪으며 중요한 물품을 가지고 다니지만, 결국 얻는 이익은 보잘것없다. 그러나 반드시 경대부(卿大夫)와 교류해야만 이익을 거두고 해를 피할 수 있다. 그렇지 않고서야 어찌 당당히 경대부 위에 앉아 있을 수 있겠는가!"[7]

이는 상인의 지위를 중시하고, 자본과 시장 거래를 통해 이익을 얻는 상업 활동의 고생을 이해하며, 상인과 상업을 변호한 발언이다.

또 하나의 매우 중요한 이유는 왕양명 심학이 이지에게 결정적인 영향을 미쳤다는 점이다. 왕양명의 심학 자체가 이학(理學) 문화에 대한 반발로 이루어져 있으며, 이러한 반항성은 이지의 사상과 매우 잘 맞아떨어진다. 이지는 마흔 살 전후에 왕양명의 심학을 받아들였으며, 바로 이 심학을 토대로 '동심설'과 자연적 정성론을 체계적으로 제시할 수 있었다. 그는 다음과 같이 말하였다.

---

7 (明) 李贄, 『焚書』(上), 中華書局, 2018, 263쪽.

"불행히도 마흔 살에 접어들 무렵, 친구 이봉양(李逢陽)과 서용검(徐用檢)의 권유를 받아들여, 그들이 나에게 용계(龍溪) 왕 선생의 말을 알려주고, 양명 선생(陽明先生)의 글을 보여주었다. 이를 통해 진정한 사람은 죽지 않으며, 이는 참된 부처와 참된 선인(仙人)과 같다는 것을 알게 되었다. 비록 고집스럽긴 했으나, 믿지 않을 수 없었다."[8]

왕양명의 학문은 우선 당시 지배적 위치를 차지하던 주희의 이학에 대해 부정적인 결론을 내리도록 이끌었다. 이지는 용장(龍場)에서 도를 깨우친 후, 귀주의 생원이 양명을 스승으로 모셨던 일에 대해 이렇게 말했다.

"이 한 가지 사실만으로도 공(王陽明)의 재능과 식견은 이미 당대에 탁월함을 보여준다. 당시 사람들은 주부자(朱夫子)를 공자와 같이 존숭하였다. 그런데도 주자의 학문이 진정한 학문이 아님을 깨닫고, 오직 양명의 학문만이 참된 학문이라고 본 것은 공의 식견이 얼마나 뛰어난지를 보여준다!"

이는 이지가 왕양명의 심학을 통해 주희의 "이(理)가 기(氣)보다 앞선다(理在氣先)"는 학문을 더욱 부정했음을 보여준다. 또한, 왕양명의 심학에서 영감을 받아 자신의 '동심설'을 제시할 수 있었다. 물론, 이지는 왕양명의 학문을 한 걸음 더 발전시켰다. 우선 그는 왕양명이 유가의 '인의(仁義)의 학문'을 긍정한 것에 대해 이를 뒤집었다. 왕양명이 "만물이 하나의 몸이 되어 인(仁)을 이룬다(萬物一體爲仁)"고 강조한 것

8　張建業, 『李贄評傳』, 首都師範大學出版社, 2018, 35쪽.

과 달리, 이지는 이러한 '인'의 학문에 대해 부정적인 입장을 보였다. 그는 다음과 같이 말했다.

> "세상 사람들이 각자의 자리를 찾은 지 오래되었건만, 자리를 잃는 자는 탐욕과 폭력이 그들을 어지럽히고, '인자(仁者)'가 그들을 해친 것이다. '인자'는 세상 사람들이 자리를 잃었음을 걱정하며, 조급히 그들에게 자리를 마련해 주고자 한다. 이에 덕(德)과 예(禮)로 그들의 마음을 바로잡고, 형(刑)과 정(政)으로 그들의 신체를 단속하려 하니, 사람들은 오히려 자리를 잃게 되는 것이다."[9]

이지에게 있어서 세상 사람들이 자리를 잃는 이유는 탐욕과 폭력으로 그들을 어지럽히는 자들 때문이다. 이른바 '인애(仁愛)'를 빙자하여 거짓으로 자리를 마련해 주려다 오히려 해를 끼치기 때문이다. 이는 다소 도가와 묵가 사상의 의미를 담고 있다. 『악기(樂記)』에서 예악(禮樂)과 음악의 본질에 대한 관점을 연계해 보면, 유가의 과도한 봉건적 예제(禮制)는 형이상(形而上)의 도(道)와 형이하(形而下)의 기(器)를 본말 전도시킨 것이라 볼 수 있다. '예제'는 인간을 도구로 만들었으며, '예제'가 본래 인간의 마음을 올바르게 유지하는 덕(德)을 위한 도구라는 사실을 망각한 것이다. 이것이 바로 이른바 "덕과 예로 그 마음을 바로잡고, 형벌과 정치로 그 몸을 단속하여 천하 사람들이 크게 자리를 잃게 만든다(以'德禮'格其心, 以'政刑'摯其體, 從而使得天下人大失其所)"는 것이다. 이는 유가의 '인애'가 지닌 허구성과 기만성을 충분히 폭로한 것이다.

---

9   張建業, 『焚書』, 首都師範大學出版社, 2018, 71쪽.

2. 이지 '정생론(情生論)' 미학의 구현

우선, 이지의 '정생론(情生論)' 미학은 전통 도학(道學)과의 격렬한 논쟁 속에서 드러난다. 이지가 살았던 명말 시기는 사상적 갈등이 매우 치열했던 시기로, 전통 도학 내부에서는 양명 심학과 전통 이학 간의 논쟁이 있었을 뿐만 아니라, 이지의 새로운 사상이 전통 봉건 윤리와 대립하기도 했다. 이지는 그의 독특한 경험으로 인해 일정 부분 새로운 사상을 대표한다. 그는 특수한 가문과 사회적 관계로 인해 어린 시절부터 유학에 대해 의문을 품었다. 이후 생계를 위해 과거시험을 통해 관직에 올랐으나, 권한이 없는 하급 관리로서 20여 년간 관료 생활을 이어갔다. 그러나 대부분 전통 도학과 제도에 대한 불만으로 인해 상사와 갈등을 겪으며 관직 생활에서 부침을 겪었다. 1580년, 54세의 나이에 이지는 운남(雲南) 요안(姚安)의 지부(知府)직을 사임하고 황안(黃安)의 한 서원에 머물며 학문에 전념하였다. 이 시기에 그는 봉건 사회와 위선적 도학(道學)의 허위와 비열함을 더욱 명확히 인식하게 되었고, 봉건적 위선적 도학과의 날카로운 투쟁을 전개하였다. 이 과정에서 유명한 '이경(李耿) 논쟁'이 포함된다. 이는 이지와 당시 권신으로 명말 도학의 주요 대표자인 경정향(耿定向) 간의 논쟁으로, 약 4~5년에 걸쳐 진행되었으며, 수만 자에 달하는 방대한 논쟁 기록이 남아 있다. 당시 황안에서 이지는 경정향의 동생인 경정리(耿定理)와 매우 친밀한 관계를 맺었고, 경정리의 초청으로 경씨 가문에서 가정교사로 일하게 되었다.

그러나 1584년 경정리가 병으로 세상을 떠나면서, 그의 형 경정향과 이지는 사상적 관점에서 깊은 갈등을 드러냈다. 경정향은 이지의 초연함을 아쉬워하며, 그의 조카들이 이를 본받아 방종에 빠질 것을 염려하여 여러 차례 간언하며 비판하였다. 그는 "그의 초연함을 애석히 여겨 자식과 조카들이 본받아 버림받을 폐단이 있을까 두려워 자주 간언하였다(惜其超脫, 恐子侄效之, 有遺棄之病, 數至箴切)"[10]고 기록하였다. 경정향은 이지가 정통에서 벗어났다고 판단하여, 그가 가정교사로 있을 때 자식과 조카들이 이를 본받을까 염려하여 그를 떠나게 하려 했고, 여러 차례 이지에게 개선을 촉구하는 의견을 제시하였다.

이러한 상황은 이지의 반발을 불러왔고, 이는 명대 사상사에서 유명한 대논쟁으로 발전하였다. 이지는 노년과 병든 몸을 무릅쓰고 분투하며, '동심설'과 '정생론'의 깃발을 높이 들어 경정향을 대표로 하는 도학자들의 위선성과, 도학이 지닌 반역사적·반현실적 오류와 퇴행성을 강력히 비판하였다. 그는 논리적이고 근거 있는 반론을 통해 새로운 싹을 틔운 자본주의적 사상과 민주·인권적 관념의 참신함과 매력을 보여주었다. 이 논쟁은 다양한 문제를 다루었으나, 논제와 관련된 핵심은 다음 두 가지 문제로 요약될 수 있다.

첫째, 공자와 유학에 대한 평가 문제이다. 경정향은 명말 시기의 도학을 대표하는 인물로서, 당연히 공자와 도학을 존숭해야 한다고 주장하며, 이를 스승이자 규범으로 삼아 자녀 교육의 기본 교재로 삼아야 한다고 주장했다. 반면, 이지는 반(反)전통의 입장에서 이러한 조건 없는 공자 숭배와 유학 추종, 그리고 공자를 '가법(家法)'으로 삼는 것을 반대했다. 이지는 경정향의 견해에 동의하지 않으며, "인간은 태어날 때부터 각자의 역할을 가지고 있다"며 주체성을 강조하고, "생생(生生)

---

10 (明) 李贄, 『焚書』(上), 中華書局, 2018, 88쪽.

의 덕"과 무한한 창조력을 중시했다. 그는 "하늘이 한 사람을 태어나게 하면, 그 자체로 각자에게 주어진 역할이 있지 공자에게 의지해야만 충분한 것은 아니다. 만약 반드시 공자에게서 채워져야 한다면, 공자 이전의 천고에는 인간이 될 수 없었단 말인가?"[11]라고 반문했다. 또한, 이지는 도학자들이 "하늘이 공자를 낳지 않았다면, 만고는 긴 밤처럼 어두웠을 것이다(天不生仲尼, 萬古如長夜)"라는 말을 신랄히 비판하며, 조롱조로 "그러니 희황(羲皇) 이전의 성인들은 온종일 촛불을 들고 다녔겠군"[12]이라고 지적했다. 이지는 "모든 사람은 성인이 될 수 있다(人皆爲聖人)"고 주장하며 굳이 공자만을 배울 필요가 없음을 제기했다. 그는 다음과 같이 말했다. "성인은 남에게 반드시 능력을 요구하지 않기 때문에 모든 사람이 성인이 될 수 있다. 그래서 양명 선생은 '거리마다 모두 성인이다(滿街皆聖人)'라고 말했다." 또한, 그는 "농사짓고, 질그릇을 만들고, 고기 잡는 사람들의 장점도 배울 수 있다면, 수많은 성현의 선함을 어찌 배울 수 없단 말인가? 그런데도 왜 반드시 공자만을 배우며 그것을 정통이라 해야 하는가?"[13]라고 덧붙였다.

둘째, 어떤 인재를 양성할 것인가의 문제이다. 경정향은 이지가 도학에서 벗어난 '초탈(超脫)'로 인해 자신의 자녀와 조카들이 이지의 교육 아래 제대로 된 인재로 성장하지 못할 것을 염려했다. 그러나 이지는 '동심설'과 '정생론'에 기반하여 인재가 될 수 있는지, 그리고 어떤 인재를 키울 것인지에 대해 경정향과 전혀 다른 견해를 제시했다.

---

11 (明) 李贄, 『焚書』(上), 中華書局, 2018, 89쪽.

12 (明) 李贄, 『焚書』(上), 中華書局, 2018, 755쪽.

13 (明) 李贄, 『焚書』(上), 中華書局, 2018, 162-163쪽.

그는 공자가 인재를 선발할 때 자로(子路)에게 말한 "중도를 걷는 사람을 얻지 못한다면, 차라리 광자(狂者)와 견자(狷者)와 함께할 것이다(不得中行而與之, 必也狂狷乎)"라는 말을 인용하며, 광자와 견자를 키울 수 있다고 보았다. 이지는 광자를 "예전의 것을 답습하거나 과거의 자취를 따르지 않고, 높은 식견을 지닌 자"라고 설명했다. 또한, 견자는 "하나의 불의도 행하지 않고, 한 명의 무고한 사람도 죽이지 않으며 천하를 얻지 않겠다"는 이윤(夷)과 백이(齊)와 같은 부류로, 그 지조가 확고하다고 보았다. 이지는 이러한 광자와 견자가 "덕을 훔치는 시골 선비(賊德之鄕愿)"와는 완전히 다르다고 보았다. 여기서 '향원(鄕愿)'은 '위선자'를 의미하며, 이는 바로 경정향과 같은 도학자를 가리킨 것이다. 이지의 비판은 매우 날이 선 것이었다. 또한, 다른 자리에서 이지는 더욱 분명하게 경정향의 '거짓말' 습관을 비판했다. 그는 "내가 공의 본성을 잘 알고 있소. 공은 다시는 거짓말을 하지 말아야 할 것이오!"[14]라고 지적했다.

이지의 관점에서 "자연적 정성과 본성"에서 우러나오는 진정한 감정을 바탕으로 교육받은 인재는 우선 과거의 것을 답습하지 않고, 신의와 의리를 존중하며 이를 지키는 품격을 가져야 한다. 이는 경정향과 같은 '향원(鄕愿之人)'이나 '거짓말쟁이(說謊之人)'와는 전혀 다른 것이었다. 이지의 '인재 양성'에 대한 견해와 인재의 기준을 보면, 그의 '동심설'과 '정생론'이 중국 전통의 생생(生生) 사상이 지닌 끊임없이 창조하는 특성을 가장 잘 드러낸다고 할 수 있다. 따라서 이지의 인재 기준에 따르면, 진정한 인재란 "자연적 정성과 본성"에서 비롯된 진정성을 바

---

14 (明) 李贄, 『焚書』(上), 中華書局, 2018, 173쪽.

탕으로 하며, 동시에 이성과 규범을 겸비하고, 본성과 실제가 일치하며, 주체의 본성을 충분히 발휘하는 사람이다. 이는 진심과 성의를 중시하며, 기존의 관습을 따르거나 무기력하게 살아가는 사람이 되어서는 안 된다.

이지는 확고한 투쟁 정신을 지니고 있었으며, 전통 도학과 유가 사상과 절대 타협하지 않았다. 그는 '동심설'에서 비롯된 '정생론'을 통해 도학과 유학을 철저히 부정하였다. 그는 유명한 '동심설'에 대해 다음과 같이 말했다. "그러므로 나는 동심(童心)에서 비롯된 글을 감탄하며, 더는 『육경(六經)』과 『논어』, 『맹자』를 말할 필요가 없다."[15] 그의 관점에서, 오직 '동심설'에 의해서만 자신이 자랑스럽게 여기는 "최고의 글"을 쓸 수 있으며, 유가의 『육경』과 『논어』, 『맹자』에 의존해서는 불가능하다고 보았다. 그는 심지어 『육경』과 『논어』, 『맹자』를 "도학의 핑계이자 위선자들의 온상"이라며, 속임수에 불과하다고까지 여겼다. 더 나아가 그는 유가와 도학자들을 다음과 같이 비판하였다. "겉으로는 도학을 표방하면서 속으로는 부귀를 추구하고, 유학자의 옷을 입고 있으나 행동은 개와 돼지처럼 한다."[16]

둘째, 이지의 '정생론' 미학은 일상생활의 실천 속에서 구현되었다. 전통 유가와 도학이 추구했던 일상생활의 실천은 주로 과거시험을 통해 명예를 얻고 가문을 빛내는 것이었다. 그러나 이지는 완전히 다른 신흥 계층의 상업과 사익을 중시하는 가치관과 인생관에서 출발하며, '동심설'과 '정생론'의 철학적·미학적 관점에 기반하여 산업을 경영하고

---

15 (明) 李贄, 『焚書』(上), 中華書局, 2018, 588쪽.
16 (明) 李贄, 『續焚書』, 中華書局, 1975.

부귀와 성공을 이루는 목표를 추구하였다. 그는 실제적인 육체적 물질적 즐거움, 마음의 해방과 육체의 만족을 추구하였다. 이지는 경정향과의 논쟁에서 전통 유가와 도학이 주장하는 공허한 '인애(仁愛)'의 추구를 비판하며, 이러한 인애가 오히려 사람을 본래 자리에서 잃게 만드는 행위라고 지적했다. 그는 "덕과 예로 그 마음을 억누르고, 정치와 형벌로 그 몸을 단속한다(德禮以格其心, 政刑挈其四體)"고 비판하였다. 이지는 "자연적 정성과 본성(自然性情)"에 부합하는 생활 실천을 요구하며, 신체와 오감에 이롭고 "부귀와 성공(富貴利達)"을 추구하는 생활 방식을 지향하였다. 그는 이렇게 말했다.

"부귀와 성공은 본래 하늘이 준 우리의 오감을 풍요롭게 하기 위한 것이니, 이는 자연스러운 이치이다. 그러므로 성인은 이를 따르고, 따르면 편안해진다. 탐욕스러운 자에게는 녹봉을 주고, 출세를 원하는 자에게는 관작을 주며, 강력한 자에게는 권력을 주고, 능력 있는 자는 일을 맡겨 관직을 주며, 유약한 자는 보조 역할을 맡긴다. 덕이 있는 자에게는 명예로운 자리를 주어 존중하되, 단지 모범으로 삼을 뿐이며, 뛰어난 재능을 가진 자에게는 중책을 맡기고 그 행적을 따지지 않는다. 각자 자신의 장점을 발휘하도록 하여, 아무도 쓸모없는 사람이 없게 만든다. 일이 어찌 이리도 쉬운가?"[17]

여기에서 특히 부귀와 성공의 요구가 "하늘이 준 오감을 풍요롭게 하는 것(厚吾天生之五官)"에 있음을 강조하며, 이는 인간의 오감과 육체

17　張建業, 『李贄評傳』, 首都師範大學出版社, 2018, 23쪽.

에 이로워 자연스러운 본성에 따르는 일임을 보여준다. 육체적 즐거움을 자연스러운 본성의 위치에 놓고 이를 생활 실천의 목표로 삼은 것은 분명히 최초라고 할 수 있다.

이지는 경정향과 "학자들에게 가장 적합한 '이언(邇言)'이 무엇인가"를 놓고 논쟁하면서 자신의 생활 실천 목표를 설명했다. 경정향의 생활 실천 목표는 당연히 "부자유친(父父子子), 군군신신(君君臣臣)"과 같은 전통 도학 사상에 기반하고 있었다. 그러나 이지는 세상의 모든 것이 "생산과 경영을 다스리는 일"에 이롭다면 그것이 곧 "이언"이라고 주장하였다. 그는 이렇게 말했다.

"이를테면 아름다움을 좋아하는 것, 학문에 정진하는 것, 진취를 추구하는 것, 금은보화를 많이 쌓는 것, 많은 토지와 집을 사들여 자손을 위해 계획을 세우는 것, 자녀와 손자의 복을 위해 풍수를 폭넓게 탐구하는 것, 그리고 세상의 모든 생산과 경영을 다스리는 일들은 모두 사람들이 공통으로 좋아하고 배우며, 알고 말하는 것으로, 진정한 '이언(邇言)'이다."[18]

이로부터 이지의 "자연적 정성과 본성(自然性情)"에서 비롯된 '동심'이 추구한 일상생활이 전통 도학자들이 추구하던 삼강오륜(三綱五常)과 삼종사덕(三從四德)이라는 봉건적 전통을 이미 넘어섰음을 알 수 있다. 이는 "오감을 풍요롭게 하고(厚五官)", "자연에 따르며(順自然)", "산업을 경영하는 것(置産業)"을 중시하는 새로운 형태의 생활 실천으로, 당시 사람들의 시야를 크게 넓힌 새로운 사상의 해방이며, 새로운 자본

---

18 (明) 李贄, 『焚書』(上), 中華書局, 2018, 208쪽.

가 계층의 부상을 예고하는 흐름을 보여준다. 사실, 이지의 이러한 사상은 인류 사회의 발전 법칙에 매우 부합한다. 자본주의의 싹과 과학 발전의 과정에서 볼 때, 중국은 실질적으로 매우 풍부한 사회적 자원과 과학적 사상 기반을 갖추고 있었다. 예를 들어, 명말 시기의 방이지(方以智) 등은 풍부한 과학지식을 보유하고 과학 분야에서 큰 업적을 이루었지만, 송명 이학의 '도통(道統)'이라는 주류 사상에 받아들여지지 않았다. 이는 중국 과학이 봉건 예교에 묻힌 한 가지 사례를 보여준다. 이지가 제안한 "오감을 풍요롭게 하고", "자연에 따르며", "산업을 경영하는 것"이라는 새로운 형태의 생활 실천은 과학 발전의 관점에서 볼 때, 과학적 실용주의 정신의 발전을 촉진하는 데 매우 유리한 사상이었다고 할 수 있다.

셋째, 문학 실천에서의 구현으로, 소설 평점(評點)과 '화공(化工)' 개념을 제시하였다. 이지의 문학적 실천은 주로 소설 평점에 나타나며, 『수호전(水滸傳)』, 『서유기(西遊記)』, 『완사기(浣紗記)』 등을 평점하면서 유명한 "화공설(化工說)"을 제시하였다. 그는 이렇게 말했다.

"『배월(拜月)』과 『서상(西廂)』은 화공(化工)이고, 『비파(琵琶)』와 『화공(畫工)』은 그림과 같은 예술이다. 이른바 그림과 같은 예술은 천지의 화공을 능가한다고 하나, 누가 천지에 화공이 없음을 알겠는가?"[19]

여기에서, 이지는 '화공(化工)'과 '화공(畫工)'이라는 두 가지 서로 다른 예술 개념을 제시하였다. 이른바 '화공(化工)'에 대해 그는 『이탁

---

19 (明) 李贄, 『焚書』(上), 中華書局, 2018, 575쪽.

오선생 비평북서상기(李卓吾先生批評北西廂記)』에서 다음과 같이 설명한 바 있다. "의도하지 않고, 마음에 두지 않으며, 손 가는 대로 끌어다 놓아도 모두 옳다."[20] 이른바 '화공(畫工)'이란 "구조가 치밀하고, 대구(對句)가 정확하며, 도리에 의지하고, 법도에 부합하며, 처음과 끝이 서로 호응하고, 허와 실이 서로 어우러진다"[21]는 것을 의미한다. 즉, 글의 법도가 모두 기준에 도달했지만, 이는 단지 인간이 만들어낸 '화공(畫工)'일 뿐, 자연적인 '화공(化工)'은 아니다. 이지는 '화공(畫工)'이란 "천지의 화공(化工)을 능가하려고 하지만, 누가 천지에 그러한 인위적 '공(工)'이 없음을 알겠는가"라고 말하며, 천지의 공(工)이란 자연적으로 이루어진 것이지 사람들이 배워서 모방할 수 있는 인위적 '공'이 아니라고 주장한다. 이지는 화공(化工)의 형성은 의도적으로 이루어지는 것이 아니라, 마음속에 오랜 감정을 품고 있다가 자연스럽게 터져 나오는 결과라고 보았다. 이는 감정과 상황이 조화를 이루는 가운데 한순간에 분출된 결과라고 말하며, 그는 이러한 화공의 형성을 생동감 있게 묘사하였다.

"세상에서 진정 글을 잘 쓰는 사람은 처음부터 글을 쓰려는 의도가 없었다. 그들은 가슴속에 다루기 힘들고 기이한 일이 가득하며, 목구멍에는 하고 싶지만, 감히 말하지 못하는 것이 쌓여 있다. 또한, 입술 끝에서는 항상 하고 싶은 말이 있지만, 이를 어떻게 말해야 할지 몰라 망설이는 상황이 많다. 이 모든 것이 오랫동안 쌓이고 쌓여 도저히 억누를 수 없는 상태가 된다. 그러다가 어느 순간 풍경을 보고 감정이 일어나고, 눈앞의 장

20　(明) 李贄, 『焚書』(上), 中華書局, 2018, 576쪽.
21　(明) 李贄, 『焚書』(上), 中華書局, 2018, 577쪽.

면에 감탄하며, 남의 술잔을 빌려 자신의 억울함을 풀고, 가슴속의 불평을 토로하여 수천 년을 관통하는 감동을 자아낸다. 마침내 옥을 뿜어내고 진주를 쏟아내듯 글이 만들어지고, 그 글은 구름과 하늘처럼 찬란히 펼쳐져 천상에 기록된다."[22]

여기에서, 이지는 중국 전통 철학과 미학의 특징과 유사하게 논리적 결론을 도출하기보다는 현상적 묘사를 주로 한다. 그는 이른바 '화공(化工)'에 대해 매우 생동감 있게 묘사하였다. 간단히 말하면, 글을 쓰겠다는 의도 없이 감정이 마음속에 축적되었고, 이를 내지 않고는 견딜 수 없어 풍경을 빌려 감정을 일으키고, 옥을 뿜고 진주를 토해내듯 글로 표현한다는 것이다. 이는 감정이 문학 창작을 추동하는 역할을 설명하며, 부부의 이합(離合)과 인연을 빌려 '화공'의 글을 탄생시킨다는 점을 보여준다. 문학과 감정의 관계는 전통 문학 이론에서 오래된 주제이다. 서진(西晉)의 육기(陸機)가 『문부(文賦)』에서 "시는 감정에서 비롯되어 화려하게 표현된다(詩緣情而綺靡)"고 말한 바 있으며, 이는 이미 감정이 문학 창작에서 중요한 역할을 한다는 것을 주목한 것이다. 그러나 이 말은 여전히 "시는 뜻을 표현한다(詩言志)"는 관념과 밀접한 관련이 있다. 반면, 이지의 '화공' 설은 "시는 뜻을 표현한다"는 등의 다른 요소를 완전히 배제하고, 자연적 정성과 본성의 표현인 "조화(造化)의 공(工)"만을 남겨두었다.

이지는 이러한 화공의 감정이 특정한 '풍경(景)'을 통해 분출된다고 보았다. 그가 말하는 '풍경'이란 부부의 이합이나 가인의 기묘한 만남

---

22 (明) 李贄, 『焚書』(上), 中華書局, 2018, 580쪽.

등과 같은 감정적이고 극적인 이야기들이다. 이러한 정경(情景)의 조화는 부부의 이합과 단합처럼, 그가 『부부론』에서 말한 "천하의 만물은 모두 둘에서 생겨나며, 하나에서 생겨나는 것이 아니다(然則天下萬物皆生於兩, 不生於一)"[23]를 충분히 보여준다. 이는 바로 '정생론'의 연원이자, 이지의 '화공(化工)' 설이 서양 문학 이론과 미학에서의 "감정을 형식으로 만든다(使情成體)"와 다른 점이다.

결론적으로, '화공(化工)' 이론의 주요 함의는 두 가지로 요약될 수 있다. 하나는 자연스럽고 하늘이 이룬 자연의 아름다움이고, 다른 하나는 정경(情景)이 융합된 조화의 아름다움이다. 이지는 바로 이 '화공론'을 바탕으로 여러 고전 소설을 평점하였으며, 그는 『배월(拜月)』과 『서상기(西廂記)』가 이미 '화공'의 경지에 도달했다고 보았다. 이는 "감정의 진정성과(情感之真切也)"와 "정경 융합의 철저함(情景交融之徹底也)"을 실현한 작품이라는 것이다. 예를 들어, 『서상기』에서 앵앵이 몰래 약속을 잡는 장면을 묘사한 시는 다음과 같다.

> 달을 기다리며 서쪽 행랑 아래, 바람맞아 문이 반쯤 열리고,
> 담장 너머 꽃 그림자 움직이니, 옥 같은 사람이 오는 줄 알았다.

또한, 장생과 앵앵이 작별을 나누는 『장정송별(長亭送別)』에서는 이렇게 쓰고 있다.

> 푸른 구름 하늘, 노란 꽃대지, 서풍은 거세고 북 기러기는 남쪽으로 날아

---

[23] (明) 李贄, 『焚書』(上), 中華書局, 2018, 536쪽.

간다.

새벽에 누가 단풍 숲을 취하게 물들였는가?

모두가 이별하는 이의 눈물일 뿐이다.

앞의 시는 깊은 규방에 있는 소녀가 사랑을 갈망하는 감정을 진실하게 표현하였고, 뒤의 시는 신혼의 남녀가 서풍과 단풍 숲속에서 헤어지는 아픔을 진정성 있게 토로하였다. 두 작품 모두 감정의 진실함과 깊이를 완벽히 구현하고 있다. 이지는 '진정성(真情)'을 기준으로 문학 작품을 평가하였으며, 이는 『수호전(水滸傳)』에서도 잘 드러난다. 예를 들어, 그는 왜각호 왕영(矮脚虎王英)에 대해 이렇게 평가하였다.

"왕왜호(王矮虎)는 여전히 개성의 성인이다. 비록 호색(好色)이긴 하지만 이를 숨기지 않는다. 심지어 생사를 건 상황에서도 그는 자신의 본성을 따른다. 만약 그가 도학 선생이었다면, 틀림없이 숨길 것은 숨기고 드러낼 것은 드러내며, 모든 행위가 방황하는 듯할 것이다. 아, 도대체 무엇이 사랑인가? 차라리 왕왜호처럼 솔직하게 일장청(一丈青)을 아내로 삼는 것이, 결국은 진정한 보답을 받는 것이다."

이는 왕왜호의 진실하고 솔직한 감정을 칭찬한 것으로, 이를 '화공(化工)'의 경지에 속한다고 평가한 것이다. 반면, 당시 유행하였고 봉건 통치자, 특히 주원장(朱元璋)으로부터 찬사를 받았던 고명(高明)의 『비파기(琵琶記)』에 대해서는 비판적이었다. 이지는 고명에 대해 다음과 같이 언급했다.

"고명은 분명 자신의 모든 역량을 쏟아부었으며, 재능을 극한까지 발휘했다. 그러나 그는 온갖 기교를 다 동원하고 노력했으나, 말이 끝나면 뜻도 끝나고, 문장이 다하면 그 맛도 다해버린다."

이는 고명이 최선을 다했지만, 그의 작품이 무미건조하다는 것을 지적한 것이다. 그 이유에 대해 이지는 이렇게 설명한다. "그가 진정성을 표현하지 않았기 때문에 독자의 마음속에 깊이 들어가지 못한 것은 아니겠는가?" 이지는 고명이 『비파기』에서 진정한 감정을 표현하지 못했기 때문에 독자들에게 깊은 공감을 주지 못했다고 보았다. 특히 이 작품이 민간에서 유행하던 "서생이 과거 급제 후 아내와 자식을 버린다"는 이야기와는 감정적으로 다르며, 대신 전적으로 충성과 효를 지닌 채백개(蔡伯喈)를 주인공으로 내세웠다는 점을 문제 삼았다. 따라서 고명이 아무리 온 힘을 다해 작품을 만들었더라도 이는 단지 "피부와 뼈와 살 사이(皮膚骨血之間)"에 그칠 뿐이며,[24] 뼛속 깊이, 사람들의 마음속 깊이 스며들기 어렵다고 이지는 평가했다. 이지(李贄)의 관점에서 진정한 감정과 진실한 느낌은 '화공(化工)'의 기본적 요구이다.

3. 이지 '정생론' 미학의 평가

이지의 '정생론' 미학에 대한 평가는 주로 네 가지 측면에서 나타난다. 첫째, 이지의 "정생론" 미학이 포함하는 '동심설', '사심설', "인간

---

[24] (明) 李贄, 『焚書』(上), 中華書局, 2018, 577쪽.

은 반드시 사사로움이 있다(人必有私論)", "아름다움은 자연적 정성과 본성에 있다(美在自然情性說)", '화공설(化工說)' 등은 철학과 미학사에서 모두 처음으로 제시된 것으로, 개척적인 가치와 의의를 지닌다. 이는 역사적으로도 매우 큰 영향을 미쳤다. 이지의 사상은 직접적으로 원매(袁枚) 형제의 '성령설(性靈說)'과 탕현조(湯顯祖)의 『모란정(牡丹亭)』의 '정애설(情愛說)'을 열었으며, 명·청 소설에서 감정과 심지어 욕망의 표현을 가능케 했다.

그의 '정생론' 미학은 중국 고유의 감정론적 미학 사상을 독창적으로 창조하였다. 이는 그의 '부부론'을 기반으로 하여 "만물은 둘에서 생겨나며 하나에서 생겨나지 않는다(萬物生於二不生於一)"는 사상을 통해 감정이 인물, 줄거리, 이야기를 창조하는 역할을 강조하고, 주체적 감정의 주도적이고 창조적인 기능을 충분히 드러냈다. 이는 『서상기』에서 보이는 복잡한 감정의 전개와 여운을 남기는 표현 방식으로 나타나며, 『적과 흑』에서의 직설적 고백이나 생사를 건 결투와는 차별화된다. 이는 동양 생생미학의 또 다른 형태로, 우리의 깊은 연구와 계승이 필요한 부분이다.

이지의 '동심설'은 매우 중요한 철학적·미학적 사상으로, 왕양명의 '양지설(良知說)'을 계승하고 발전시킨 것이다. 이는 어느 정도 '동심'을 통해 봉건 유학과 도학의 관련 이론을 '보류'한 결과, 결국 진심(眞心), 초심(初心), 본심(本心)만을 남기게 된다. 이것이 바로 이지의 철학, 특히 미학의 출발점이 되었다. 그는 이 '진심'을 바탕으로 자신의 '화공설' 미학, 예술 사상, 소설과 희극 평점을 전개하였으며, 탁월한 성과를 이루고 깊은 영향을 끼쳤다. '동심설'은 '정생론' 미학의 기본 이론적·방법론적 가치와 의의를 지닌다.

둘째, 이지의 '정생론' 미학은 "인간에게는 반드시 사사로움이 있다"는 관념을 포함하며, 이론적 관점에서 중국 자본주의 싹의 다양한 사상적 형태와 이에 대한 초기 긍정을 보여준다. 이는 상업 중시 사상, 재물과 미에 대한 애호 등 초기 사상들을 긍정적으로 평가하고, 인간 욕망의 적절한 인정과 긍정적 평가, 그리고 사익(私利)과 사권(私權)에 대한 최초 인정을 포함한다. 이는 "군주가 신하에게 죽음을 요구하면 신하는 죽음을 피할 수 없고, 아버지가 자식에게 죽음을 명하면 자식은 따를 수밖에 없다"는 공권력이 압도적으로 우위를 점해왔던 중국 전통 봉건 사회에서 귀를 멍하게 할 만큼 충격적인 선언이라 할 수 있다.

셋째, 이지는 평생 "도통"을 최대의 적으로 삼고, 비판적 정신을 몸소 실천하며 살았다. 그는 20여 년간 관직 생활을 하였지만, 줄곧 주변부에 머물렀고, 진정한 문인으로서의 삶은 그가 관직을 떠난 후에 시작되었다. 이 시점부터 20년 넘게 이어진 문인 생활이 본격적으로 시작되었으며, 동시에 봉건 사회와 도학 전통에 굴하지 않는 투쟁의 생애가 열렸다.

유명한 경정향과의 논쟁은 그를 명말 통치 집단과 완전히 단절시키는 계기가 되었다. 이지는 명말 도학자들의 '위선', '거짓말', "겉으로는 도학을 표방하면서 속으로는 부귀를 추구하고, 유학자의 옷을 입고 개와 돼지처럼 행동하는(陽爲道學, 陰爲富貴, 穿著儒雅, 行若狗彘)" 진면목을 무자비하게 폭로하였다. 또한, 그는 공자학과 도학의 본질을 "도학의 핑계와 위선자의 온상"으로 폭로하며, 공자학과 도학의 핵심을 정면으로 공격하여 봉건적 위선자들에게 큰 충격을 주었다. 이러한 이지의 비판은 봉건 사회의 수호자들에게 큰 공포를 불러일으켰다. 봉건 통치자들은 이지에게 오랜 기간 가혹한 박해를 가하며 모든 수단을 동원하였다. 그 결과, 그의 집안은 몰락하였고 그는 노쇠하고 병든 몸이 되었다. 결국 "혼란한 사상을 조장하고 세상을 현혹하며 백성을 기만했다"라는 죄명으로 황제의 직접 명령으로 체포되어 감옥에 갇히고 극심한 박해를 받았다. 그는 결국 자살로 생을 마감할 수밖에 없었다. 이지는 중국 역사상 봉건 통치에 직접 맞서다 치명적 재앙을 겪은 최초의 문인이자, 진리를 위해 헌신한 전형적인 인물로 남았다.

넷째, 이지는 결국 시대와 역사적 한계를 완전히 벗어나지 못했다. 그의 '정생론' 미학은 '동심'과 '사심'이라는 복잡한 함의를 포함하고 있지만, 두 개념 간의 관계를 완전히 명확히 설명하지는 못했다. 특히 두 개념의 교차점과 차이점을 명확히 규정하지 못했다. 그는 "자연적 정성과 본성"을 강조하며, 그것이 '예의'에서 멈춰야 한다고 주장했으나, 이 '예의'가 다시 '자연' 속에 있다고 설명하면서 '정(情)'과 '욕(欲)' 사이의 경계를 명확히 구분하기 어려운 측면을 드러냈다. 이지는 전통유학과 도학을 비판했으나, 유학을 완전히 포기하지는 않았다. 만년에 그는 원중도(袁中道)가 그에게 채식을 권유하자 "나는 이제 늙었고, 유교를 믿는다. 수염을 남기고 있으니 마땅히 고기를 먹어야 한다"고 답하였다. 이는 그가 여전히 유교를 신봉하고 있음을 분명히 보여준다.

1601년 4월, 북통주(北通州)에 도착한 이지는 친구들의 환대를 받았다. 친구들은 당시 이지가 "유학자의 모자를 쓰고, 승려의 머리를 감싸며, 예에 따라 배를 맞이했다"라고 기록하였다. 이에 놀란 친구가 "왜 그렇게 공손한가?"라고 묻자, 이지는 "나는 예전에 공자의 책을 읽으며 스스로 마음을 낮추었다. 지금 『역경』을 보니, (공자에게) 미치지 못했음을 알겠다. 어찌 예를 다하지 않을 수 있겠는가?"라고 답했다. 이는 그가 여전히 유학에 대한 기본적인 신앙을 유지하고 있음을 보여준다. 명나라 정권과 황권에 대해서도 이지는 기본적인 지지 태도를 유지했다. 그는 만년의 『유서(遺書)』에서 다음과 같이 썼다. "우리나라가 200여 년 동안 생업을 안정시키고, 백성을 양육하여 오늘에 이르게 되었으니, 성조 문황제(成祖文皇帝)와 요소사(姚少師)의 공로 덕분이다."

종합적으로 볼 때, 이지는 '동심설'을 핵심으로 하는 독창적인 철학과 미학 이론 체계를 구축하였고, 방대한 저술을 남기며 명말 시대에 왕양명과 나란히 이름을 올린 이론가로 평가받았다. 그러나 그는 주로 반(反)봉건 투사로서 세상에 영향을 미쳤으며, 그의 이론 자체는 더 나은 완성도와 체계성이 부족했고, 전후의 모순 또한 불가피했다. 그렇지만, 이지와 같은 이론가의 등장은 하나의 기적으로 평가될 수 있으며, 그의 엄청난 영향력은 가늠하기 어렵다. 이지가 사망한 후 그의 저작은 봉건 통치자들에 의해 엄격히 금지되고 부정되었으며, 전통 도학이 다시 우세를 점하였다. 이에 따라 그의 이론은 거의 단절되었다.

청나라 시대 내내 왕조 통치를 유지하기 위해 유학과 도학이 다시 지배적 위치를 차지했으며, 이지가 주장한 동심, 초심, 사익과 사권은 민국 혁명이 일어나기 전까지 학문적 시야에 정식으로 진입할 기회를 얻지 못했다.

『노자(老子)』에서 '뿌리 은유'의 유형과 그 사상적 의미 분석

정석도 鄭錫道
―――――――――――
성균관대학교 유학대학 초빙교수

내용요약

가치론적 의미를 함축한 다양한 은유들로 구성된 노자 철학의 토대적 은유는 대체로 지향적 은유와 존재론적 은유로서 '뿌리 은유', '길 은유'와 '그릇 은유' 등으로 갈래지을 수 있다. 이 가운데 노자 철학의 사상적 지향성과 가장 밀접한 은유의 갈래가 바로 뿌리 은유다. 뿌리 은유는 다시 생물학적 원형질 은유와 자연물로 확장된 생식 은유 및 근원적 심성의 은유로 유형화할 수 있다.

원형질 은유로서 '뿌리'[根]는 만물이 되돌아가야 할 시간성이 강조된 장소성이며 논리 순서로서 일종의 시작점이다. 그래서 근원, 모태, 본질적, 본래적이라는 의미 그 자체와 통한다. 그것은 물 은유와도 의미를 공유해서 현상의 근거뿐만 아니라 정치적 권위의 근거로도 의미가 확장된다. 반면 '통나무'[樸]는 통치자를 비롯한 사람들이 회복해야 할 윤리 도덕적 상태와 관련된다는 점이 특징이다. 그래서 욕망이 과하게 드러나지 않는 소박성 및 가공되지 않아 거칠지만 본래적인 사람들의 자연 및 그것에 대한 긍정을 내포한다.

노자는 세계와 사물의 존재론적이고 의미론적인 근거가 되는 상관성의 비유로서 암컷과 수컷을 내세운다. 이러한 유기체적 의인화적 은유는 구체적으로 생식의 은유로서 '풀무'[橐籥], '곡신'[谷神], '현빈'[玄牝]으로 재현된다. 생식과 출산과 연관된 '암수'[雌雄]와 '갓난아이'[嬰兒]는 심성의 근본성을 상징하는 것으로 식물의 '뿌리'[根] 및 '통나무'[樸]의 원형 상태와 일맥상통한다. 상기한 은유들은 모두 가시적인 공간성이긴 하지만 공간의 속성보다는 원형적인 생명력이 보존된 시간적 과거의 의미가 부각된 사물이다.

노자의 사유에서 뿌리 은유는 모두 환기하거나 혹은 되돌아가야 할 마음의 상태로서 공통성이 있다. 각종 뿌리 은유를 통해 세계와 사물의 근원성을 환기하는 것은 또한 정치적 권위의 본질이 어디에 있는가를 말하는 것이기도 하며, 통나무와 갓난아이를 내세운 복귀의 논리에는 사람들의 자연에 역행하는 제도적 장치에 대한 부정과 비판이 함축되어 있다.

사변적 차원에서 보면 노자의 되돌아가기는 '이름'[名: 공간성]에서 '도'[道: 시간성]에로 나아가는 것이다. 노자의 사유 구조는 이름[공간성]을 지양하고 도[시간성]를 지향하는 것을 기초로 한다. 그것은 공간적 사유에서 시간적 사유로 사유의 형식이 전환되는 것을 뜻한다. 총괄적으로 볼 때 노자의 뿌리 은유는 남성성과 공간성에 반하는 여성성과 시간성을 부각하는 전환적 사유의 계기를 내포하면서 동시에 노자가 지향하는 소박하고 정적이며 원형적인 사회구성체의 성격을 대변한다.

주제어: 『老子』, 뿌리 은유, 복귀, 여성성, 시간성

1. 들어가는 말

이 논문에서 필자는 가치론적 의미를 함축한 복합적 은유 체계로 구성된 노자의 사유 가운데서도 가장 토대적인 은유라 말할 수 있는 '뿌리 은유'를 유형화하고 각각의 은유에 내포된 의미를 특히 노자 철학의 사상적 지향성에 입각해서 분석하고자 한다. 노자철학 전체와의 상관성을 염두에 두고서 은유들의 의미가 서로 교차되는 지점을 중점적으로 살펴봄으로써 노자의 사유와 사회관의 성격을 밝히고자 한다.

노자철학에 대해 은유를 통해 접근하는 표면적 근거는 무엇보다 『노자(老子)』에서의 시적 서술 형식에 말미암은 것이다. 윌라이트(Philip. E. Wheelwright)는 노자의 시적 은유에 주목한 바 있다.[1] 그러나 『노자』의 서술 구조에서는 수사학적 측면으로 해석될 수 있는 언어적 꾸밈[시적 은유]이 부각 된다고 보기는 어렵다. 그 이유는 무엇보다 노자의 각종 은유적 서술이 전통적인 은유관에서 볼 수 있는 낱말의 형태로 드러나는 은유적 구조를 넘어 문장 형태의 은유로서 분석될 수 있는 복합적인 구조로 이루어져 있기 때문이다. 또한 전통적 은유관에 있어서는 은유로 취급되지 않았거나 혹은 주목되지 않았던 은유들, 예

---

1 필립 윌라이트/ 金泰玉 역, 『은유와 실재』, 서울: 한국문화사, 2000, 52~53쪽 및 91~92쪽 참조.

컨대 '위아래'[上下], '좌우'[左右], '앞뒤'[前後] 등의 공간 지향적 개념들이 가치의 은유로서 폭넓게 등장하고 있기 때문이다. 노자의 은유는 한마디로 철학적 은유라고 말할 수 있다.

전통적 은유관은 아리스토텔레스로부터 비롯된 것으로 은유는 주로 수사학적 측면에서 언어의 문제로 받아들여 왔다. 반면 레이코프와 존슨의 개념적 은유 이론에 따르면 은유는 단순히 언어의 문제, 즉 낱말의 문제가 아니다. 그들은 은유가 특수한 언어의 사용에 관한 문제가 아니라 일상적 삶에 넓게 퍼져 있는 것이며, 지각과 살아가는 방식 등을 구조화하는 개념체계가 본성적으로 은유적인 것이라고 말한다. 또한 은유가 인간의 사고 과정의 대부분을 차지하며 인간의 개념체계 안에 존재하는 것으로, 은유는 곧 은유적 개념을 의미한다고 본다. 레이코프와 존슨의 이론에 따르면 개념화가 곧 은유이다.[2]

노자의 철학적 은유를 탐구하는 이 논문에서는 개념적 은유 이론에 기초한 분석 방법을 주로 활용하고자 한다. 개념적 은유 이론에 의하면 노자의 은유, 즉 노자의 은유적 개념에는 『노자』가 편집되고 통용되던 당시의 사회 문화적 맥락에서의 지각과 사고방식 및 그것들을 아우르는 사유와 가치의 체계 등이 모두 수용되어 있는 셈이다. 따라서 개념적 은유 이론에 의한 노자의 은유 분석은 노자의 사유와 사회관의 성격을 보다 사실적이고 면밀하게 읽어내는 방법이 될 수 있을 것이다.[3]

---

2   G.레이코프·M.존슨 지음/ 노양진·나익주 옮김, 『삶으로서의 은유』, 서울: 서광사, 1995, 24쪽 참조.
3   필자는 노자의 수많은 은유가 개념적 은유에 정합적이라고 판단하고 또 개념적 은유 이론에 의해 해석될 때 노자의 은유에 내포된 심층적 의미를 드러낼 수 있다고 생각한다. 직접

2. '뿌리'[根]-'통나무'[樸]: 뿌리 원형

노자의 사유에서 사람과 만물 및 식물의 상태는 가치를 분별하는 현상적 근거이다. 현상적인 개체의 상태에 대한 관찰을 통해 노자는 단단하고 강한 것을 죽음과 가까운 하위의[부정적] 가치로, 부드럽고 약한 것을 삶과 결부된 상위의[긍정적] 가치로 자리 매긴다. '부드러움'은 노자의 사유에서 삶의 징표이다. 살아 있는 것은 사람과 사물을 막론하고 부드럽다. 반면 죽은 상태는 부드럽지 않고 딱딱한 상태이다. 생명이 있는 상태는 변화가능성을 갖는 것으로서 살아 숨 쉬는 신체의 유연성 및 부드러운 풀과 나무에 비유된다. 반면 죽은 상태는 사람이나 식물이나 한가지로 뻣뻣하게 굳은 변화 불가능한 상태로 드러난다.

사람이 살아있을 때는 유연[柔弱]하지만, 죽은 다음에는 경직[堅强]된다. 세상 모든 사물과 풀과 나무도 살아 있을 때는 부드럽지만, 죽고 나면 딱딱하게 변한다. 그러므로 경직되고 딱딱한 것은 죽음의 범주[死]에 해당되고, 유연하고 부드러운 것은 삶의 범주[生]에 해당된다. 이러한 현상을 참조할 때 군대가 강하면 패하게 되고, 나무 또한 강하면 부러지게 될 것이다. 강대한 것은 아래[下]에 위치하고, 유약한 것이 위[上]에 머문다.[4]

적인 분석 방법에 있어서 먼저 영상 도식[Image schema]이라 불리는 여러 도식들, 예컨대 '부분-전체 도식', '연결 도식', '그릇 도식', '균형 도식', '방향 도식' 등에 주목하고자 한다. 영상도식의 일차적 근원은 사람의 몸이 지각하는 '부분-전체', '중심-주변', '연결-분리', '안팎', '균형', '방향'이며 이에 대한 경험을 바탕으로 긍정과 부정의 가치가 부여된다. 임지룡, 『인지의미론』, 서울: 탑출판사, 1997, 147쪽.

4 『老子』76장: "人之生也柔弱, 其死也堅强. 萬物草木之生也柔脆, 其死也枯槁. 故堅强者死之徒, 柔弱者生之徒. 是以兵强則不勝, 木强則折. 强大處下, 柔弱處上."

마치 높은 산에서 볼 수 있는 고사목과 그 아래서 새롭게 자라나는 산야초의 새싹을 비교하듯, 노자의 논리는 현상을 근거 삼아 관점의 방향을 비틀고 있다. 본래 강하고 단단하다는 것은 물리적 상태를 넘어 특정 가치의 비유로 쓰인다. 노자가 활동하던 당시의 사회상을 염두에 두지 않더라도 통시적으로 '강한 것은 힘이 좋은 것'이고 나아가 '승리하는 것'이어서 이미 긍정적인 가치의 위계를 갖는 것이다. 그러나 그와 같은 '강대함-승리'의 구도를 생명력의 관점에서 보게 되면 죽음과 더 가까운 하위의 가치라는 것이 노자의 생각이다. 노자는 고목보다 낮은 곳에 있는 부드럽고 약한 식물의 생명감에 주목해서 그것이 결국 더 오래 살 가능성이 있다는 차원에서 보다 긍정적인 가치로 받아들인다. 부드러움은 물리적 공간적 차원에서는 약함이 되지만, 삶의 시간적 차원에서는 더욱 생명력이 충만한[강한] 상태로서 더욱 긴 삶이 예정되어 있다고 보기 때문이다. 예컨대 노자의 사유는 '강한 것이 살아남는다'가 아닌 '살아남은 것이 강한 것이다'라는 통속적 비유로써 이해할 수 있다. 노자는 삶의 지속성의 차원에서 유약함[부정적 가치]을 강한 것[긍정적 가치]으로 주지시킨다. 같은 맥락으로 노자는 질적 변화의 결과로서 현상을 변화의 원인으로 되돌린다. 뻣뻣이 굳은 것[현상적 결과]은 사람이나 나무가 죽은 다음[현상의 원인] 볼 수 있는 질적으로 변화된 상태이다. 거기에서 노자는 군대와 나무는 강하면[원인] 패하고 부러진다[결과]는 논리를 이끌어 낸다.[5]

---

5 노자가 강한 것과 장성한 것을 부정하는 것은 기존의 정치 질서 체계에 대한 비판을 우회적으로 표현한 것이다. 단단하고 강함으로 비유되는 기존 질서체계의 비자연성을 부정하는 관점에서 부드러움과 오래 감을 제시한다. '사물이 장성하면 금방 늙는다'[物壯則老: 30장]에서도 보면 노자는 늙음과 통하는 강함보다 부드러움을 강조하여 그것이 정치적 질서의 지속

식물 성장의 원리들은 사람에게 적용된다. 사라 알란(Sarah Allan)은 "철학적 범주로서 물(物)개념에 대한 원형은 식물생명[plant life]"(사라 알란, 150쪽)이라고 말하며, 물의 범주 안에 있는 인간이 식물에 비유되어 사유됨을 주목한다.[6] 『노자』에서 식물은 특정부분이나 상태가 주목되며, 각종 가치의 본질을 사유하게 하는 매개물이다. '뿌리'는 먼저 하늘과 땅이라는 존재론적 바탕과 결합된다. 즉 '하늘과 땅의 뿌리'[天地根: 6장]이다. 그리고 지금에서 은유적 의미로 구별되지 않을 정도로 밀착된 의미인 기초나 토대[=뿌리]의 의미[重爲輕根: 26장]로 쓰인다. 또한 되돌아가야 할 자연적 지향성으로서 '본래적 장소'[各復歸其根. 歸根曰靜: 16장]이기도 하다.

'하늘과 땅의 뿌리'[天地根]라는 은유적 조합은 가시적 공간성을 필두로 한다. 하지만 그 의미는 그리 깊게 생각하지 않아도 발생과 관계 깊다는 것을 알 수 있다. '하늘과 땅의 뿌리'는 물리적인 하늘과 땅의 시작을 뜻함과 아울러 시간과 공간의 발생적 기원이라는 의미로 해석된다. 따라서 '천지근'에서 뿌리는 공간적 차원보다 시간적 차원과 밀

성 면에서 더 유리함을 말하고 있다.

6   사라 알란/ 오만종 옮김, 『공자와 노자 그들은 물에서 무엇을 보았는가?』, 서울: 예문서원, 2000, 149~151쪽 참조. 사라 알란은 초목의 싹이 땅에서 나오는 그림꼴인 '生'자의 은유적 확장으로부터 '物'의 기원을 마련한다. 한편 문자학적 관점에서 物은 소와 관련이 있다. 物은 '牛'와 '勿'의 개별적 의미가 결합되어 만물을 뜻하게 되었다. 갑골문에서 牛는 정면에서 바라보는 소머리의 형상을 본뜬 그림꼴 문자이다.(谷衍奎, 84쪽) 또한 갑골문에서 勿은 구름의 층 사이로 내비치는 태양의 빛을 모사한 그림꼴 문사로서 구름의 형태아 색상을 뜻한다.(谷衍奎, 102쪽) 牛와 勿이 결합된 物은 본래 여러 가지 색의 털을 가진 소를 의미하며, 그러한 여러 털 색에 말미암아 '萬物'이란 의미로 파생되었다.(谷衍奎 編, 『漢字原流字典』, 北京: 語文出版社, 2008, 643쪽) 『說文通訓定聲』에서 보면 소의 크기에서 비롯된 분화[萬物]로서 物을 해석(物, 萬物也, 牛爲大物, 天地之數, 起于牽牛[…])하고 있다.(朱駿聲, 『說文通訓定聲』, 北京: 中華書局, 1998, 632쪽) 위의 谷衍奎는 이러한 해석이 당시의 사회사상에 근거한 해석이라고 말한다. 어떤 해석이든 소에서 비롯되었다는 것이 문자학적 관점에서 '物'의 기원이다.

접한 은유이다. '무거운 것은 가벼운 것의 뿌리가 된다'[重爲輕根]는 노자의 진술은 위와 조금 다른 양상을 보인다. 무거움과 가벼움이라는 양적 물리적 공간감[무게감]의 비유를 통해 노자는 통치자의 정치적 태도와 처신의 문제를 거론한다.

> 무거운 것[重]은 가벼운 것[輕]의 뿌리가 되고, 고요한 것[靜]은 성급한 행동[躁]의 우두머리[君]가 된다. 때문에 군자[聖시는 종일 움직이면서도 무거운 수레 옆을 벗어나지 않는다. 비록 화려한 생활을 영위하지만 초연한 태도로 조용히 지낸다. 어떻게 대국의 군주 된 몸으로 세상을 경박하게 다스릴 수 있겠는가? 경박하면 근본성[本]을 잃어버리게 되고, 성급하면 군주 자리[君]를 잃게 된다.[7]

위에서 무게감으로서 '무거움'과 '가벼움'은 그 자체로 이미 은유적 표현이다. 그것은 각각 중후한 태도와 경솔한 태도를 일컫는다. 무거운 것은 움직이지 않고 가만히 제자리를 지키는 성질과 닮아 있다. 반대로 가벼운 것은 가만히 있지 못하고 이리저리 경박하게 움직이는 것과 통한다. 때문에 인용문의 첫 구절에서 '무거움'은 뒤이은 구절의 '고요함'으로 재현되고, '가벼움'은 '성급함'으로 반복 진술된다. '뿌리'는 또한 '우두머리'[君]로 재현되어 통치자의 정치적 태도와 '몸 둘 곳'을 예시하고자 한다. 우두머리[君]로 의미가 연쇄된 뿌리는 종래 '근본성'[本]과 '군주 자리'[君]에 다다른다. 그러한 유비적 연결 방식의 논리와 더불어

---

7 『老子』 26장: "重爲輕根, 靜爲躁君. 是以聖人終日行不離輜重. 雖有榮觀, 燕處超然. 奈何萬乘之主, 而以身輕天下. 輕則失本, 躁則失君."

노자는 '무거움은 (가벼움의)뿌리', '고요함은 (시끄러움의)뿌리' 그리고 '초연한 태도는 화려한 생활의 뿌리'라는 은유적 구성을 통해 뿌리에 내재된 토대로서의 의미를 정치적 공간에 대입한다. 노자는 『노자』에서 각각의 장의 첫 구절을 대부분 은유적 근거를 제시하는 데 할애하며, 위의 인용문 또한 그러하다. '근거'는 정치적 공간에서 '권위'(의 정당성으)로 수렴된다. 그러한 근거와 권위의 정당성에 밑바탕 할 때 정치적 공간의 지속성이 보장된다는 것이 위 인용문의 요지이다. 즉 노자의 뿌리 은유는 시간적 기점의 의미에서 정치적 권위의 기점 및 그 유지의 기점으로 확장된다.

 뿌리(은유)는 아래 지향성을 대표한다. 즉 뿌리는 지상에 노출되지 않고 땅 속에서 아래를 향해 뻗어간다. 그래서 지향성의 측면에서 유사성이 있는 물과도 통한다. 물은 식물 생장에서 필수적인 요소이기 때문에 물리적으로도 뿌리와 상관되어 있다. 낮은 곳에 위치하면서 더 낮은 곳을 향해 움직이는 노자의 물은 넓게 보면 뿌리 은유에 속한다. 왜냐하면 노자의 은유로서 물은 뿌리와 유사하게 근거와 권위의 정당성을 드러내는 가시적 사물로 등장하기 때문이다. 물이 넓은 의미의 뿌리 은유에 포함된다면 뿌리 은유에 내재된 근원성은여성성과도 연결된다. 뿌리와 물 및 여성성이 유사성을 통해 연계될 수 있는 근거는 그것들이 모두 아래지향성과 유관하다는 데 있다. 뿌리와 물은 가시적으로 드러나는 아래지향성이고, 여성성은 부드러움을 매개로 물의 성질과 통하는 것뿐만 아니라 남녀 사이 성적 교환관계에서 주로 아래에 위치하기 때문에 아래지향성과 정합적이다. 그러한 아래지향성의 내적 의미는 시간적 기점이 강조되는 것이며, 기존의 공간적[수직적] 가치의 위계에서는 공통적으로 약함, 즉 가치론적 부정성으로 자리매김된 것들이다. 그렇기 때문에 물 은유 등을 수반하는 노자의 포괄적 뿌리 은유는 부정의 사유와도 연계된다.

　노자가 뻣뻣하게 굳은 나무를 비롯해서 뿌리 은유로써 부정하는 것은 일방적인 가치의 우월성이다. 부러질 가능성이 많고 죽음과 더 가까운 성질의 비유인 뻣뻣함 혹은 단단함은 기존의 가치체계 및 그것을 수용하는 믿음과 신념체계를 지시한다. 노자의 부정을 앞세우는 논리는 통치자와 사람들로 하여금 그러한 가치체계와 신념체계에 대해 의구심을 갖게 하고 가치의 근원성을 강조하기 위함이다. 뿌리나 초목의 비유에서 볼 수 있는 관점은 사람에게도 적용된다. 노자는 지혜 있는 사람을 숭상하지 말라고 말한다.[不尙賢, 使民不爭[…]: 3장] 노자에 의하면 지혜를 가진 사람은 기존의 가치체계를 받아들여 이미 성숙된 사람이다. 그것은 딱딱하게 굳은 고목에 비유될 수 있는 상태이다. 즉 노자는 현인을 부드러운 초목이나 뿌리의 반대선상에 있어 생명력이 고갈된 상태에 근접하기 때문에 부정적으로 바라본다.

　그러나 노자의 뿌리 지향적 사고는 기존 가치체계를 배제하는 차원과는 무관하다. 다만 한쪽으로 치우친 가치 관념을 바로잡고 본질적 가치를 알게 하기 위해 부정을 앞세운다. 노자의 기존 가치체계에 대한 부정(을 통한 균형 지향)을 뿌리와 줄기 간의 관계로 설명해 보면 이러하다. 기존의 가치 체계는 위로 하늘을 향해 단단하게 자란 나무의 줄기에 해당된다. 노자는 그와 같이 강하게 자란 줄기보다는 눈에 드러나지 않은 뿌리에 주목함으로써 줄기가 자랄 수 있었던 근거[근원]를 되새긴다. 지상의 줄기는 지하의 뿌리와 수분에 힘입어 성장한다. 노자의 사유에 의하면 뿌리가 없으면 줄기는 의미가 없다. 즉 가시적이고 공간적인 것, 이미 드러난 가치체계[줄기, 有]는 비가시적이고 시간적이며 드러나지 않은 본질적 가치[뿌리, 無]가 받쳐줄 때 비로소 지속성[道]을 갖는다는 것이다.

노자의 '뿌리'는 현상에 대한 논리적 근거[根據=뿌리]를 내세우기 위한 가시적 설정이다. 동어 반복적인 이 말은 뿌리라는 낱말에 이미 근원이란 의미가 결속되어 있다는 것을 뜻한다. 뿌리는 또한 시간-공간적 회복 대상으로서 이미지화되어 있다. 뿌리에 의해 나무의 줄기가 생장하는데, 줄기에 비해 뿌리를 강조하는 것은 보이지 않는 곳을 주목한다는 의미이다. 보이지 않는 곳으로서 뿌리는 줄기에 대한 시간 기점의 성격을 갖는다. 다시 말해 뿌리의 아래 지향성은 상징적 측면에서 과거지향성과 통한다. 눈에 직접 드러나지 않은 공간적 위치에 의해 보다 시간성이 강조되는 동시에 지상의 줄기가 성장하는 것과 반대 방향으로 뻗어가는 것에서 보면 그렇다. 때문에 『노자』에서 복귀는 뿌리[과거]로의 복귀[各復歸其根]라는 조합으로 드러난다.[8]

텅 빔[虛]의 극단에 이르는 것과 고요함[靜]을 지키기를 독실하게 할 것이다. 만물은 함께 성장하는데, 나는 그것을 통해 복귀를 볼 수 있다. 만물

8　'復歸'는 도가의 논리적 특징으로서 통상적으로 순환적 시간관 내지는 순환적 역사관으로 이해되어 왔다. 그 한 가지 예는 도가의 生死觀에서 찾을 수 있는 氣化論的 생명 순환의 도식이다. 『老子』 10장의 '기를 모아 원초적 유연성을 유지함'[專氣致柔], 42장에서의 '기운이 용솟음쳐 조화를 이룸'[沖氣以爲和], 55장, '마음이 기를 부리는 것을 강하다고 함'[心使氣曰强], 29장, '그러므로 사물에는 완만하게 감싸는 기운이 있고, 급하게 내뱉는 기운이 있다'[故物[…]或噓或吹] 등에서 볼 수 있다. 42장의, '도는 하나를 생산하고[…]셋우 만물을 생산한다[…]'[道生一[…]三生萬物[…]]에서 만약 '하나'를 기로 해석하게 되면 이 역시 기화론적 생명 이해의 계기가 된다.(李霞, 『生死智慧-道家生命觀硏究』, 北京: 人民出版社, 2004, 103~105쪽 참조) 장자는 죽음을 氣의 모이고 흩어짐[聚散]을 통해 설명한다.(『莊子』「知北遊」: "生也死之徒, 死也生之始, 孰知其紀. 人之生, 氣之聚也. 聚則爲生, 散則爲死[…]") 생명은 기가 모인 것이고 죽음은 본래 산발적이던 기가 모였다 다시 흩어진 것이다. 장자의 죽음관에서 우리는 복귀와 순환을 발견하게 된다.

은 무성하게 자라지만 각자 그 뿌리[根]로 되돌아간다. 뿌리로 복귀하는 것을 고요함에 이름이라 하며, 이는 명(命)을 회복하는 것을 말한다. 명을 회복하는 것을 변함없는 법칙에 이르는 것[常]이라 하고, 변함없는 법칙을 아는 것을 밝음[明]이라 말한다. 변함없는 법칙을 알지 못하면 흉한 일을 만들고 말 것이다. 변함없는 법칙을 알게 되면 포용할 수 있고, 포용성이 생기면 공정할 수 있게 되며, 공정해지면 왕이 될 수 있다. 왕은 하늘의 원리와 소통하고, 하늘은 도와 소통된다. 도에 의해서만 오래도록 지속 가능하며[久] 영원히 변함없을 것이다.[9]

변화를 지속하게 하는 것은 변함없는 법칙에 의해서다. 이는 고요함과 의미가 상통한다. 즉 동적 변화는 정적인 데서 비롯된 것이고, 이 같은 고요함이 내포하고 있는 의미는 시간성이 강조된 장소성이다. 즉 고요함은 만물 각각의 생명의 시작점이기도 하고 종결점이기도 하다. 여기서 엿볼 수 있는 노자의 순환론적 시간관은 가치의 본질이 무엇인지를 설명하기 위한 논리적 기제이다. 그것은 과거지향성과 통하며 동시에 본질 지향적이다. 무성한 만물도 결국 처음 자라기 시작했던 상태인 고요한 상태로 되돌아간다. 고요한 상태는 곧 본질적인 상태로서 뿌리로 비유된다. 따라서 위에서 뿌리의 의미는 '본질적 가치'를 뜻한다. 본질로서 뿌리가 정치적 공간에 적용될 때는 '변함없는 법칙'[常]으로 전화된다. 뿌리는 '텅 빔'[虛]과 '고요함'[靜]의 의미에서 나아가 '포

---

[9] 『老子』 16장: "致虛極, 守靜篤. 萬物竝作, 吾以觀復. 夫物芸芸, 各復歸其根. 歸根曰靜, 是謂復命. 復命曰常, 知常曰明. 不知常, 妄作凶. 知常容, 容乃公, 公乃王. 王乃天, 天乃道. 道乃久, 沒身不殆."

용성'과 '공정함'으로 의미가 확장되어 왕의 존재론적 근거가 된다. 이 절의 서두에서 말했듯이 노자가 말하는 강함은 공간적이고 물리적인 강함으로서 단단함이 아닌 생명력의 강함, 즉 부드러움에서 비롯된 오래감이다. 그러한 것의 근거가 위의 인용문에서도 나타난다. 뿌리로 돌아가는 것, 즉 본질적인 가치로 복귀함은 궁극적으로 영원한 지속 가능성으로서 도의 시간성과 소통되는 계기[道乃久. 沒身不殆]가 된다.

본질적 가치로서 뿌리는 지상의 줄기와의 관계를 통해 사유된다. 그러한 것과 달리 목재로 재제되지 않은 상태의 나무 또한 복귀해야 할 상태와 관련된 은유로 제시된다. 가공되지 않은 원목 상태를 뜻하는 '통나무'[樸]가 그것이다. 뿌리와 통나무 모두 포괄적인 근원지향성이라는 점에서 의미가 공유되는 지점이 있다. '이름 없는 통나무'[無名之樸]란 은유적 표현을 살펴보자. '무명지박'은 의미를 문장과 문장 사이에서 들출 필요도 없이 본디 은유적 구성으로 되어 있다. 그런데 '이름 없음'[無名]과 '통나무'[樸]는 사실상 동일한 의미가 서로 교차함으로써 강조되는 꼴이다. 즉 '무명'과 '박'은 같은 성질로서 전자는 추상적으로 개념화된 것이고, 후자는 '무명'의 추상성이 구체적인 사물의 성질로 드러난 것이라고 볼 수 있다. '이름 없는 통나무'에서 '통나무'는 원형질이란 의미를 시각화하는 계기이다. '이름 없는 통나무'는 심성의 원형적 상태로서 '욕심 없음'[無欲]으로 이어진다. 아울러 '뿌리'에서도 강조되는 '고요함'[靜]과도 상통한다.[10] 사람이 원목과 같이 된다는 것은 과도한 욕망이 배제된 자연스럽고 소박한 상태[[⋯]我無欲而民自樸: 57장]를

---

10 『老子』 37장: "道常無爲而無不爲, 侯王若能守之, 萬物將自化. 化而欲作, 吾將鎭之以無名之樸. 無名之樸, 夫亦將無欲. 不欲以靜, 天下將自定."

98

뜻한다.

통나무는 사회적 제도와 관련되어 긍정과 부정의 가치를 묘사하는 데에도 쓰인다. 이름 없는 도의 은유적 근원영역이 바로 통나무이다. "도는 끝내 이름이 없고, 통나무 같고 미약한 것이다."[道常無名, 樸雖小[…]: 32장] 여기에서는 앞서 37장의 '무명지박'(無名之樸)처럼 직접적인 은유적 구성과는 달리 도의 의미를 설명하는 가운데서 은유적으로 묘사되고 있다. 의미적 차원의 은유로서 '도는 통나무', 혹은 '도는 질박하고 작은 것'으로 재조합할 수 있다. 이름이 없는 도는 마치 제재되지 않은 통나무처럼 전일성과 보편성을 함의한다. 이름은 통나무를 쪼개서 만든 실용성이자 특수성인 그릇과 같다. 이는 '통나무가 갈라져서 그릇이 만들어졌다'[樸散則爲器: 28장]는 것에서 확인된다. '통나무'는 미분화된 욕망과 함께 정치적 제도적 미분화를 나타내는 은유이다. '통나무'는 되돌아가야 할 상태, 즉 회복해야 할 상태로서 욕망의 원형질이며, 제도의 원형질[復歸於樸: 28장]이다.

뿌리는 만물이 돌아가야 할 시간성이 강조된 장소성이며 논리 순서로서 일종의 시작점이다. 그래서 근원, 모태, 본질적, 본래적이라는 의미와 상통한다. 그리고 물 은유와도 의미를 공유해서 현상의 근거뿐만 아니라 정치적 권위의 근거로도 의미가 확장된다. 반면 통나무는 통치자를 비롯한 사람들이 회복해야 할 윤리 도덕적 상태와 관련된다는 점이 특징이다. 그래서 욕망이 과하게 드러나지 않는 소박성 및 가공되지 않아 거칠지만 본래적인 사람들의 자연 및 그것에 대한 긍정을 상징한다.[11]

---

11 『老子』19장: "絶聖棄智, 民利百倍. 絶仁棄義, 民復孝慈. 絶巧棄利, 盜賊無有. 此三者以

3. '풀무'[橐籥], '곡신'(谷神)-'현빈'(玄牝): 뿌리 생산

노자는 하늘과 땅 사이의 공간에 사물이 존재하는 것을 하늘과 땅의 상호 작용에 의한 것으로 사유한다. 이러한 사유는 하늘이 갖는 높이감과 땅의 낮은 위치에 말미암은 것이다. 또한 그것은 하늘과 땅의 사이에 이미 사물이 있는 현상을 논리적으로 역전시킨 결과이다. 즉 가시적인 자연 현상으로서 사물은 비어 있는 공간에 존재하게 되고, 그 비어 있음을 가능하게 하는 고정된 형식이 바로 하늘과 땅인 셈이다. 현상을 통해 있음의 근거를 돌이켜 합리화하는 노자의 논리적 역전의 방식에 따르면 하늘과 땅은 의지가 없는 존재일 수밖에 없다. 하늘과 땅에 의해 사물이 있게 되었다는 것은 실제 현상 그대로를 공간의 크기와 위치에 따른 비유를 통해 설명한 것에 지나지 않기 때문이다. 따라서 노자의 사유에서 엿볼 수 있는 사물 있음에 대한 이해의 한 가지 측면은 '들어 있음'이다. 하늘과 땅이라는 거대한 그릇 안에 사람과 사물이 들어 있는 광경이 바로 존재함에 대한 노자의 이해이다. 5장에서 천지와 만물의 상관성에 대한 구절을 보면 그러한 점을 엿볼 수 있다.

하늘과 땅은 사람의 사랑[仁]과 다르다. 만물을 짚풀강아지[芻狗]로 여긴다. 성인 또한 사람의 사랑과 같지 않다. 백성을 짚풀강아지로 여긴다. 하늘과 땅 사이는 마치 풀무[橐籥] 같지 않은가! 텅 비어[虛] 있으면서도 변함없이 (사물에)작용하고, 움직이기 시작하면 끊임없이 나온다.[出] 말이

爲文不足, 故令有所屬, 見素抱樸, 少私寡欲."

많으면 필연적으로 가로막힌다. 가운데[中]를 지키는 것만 못하다.[12]

인용문의 첫 구절을 보면 얼핏 노자가 말하는 하늘과 땅이 인격성을 가진 듯 보인다. 하늘과 땅이 형식적으로는 만물보다 상위의 위계를 갖고 있다. 그리고 그것은 '~라고 여긴다'[以-爲]는 서술형을 통해 보면 인격적 주재의 의미가 엿보이기도 한다. 그러나 『노자』에서 하늘과 땅은 각각의 사물보다 장구함으로 인해 인격성[모태적 포용성]으로 표현되고 있을 뿐이다. 그러한 근거는 하늘과 땅은 스스로를 살리려고 하지 않는 까닭에 오래 살 수 있는 존재[以其不自生, 故能長生]로 묘사되고 있는 데서 밑받침된다.[13] 하늘과 땅의 비인격성 비의지성은 바로 무심함 혹은 무정함으로 해석할 수 있는 '불인'(不仁)에 근거한다. 하늘과 땅이 불인하다는 것은 바로 개별 사물에 비해 시공간적으로 더 오래되고 더 오래 남는 하늘과 땅 사이에 존재하는 사물의 현재성을 다른 방식으로 표현한 것이다. 그렇게 표현된 것은 또한 이어지는 구절에서 성인과 백성의 관계를 말하기 위한 상관적 전제이기 때문이기도 하다.

노자는 천지가 만물을 생산해 놓고도 개별적인 특수한 감정을 갖지 않는다고 말한다. 이는 은유의 일종인 의인화 은유이다. 현상적으로 하늘과 땅 사이의 빈 공간에 사물이 있는 것에 대해 노자는 하늘과 땅의 의지로 사물이 있지만 무심하게 대한다는 의인화된 논리를 통해 우회적으로 표현한 것이다. 노자의 의인화적 사유 가운데 사물의 있음은

---

12 『老子』 5장: "天地不仁. 以萬物爲芻狗. 聖人不仁. 以百姓爲芻狗. 天地之間, 其猶橐籥乎! 虛而不屈, 動而愈出. 多言數窮. 不如守中."
13 『老子』 7장: "天長地久. 天地所以能長且久者, 以其不自生, 故能長生. 是以聖人後其身而身先, 外其身而身存. 非以其無私邪. 故能成其私."

출산 은유를 통해서 드러난다. 즉 암컷의 출산에 비유해서 사물의 있음을 이해한다. 그러므로 노자의 사유에서 하늘과 땅은 또한 사물을 있게 하는 은유적 부모의 역할을 맡는다. 사물이 현상적으로 있음은 천지부모로부터 산출되었으되 그들로부터 개별적 애착을 받지 않는다[不仁]는 식으로 시적 환원을 통해 표현된다. 개별적 애착을 받지 않는다는 것의 의미는 본래 그 자리에 그 형태로 있는 사물을 논리적 역전의 방식으로 표현한 것으로, 개별 사물의 개별성이 그냥 현상적이지만 그것을 시적 의인화를 통해 묘사한 것이다. 현상적 개별성을 시적으로 표현한 '불인' 또한 비어 있음과 같은 맥락적 의미를 가진다.

하늘과 땅 사이에서 사물이 생겨나는 비유로서 관여하는 풀무라는 도구 또한 의인화된 것이다. 하늘과 땅 사이의 빔은 풀무의 공간으로 구체화된다. 그럴 때 풀무는 천지부모와 같이 사물을 생산하는 도구의 역할이 강조된다. 천지가 비어 있지만 그 안에 사물을 담아내듯, 풀무 또한 비어 있는 공간의 작용을 통해 창조의 동력이 되는 것이다. 비어 있으면서도 무궁한 작용이 가능한 공간으로서 천지와 풀무는 의미론적 유사성을 갖는다. 하늘과 땅 사이에 개별 사물이 존재하는 것을 노자는 천지부모가 사물을 생산하고도 편애하지 않는 것으로 설명한다. 그럴 때 비어있음으로서 천지와 유사성을 가진 풀무의 빈 공간은 여성과 남성 간의 성적 교환관계가 이루어지는 장소로 이해된다. 풀무의 빈 공간에 무궁한 작용을 가하고 동력이 되는 것은 풀무질에 의해서라는 점에서 보면 풀무는 천지부모의 의미처럼 남녀 사이 성적 교환관계를 암시하는 은유적 사물로서 등장한 것이다.[14] 이러한 유비

---

14 이러한 의인화 내지는 유기적 유비 사유를 나라와 나라 사이에도 적용하는 것을 볼 수 있

추리는 노자가 여성 생식기의 비어 있는 틈을 천지의 근원이라고 하는 데서 분명하게 드러난다. 천지의 비어 있음은 여성 생식기의 비어 있는 틈이 확장되고 의인화된 것이다. 그러한 근거는 천지의 비어있음과 풀무의 빈 공간의 작용이 무궁무진한 것이 골짜기[谷] 및 의인화된 골짜기[谷神]인 여성의 생식기[玄牝]의 작용과 같은 데서 알 수 있다.

골짜기의 형상은 비어 있지만 그것은 가득 찰 수 있는 가능성이다. 그러한 근거는 "골짜기는 하나를 획득함으로써 가득 차게 된다"[谷得一以盈]는 데에 있다. 노자의 논법에 의하면 개별 사물의 정체성은 하나를 얻음으로써 형성된다. 이때 하나는 바로 '도'를 말한다. 하나, 즉 도와 결합되어 정체성을 획득하는 사례는 계속해서 "하늘을 하나를 얻음으로써 맑고", "땅은 하나를 얻음으로써 고요히 안정되며", "만물은 하나를 얻음으로써 삶의 지속성을 갖는다"는 등의 표현으로 연쇄된다.[15] 이러한 논법에는 어김없이 노자의 논리적 역전의 논법이 적용되고 있다. 특별히 위에 예를 든 문장들은 언어적 지칭을 통한 사물의 인식 이전에 사물의 본모습이 있음을 전제로 하는 언어와 실재를 분리하는 사유에 기초하고 있다. 이는 대상의 언어적 형식과 정체성으로서 내용을 먼저 분리한 후에 이른바 '하나[道]를 얻음으로써' 실질성을 획

다. 노자는 큰 나라를 남성에 작은 나라를 여성에 비유한다. 그래서 큰 나라와 작은 나라의 생존 방식을 남녀 사이 성적 교환관계에 빗대어 설명한다.(『老子』 61장: "大國者下流. 天下之交, 天下之牝. 牝常以靜勝牡, 以靜爲下. 故大國以下小國, 則取小國, 小國以下大國, 則取大國. 故 或下以取, 或下而取. 大國不過欲兼畜人, 小國不過欲入事人, 夫兩者各得其所欲, 大者宜爲下.")

15 『老子』 39장: "昔之得一者, 天得一以清, 地得一以寧, 神得一以靈, 谷得一以盈, 萬物得一以生, 侯王得一以爲天下貞, 其致之. 天無以清, 將恐裂, 地無以寧, 將恐發, 神無以靈, 將恐歇, 谷無以盈, 將恐竭, 萬物無以生, 將恐滅, 侯王無以貴高, 將恐蹶. 故貴以賤爲本, 高以下爲基. 是以後王自謂孤, 寡, 不穀. 此非以賤爲本邪? 非乎? 故致數輿無輿. 不欲琭琭如玉, 珞珞如石."

득한다는 형식적 구성을 통해 드러난다.

가령 '하늘이 도를 획득함으로써 맑다'고 근거를 앞세우는 표현을 사용하기 이전에 현상적으로 하늘은 맑고 푸른 것을 자기 정체성으로 하는 것이다. 그러므로 노자는 현상적 하늘 있음의 근원적 존재 형식을 '하나'[도]라는 용어로 표현한 것이다. 도라는 보편성을 통해 개별 사물의 특수성이 있게 될 때, 즉 하늘이 하나[도]를 획득해서 맑음을 갖게 될 때 그 획득된 특수성이 바로 덕(德)이다. 하늘의 덕은 바로 맑음에 있는 것이다. 그러므로 골짜기 또한 가득 참이 골짜기다움이지만 먼저 비어 있음으로써 그러한 가능성이 실질성을 갖게 된다. 노자가 주목한 부분은 바로 이러한 골짜기가 가진 채움의 가능성을 골짜기다움에만 한정하지 않는다는 데 있다. 노자는 그것을 사물의 생산논리로 이어간다. 그래서 골짜기의 비어 있는 꼴은 암컷이나 여성 생식기의 비어 있는 틈과 유비적 상관성을 갖는다.

골짜기의 신[谷神]은 죽지 않는다. 이것을 거뭇한 여성[玄牝]이라 말한다. 거뭇한 여성의 문, 이것을 천지의 뿌리[天地根]라고 말한다. 그것은 끊임없이 이어지며 대략 있는 듯 하지만, 그 작용은 다함이 없다.[16]

'골짜기의 신'[谷神]과 '거뭇한 여성'[玄牝]은 물에서 파생된 시간적 공간성이다. 그래서 신화학자들에 의해 신화적 근거를 갖는 것으로 거론된다. 백서본 『노자』에서는 위의 '곡'(谷)이 '곡'(浴)으로 되어 있는데

---

16 『老子』 6장: "谷神不死. 是謂玄牝. 玄牝之門, 是謂天地根. 綿綿若存, 用之不勤."

이는 '물이 있음이 강조된 것'이다.[17] 또한 '곡신'(谷神)에서 '신'(神)자를 통해 신화적 근원이 암시되기도 한다. 하지만 포괄적으로 민속 문화의 초기에서부터 근거를 갖는 것이기에 '신화적'인 용례라 말할 수 있다. 샤오빙(蕭兵)은 '거뭇한 여성'과 '골짜기의 신' 등에 대해, 물을 근원으로 하는 농경민족의 바람 및 불변적인 생명력과 생식력에 대한 숭배와 추구 등을 반영한다고 말한다.[18] '골짜기의 신'과 '거뭇한 여성'은 현상적으로 물과 가까운 성질을 갖는 것 이전에 물의 신화로부터 파생되고 확장된 것으로 볼 수 있다. 때문에 '골짜기의 신'과 '거뭇한 여성'은 물과 도에 함유된 근원성 및 시초성과 동등한 의미의 궤적을 그린다.

'골짜기의 신'과 '거뭇한 여성'에서 골짜기는 산 중턱의 물들이 모여서 하류로 흘러가기 이전의 집수 지점이며, 거기에서 의미를 확대하면 발원지라는 개념으로 읽을 수 있다. 골짜기는 그 깊숙하고 비어 있는 모양으로 인해 물이 모이는 장소가 된다. 여성 생식기 또한 물과 유관한 습기를 떠올릴 수 있으나 그보다 검은색에 의해 물과 연관된다고 말할 수 있다. 고대 중국에서 검은색은 물을 상징하는 색이다. 물은 방위로 보면 북쪽에 해당되며 절기상으론 겨울에 해당된다.[19] 물빛이 일정한 색으로 가늠하기 어렵다는 관점에서 검은색으로 표현했다는 추

---

[17] 蕭兵/ 노승현 옮김, 『노자와 性』, 서울: 문학동네, 2000, 30~31쪽 참조.

[18] 蕭兵, 위의 책, 57쪽. 蕭兵은 노자의 谷神을 여성 생식기의 상징으로 보아 노자의 사유를 생식기 숭배와 연관 짓고 있다.(蕭兵, 葉舒憲, 『老子的文化解讀』, 武漢: 湖北人民出版社, 1997.)

[19] (고대 중국의) 신화 사유 중에서 북쪽의 방위는 '검고 어두움', '겨울', '저 세상'과 소통된다. 정신분석적 관점에 따르면 검고 어두운 저 세상은 여성, 모체, 자궁과 교환 가능한 상징성을 갖고 있다. 북방을 담당하는 신에 대해 후인들은 墨帝라고 불렀으며 그를 보좌하는 신은 玄冥이다. 묵제는 오행설 중에서 水德과 짝하고 현명 또한 물의 신과 유관하다.(葉舒憲, 『中國神話哲學』, 北京: 中國社會科學出版社, 1997, 92쪽 참조.)

론을 가능하게 하지만, 상징적 의미의 실재로서 물과 검은색이 유비되는 근거는 (음양)오행의 관념을 통해서이다.[20] 오행의 사유에서 물은 겨울=북쪽=검은색과 상호 유비적 동일성을 갖는다.[21] 물에 근원을 두고 있는 골짜기의, '비어 있어' 물이 모일 수 있는 공간성과 물의 흐름이 시작된다는 시간적 기점의 계기 및 여성의 수태와 결부된 시간적 장소성[22]은 뿌리라는 근원적 비유로서 복합적으로 드러나고 있다. '뿌리'는 근본이 되는 그릇으로서 남근과 여근을 가리키는 것이었으며, '거뭇한 여성의 문'[玄牝之門]은 본래 여성 생식기관의 통로를 가리키는 것이다.[23]

총괄적으로 보면 위 인용문에서 우리는 노자가 여성성을 강조하고 있는 직접적인 근거를 발견한다. 노자의 여성성은 생명 발생과 직접 관계된다는 점에서 시간성과 상관적이다. 노자는 부드러움과 성적 교환관계에서 대체로 아래에 위치하는 것, 잉태, 출산 등의 총체적 여성성의 은유를 통해 도(道)나 무(無) 등의 추상적인 개념을 설명하고 사회적 이념을 설파한다. 그러한 과정에서 복합적인 유비 관계가 설정된다. 위에서도 보듯이 골짜기의 신과 거뭇한 여성은 서로 유비적인 관계

---

[20] 음양 관념의 기원설 중 하나로서 '성기 기원설'이 있는데 그것은 노자의 여성 생식기 숭배 혹은 모계 관념에 근거를 두는 설이다.(양계초, 풍우란 외 지음/ 김홍경 편역,『음양오행설의 연구』, 서울: 신지서원, 1993, 476쪽 참조.)

[21] 오행 관념의 유비적 추론이 갖는 상징성은 현대의 관점에서 적용할 수도 있다. 가령 수확이 끝나고 남은 농지나 들판에 대해 '텅 빈 들판'이라는 일상적 표현을 쓴다는 것에서 추론하자면 겨울이 노자가 강조하는 골짜기 및 여성 이미지(비어 있음)와 유비될 수 있는 여지를 발견하게 된다.

[22] 여성의 수태는 자궁이라는 공간을 떠올리게 된다는 측면에서 보면 공간적이지만 자궁은 영원히 안착하는 공간이 아닌 세상에 나오기 위한 잠재적 장소이며 시간이 흘러 출산과 더불어 의미가 소멸된다는 점에서 시간성이 우선되는 공간, 즉 시간적 공간이라 말할 수 있다.

[23] 양계초, 풍우란 외, 앞의 책, 31~32쪽 참조.

로서 등가적이고 상호 유사성을 갖고 있다. 이어지는 거뭇한 여성의 문과 천지의 뿌리 역시 동일한 의미를 설명하기 위한 다른 예증이다. 여성의 음부 및 신체 내부로 연결되는 생식기관과 유비적 관계로 짝지어 있는 것이 물리적 자연으로서 골짜기 및 하늘과 땅이다. 그럴 때 그것은 문장 내에 직접 나타나지 않는 도 혹은 도의 속성인 '비어 있음'을 설명하기 위한 장치로서 도와 유비적 관계 구조를 형성하는 것이기도 하다.

4. '암수'[雌雄], '갓난아이'[嬰兒]: 뿌리 심성

암컷과 수컷[雌雄]은 상관적 개념 짝이지만 각기 독자적인 자기 가치를 갖고 있다. 노자의 의도는 남성성이 과도한 질서체계에 대한 문제 제기로서 여성성을 내세운 것이다. 따라서 존재론적 상대주의의 관점과 다른 차원에서 바라보아야 한다. '자웅'(雌雄)은 기호화된 '상하'(上下) 내지는 '고하'(高下)가 구상적인 형태로 확장된 것이다. 『노자』에서 '여성성은 아래'[下]이고 '남성성은 위'[上]로서 각기 개념화되기 때문이다. 노자는 가치론적 척도로서 여전히 '높은 것'과 '위'를 '좋은 것'으로 여기지만, 기존의 '낮은 것'과 '아래'와 상관된 개념을 한층 격상시킨다.[24] 그런 가운데 가치론적 위계와 관련된 언어적 규정성의 문제가

---

24 『老子』 76장은 노자의 가치론에서 그 표준은 여전히 '높은 것이 좋은 것'임을 직접적으로 보여준다. '강대한 것은 아래에 위치하고, 유약한 것이 위에 머문다'[[…]強大處下, 柔弱處上]고 하는 노자의 언술에서, 노자가 선호하는 유약함은 좋은 것과 귀한 것으로서 '높은 곳'과 상관되고 있다. 물리적 성질로서 유약함은 비천함이지만, 가치의 측면에서는 고귀함이라는 것이다.

개입된다. 노자의 사유에는 추상적인 도의 사유가 있는 반면 구상적인 길의 사유가 여전히 존재한다. 같은 맥락으로 노자의 사유는 언어와 실재의 분리를 밑바탕으로 하면서도 논리적으로는 교차적인 양상을 보인다. 예컨대 기존의 강하고 높은 것[긍정성]은 언어적 믿음과 기존 신념체계에 의해 그렇게 받아들이는 것이다. 그러한 고착화된 언어적 가치체계를 실재의 차원에서 바라보면 약하고 낮다고 개념화된 것[부정성]의 실질적 가치가 더 유리하고 유의미하다. 언어의 차원과 실재의 차원을 교차시켜 가치의 위계를 조정하는 것은 앞서 '뿌리'와 '통나무' 은유에서 노자가 강하고 약함을 길고 짧음의 관점으로 바꿔 약함을 다른 차원의 강함으로 올려놓는 것과 같은 맥락이다. 여성성과 남성성은 은유적 의미로서 보면 어머니[母] 등에 비해 덜 원형적이다. 하지만 생물학적 관점으로 보게 되면 더 앞서는 은유성을 갖는다. 남성과 여성의 결합 이후에 어머니가 있을 수 있기 때문이다. 암수컷 외에 갓난아이[嬰兒]까지 등장하는 28장을 분석해서 어머니마저 포괄할 수 있는 노자의 여성성의 의미를 되짚어보자.

그 남성성[雄]의 강함을 알고도 여성성[雌]의 부드러움을 지킨다면 천하의 계곡[谿]이 될 것이다. 천하의 계곡이 되면 언제나 덕이 떠나질 않아, 갓난아이[嬰兒]의 상태로 되돌아갈 것이다. 흰 것[白]의 환함을 알면서도 검은 것[黑]의 어두움을 지킨다면 천하의 모범[式]이 될 것이다. 천하의 모범이 되면 항상 덕이 떠나질 잃어 한량없는 곳으로 되돌아갈 것이다. 그 영예로움[榮]을 알면서도 욕됨[辱]을 지킨다면 천하의 골짜기[谷]가 될 것이다. 천하의 골짜기가 되면 항상 덕이 풍족하게 되어 순박한 통나무[樸] 상태로 되돌아갈 것이다. 통나무가 쪼개져 그릇[器]이 되었다. 성인은 그것을

사용하여 관직을 다스린다. 그런 까닭에 완전한 정치는 분리하지 않는 데 있다.[25]

근원영역으로서 천하의 골짜기는 천하의 근본이라든가 통치자의 근본윤리 정도로 이해될 것이다. 따라서 위에서 첫 번째 문구는 먼저 '남성성과 여성성이 조화를 이룰 때 세상의 질서는 근원적인 유지가 가능하다', 혹은 '남성성과 여성성이 조화를 이룰 때만 세상은 근원적인 질서를 유지할 것이다'로 이해된다. 남성성을 안다는 것은 남성성이 강하고 우선적이며 이미 세상의 전면에 나서 있다는 것을 인식한다는 의미이다.[26] 이 말에는 남성성이 강함을 넘어 폭력적이라는 어감도 같이 들어 있다. 노자가 남성성을 비판하는 것은 그것이 전쟁으로 이어지는 계기이기 때문이기도 하다. 춘추전국시대의 빈번한 전쟁 상황에서 비롯된 노자의 사유에서 전쟁은 곧 남성성이 극도로 발현된 사태에 다름 아니다.

노자는 군대가 지나가면 가시덤불만 무성히 자라고 흉년이 든다는 비유를 통해 강압적 무력을 비판한다.[27] 남성성이 이와 같이 강하고 폭력성을 수반하기 때문에 노자는 남성성을 중화하는 측면에서 여성성을

---

25 『老子』28장: "知其雄, 守其雌, 爲天下谿. 爲天下谿, 常德不離, 復歸於嬰兒. 知其白, 守其黑, 爲天下式. 爲天下式, 常德不忒, 復歸於無極. 知其榮, 守其辱, 爲天下谷. 爲天下谷, 常德乃足, 復歸於樸. 樸散則爲器. 聖人用之, 則爲官長. 故大制不割."
26 『老子』28장에 대한 王弼의 주석을 보면 남성을 전면에 여성을 후면에 배속시키고 있다.(雄, 先之屬. 雌, 後之屬也. 知爲天下之先(也)[者]必後也. 是以聖人後其身而身先也. 谿不求物, 而物自歸之.)
27 『老子』30장: "以道佐人主者, 不以兵强天下, 其事好還. 師之所處, 荊棘生焉. 大軍之後, 必有凶. 善有果而已, 不敢以取强. 果而勿矜, 果而勿伐, 果而勿驕, 果而不得已, 果而勿强. 物壯則老, 是謂不道, 不道早已."

내세운다. '여성성을 지킨다면'이란 전제는 강함이 억압과 폭력성을 수반하는 데 대한 우려를 포함한다. 남성적 강함의 논리는 억압으로 이어져 전쟁과 결부되지 않더라도 종래 단단한 나무가 부러지듯 정치적 질서의 지속을 불가능하게 하는 요소이다. 때문에 노자는 여성성으로 포괄되는 자연 본성을 되살리게 되면 골짜기가 그 깊숙함을 통해 사물을 받아들이듯 자연적으로 정치적 질서를 이루게 된다는 논리를 펼친다.

다음으로는 남성적인 굳센 성질에 기초한 질서, 즉 앞에 나서서 이끌고 위에서 강압하며 제도를 통해 규제하는 것보다, 뒤따르고 아래에서 포용하며 순박한 본성을 회복하게 해서 스스로 질서를 이루는, 여성적 덕의 정치가 더욱 지속성을 갖는다는 의미로 이해 가능하다. 그렇게 볼 때 여성성은 남성성에 비해 약함이 아닌 다른 측면에서의 강함이다. 여성성은 남성성과 달리 아래 지향적이고 밝게 드러나기 보다는 검은 어두움과 밀접하다. 사람들의 자발적 회귀를 가능하게 하는 덕의 질서로서 강제하지 않고 자연적인 질서를 이루고 그것을 지속하게 한다. 그러므로 여성성은 남성성에 비해 더 공리적이며, 사람들의 자연을 거스르지 않아서 오래 갈 수 있다는 점에서 강함이다. 두 가지 이해는 모두 여성성이 통나무와 같이 분리되지 않은 원초적 심성에 가깝다는 것에 기초한다. 노자의 분리하지 않는 질서 방식은 본래 갓난아이 같은 사람의 자연 본성을 되살리는 것으로써 가능한 공리적 조화의 방식이다.

노자의 사유에서 남성성과 여성성[雌雄]은 본래 대립적으로 상관된 개념이 아닌 상호부조적 개념이다. 그러한 상호부조적 의미가 드러난 것이 '그 남성성을 알고도 여성적인 부드러움을 지킨다'[知其雄, 守其雌]라는 구절이다. 노자는 남성성과 여성성이 조화를 이룰 때 마침

내 천하의 계곡이 될 것이라고 말한다. 이 때 계곡은 도에로 귀결되는 갓난아이와 동일한 의미 맥락을 갖는 은유적 개념이다. 또한 앞서 식물 은유에서 분석한 통나무와도 같은 맥락의 은유이다. 노자는 남성성에 대비해서 여성성을 부각시키는 것과 같은 맥락에서 남녀 사이 생식 이후의 사람 꼴인 갓난아이를 내세운다. 갓난아이는 특히 복귀해야 할 심성의 은유이자 상징으로서 의미가 있다. 갓난아이의 상태로 복귀한다는 것은 곧 여성성으로의 복귀에 다름 아니다. 노자의 갓난아이는 부드럽고 중성적인 물리적 상태로 인해 여성성이 부각되는 계기이다. 또한 남성성과 여성성이 분리되지 않은 원형적 상태의 상징이기도 하다. 통나무가 가공되지 않은 상태로서 도의 은유라면 갓난아이는 통나무가 의인화된 것이다.

식물 은유에서 뿌리나 싹이 긍정되고, 그래서 복귀해야 할 시간-공간적 장소가 되듯 사람에서는 갓난아이가 되돌아가야 할 공간-시간적 상태로서 묘사된다. 인식주관으로서 사람의 시간이 시작되는 지점이라 할 수 있는 갓난아이 상태는 어쩌면 단순하게 죽음이라는 시간의 종말과 가장 멀다는 측면에서 긍정되는 가치라고 볼 수 있다. 어른으로 성장할수록 주관의 신념이 강해지고 지식과 지혜로 마음이 복잡해진다. 반면, 갓난아이는 이성적 사유에 의존하는 단계가 아닌 본능적 행위를 반복하는 단순한 상태이다. 단순함에서 복잡함으로 나아가는 것이 시간의 흐름에 수반된 사물의 대체적인 변화 양상이다. 비유적으로 그러한 변화는 단단함을 향해 가는 것이며 죽음에 다가가는 길이다. 그렇기 때문에 노자가 말하는 갓난아이의 상징적 의미는 시간을 거슬러 삶의 가능성과 더욱 밀착된다는 의도를 갖는다. 노자에게 있어서 갓난아이는 단지 순수한 시간성이라는 존재론적 측면에서 사유되는 것이 아니라 되돌아가야 할 심성적 목표 지점의 은유로서 사유된다. 갓난아이 은유는 노자의 '되돌아가기'[復歸] 관념과 분리될 수 없는 것이다.

『노자』에서 복귀(復歸)를 포함한 자연 유비적 순환도식을 연상하게 하는 표현들은 다음과 같다. '도에 부합되지 않는 강한 것은 곧 쇠퇴의 길을 걷게 된다.'[不道早已: 30장] '만물의 왕성한 생육을 통해 순환의 도리를 볼 수 있으며 무성한 만물은 각자의 영원무궁한 뿌리로 되돌아간다.'[萬物竝作, 吾以觀復. 夫物芸芸, 各復歸其根: 16장] '(도는)그 크기로 인해 멀리 나아간 다음 본래의 자리로 되돌아간다.'[大曰逝, 逝曰遠, 遠曰反: 25장] '폭풍우나 소나기도 하루를 넘기지 못하고 그친다.'[故飄風不終朝, 驟雨不終日: 23장] 이와 같은 표현들은 노자가 남성적 강함의 논리로 구성된 기존의 질서체계를 부정하는 형식적 근거들이다. 제시된 표현에서 보듯 노자의 근원 지향적 되돌아가기 논리에서 순환의 형식은 자연 현상의 본유적 균형감각으로부터 비롯된 것이다. 되돌아가기는 '반'(反), '귀'(歸)자를 통해 그 내용을 짐작할 수 있다. '되돌아감이 도의 운동성'[反者道之動: 40장]이라는 말이나 '만물이 (도에)되돌아간다'[萬物歸焉: 34장]는 표현 등이 그것이다. 되돌아가는 곳 내지는 되돌아가야 할 곳은 도(의 상태)이다. 한편, '복귀'(復歸)가 포함된 구절에서 돌아갈 곳은 보다 세분화 구체화된다. 위의 인용문에 나오는 '갓난아이 상태로 되돌아감'[復歸于嬰兒]을 비롯해서, '사물이 없는 상태로 되돌아감'[14장: 復歸于無物], '각자 그 뿌리로 되돌아감'[16장: 各復其根], '한계 없는 곳으로 되돌아감'[28장: 復歸于無極], '원형질 상태로 되돌아감'[28장: 復歸于樸], '그 밝음으로 되돌아감'[52장: 復歸其明] 등이다. 이러한 복귀의 주기는 개체적 삶의 주기성을 표본으로 삼았다고 볼 수 있다.[復歸于嬰兒] 또한 식물이나 나무의 생장기간을 일주기로 본 것이다.[各復其根] 그러한 시간 주기 안에서 노자는 '부드러움-강함-부드러움(으로 되돌아가기)'이라는 도식을 마련한다.

그러므로 노자의 되돌아가기가 가진 순환성은 원의 형상이 아닌 리듬의 형상이다. 예컨대 그것은 파고(波高)의 형태와 유사하다. 파고의 반복 또한 순환의 의미에 포함되긴 한다. 하지만 그것은 무한히 순환 반복하는 원의 형상과 달리 처음과 끝이 정해진 일직선상에서의 굴곡에 가깝다. 때문에 끊임없는 반복 순환과 관련된 존재론적 변화와 무관하게 명확히 지시되는 윤리적 가치가 예정되어 있다. 가령 갓난아이로 되돌아간다는 것은 갓난아이의 심성을 회복하는 것을 말한다. 노자가 되돌아가야 할 곳[상태]으로 설정한 것들은 모두 시간적 공간적 '비어 있음'으로 비유될 수 있는 것들이다. 시간적 공간적 회귀에 빗댄 윤리적 계기로서 노자의 되돌아가기는 인위적인 것들로 가득 채우지 않은 도의 상태를 회복함이다. '갓난아이'와 '뿌리', '통나무', '한계 없는 곳', '밝음' 등은 모두 도의 상태의 은유이다. 그러한 도의 상태로 되돌아가는 것은 곧 사물 각자의 본유적 자연 본성을 회복하는 것을 말한다.

'갓난아이'(나 통나무)는 모두 가시적인 공간성이긴 하지만 공간의 속성보다는 원형적인 생명력이 보존된 과거[시간]의 의미로서 제시된 것들이다. 과거의 속성으로서 순박함이나 조각되지 않은 질박성을 함의한다. 이 지점에서 우리는 공간화된 시간성을 엿볼 수 있다. 원목이나 갓난아이가 가진 자기 동일적 공간성은 모두 과거의 원초적 상태를 긍정하는 계기이다. 그것은 공간성에 토대를 두고 시간적 근원을 암시한다는 측면에서 공간에 의해 창조되는 시간성이다. 노자의 되돌아가기는 공간성에 의해 시간성이 암시되고 환기되는 것으로서 '이름'[名]과 도의 관계로 수렴된다. 가령 앞의 인용문에서 '통나무가 쪼개져 그릇이 되었다'[樸散則爲器]는 것은 '제한이 가해져서 이름이 있게 된다'[始制有名: 32장]와 의미가 서로 통한다.[28] 이는 이름이 가진 공간적 계기가 도의 시간적 계기로 바뀌는 지점과 관계된다. 통나무 상태를 지향하는 것은 곧 이름을 지양하는 계기와 맞물린다.

도는 언제나 이름[名]이 없고 질박[樸]하다. 비록 미약[小]하나 세상에서 아무도 그것을 종속시킬 수는 없다. 제왕과 제후가 만약 이것을 지킬 수만 있다면, 만물은 장차 스스로 찾아올 것이다. 천지가 서로 화합해서 단 이슬을 내리듯 사람들은 명령하지 않아도 스스로 질서[均]를 찾을 것이다. 만물이 분리되면 이름이 있게 되고, 이름이 있게 되었다면 한도[止]가 있다는 것을 알아야 한다. 한도를 알게 되면 위태롭지 않게 될 것이다. 도가 세상에 있다는 것은 흡사 하천과 골짜기물이 강과 바다로 흘러드는 것과 같다.[29]

---

28 하상공의 주석에서 '器'는 '物'로 풀이된다. 29장의 '天下神器, 不可爲也'에 대한 하상공의 풀이를 보면 '器는 물(件)이다. 사람은 곧 천하의 신기한 물건이다. 신기한 물건은 안정을 좋아하므로 가시적이고 조작된 행위로써 통치하면 안된다'[器, 物也, 人乃天下之神物也, 神物好安靜, 不可以有爲治]로 되어 있다. 『老子』에서 器는 '有', 그리고 '만물', 나아가 만물의 '이름'[名]에 해당된다. '樸'은 사물에 이름이 붙지 않은 상태를 말한다. 무명의 상태가 해체되면서 器, 즉 이름으로 은유되는 만물과 수많은 비본질적 행위 및 사회제도가 생겨나게 되었다는 것이 노자의 '樸散則爲器'[통나무가 조각되어 그릇이 만들어졌다]의 논리이다. 이는 '제한이 있은 연후에 이름이 있게 된다'[始制有名]와 유사한 의미이다. '始制有名'의 '制'에 대해 魏源은 '制라는 것은 통나무를 재단히여 나누는 것이다'[制者, 裁其樸而分之]라고 풀이한다. 그러므로 樸散則爲器와 같은 맥락이라 할 수 있다. 蘇轍은 始制有名에 대해서 '성인은 통나무를 쪼개서 그릇을 만드니, 그릇에 근거해서 이름을 만든다'[聖人散樸爲器, 因器制名]로 풀이한다. 이로써 보아 器는 곧 이름과 동일시될 수 있다. 이름은 樸으로 유비되는 성인의 통치와 반대되는, 사회제도의 함의를 지닌다.(정석도, 「노자의 언어부정과 평등에 대한 연구」, 성균관대학교 석사학위 논문, 2002, 25쪽 참조)

29 『老子』32장: "道常無名樸. 雖小, 天下莫能臣也. 侯王若能守之, 萬物將自賓. 天地相合,

이름과 도는 서로 대비된다. 이름은 만물의 분리이다. 이름 됨은 이름 이외의 것으로부터 스스로를 분리하고 차단하는 것이다. 위의 인용문은 이름에서 도로 되돌아가야 하는 것의 근거를 보여주고 있다. 이름(있음)은 스스로의 한도를 정하는 결과를 빚는다. 위에서 말했듯 이름 지음과 동시에 그것은 그 이름 외부를 배제하는 것이며 또한 외부로부터 분리당하는 것이기도 하다. 그래서 이름은 언제나 일의적이고 명명자의 의도가 개입되며 타율성의 함의를 갖게 된다. 반면 도는 이름으로 분리되기 이전의 전일적 상태로서 자율적 질서를 대변하고 있다. 노자의 되돌아가기는 분리 배제된 이름의 질서에서 분리되지 않은 자연적 질서인 도를 향해 되돌아가는 것이다. 개념적으로 규정하자면 노자의 되돌아가기는 명(名)에서 도(道)로, 즉 공간에서 시간으로, 사유의 형식과 토대를 바꾸는 것이다.

되돌아가기 논리는 노자의 사유가 시간적 사유라는 것의 논리적 근거가 된다. 가령 되돌아가기 논리에서 갓난아이로 되돌아가는 것은 부드러운 공간적 상태[嬰兒]를 수반하는 시간적 회귀이기 때문이다. 그러나 시간적 회귀는 다만 의식에서만 존재하는 순수한 체험의 형식을 띤다. 그와 같은 노자의 시간 체험으로서 되돌아가기는 베르크손이 말하는 진정한 시간인 '순수한 지속'과 유사하다.[30] 또한 순수한 지속의

以降甘露, 民莫之令而自均. 始制有名, 名亦旣有, 夫亦將知止. 知止, 可以不殆. 譬道之在天下, 猶川谷之於江海."

30 베르크손에 의하면 시간은 과학적-수적-동질적 시간과 의식의 흐름을 수반한 진정한 시간으로 나뉠 수 있다. 진정한 시간은 '순수한 지속'으로서 의식의 흐름을 말하며 순수한 지속은 기억에 의해 그 지속성을 보장받을 수 있다. 베르크손의 순수한 지속으로서의 시간관에서 지속의 지속성은 곧 '기억'이다. (소광희, 『시간의 철학적 성찰』, 서울: 문예출판사, 2001, 397~441쪽 참조)

지속성인 '기억'과 흡사하다. 노자의 되돌아가기는 가령 갓난아이의 의식 상태로 되돌아가는 직관적인 양식에 토대를 둔다. 그럴 때 그것은 공간이 소거된 시간적 체험에 다름 아니다. 노자가 되돌아가기 논리로서 시간을 거스르는 관념적 장치를 마련한 것은 사람들의 자연에 역행하는 제도적 장치들에 대한 부정과 비판을 나타내기 위함이다. '복귀어영아'(復歸於嬰兒)라는 개념장치는 단순히 개체의 삶이 단순하고 생명력이 넘치는 본래 상태로 회복되는 것을 뜻하지 않는다. 그것은 정치 제도나 그것에 기초한 신념체계에 대한 비판적 근거이자 바람직한 사회의 모습과도 연관된다. 마찬가지로 갓난아이는 단순히 개체적 삶의 시간-공간적 처음과 관련된 선한 본성에 대한 은유를 넘어 사회적 심성으로 확장된 사물이다. 그래서 그것은 노자가 지향하는 사회구성체의 은유이기도 하다.

5. 맺는말

이 논문에서는 노자의 '뿌리 은유'를 세 갈래로 나눈 다음 각종 은유들의 의미와 그들 사이의 공통성 등을 분석함으로써 노자의 사상적 지향성에 대한 사변적 기초를 정립했다. 노자의 철학을 구성하는 토대적인 은유는 크게 보아 '뿌리 은유'를 포함해서 '길 은유', '그릇 은유'로 범주화할 수 있다. 길태지은 은유 각각에 공통적으로 관계되는 것은 '도' 개념이다. 노자의 도가 일의적이지 않고 다양한 의미를 갖는 것과 같이 각각의 은유들은 궁극적으로 도의 의미[속성]를 대리한다. 한 가지 은유는 하나의 목표 영역만을 갖는 것이 아니라 복합적인 양상을 보이고 있으며, 각각의 은유들은 형식상 차이성을 보이지만 그 속성은 대체로 동일하다.

노자의 '뿌리'[根], '통나무'[樸] 등의 식물의 생장과 유관한 개념들은 사회와 정치 및 미학적 가치를 말하기 위한 은유적 개념이다. 노자는 낮은 공간 지향성과 유약한 성질을 가진 물과 뿌리 및 여성성[雌, 谷神, 玄牝]등을 가치 우위에 둔다. 그것은 모두 '뿌리에 가까운 것', 즉 근본적이고 근원적인 것을 강조하는 계기와 소통된다. 뿌리로 비유되는 근본성과 근원성은 곧 시간성의 강조를 수반하는 의미이다. 노자의 생물학적 은유들은 모두 시간적인 앞섬의 계기와 연관된다. 시간적으로 앞선 상태는 과거 지향적 복귀 관념과 밀접한 관계가 있다.

노자는 뿌리와 통나무, 갓난아이로 되돌아갈 것을 권고한다. 뿌리와 통나무, 갓난아이 등, 노자에 의해 되돌아가야 할 곳으로 설정된 것들은 '원초적'이고 '가공되지 않으며', '비어 있는' 상태로 비유될 수 있는 시간적 공간의 성질을 띤다. 이 가운데 비어 있음을 지향하는 것은 윤리적 차원에서 인위로 '가득 찬' 본성을 본래대로 되돌린다는 의미가 있다. 노자의 복귀는 본성의 본래적 자연성을 회복한다는 의미이다. 사변적 차원에서 보면 노자의 되돌아가기는 '이름'[名: 공간성]에서 '도'[道: 시간성]에로 나아가는 것이다. 노자의 사유 구조는 이름[공간성]을 지양하고 도[시간성]를 지향하는 것을 기초로 하는데, 그것은 곧 공간적 사유에서 시간적 사유로 사유의 형식이 전환되는 것을 뜻한다.

노자의 사유에서 뿌리 지향성, 도 지향성, 시간 지향성은 모두 동일한 맥락으로서 궁극적으로는 정치적 의도를 내포한다. 따라서 노자의 복귀는 개체적 삶의 본유적 생명력 회복의 차원을 넘어 통치 제도를 중심으로 한 각종 제도와 그것에 기초한 사회 윤리적 통념, 신념 및 신념 체계에 대한 총체적 비판을 수반하는 것이다. 총괄적으로 볼 때 노자의 뿌리 은유는 남성성과 공간성에 반하는 여성성과 시간성을 부각하는 전환적 사유의 계기를 내포하면서 동시에 노자가 지향하는 소박하고 정적이며 원형적인 사회구성체의 성격을 대변한다.

참고문헌

『老子』
소광희, 『시간의 철학적 성찰』, 서울: 문예출판사, 2001.
임지룡, 『인지의미론』, 서울: 탑출판사, 1997.
사라 알란/ 오만종 옮김, 『공자와 노자 그들은 물에서 무엇을 보았는가?』, 서울: 예문서원, 2000.
양계초, 풍우란 외 지음/ 김홍경 편역, 『음양오행설의 연구』, 서울: 신지서원, 1993.
蕭兵/ 노승현 옮김, 『노자와 性』, 서울: 문학동네, 2000.
필립 윌라이트/ 金泰玉 역, 『은유와 실재』, 서울: 한국문화사, 2000.
G.레이코프· M.존슨 지음/노양진·나익주 옮김, 『삶으로서의 은유』, 서울: 서광사, 1995.
谷衍奎 編, 『漢字原流字典』, 北京: 語文出版社, 2008.
朱駿聲, 『說文通訓定聲』, 北京: 中華書局, 1998.
李霞, 『生死智慧-道家生命觀研究』, 北京: 人民出版社, 2004.
蕭兵, 葉舒憲, 『老子的文化解讀』, 武漢: 湖北人民出版社, 1997.
葉舒憲, 『中國神話哲學』, 北京: 中國社會科學出版社, 1997.
정석도, 「노자의 언어부정과 평등에 대한 연구」, 성균관대학교 석사학위 논문, 2002.

인간과 자연의 조화로운 공생관에 따른 생태미학의 심화

청샹잔程相占
중산대학교 중국언어문학과

내용요약

이 논문은 현대 서양의 인간 중심주의 자연관으로 인해 인류의 생존이 위협받고 있음을 지적하며, 이에 대한 해결책으로 중국 공산당이 제시한 '인간과 자연의 조화로운 공생'관을 소개한다. 이러한 관점에서 생태 미학의 중요성을 강조하며, 특히 중국의 전통적 생태 지혜를 바탕으로 한 '생생 미학'을 현대 생태 미학의 틀 속에서 재해석하고 발전시켜야 한다고 주장한다.

본문에서는 먼저 생태 미학의 개념과 의의를 명확히 하고, 이어서 '인간과 자연의 조화로운 공생'관이 생태 미학에 어떻게 적용될 수 있는지, 그리고 중국 전통의 생태 지혜가 현대 생태 미학에 어떤 기여를 할 수 있는지를 논의한다.

구체적으로는 '천인합일'과 '천지인 삼재' 개념을 비교 분석하고, '생생' 사상을 중심으로 중국 고대의 문화 철학을 "인생 천지간, 위지천지심(人生天地間,謂之天地心); 일도관삼재, 일심개삼문(一道貫三才,一心開三門)"의 사구교로 요약한다.

또한, 중국 전통 미학의 핵심 개념인 '생생'을 현대 생태 미학의 틀에서 재해석하고, '생생 미학'의 다양한 이론적 표현들을 분석하여 현대 생태 미학에 기여할 수 있는 방안을 모색한다.

결론적으로 이 글은 중국 전통의 생태 지혜를 현대 생태 미학과 접목시켜, 인류의 지속 가능한 발전에 기여할 수 있는 새로운 이론적 틀을 제시하고자 한다.

주제어: 생태 미학, 공생, 생생 미학, 천지인 삼재, 생태 문명

1

　　인간은 대자연 속에서 태어나 본래 자연의 일부분이다. 하지만 현대의 서양 사상은 도리어 인간과 자연을 대립시켜, 인간을 자연을 초월한 주체로 보는 동시에 자연 또한 인간이 제 뜻대로 개발하고 이용하는 객체와 자원으로 바라봄으로써 글로벌 생태 위기는 사상의 화근을 묻어버렸다. 글로벌 생태 위기가 나날이 심각해짐에 따라 현대 서양의 자연관에 기반을 둔 현대의 산업 문명은 더욱더 많은 폐해를 드러내고 있고, 인류 문명이 어디로 갈 것인가 하는 것은 인류의 운명과 전망을 결정하는 생사존망의 문제가 되었다.

　　바로 현대 서양의 자연관 및 거기에 수반된 산업 문명의 폐단을 반성하고, 생태 지혜, 특히 중국의 전통 생태 지혜를 널리 배우고 흡수하는 것을 바탕으로 우리 당은 '인간과 자연의 조화로운 공생'이라는 새로운 형태의 자연관을 제시하는데, 이는 생태 미학 건설을 위한 명확한 이론적 지침을 제공한다.

　　시진핑 총서기는 제20차 당대회 보고에서 상세하게 지적한다. "중국식 현대화는 인간과 자연이 조화롭게 공생하는 현대화이다. 인간과 자연은 생명의 공동체이며, 그침 없이 자연에게 요구하고 심지어 자연을 파괴하는 것은 반드시 대자연의 보복에 직면하게 될 것이다."¹ "중국식 현대화의 본질적인 요구는 중국 공산당의 지도를 견지하고, 중국 특색의 사회주의를 견지하며, 질 높은 발전을 실현하고, 모든 과정에서 인민의 민주를 발전시키고 인민의 정신세계를 풍요롭게 하며, 전체 인민의 공동 번영을 실현하고, 인간과 자연의 조화로운 공생을 촉진하고, 인류 운명 공동체의 건설을 추동하고, 인류 문명의 새로운 형태를 창조하는 것이다."²

여기서 말하고 있는 '인류 문명의 신 형태'는 바로 우리나라가 현재 힘써 제창하는 '생태 문명'이며, 그것을 우리나라에서 건설하는 수단이 바로 '중국식 현대화'이다. 생태 문명이든 중국식 현대화든 그 철학적 기초는 모두 '인간과 자연의 조화로운 공생'관에 바탕을 둔다는 것을 분명하게 알 수 있다. 이러한 관념은 생태 미학의 진일보한 심화 발전에서 마찬가지로 비교 불가한 중요성을 갖고 있으며 아래에 두 가지 측면에서 논의해 보고자 한다.

2

무엇을 생태미학이라 하는가?

생태미학이라는 이 학술 용어는 1972년에 정식으로 탄생한 이래로 국제 학술계에서 비록 그 함의에 대해 다방면과 다층적으로 토론

1　本書編寫組, 『黨的二十大報告輔導讀本』, 北京: 人民出版社, 2022, 21쪽.
2　本書編寫組, 『黨的二十大報告輔導讀本』, 北京: 人民出版社, 2022, 21쪽.

을 진행했지만, 지금에 이르러서도 여전히 완전히 공통적인 인식에 도달하지 못하고, 상대적으로 명확하고 통일된 정의를 형성하지 못했다. 심지어 국내외의 적지 않은 학자들이 여전히 생태미학에 의문을 제기하고 있고, 생태미학의 합법성을 단호히 부정하고 있으며, 그것은 '생태학'과 '미학' 이 양자가 억지로 결합한 개념으로서 명확한 지향성이 없을 뿐만 아니라 명확한 함의도 없다고 생각한다. 이러한 국면을 조성한 원인은 다중적이다. 먼저 편견이 있고, 또한 학술상의 심리적 배척과 이해의 차원에서 오류가 있다. 물론 가장 중요한 것은 생태미학 자체가 충분히 성숙하지 않았다는 점, 즉 독특한 표지성 개념에 말미암아 구성된 완전한 이론 체계가 아직 형성되지 않은 것이다.

하지만 우리는 어떤 일이건 무에서 유에 이르는 과정이 있다는 것을 잊지 말아야 한다. 예컨대 미학이라는 학문 자체 역시 무로부터 유에 이르고 '무에서 유를 생성하는' 것이다. 1735년 바움가르텐이 '미학'이라는 학문의 분과를 제시하기 전에 인류의 문화 시스템 가운데 학문적 의미의 '미학'이 있었는가? 1735년부터 현재까지를 헤아려 보자면 미학은 거의 300세가 되었다. 그러나 미학 연구의 범위, 대상, 패러다임 등은 여전히 의견이 분분하고 일치된 결론을 내릴 수 없다. 이를 근거로 우리가 '미학'이 성립되지 않는다고 말할 수 있을까? 근본을 따져 볼 때 하나의 학문 분과의 성립 여부에서 그 근거는 학술적 언사가 자기의 학설을 그럴듯하게 꾸며대는 의미에서의 자기주장을 충분히 할 수 있느냐의 여부가 아니라 연구의 문제가 진정한 문제인지, 좋은 문제인지, 큰 문제인지 여부에 있다. 인간이 다른 사회 활동과 구별되는 심미적 활동과, 다른 체험과 구별되는 심미적 체험을 가지고 있는 한, 우리가 미학이 필연적으로 성립된다고 굳게 믿는 이유는 충분하다. 왜냐하면 그것은 말에 근거가 있고 내용이 충실하며, '시대에 도움이 되고 사물과 연관된' 학술 영역이기 때문이다.

　이러한 이해에 의하면 우리는, 생태미학은 말에 내용이 있고 내용이 충실하며, 시대에 도움이 되고 사물과 연관된 새롭게 일어나는 영역이라고 완전하게 말할 수 있다. 우리는 그 연구의 대상을 '생태 심미'로서 개괄하고, 그 대의를 말하자면, 인간의 심미 활동은 생태 관념의 영향 아래에서 근본적인 변화를 일으킬 수 있다는 것이며, 생태적 배려, 생태 윤리, 생태 지식 등의 요소가 모두 심미 활동의 범위를 바꿀 수 있다. 새로운 형태의 심미 체험을 만들어 낸다는 것은 곧 생태적 심미 체험이다. 가장 전형적인 예는 세계 각지에서 발흥한 습지공원과 그것이 대표하는 생태적 심미 의식인데, 습지공원은 전통적인 의미에서 아름다운 풍경을 근거로 구성된 풍경의 명승지가 결코 아니며, 근본적으로 말해서 그것이 보여주는 것은 생물의 다양성을 보호하는 의식과 산수, 수풀, 호수, 초목, 모래의 생명 공동체 사상이다. 습지공원에서는 아무리 평범하고 아무리 보통의 종이라 하더라도, 전통적 심미 기준에 의거해 아름다운지 아닌지에 상관없이, 모두 생태 의식의 인도 아래 신기한 매력을 드러낼 수 있고, 모두 풍부한 매력을 지닌 심미적 대상이 될 수 있다. '미는 이념의 감성적 현현'이라는 헤겔의 유명한 말을 빌려 우리는 생태 심미의 대상은 생물 다양성 이념과 생명 공동체 이념의 감성적 현현이라고 말할 수 있다. 물론 이러한 '이념'은 이미 헤겔의 '이념의 창세기'의 의미상에서의 신비저 이념이 아니며, 그것은 현대의 생태 의식의 집중적인 체현에 불과하다. 이는 습지 공원을 둘러볼 때 전형적인 심미적 판단 문구가 '이것은 아름답다'가 아니라 '이것은 매력이 있다'이며, '매력'이 '미'를 대신해서 핵심 범주가 된다는 것을 의미한다. 생태적 심미의 사례는 중국과 외국의 생태 문학 작품에 다량으로 등장하므로 굳이 하나하나 열거할 필요가 없다.

간단히 말해 인간의 사회와 문화, 사상 관념 등은 줄곧 발전적 변화 속에 있고, 고정된 사회 형태와 문화 양식이 없을 뿐 아니라, 한 번 성립되면 변하지 않는 사상 관념도 없으며, 심미 관념, 심미 표준, 심미의 이상 등이 모두 시대의 변화에 따라 변화한다. 생태 의식이 다시금 우리의 심미 관념과 심미 표준, 심미적 이상을 재구성할 때 생태적 심미는 필연적으로 발생하고, 미학적인 생태의 전환은 필연적으로 출현한다. 일말의 과장도 없이, 우리는 생태 미학에 반대하는 사람들은 명확한 생태 의식이 없거나 생태 의식이 심미 활동에 어떤 영향을 일으키는지를 분명하게 인식하지 못하는 것이라고 말할 수 있다.

우리는 통상적으로 문명을 '기물', '제도', '정신'의 세 가지 측면으로 구분하는데, 미학은 정신문명의 중요한 구성 부분이다. 문명이 전반적으로 생태적 전환을 통해 생태 문명을 향해 나아가기 시작하면, 미학 또한 필연적으로 생태적 전환이 일어나고, 생태미학으로 나아가게 된다. 이러한 기본적인 사유와 관점에 의거하면, 생태 미학은 경관 미학, 환경 미학, 일상생활 미학 등과 형태적으로 수평적인 하나의 갈래 영역이 아니라, 미학 전체의 생태적 전환이다. 따라서 우리는 생태미학을 '생태 문명으로의 미학적 전환'으로 간명하게 정의할 수 있으며, 그 이론적 요지는 생태학의 원리를 참고하고 생태적 지혜의 인도 아래 미학의 학과적 특성과 핵심 문제, 이론 구조 및 범주 체계를 다시 새롭게 사유하는 것이다. 예컨대, 생태학의 경전적 정의에서 말하는 '유기체와 환경의 상호 작용'을 참고해서 생태 미학의 연구 대상을 '심미적 상호작용'으로 정의함으로써 이전의 '심미적 관계' 이론이나 혹은 '심미적 활동'론을 초월하여 생태학의 시야에서 이전의 '심미적 관계'가 어떻게 발생했는지, 이전의 '심미적 활동'이 도대체 어떤 활동인지를 보다 명확하고 과학적으로 해석한다. 인간과 자연의 조화로운 공생관이 생태미학에 중요한 이유는 인간과 자연 사이의 '심미적 상호작용'의 가치의 방향을 '조화로운 공생'으로 명확하게 정의하여 심미적 판단을 명확한 가치 판단으로 만들기 때문이다. 생태학의 의미에서 이 유기체와 환경 사이의 상호 작용은 일종의 중성적 '사실'이며, 생태 과학은 이러한 사실에 대해서 관찰하고 묘사하고 해석하는 것이다. 하지만 우리는 전쟁 중에 교전하는 쌍방의 관계가 기실 일종의 상호 작용이라는 것을 알고 있다. 예를 들어서 『삼국지연의』의 후반부에서 제갈량과 사마의의 암투, 강유와 등애의 암투 등은 모두 적대적 쌍방의 '상호 작용'의 절대적인 예증이다. 일종의 생태 철학 혹은 생태 지혜로서 '인간과 자연의 조화로운 공생'관은 결코 간단하게 인간과 자연의 관계를 '사실'의 측면에서 기술하는 것이 아니라 일종의 가치관의 제창이다. 즉 '조화로운 공생'은 그 목표가 현대 서양의 인간과 자연의 대립 내지 적대적 관념의 근본적인 결함을 극복하여 인류 문명을 생태 문명을 지향하는 새로운 시대로 이끄는 것이다. 이러한 관점에서 생태 미학은 일반적인 의미에서의 '심미적 상호 작용'이 아니라 인간과 자연의 조화로운 공생의 심미적 상호 작용이며, 생태미학은 이로써 독자적인 일파를 형성한 표지적인 개념의 활동을 통해 기존의 비생태적 내지 반생태적 미학과 구별되며, 그러한 반생태적 심미, 즉 '심미적 폭력'을 비판하고 사람들을 생태적 심미에로 향하게끔 인도한다.

이렇게 생태 미학은 우리가 흔히 '미학 원리'라고 부르는 측면에서 미학이라는 분과 학문의 총체적 발전을 촉진할 것이며, 인류의 미학

이론 발전사는 이로써 현대의 학자들에 의해 추진될 것이다. 생태 미학의 연구 대상을 재정의하는 것을 기반으로 우리는 '심미적 행동 유도성', '심미적 폭력', '생태적 매력' 등의 일련의 새로운 형태의 범주를 활용해서 이론 시스템을 재구성하여 비교적 철저하게 미학의 총체적 면모를 변화시킬 수 있다. 물론 어떤 이론의 혁신이든 모두 어렵고 긴 과정이며, 생태 미학 연구자들은 인간과 자연의 조화로운 공생관의 지도 하에 충분한 인내심을 갖고서 오래도록 성과를 내야 한다. 생태 미학에 관심이 있는 사람 또한 생태 미학에 대한 충분한 인내심과 믿음을 가져야 하며, 현재의 미성숙함을 관용적으로 바라보고 점차 성숙해지기를 기대해야만 한다.

3

인간과 자연의 조화로운 공생관의 사상적 근원 가운데 하나는 중국 전통의 생태 지혜라는 것을 위에서 언급했다. 바꿔 말하면 우리는 또한 이러한 현대의 관념의 높이에서 진일보한 사유를 진행하고, 중국 전통의 생태 지혜를 발굴하고, 더 나아가 중국 전통의 생태 심미의 지혜를 발굴해서 현대의 생태 미학을 건설하는 총체적 틀 가운데 그 창조적인 전환과 혁신적 발전을 실현할 수 있다.

중국 전통의 생태적 지혜를 논의할 때, 사람들이 가장 쉽게 떠올리는 것은 '천인합일(天人合一)'이라는 명제이다. 그러나 학술계에서는 여기에 대해서 '천지인 삼재(天地人三才)'설이 '천인합일' 설에 비해 더욱 정확하고 세밀하다는 이견을 제시하는 사람이 있다.[3] 필자는 이런 관점에 대해 주의 깊게 인식하고서 중국 전통의 생생 미학과 하이데거의 생존 철학을 바탕으로 중국 고대의 문화철학의 총체적 사유 노선을 "인생 천지간, 위지천지심(人生天地間, 謂之天地心); 일도관삼재, 일심개삼문(一道貫三才, 一心開三門)"의 네 구절로 개괄하고자 한다. 왕양명은 유명한 '사구교(四句敎)'를 제시한 바 있는데, 우리는 이를 빌려 여기서의 사구교를 '문화철학의 사구교'라고 지칭하고 이를 통해서 중국 전통 생태 지혜의 사유 노선, 내용, 특징 및 거기서 확장된 '생생미학'[4]사상을 설명할 수 있다.

먼저 '사람은 하늘과 땅 사이에 산다. 이를 일러 천지의 마음이라 한다[人生天地間, 謂之天地心].'에 대해서 논의해 보자.

양한 시기 무명씨의 『능 위의 측백나무는 늘 푸르고[靑靑陵上栢]』에서는 "인생천지간, 홀여원행객(人生天地間, 忽如遠行客)"이라 적고 있다. 이는 인생의 짧음에 대한 개탄이다. 이후 '인생천지간'은 시와 산문의 고전 가운데 늘 등장하는 상용어가 되어 그 보편성을 보여주게 된다. 만약에 그 전고의 연원을 따져야만 한다면, 우리는 『노자』의 제5장의 구절인 "하늘과 땅의 사이는 마치 풀무와 같지 않은가? 비어 있으나 쭈그러들지 않고, 움직이지만 계속 나온다[天地之間, 其猶橐籥乎? 虛而不屈, 動而愈出]."와 연계할 수 있다. '탁약(橐籥)'은 바람을 불어 불을 일으키는 풍구로서 일종의 일상적 도구인데, 노자는 이로써 하늘과 땅

---

3 晨陽, 「是'天人合一'還是'天,地,人'三才一兼論儒家環境哲學的基本構架」, 『周易硏究』 5, 2014, 5~11쪽.

4 程相占, 『生生美學論集』, 北京: 人民出版社, 2012.

사이의 공간과 그 특성을 비유한다. 인간을 포함한 천지 만물이 모두 이 공간 내에서 생존한다는 것은 인간의 가장 기본적인 생존 구조를 나타내며 '천지인 삼재'의 기본 관념을 함축한다. 천지 만물과 비교할 때 인간은 '하늘과 땅의 마음[天地之心]'으로 인식되고, 그 특성은 '마음의 존재[有心]'인데, 『문심조룡(文心雕龍)』「원도(原道)」편에 보면 이에 대해서 명확한 표현이 나타난다.

> "위로는 토해내는 빛을 보고, 아래로는 품고 있는 무늬를 살펴서 아래위로 자리를 정하였으므로 하늘과 땅이 생긴 것이다. 오직 사람만이 그것과 함께 하여 성령이 갖추어진 바, 이를 일러 삼재라고 하는 것이다. 오행 중의 으뜸이 되며 실로 천지의 마음인 것이다. 마음이 생겨나면 말이 서고, 말이 서면 문이 밝아진다. 이것이 자연의 도이다[...] 의식이 없는 사물도 성하고 고운 빛깔이 있는데, 마음을 가진 그릇인 인간에게 문이 없겠는가?"[5]

유협의 이 문구는 중국 고대 문화철학의 대강으로 볼 수 있으며, 중국 미학과 그 정신은 바로 이러한 총체적 사유 노선 가운데서 탄생한다.

다음으로 "일도가 삼재를 관통하고, 일심이 삼문을 연다[一道貫三才, 一心開三門]."에 대해 논의해 보자.

---

5 "仰觀吐曜, 俯察含章, 高卑定位, 故兩儀既生矣. 惟人參之, 性靈所鍾, 是謂三才. 為五行之秀, 實天地之心. 心生而言立, 言立而文明, 自然之道也[...]夫以無識之物, 鬱然有采, 有心之器, 其無文歟?" 인용문은 중문 원문의 본문 문장 가운데 연결된 것을 역자가 따로 분리해서 편집함.

고대 중국인들은 '도'를 천지 만물의 본원(혹은 본체)라 여겼는데, 가장 유명한 문구는 바로 노자가 말한 "도가 하나를 생산하고, 하나는 둘을 생산하고, 둘은 셋을 생산하고, 셋은 만물을 생산한다[道生一, 一生二, 二生三, 三生萬物]."이며, 이를 간단하게 '도가 만물을 생산한다[道生萬物].'로써 개괄할 수 있다. 천지 만물의 변화와 생성을 주도하는 대도(大道)는 '생생의 도[生生之道]'라 일컬을 수 있으며, 그것은 '천지인 삼재'를 관통하는데, 이것이 바로 『역전(易傳)』에서 말하는 "하늘의 도를 세우는 것을 일러 음과 양이라 하고, 땅의 도를 세우는 것을 일러 유와 강이라 하고, 사람의 도를 세우는 것을 일러 인과 의라 한다[立天之道曰陰與陽, 立地之道曰柔與剛, 立人之道曰仁與義]."이다. 우리는 이러한 사상을 '일도가 삼재를 관통한다[一道貫三才].'로 개괄한다. 대승기신론(大乘起信論)에서는 일찍이 '중생의 마음[衆生心]'으로써 '진여의 문[眞如門]'과 '생멸의 문[生滅門]'을 연다는 '일심이 두 가지 문을 연다[一心開二門]'는 사상을 제시한 바 있다. 우리는 그 이론적 맥락을 참고해서 '일심이 세 가지 문을 연다(一心開三門)'를 제시하는데, 그 의미를 말하자면 '천지의 마음[天地之心]'과 '마음이 있는 그릇[有心之器]'으로서 인간의 '마음[心]'은 '성분'과 '상태'와 '기능'이라는 세 가지 문으로 나눌 수 있다는 것이다. 성분으로 말하자면, 고대인들은 마음이 성(性), 정(情), 지(智), 인(仁) 등의 성분을 포함하는 것으로 인식하고, 상태로 말하자면, 고대인들은 심이 '조용하거나[靜]', '초조하거나[躁]', '혼란스럽거나[亂]', '한가롭거나[閑]', '안정된[定]' 상태에 처할 수 있다고 생각하고, 기능으로 말하자면, 서로 다른 성분은 서로 다른 상태에서 가령 '사유[思]', '변별[辨]', '느낌[感]', '앎[知]', '깨달음[悟]' 등의 서로 다른 기능을 발휘할 수 있다는 것이다. 우리는 '일심개삼문'이라는 말이 고대 중국의 다양하고 복잡한 심성론을 짜임새가 분명한 체계로 정리하는 데 도움이 된다고 생각한다.

위에서 언급한 '사구교'는 중국 생생미학의 사유 맥락과 그 특징을 결정한다. 중화의 생태 의식과 생태적 지혜를 집중적으로 드러내는 것은 바로 '생생(生生)'의 사상이다. 고대 중국인들은 통상적으로 '도(道)'는 천지 만물을 생산하는 본체이고 그 기능이 바로 '생(生)'이라고 생각했는데, 위에서 이미 『노자』의 '도가 만물을 생산한다[道生萬物]'는 사상을 인용했다. 고대인들은 '도'는 추상을 거쳐야 하고 감지하기가 어렵다고 생각할 때, 통상적으로 가령 『주역』에서 말한 "천지의 큰 덕을 일러 생이라 말한다[天地之大德曰生]."[6], "생하고 생하는 것을 역이라 한다[生生之謂易]."[7]에서와 같이 더 구체적으로 감지할 수 있는 '천지(天地)'라는 술어를 사용해서 만물을 화육하는 본원 혹은 본체를 가리켰다. 천지는 쉼 없이 질서 있는 변화 가운데에 있고, 그 구체적인 운행 방식은 바로 공자가 개괄한 "하늘이 무슨 말을 하던가? 사시는 운행하고, 만물이 생하는데. 하늘이 무슨 말을 하던가?"[8]에서와 같은 사계절의 순환적 흐름으로 드러난다. 바로 이러한 말 없는 리듬과 사계절의 정해진 규율 및 그로부터 생성되는 사물은 고대인들의 생존을 위한 기초가 될 뿐만 아니라 또한 그들의 가장 기본적인 심미적 감상의 대상이 되었다. 공자가 말한 그 문구는 바로 강렬한 심미적 감상의 의미를 포함하고 있으며, 또한 강렬한 '법천(法天)'과 '즉천(則天)'의식은 고대인

6　楊天才, 張善文譯註, 『週易』, 北京: 中華書局, 2011, 606쪽.
7　楊天才, 張善文譯註, 『週易』, 北京: 中華書局, 2011, 571쪽.
8　陳曉芬, 徐儒宗譯註, 『論語·大學·中庸』, 北京: 中華書局, 2011, 214쪽.

들이 하늘과 땅과 사람과 만물의 배후에 있는 규율(도를 말한다)에 대한 존중과 경외를 처음 표현한 것으로서, 이는 고대인들의 생태 의식의 뿌리가 된다. 만일 우리가 현대 생태학의 핵심 용어인 '생태 시스템'을 참고해서 본다면 고대인들이 말한 '천지인 만물의 시스템'은 의심할 바 없이 하나의 소박한 '생태 시스템'이며, 고대인이 감상한 일체의 사물은 모두 이 생태 시스템의 감성이 드러나는 것이다. 생생(生生)의 철학에 뿌리를 두고 있는 미학이 바로 '생생미학'인데, 그 실질은 '생생'이념의 인도 아래 형성된 심미 의식, 심미 체험 및 그 예술적 반영 혹은 표현이다. 현대 생태 미학의 관점에서 말하자면 중화의 생생미학은 중국에서 본래 발생하고, 소박하며, 고전적 형태의 생태미학이다. 고대 중국인들은 본원 혹은 본체로서의 '도'는 '자기 형식적이고[自本]', '자기 근원적이며[自根]', '스스로 변화[自化]'하는 것으로 생각했고, 그 기능은 천지 만물을 생성 변화하게 하는 것이기에 '생생의 도[生生之道]'라 지칭했다. 도가 만물을 생산[道生萬物]할 때 의거하는 재질을 통상 '기(氣)'라고 불렀는데, 만물은 모두 '기화유행(氣化流行)'의 산물이다. 도 자체는 볼 수 없고 들을 수 없고 냄새 맡을 수 없는, 모든 감각기관이 파악할 수 있는 범위를 초월한다. 이와 동시에 도가 만물을 변화 생성하는 '변화의 기틀[化機]'또한 희미하고 예측하기 어려운 '기미(幾微)'이다. 하지만 인간은 마음의 기능인 '원도심(原道心)'을 발휘할 수 있으며, '도심(道心)'과 합일한 '인심(人心)'은 천지 만물의 양태와 의태와 정태상에서 대도의 존재 및 그 운행으로 생산된 '생기(生機)', '생의(生意)', '생취(生趣)', '생태(生態)', '생기(生氣)'를 깨달아 '볼 수 없는 것'은 '볼 수 있는 것'으로 나타난다. 심미의 의의는 이로부터 형성되고, '생생미학'은 이로부터 성립된다.

중화의 생생미학은 풍부한 이론적 표현을 함유하고 있는데, 구체적으로는 '생(生)'자를 둘러싸고 형성된 세 가지 조어법으로 드러난다. 첫째, '생○'이다. 예를 들자면, '생리(生理)', '생물(生物)', '생기(生機)', '생의(生意)', '생태(生態)', '생기(生氣)', '생동(生動)'등이다. 둘째, '○생'이다. 예컨대, '화생(化生)', '대생(大生)', '광생(廣生)', '자생(自生)'등이다. 셋째, '생생지○'이다. 예를 들어, '생생지도(生生之道)', '생생지덕(生生之德)', '생생지인(生生之仁)', '생생지심(生生之心)', '생생지의(生生之意)'등이다. 이 세 가지 조어법으로 형성된 어휘는 중화 생생미학의 기본적인 문헌을 구성하고 우리가 발굴하는 중화 생생미학의 튼튼한 기초가 된다.

'축의 시대'에 사상의 돌파구가 발생한 각각의 민족은 모두 가장 높은 가치의 이상이 있었으나 지리 환경과 생산방식, 생활방식, 민족적 성격 등 여러 측면의 차이에 의해 최고 가치의 이상과 그 이론적 형태 또한 현저한 차이가 생겨났다. 고대 그리스의 이념론 미학과 상호 비교해서 중국의 축의 시기에 개창된 것은 도론(道論)의 미학이다. 따라서 도의 특성, 도가 만물을 생산하고 변화 생성케 하는 기틀의 감성적 표현 및 필묵으로 보완하는 공부는 도론을 철학적 기초로 삼는 생생미학의 근본 문제이다. 현대 심미학의 술어와 그 이론 논리를 빌려 우리는 중화 생생미학에서 논의하는 주된 심미적 문제를 다음과 같이 발견할 수 있다. 1) 생생의 도는 심미 본체론이다. 2)생생의 덕은 심미 주체론이다. 3)생생의 공은 심미 공부론이다. 4)생생의 양태는 심미 대상론이다. 5)생생의 예술은 생생 관념의 예술적 표현이다. 이러한 심미의 문제는 모두 창조적인 전환과 혁신적 발전을 거쳐 현대 생태미학의 중요한 구성 요소가 되고 중국 생태미학 학술 시스템과 언어 시스템을 구축하는 데 기여를 할 수 있다.

총괄컨대 인간과 자연의 조화로운 공생관의 지도 아래 우리는 인류의 생존의 구조를 더욱 명확하게 되돌아 보고, 고대 중국의 '천지인 삼재'설에 포함된 생생의 철학을 발굴해서 생생 철학과 중화 미학 정신의 생성 논리, 생생 철학과 중화 미학 정신의 발굴 역정, 중화 생생 정신의 예술적 표현, 생생철학과 현대 생태미학의 건립, 생생미학과 중화 미학 정신의 국제적 의의 등의 문제를 논의해야 한다. 이로부터 국제 미학계에서 강력한 목소리를 낼 수 있는 중국 생태미학을 구축해야 한다.

전통 의상론(意象論)과 포스트모더니즘 생태 미학

김현미 金炫美
성균관대학교 유학동양학과

내용요약

'의상론'은 본래 유학의 성선설(性善說)과 기화우주관(氣化宇宙觀), 중화의학(中和醫學)에 기초하여 한나라 초기에 성립된 '생태존재론'이었고, 위진 남북조 시대 이후로는 문학 이론으로 확장되었으며, 명말 이후로는 문학과 예술 창작의 본체로 논해지면서 중국 고전 미학의 핵심 범주로 성장했다.

현대에 와서 '의상' 연구는 두 관점에서 전개되었다. 하나는 '의상'을 서구 '이미지(image)'의 번역어로 보는 관점이며, 다른 하나는 '의상론'을 동아시아 전통 사유인 기(氣) 일원론에 기초한 인식론으로 보는 관점이다. 본 논문에서 '의상'은 후자의 연구 성과를 기반으로 하여 '생태존재'의 인식론과 문학과 예술 창작론으로 연구되었다. '모더니즘' 미학과 예술 문화 운동의 사례를 먼저 소개하였고, 그와 상보적 관계를 유지하면서 공존하는 '포스트모더니즘'을 소개하면서, 동아시아의 고대 '의상론'에 기초하여 '포스트모더니즘' 미학 이론을 논하였다.

'의상'은 '몸'의 오장에 각각 근원하여 온몸을 유동하는 맥(脈), 영(營), 기(氣), 혈(血), 정(精)과 그에 담긴 신(神), 의(意), 백(魄), 혼(魂), 지(志)의 정신 기능, 그리고 고차적인 정신 작용인 사(思), 려(慮), 정신의 종합 역량인 지(智)를 포괄하는 체화된 '몸-마음'이다. 이는 혈기의 반복적 순환을 통하여 형성된 '내재율'이며, 창작자의 '마음'의 자연연한 흐름이다. '의상'을 본체로 한 문학과 예술 창작은 각자의 '몸'을 통하여 실현되는 까닭에 각자의 '기상(氣象)'에 따른 미묘한 차이를 담아낸다. 이는 각자의 '몸'에서 내뱉어진 말과 글에서 느껴지는 미묘한 차이, 즉 '뉘앙스(Nuance)'의 차이라고도 할 수 있다. 이러한 차이는 비단 문학뿐만 아니라 예술가의 독창성을 논하는 모든 영역에서 빼놓을 수 없는 요소가 된다.

우리는 고도로 숙련된 연주자들로부터 길들여진 악기, 독창적인 화가들의 파레트를 통해서 내재화된 '음의 체계' 또한 '색상의 체계'를 일부 확인할 수 있다. 음악의 장단과 가락, 그리고 서예의 팔분과 비백, 회화의 배색 등을 통해서도 예술가의 '의상'은 드러난다. 이는 오로지 각자의 '몸'을 통하여 표현된 결과로서 증명되는 각자의 '의상'이다.

'의상론'에 기초한 미학과 예술은 현실의 이해관계를 넘어서 보다 근원적인 진리로 사람의 마음을 이끈다는 점에서 공동의 위기 극복을 위한 효과적인 대안이 될 수 있으며, 대우주와 소우주인 인간을 동류로 논하여 개인의 인식 능력이 현실의 이해관계를 넘어선 대우주와의 태화(太和)로 이어진다는 점에서 생태학과 미학의 자연스러운 융합을 도모하기에 적절한 관점을 제공할 수 있다.

'의상론'에서 인간은 자기 '몸'을 통하여 대우주의 이치를 온전히 깨우칠 수 있는 생태존재로서, 자신의 '몸'을 평안하게 유지함으로써 우주와의 화합을 도모할 수 있다. 이러한 사유에서 인간은 일상 속에서도 현실을 초월한 예술을 도모할 수 있고, 진정한 미(美)를 추구할 수 있다. 자기 '몸'을 온전히 하여 우주와의 태화를 이루는 일은 생활 세계를 예술 세계로 승화시키는 일이자, 온 우주생태계가 더불어 가꾸는 아름다운 이야기에 동참하는 일이다.

주제어: 의상론, 생태 미학, 생태존재론, 포스트모더니즘

1. 서론

'의상론'은 본래 유학의 성선설(性善說)과 기화우주관(氣化宇宙觀), 중화의학(中和醫學)에 기초하여 한나라 초기에 성립된 '생태존재론'이었고, 위진 남북조 시대 이후로는 문학 이론으로 확장되었으며, 명말 이후로는 문학과 예술 창작의 본체로 논해지면서 중국 고전 미학의 핵심 범주로 성장했다.[1]

현대에 와서 '의상' 연구는 두 관점에서 전개되었다. 하나는 '의상'을 서구 '이미지(image)'의 번역어로 보는 관점이며,[2] 다른 하나는 '의상론'을 동아시아 전통 사유인 기(氣) 일원론에 기초한 인식론으로 보는 관점이다.[3] 본 논문에서 '의상'은 후자의 연구 성과를 기반으로 하여 '생태존재'의 사물 인식과 문학과 예술 창작론으로 연구되었다. '의상론'은 문학과 예술 창작을 위한 상상의 본체이자, 대우주와 조화를

---

[1] 胡雪岡, 『中國美學範疇總書之·八意象範疇的流變』, 南昌: 百花洲文藝出版社, 2002; 往裕雄, 『意象探源』, 北京: 安微教育出版社, 1996; 敏澤, 유병례·남정희·윤현숙·강선화·노은정·김화진 옮김, 『중국문학이론 비평사: 명대 편』, 서울: 성신여자대학교출판부, 2016, 24~25쪽; 김현미, 「『周易』과『淮南子』를 통한 '意象論' 연구」, 성균관대학교 일반대학원 박사학위논문, 2021, 30~31쪽.

[2] 袁行霈,『中國詩歌藝術研究』, 北京: 北京大學出版社, 1996; 김현미, 『이미지와 의상』, 서울: 퍼플, 2023.

[3] 葉朗,『中國美學史大綱』, 臺北: 滄浪出版社, 1981.

이루는 심리 현상으로, 인식에 전적으로 영향을 주는 '몸'의 구성과 작용을 통한 '체화된 마음'의 이론이다.

현대 문학과 예술 활동은 두 가지 상반된 관점에서 '우주·생태주의'를 지향하게 되었다. 첫째는 기후 환경 위기 극복을 위한 인류의 공동체적 사유 방식을 창출하기 위함이고, 둘째는 과학 기술의 발전으로 인하여 도래하게 될 인간 범용 지능을 가진 기계(AGI)와의 공존 가능성에 대비하여 인류의 새로운 존재 방식을 논하기 위함이다. 두 상반된 관점은 '우주'란 무엇이며, '우주'에서 '인간'이란 어떤 존재인가에 대한 답변을 전제로 한다.

그리고 '우주'와 '인간'의 관계는 과학 기술에 의해서 지속적으로 변화해왔다. 기후 환경 위기를 몰고 온 제1원인 또한 다수의 인류가 무분별하게 신봉해 온 '과학기술주의'에 있었다. '과학기술주의'로 인하여 인간을 둘러싼 외부 환경에서 자연환경이 차지하는 비율은 현저히 줄어들었다. 그러므로 자연의 본래 가치를 되살리고자 하는 관점에서 규명하는 외부 세계는 인문 환경과는 구분되는 '천연'의 세계를 지향한다. 인문 환경은 자연과의 공속성을 따져 되돌려지고 수정되어야 할 요소들과 자연으로 귀속할 수 있거나 유지 혹은 회복을 돕는 요소들로 구분된다.

이에 반해 인공지능과 더불어 논해지는 외부 세계는 단지 '천연'의 세계를 의미하지는 않는다. 여기서 외부 세계는 과학기술이 이루어 놓은 첨단 컴퓨터 시스템이 도입된 세계이다. 이미 지구 내에서 인간의 감각이 닿는 세계는 '천연'이라고 할 만한 곳을 찾아보기 어렵다. 우리가 도시를 떠나서 찾는 자연환경, 구체적으로 산과 들, 강과 호수에도 편의를 위한 시설이 갖추어져 있으며, 시설의 수와 배치에도 인간의 의

도가 담겨 있다.

'우주'와 '인간'의 관계를 보는 두 관점은 상반된 입장을 취하는 듯 보이지만, 인류의 건강한 미래를 숙고하기 위하여 반드시 고려되어야 할 하나의 일이기도 하다. 이러한 흐름에서 본 논문은 현대 사회에 공존하는 두 관점을 포괄하는 생태 미학 이론을 연구하였다. 논문의 서술은 우선 현대의 모더니즘 미학과 생태 문화 운동의 전개 양상을 살핀 후, 그에 대한 대안으로서 전통 '의상론'에 기초한 포스트모더니즘 생태 미학 이론을 논하겠다.

2. 모더니즘 미학과 생태 문화 운동

'모더니즘' 미학은 크게 두 가지 의문으로부터 출발하였다. 하나는 '관측 행위'에 대한 회의이며, 다른 하나는 '예술의 본질'에 대한 의문이다. '관측'의 문제는 '양자 역학'이 현대 미학에 던진 결정적인 모티브였다. 1801년 토마스 영(Thomas Young, 1773~1829)의 '이중 슬릿 실험'은 빛의 파동성을 밝힘과 동시에 "본다는 것은 무엇인가?"하는 자각을 불러왔다.

1704년 뉴턴(Isaac Newton, 1643~1727)이 『광학』을 출간한 이후로 빛의 입자설은 고전 물리학의 지배적인 학설로 자리했다. 이러한 상황에서 시도했던 토마스 영의 실험은 1세기 동안 인류의 의식 안에 자리했던 확고한 '진리'의 붕괴를 예고했다. 이에 따라 기존 '진리'에 바탕을 두었던 '인식론'에도 대대적인 수정이 요구되었으며, "본다는 것은

무엇인가?"라는 근본적 회의가 유럽 지식인들 사이에서 팽배해졌다.[4]

토마스 영의 실험으로부터 촉발되었던 자각은 우주의 생성과 변화가 외부로부터 주어진 것이 아니고, 이미 정해진 것 또한 아니며, 오직 확률적일 수밖에 없다는 '불확정성의 원리'[5]를 인류에게 선사했다. 이로써 우주 전체의 부분인 인류의 선택과 행동에 따라서 우주의 미래는 매 순간 다시 그려질 수 있다는 가설들이 가능해졌다. 토마스 영의 실험 이후로 서구 철학사에서는 쇼펜하우어(Arthur Schopenhauer, 1788~1860)의 '의지(wille)' 개념이 제출되었고, 인식론의 초점은 감각의 대상이자 감각하는 실재인 '몸'으로 이동했다.

한편 기술 복제 시대로 인하여 순수 예술 분야에 닥친 위기는 '예술의 본질'에 대한 의문을 가져왔다. 발터 벤야민은 사진, 영화 등을 다루면서 순수 예술의 제의 기능과 '아우라'의 붕괴를 논했다.[6] 특히 외부 세계와 역사적 혹은 종교적 사건의 '재현'을 주요 목적으로 삼았던 전통 회화는 사진 기술에 의하여 존재 위기를 맞이했다. "이제 회화는 무엇을 그려야 하는가?", "예술이란 무엇인가?", 순수 예술 분야에 닥친 본질적 회의로 인하여 예술가들은 이전과는 다른 길을 도모하기 시작했다.[7]

---

4   김원숙, 김영민, 서혜애, 박종석, 「창의적 과학자 토마스 영(T Young)의 빛의 간섭 이론 형성 과정에서의 비유 추론을 통한 문제해결과 과학 창의성 교육적 함의」, 『영재교육연구』 23(5), 한국영재교육학회, 2013, 817~833쪽.

5   베르너 하이젠베르크, 조호근 역, 『물리와 철학』, 서커스, 2018; 베르너 하이젠베르크, 유영미 역, 『부분과 전체』, 서울: 서커스, 2023.

6   발터 벤야민, 최성만 역, 「기술복제시대의 예술작품」, 『기술복제시대의 예술작품 사진의 작은 역사 외』, 서울: 길, 2016.

7   "예술의 종말"이라는 '모더니즘'의 표지는 헤겔의 예술 강의를 통하여 시원하였으며, 아서 단토의 논문을 통하여 더욱 널리 회자되었다(게오르크 빌헬름 프리드리히 헤겔, 한동원 역,

정리하자면, 모더니즘 미학은 "본다는 것은 무엇인가?", "예술이란 무엇인가?"라는 두 가지 의문으로부터 출발하였으며, 두 의문은 신과 학이 흔들어 놓은 기존 질서에 대한 회의로부터 기인했다. 결과적으로 두 가지 의문은 하나의 표지로 귀결되었는데, 바로 "보이는 것 너머"였다. '모더니즘'의 선구자로 꼽히는,[8] 칸트의 비판 철학을 통하여 "보이는 것 너머"를 해석한다면, "보이는 것"은 가시화된 작품이고, "보이는 것 너머"는 작품을 통하여 내면으로부터 소환되는 '개념'이다.

'모더니즘'과 더불어 출원한 "예술의 종말"은 전통 예술사의 '내러티브'가 막을 내렸음을 의미했다. '모더니즘'은 예술의 역사적 흐름을 잇는 모종의 '내러티브'에 부응하지 않았다. "예술의 종말"은 곧 예술의 열림이고 예술 철학의 시작이었다. 특히 '개념미술'은 예술 작품을 통하여 감상자에게 '반성적 판단'의 계기를 제공한다는 점에서 애초부터 시민 의식 개선을 위한 문화 운동으로 확장될 가능성을 배태하고 있었다. 그리고 얼마 지나지 않아 예술가들은 지구 환경 위기라는 인류사의 운명적 과제와 마주하게 되었다. 이로써 '모더니즘' 생태 문화 운동이 시작되었다.

1963~1965년 제작·전시된 한스 하케(Hans Haacke)의 〈응축 큐브〉(Condensation Cube)는 투명한 플라스틱 큐브 안에 물을 넣고 밀폐시켜서 미술관 내에 그대로 방치한 작품이다. 미술관 내부 온도는 조명

『헤겔 예술 철학』(호토의 필기록), 서울: 미술문화, 2008; 아서 단토, 김광우 역, 『예술의 종말 이후』, 서울: 미술문화, 2015; 아서 단토, 김한역 역, 『무엇이 예술인가』, 서울: 은행나무, 2015.
[8] 아서 단토는 데카르트로부터 '모더니즘'이 출발했다고 보았으며, 클레멘트 그린버그는 칸트야말로 진정한 모더니스트라고 생각했다(아서 단토, 김광우 역, 『예술의 종말 이후』, 서울: 미술문화, 2015; 클레멘트 그린버그, 조주연 역, 『예술과 문화』, 부산: 경성대학교출판부, 2019.

과 관람객의 밀집 정도에 따라서 변화했고, 플라스틱 큐브 안의 물은 그에 따라서 증발과 응결을 반복했다. 그는 큐브 안의 물이 증발과 응결을 반복하는 현상을 통하여, 큐브 안의 빈 공간을 채운 보이지 않는 실재를 감상자에게 전달하고자 했다. 보이는 것을 통하여 그 너머의 볼 수 없는 세계를 떠올리도록 유도한 것이다. 작품을 통하여 빈 공간을 채운 기(氣)의 운동을 느끼게 함으로써, 자신을 포함한 지구 생태계 전체가 하나로 이어져 있다는 사실을 자각하게 하였다.[9]

　　1968년 작인 조제프 보이스(Joseph Beuys)의 〈지방 의자〉(Fat Chair)는 지방 덩어리를 나무 의자에 그대로 올려놓았다. 의자에 올린 지방덩어리는 전시장의 온도와 습도에 따라서 수축과 팽창을 반복했다. 그는 의자에 올린 지방덩어리로 인간의 '몸'을 은유했다. 관람객들은 지방덩어리가 수축하고 팽창하는 것을 통하여 우리의 '몸' 또한 그처럼 변화한다는 사실을 목도했다. 자연 상태에서 인간의 '몸'은 외부 환경의 변화에 따라서 수축과 팽창을 반복한다. 이것은 살아있는 인간의 '몸'이 가진 회복탄력성이자 자연스러운 현상이다. 지구 환경의 위기는 외부 환경과의 상호 작용을 통하여 이루어지는 우리 '몸'의 자연스러운 회복 현상과의 단절을 의미하기도 한다.[10]

　　초기 생태 예술가인 한스 하케와 조제프 보이스의 작품은 감상자의 행동을 변화시키고자 하는 사회 윤리적 목적을 내재하고 있었다. 그리고 최근의 생태 예술가들은 전시 작품 이외에도 감상자의 반성을

---

[9] https://www.macba.cat/en/art-artists/artists/haacke-hans/condensation-cube

[10] https://medium.com/counterarts/joseph-beuys-fat-chair-fettstuhl-1964-1985-95800fb8c266

불러일으키는 미적 체험 활동을 제공함으로써, 보다 적극적인 예술 문화 운동을 실천하고 있다.

최근의 생태 예술은 통합적이고 실천적인 학제 간 프로젝트의 형식으로 전개되고 있다. 예술가들이 직접 기후 환경 위기 현장을 방문하여 결정적인 장면을 촬영한 영상을 전시하기도 하고, 직접 생태 과학을 연구하여 교육 목적의 체험전을 열기도 한다.

2006년 데이비드 버클랜드(David Buckland)는 과학자, 교육자, 예술가, 탐험가 등으로 이루어진 스발바르 케이프 페어웰 원정대(Cape FareWell Expedition)를 이끌고 북극 빙산의 꼭대기가 바다로 무너져 내리기 직전인 위태로운 광경을 직접 촬영하여 영상을 전시했다. 일명 〈얼음 텍스트〉(Ice Text) 프로젝트로, 작품명은 〈가라앉는 얼음〉(Sinking Ice)이었다. 스크린으로 전해진 위태로운 광경은 전시 관람객의 시선을 붙들었고, 지구의 충격적인 현 상황을 숨김없이 목격하게 했다.[11]

앞서 소개한 모더니즘 미학과 현대 생태 예술 작품들은 감상자의 사유를 강제하고, 감상자는 사유를 통하여 예술가의 의도를 이해하게 하는 방식을 띠고 있다. 그리고 감상자의 완전한 이해는 신념으로 이어지고 신념은 실천적 행동으로 이어진다. 이들의 예술 활동은 작품이 전하는 메시지를 통하여 관람자의 삶의 태도를 변화시키는 사회 윤리

---

[11] Vanishing Ice offers an interdisciplinary perspective into the rich cultural legacy of the planet's alpine and polar landscapes. (https://www.bucklandart.com/art/ice-texts/) ;2003 Expedition-Cape Farewell's first Arctic expedition- a voyage that took them from Tromsø to Spitsbergen via Bear Island (https://www.capefarewell.com/2003-expedition/)

목적의 생태 문화 운동이다.

한편 2015년 제주에서 열린 마르쿠스 베른리(Markus Wernli)의 〈제주 발효〉(Fermenting Jeju)는 교육적 측면이 강화된 색다른 전시를 진행했다. 그는 제주의 전통 화장실 '돗통시'를 통하여 관람자에게 직접적인 생태 체험을 제공했다. 인간의 '몸'은 음식물을 소화시키고 영양분을 얻으며, 배설을 통하여 천연의 배설물을 생산한다. 우리의 '몸'이 곧 자연이고, 자연을 생성하고 유지하게 하는 천연의 기관이다. 마르쿠스 베른리는 참가자들에게 자기 '몸'을 통하여 일어나는 천연 발효의 체험을 제공하여 스스로가 생태적 존재임을 실감하게 하는 '생태 문화 운동'을 실천했다.[12]

마르쿠스 베른리의 전시가 갖는 특별한 의미는 관람객이 직접 스스로가 생태존재로서의 자신을 체험하게 했다는 점이다. 그의 전시는 학제 간 융·복합의 생태 교육 문화 운동으로 진행되었으며, '체험주의 윤리'가 추구하는 '도덕적 상상력'(Moral imagination) 함양에 기여했다.[13]

3. '의상론'과 포스트모더니즘 생태존재론

모더니즘 생태문화 운동가들은 작품을 통하여 감상자들의 이성적

---

[12] 2015 Artscenic Basement in Jeju City(http://markuswernli.org/work/2015/fj/)
[13] 마크 존슨, 노양진 역, 『도덕적 상상력: 체험주의 윤리학의 새로운 도전』, 파주: 서광사, 2008.

사유를 촉구함으로써 지구 환경과 생태 자원 보호에 관한 의식 개선에 앞장서고 있다. 그리고 현대에는 모더니즘 운동과 더불어 모더니즘의 이성 중심 사유에 반기를 든 탈주체적 성향의 포스트모더니즘 미학이 공존하고 있다. 앞서 소개한 마르쿠스 베른리의 전시는 관람객이 각자의 '몸'을 통하여 직접 체험하고 스스로 느끼고 행동하게 한다는 점에서 '모더니즘'의 형식으로부터 탈피한 시도라고 하겠다.

포스트모더니즘과 모더니즘의 차이는 우리의 '몸'과 '무의식', 그리고 끊임없이 변화하고 생성하는 우리 '생명'에 대한 재발견에 있다. 모더니즘은 데카르트의 합리주의와 칸트의 초월적 관념론에 기초하였다. 칸트에게 '물 자체'는 우리가 인식할 수 없는 영역이다. 그러므로 칸트를 선구자로 둔 모더니즘 미학에서 '객관성'이란 감성이 직관한 결과이며, 우리는 이성을 통하여 실재 우주와 사유한 우주의 차이를 좁혀나갈 수 있다. 모더니즘의 선구자로서 칸트의 공헌은 외부 세계를 인식하는 기준을 주체의 내면으로 이동시킨 것이었다.

모더니즘이 주체의 의식과 이성에 집중했다면, 포스트모더니즘은 '의식' 너머에서 '의식'이 있게 한 근원에 주의를 기울인다. 바로 우리의 '몸'이다. 우리의 '몸'은 감각되는 대상인 동시에 감각하는 주체이며, 그 자체로 우주의 일부인 '물 자체'이다. 우리의 '몸'은 늘 생명 활동을 쉬지 않으며, 이 생명 활동은 외부 세계인 우주와의 상호 작용을 통하여 지속된다. 우리의 '의식' 활동은 바로 이 '몸'의 생명 활동에 기초하여 이루어진다.

포스트모더니즘은 '의식'에서 '무의식'으로, '마음'에서 '몸'으로, '인식'에서 '인식하는 존재'로 논의의 초점을 옮겨왔다. 포스트모더니즘이 갖는 가장 큰 의의는 주체의 이성을 통하여 이르고자 했던 절대적 가치를 향한 인류의 지향을 각자의 개성을 존중하고 생성과 변화를 인정하는 다원적 가치로 풀어 놓았다는 점이다. 모더니즘과 포스트모더니즘이 추구하는 상반된 두 가치는 인류 공영을 위한 공동의 질서 유지와 개인 혹은 지역 사회의 다원성 확보의 차원에서 상보적 공존을 유지하고 있다.

본 논문이 전하고자 하는 핵심은 바로 이와 같은 사유의 변혁과 상보적 융합이 동아시아 세계에서는 이미 수천 년 전에 형성되었다는 사실이다. 선진 시기에 『주역』「계사」를 통하여 정리된 공자의 인식론은 특별히 지혜로운 사람, 즉 성인의 인식을 논하였고, 성인이 밝혀 놓은 진리는 만인이 배우고 익히는 삶의 길이 되었다. 그리고 공자가 정리한 인식론은 한나라 초기 '기화우주관'과 '중화의학'에 힘입어 모든 사람이 각자의 내면을 통하여 그 길을 얻을 수 있다는 만인의 '의상론'으로 확장되었다.[14]

『주역』「계사전」에는 공자가 성인이 『역』을 지은 이유와 과정을 서술한 내용이 수록되었는데, 문장 중에 "입상이진의(立象以盡意)"라는 말은 공자의 인식론의 핵심이자 만인이 자기 내면에서 얻는 '의상(意象)'의 기원이 되었다.

공자가 말하였다. 글로는 할 말을 다 쓸 수 없고, 말로는 생각을 다 표현할 수 없다. 그렇다면 성인의 생각을 알 수 없는가? 성인은 상을 세워서

---

[14] '기화우주관'과 '중화의학'의 통합적 사유는 김현미, 『『주역』과 『회남자』를 통한 의상론-의상(意象), 본성에 깃든 천리-』, 서울: 문사철, 2023, 92쪽, Ⅳ.『회남자』의 '의상론'과 성선의 우주·생태주의적 확장)을 참조하기 바람.

생각을 완전히 하고[立象以盡意], 괘를 베풀어 실정과 사람이 해야 할 바를 알리고, 사를 붙여서 전할 말을 다하고, 변화함으로써 통하게 하여 이로움을 다하며, 두드리고 춤추어 신령스러움을 다하였다.

공자에 의하면, 성인은 '상'을 세움으로써 생각을 완전히 했다[立象以盡意] 이때 성인이 세운 '상'은 외부 세계가 움직이는 원리를 의미했으며, 후대 유학자들은 이를 성인의 '의상'이라 표현했다.[15] 성인은 자기 '의상'에 기초하여 이룬 생각을 타인에게 전하고자 괘(卦)를 그렸으며, 괘에 대한 이해를 돕고자 사(辭)를 서술했다.[16] 성인은 객관 세계를 탐구하여 이치들을 얻어내고, 얻어낸 이치들의 관계와 질서를 파악하여 하나의 구조로 세워냈다.[17]

성인이 세워낸 구조는 '태극-음양-사시-팔괘'로 구성되었다. 이는 성인이 세운 '상상적 구조'였다. 본래 실재 세계에는 극(極)이란 존재하지 않는다. 그러나 성인은 반복하는 주기를 파악하여 양 극단을 정하였고, 양의(兩儀)인 음양(陰陽) 개념으로 규정하였다. 양 극단의 사이를 오가는 하늘의 운동은 '사시(四時)'로 재단하여 인식하였다. 『역』의 원리는 성인이 사유한 우주였다. 그리고 후대의 동아시아인들에게는 외부 세계를 이해하는 '도식'으로 작용했다.

---

15 朱熹, 呂祖謙,『近思錄』卷之二,「致知」: "須心潛默識, 玩索久之, 庶幾自得, 學者不學聖人則已, 欲學之, 須熟玩味聖人之氣象, 不可只於名上理會, 如此只是講論文字. 潛玩聖賢意象 庶養之厚而得之深 若徒考論文義則末矣"
16 김현미,「'의상론(意象論)'의 형성과 유학적 본성론의 우주·생태주의적 확장 -'인공지능 윤리'를 위한 유학의 '성선설'과 '의상론' 연구-」,『한국철학논집』제76집, 2023, 224~233쪽.
17 김현미,『『주역』과『회남자』를 통한 의상론 연구』, 성균관대학교 일반대학원 박사학위 논문, 2021, Ⅲ-3. 상(象)의 단계적 구조화를 통한 인식의 초월, 91~97쪽.

주돈이(周敦頤, 1017~1073)는 『역』의 '태극'은 본래 '무극(無極)'이라 했다. 주돈이는 자신이 이해한 내용을 〈태극도설〉로 남겼다. 장백행(張伯行, 1651~1725)은 "주돈이가 도체의 본원을 묵묵히 알고 상을 세워 생각을 완전히 하였고[立象盡意], 다시 〈태극도설〉을 지어 그 깊은 생각을 밝혔다"[18]고 했다. 주돈이가 세운 '상'은 〈태극도〉로 그려졌다.[19]

『근사록』「치지」에는 이와 관련한 정이(程頤, 1033~1107)의 문장이 수록되었는데, 이 문장에서 정이는 주돈이가 인용한 『주역』「계사」의 공자의 말인 '입상진의(立象盡意)'를 '의상(意象)'으로 표현했다.

> 모름지기 마음을 깊이 가라앉히고 묵묵히 알아서 완미하고 탐색하기를 오래하면 거의 스스로 터득할 수 있을 것이다. 배우는 사람이 성인을 배우지 않으려면 그만이지만, 만약 배우려고 한다면 모름지기 성인의 '기상'을 익히고 완미해야 한다. 단지 명목상으로만 이해하면 안되는 것이니, 이처럼 하는 것은 단지 문자를 강론하는 것에 불과하다. 성현의 '의상'을 깊이 완미하면 길러짐은 두텁고 얻는 것은 깊다. 만약 후학들이 문자의 뜻만 살피고 논한다면, 그것은 말단에 그치는 것이다.[20]

인용문 중에 정이가 말한 성현의 '의상'은 공자가 완미한 성인의 '의상'이다. 그리고 모든 사람은 성인과 같은 '의상'을 자기 내면을 통하

---

18 朱熹, 呂祖謙, 『近思錄』卷之一, 「道體」 인용.
19 주돈이의 『태극도설』에 대하여 주희가 주석을 단 『태극해의』 참조.
20 朱熹, 呂祖謙, 『近思錄』卷之二, 「致知」: "須心潛默識, 玩索久之, 庶幾自得, 學者不學聖人則已, 欲學之, 須熟玩味聖人之氣象, 不可只於名上理會, 如此只是講論文字. 潛玩聖賢意象 庶養之厚而得之深 若徒考論文義則末矣"

여 얻는다. 성인의 '의상'은 '태극-양의-사상-팔괘'로 구성된 '천상'이다. 여기서 '사상'은 '겨울-봄-여름-가을'의 사시(四時)가 순환하는 원리이며, 그 순환이 항구함으로 '중(中)'에 '미더움'[信]을 더하여 오상(五常)을 이룬다.

오상은 곧 우주만물의 근원적 물질인 목(木)-화(火)-토(土)-금(金)-수(水)의 오행으로 투사되고, 오행은 우리 '몸'의 오장으로 투사되었다. 하늘의 순환 원리가 곧 우리 '몸'의 생리로 이어진 것이다. 현생 인류의 '몸'은 지구라는 물리적 환경에 적응하면서 오랜 세월에 걸쳐 생리적 구조를 형성해 왔으며, 또한 형성해가는 중이다.

이러한 근거로 '사상'은 인류의 본성인 '사덕(四德)'이 된다. '사덕'은 잠재된 본성으로 사물에 접하여 일어나는 감정을 통하여 드러나는데, 맹자는 이를 '사단(四端)'이라 했다. 우리는 '사단'을 잘 살피고 유지하여 확충해나감으로써 '사덕'을 완전히 실현하는 경지로 다가갈 수 있다.

맹자의 '성선'은 잠재된 본성으로 '현실태'로 주어진 것이 아니다. 반드시 '몸'의 반복적인 활동을 통하여 실현되어야 할 것이었다. 맹자는 '몸'을 통한 수련을 '양기(養氣)'과 '호연지기(浩然之氣)'로 논하였다.[21] 그리고 맹자는 "만물이 모두 나에게 갖추어져 있으니, 몸[身]을 되돌려 진실하면 즐거움이 이보다 클 수 없고, 서(恕)를 힘써 행함은 인(仁)을 구하는 가장 빠른 길이다."[22]라고 하여, 만물을 바르게 인식할 수 있는 이치가 우리 몸 안에 내재해있음을 주장하였다. 그리고 『회남자』에서는 "천하의 요지는 다른 사람에게 있지 않고 나의 몸[身]에 있다. 몸

---

21 『맹자』, 「공손추 장구 상」을 참조.
22 『孟子』, 「盡心 上」: "孟子曰, 萬物皆備於我矣. 反身而誠, 樂莫大焉. 強恕而行, 求仁莫近焉."

[身]을 얻으면 곧 만물이 갖추어진다."[23]라고 하여 『맹자』의 사유를 그대로 잇고 있다.

『회남자』에서 '몸'을 얻는다는 말은 심(心)의 '중(中)'을 뜻한다. '중'은 치우치거나 편벽함이 없으며 과하거나 모자람이 없는 심신 상태로,[24] "'중'이 얻어지면 '오장'이 편안하고 눈과 귀가 총명하고 사려가 공평하다"고 하였다.[25] 바로 이 "'중'으로써 '태극'의 위로 비슷한 '류'를 끌어들이고 '물'과 '불'의 이치를 세울 수 있다면, 음양의 기가 합하여 서로 움직인다"[26]고 하였는데, 고차적 정신 작용인 사려(思慮)가 일어남을 말한 것이다. 사(思)는 양기로 일어나는 발산 작용이며, 려(慮)는 음기로 일어나는 수렴 작용이다.

정이는 이와 관련하여 "중으로부터 만물의 이치에 이름으로써, 하나의 이치로 만 가지를 얻고, 그 다음으로 자연히 활연관통하는 곳이 있다"[27]고 하였고, "쌓기를 많이 한 후에는 자연히 보게 된다"[28]고도 하였다. 여기서 "쌓기"를 많이 한다는 말은 반복적인 격물과 궁리를 통하여 지식을 체화한다는 의미이다. 그리고 자연히 보게 된다는 말은 완전한 생각의 구조인 '의상'을 얻었다는 뜻이다.

『회남자』와 『황제내경』이 공유하는 중화의학 사상에서 인간의 '몸'

---

23 『淮南子』,「原道訓」: "天下之要, 不在於彼而在於我, 不在於人而在於我身, 身得則萬物備矣."
24 『中庸』第一章: "中者, 不偏不倚無過不及之名, 庸, 平常也."
25 『淮南子』,「原道訓」: "中之得則五藏寗, 思慮平, 筋力勁强, 耳目聰明."
26 『淮南子』,「原道訓」: "以掌握之中, 引類於太極之上, 而水火可立致者, 陰陽同氣相動也"
27 朱熹, 呂祖謙, 『近思錄』卷之二,「致知」: "自一身之中, 以至萬物之理, 但理會得多, 相次自然豁然有覺處."
28 朱熹, 呂祖謙, 『近思錄』卷之二,「致知」: "積累多後, 自然見去."

은 대우주와 맞대응을 이루며, 인간의 '마음'은 '몸'의 작용으로 일어난다.[29] 그러므로 우리 몸의 생리는 천리(天理)와 일치하고, 몸의 생리 작용으로 일어나는 마음의 현상은 '천상'과 일치한다.[30]

'천리'는 '천상'이 일어나는 이치이자, '의상'이 일어나는 이치이다. '의상론'은 심(心), 비(脾), 폐(肺), 간(肝), 신(腎)의 장기(臟器)에 각각 근원하여 온몸을 유동(流動)하는 맥(脈), 영(營), 기(氣), 혈(血), 정(精)에 담긴 신(神), 의(意), 백(魄), 혼(魂), 지(志)의 정신 기능과 고차적인 정신 작용인 사(思), 려(慮), 그리고 정신의 종합 역량인 지(智)를 포괄하는 '몸-마음'의 이론이다.

의(意), 백(魄), 혼(魂), 지(志)의 정신 기능은 '체화된 마음'을 의미한다. 그중에서도 의(意)는 잠시라도 마음에 기억되는 모든 것을 통틀어 지칭하며, 마음의 가장 바깥 층위를 이루어 사물에 접하여 가장 먼저 일어나는 마음이다. 지(志)는 의(意)가 오래 보존되는 것이며, 혼(魂)과 백(魄)은 생득적으로 '체화된 마음'으로, 혼(魂)에는 원형적 요소가 백(魄)에는 본능적 요소가 담겨 있다. 사(思)는 지(志)를 계속 유지할지 바꿀지를 결정하는 통합적 사유 활동이고, 려(慮)는 사(思)에 기초하여 앞으로 일어날 일을 추론하는 활동이다. 지(智)는 고차적 정신 활동인 사려에 기초하여 일을 처리하는 종합적 역량을 말한다.

'의상'은 오장을 근원으로 온몸을 유동하는 혈기의 반복적 순환을 통하여 형성된 '내재율'이며, 창작자의 '마음'의 자연한 흐름으로서, 동

---

29 『淮南子』,「原道訓」: "頭之圓也象天, 足之方也象地, 天有四時 五行九解三百六十六日, 人亦有四支五藏九竅, 三百六十六節."
30 『淮南子』,「原道訓」: "通於神明者, 得其內者也, 是故以中制外, 百事不廢, 中能得之, 則外能收之.";『淮南子』「原道訓」: "中之得則五藏甯, 思慮平, 筋力勁强, 耳目聰明."

아시아의 '예악'은 본래 '의상'을 본체로 하였다. 『악학궤범』 「서문」에는 "악(樂)이란 하늘에서 나와 사람에 내려진 것"이라는 문장이 있다. 이는 '천상'이 곧 우리 '몸-마음'의 '의상'이고, '악상(樂象)'이라는 뜻이다. 고대 동아시아인들은 '천상'으로 '예악' 문화를 이루었다. '천상'을 '수(數)'로 마름질하여 '율령(律令)'을 반포하였고, '성률(聲律)'로 삼아 악기를 제작했다. 그리고 음악의 '성률'은 문학과 예술의 영역으로까지 확장되었다.[31]

'오음'(五音)은 소리가 없는 악상이다. '오음'은 '오성'(五聲)을 통하여 실현된다. '음성(音聲)'은 '오음'이 신체 기관이 울리고 떨려서 나는 '오성'을 통하여 실현된 것이며, '음악'은 음성이 조화를 이룬 상태를 말하며, 우리 '몸'의 자연스러운 상태가 그대로 드러난 것을 최고로 여긴다. 그리고 고대 동아시아에서 '의상'은 음악뿐만 아니라 '몸-마음'을 통하여 실현하는 문학과 예술의 전 분야를 아우르는 본체로 여겨졌다.

조비(曹丕, 187~226)는 문학 창작 과정에서 몸의 기(氣)의 중요성을 논하고, 이를 음악 활동에 비유하였다. 조비의 문장은 동아시아 사회에서 '문기(文氣)론'이 형성된 시초가 되었으며, 이후로 문인들 사이에서는 문학 창작에 있어서 기상(氣象)을 중시하는 풍토가 형성되었다.

글은 '기(氣)'를 위주로 하지만 '기'는 맑고 탁한 실체가 있으므로 억지로 그것을 얻을 수가 없다. 음악에 비유한다면 리듬이 일정하고 규칙이 같은

---

[31] 김현미, 『주역과 회남자의 의상론-의상, 본성에 깃든 천리-』, 서울: 문사철, 2023, 131~150쪽, Ⅲ-1. 『역』의 시작과 천리의 인식, 나. 9×9=81, 수학적 '우주'와 '음악'에 정리되었음. 『淮南子』, bYS c: "物至而神應, 知之動也, 知與物接, 而好憎生焉. 好憎成形, 而知誘於外, 不能反己, 而天理滅矣. 故達於道者, 不以人易天, 外與物化, 而內不失其情."

연주라고 해도 '기'를 운용하는 방식에 따라서 사람마다 교묘하고 서툰 정도의 차이가 있으니 비록 아버지와 아들, 형과 동생 사이라도 전해줄 수 없는 것이다.[32]

    리듬이 일정하고 규칙이 같은 연주라고 해도 '기'를 운용하는 방식에 따라서 사람마다 차이가 있다. 그러므로 아무리 가까운 사이라 해도 전해줄 수 없다. '의상'을 본체로 한 문학과 예술 창작은 사람마다의 미묘한 차이를 불러 온다. 각자의 '몸'을 거쳐 내뱉어진 말과 글에는 그 사람의 특수한 기질이 형성한 미묘한 차이가 존재하는데, 현대 문학에서는 이와 유사한 표현으로 '어감(뉘앙스:Nuance)'이라는 말이 있다.

    이러한 차이는 비단 문학뿐만 아니라 예술가의 독창성을 논하는 모든 영역에서 빼놓을 수 없는 요소가 된다. 고도로 숙련된 연주자들로부터 길들여진 악기, 독창적인 화가들의 파레트를 통해서도 그들에게 내재화된 '음의 체계' 혹은 '색상의 체계'를 엿볼 수 있다. 음악의 장단과 가락, 서예의 팔분과 비백, 회화의 배색 등을 통해서도 예술가의 '의상'은 드러난다. '의상'을 통한 창작 활동은 의식적으로 계산하지 않고 저도 모르는 사이에 자연스럽게 이루어진다. 달리 표현하자면, '감(感)'으로 이룬다고 할 수 있다.

    이렇듯 예술가의 '의상'으로 이루는 모든 작업에는 누구도 따라할 수 없는 그만의 '감'이 드러나고, 그 미묘한 이치는 똑같은 일을 똑같은 시간에 똑같은 장소에서 행한다 해도 결코 베껴낼 수 없는 차이를 생

---

32 曹丕, 『典論論文』: "文以氣爲主, 氣之淸濁有體, 不可力强而致, 譬諸音樂, 曲度雖均, 節奏同檢, 至於引氣不齊, 巧抽有素, 雖在父兄, 不能以移子弟."

성한다. 그 모든 차이가 오로지 각자의 '몸'을 통하여 표현된 결과로서 증명되는 각자의 '의상'이다.

이렇듯 '의상'을 본체로 한 행위가 갖는 미묘한 이치를 공동의 작업을 위하여 체계화한 것이 바로 오음과 오색의 체계이다. 현대의 시각 예술과 건축 분야에서 활용하는 '자연색체계'(NCS)는 우리의 '몸'이 어떻게 자연의 색을 인식하는지를 연구하여 체계적으로 정리한 이론으로[33] 전통 오방색체계와 유사한 원리를 따른다.[34]

'자연색체계'(NCS)는 Ⓦ ❸ Ⓨ Ⓡ Ⓑ Ⓖ의 6가지 '순수' 색상을 기본으로 한다. Ⓨ Ⓡ Ⓑ Ⓖ의 4가지 색상을 4방에 배치하고, 위와 아래에 Ⓦ ❸의 두 색을 배치한다. 6가지 순수 색상이 배치된 점들 사이로 상상의 공간이 만들어지고, 공간의 위치에 따라 코드가 매겨진다. '자연색체계'(NCS)는 순수 색상 사이에 존재하는 무한한 '뉘앙스'들을 코드화하여 여러 사람이 소통할 수 있게 했다. 이를 통하여 '뉘앙스'의 미묘한 차이들을 극복하고, 여러 사람이 오랜 시간에 걸쳐 공동의 작업을 실행할 수 있도록 돕는다.

'자연색체계'(NCS)의 색 공간은 전문가가 떠올린 상상의 공간을 3차원 좌표에 배열하여 표준화한 것이다. 이는 『주역』의 '입상이진의(立象以盡意)'를 도식화한 〈태극도〉의 오행의 구조, 오행을 투사한 오색과 오음의 구조들과 제작된 의도와 원리가 다르지 않다.

---

[33] 최윤영, 이현수, 「색상차와 뉘앙스 영역 분석에 기반한 조화배색코드 생성방법 개발-인상주의 풍경화의 바이오필릭 색채팔레트를 중심으로-」, 『Journal of the Architectural Institute of Korea』, Vol.3 (Serial No.389) March, 2021, 106-107쪽; 「NCS 내추럴 컬러 시스템®」(https://ncscolour.com/en-int/pages/the-system) 참조.

[34] 한정언, 「자연색체계로서 오방색원리의 구조적 특성과 그 현대적 의미에 관한 고찰」, 『2003 동계학술대회 발표논문집』, 한국색채학회 학술대회, 한국색채학회, 2023, 29~34쪽.

그러나 '의상론'은 공통의 규범으로 표준화한 체계를 통하지 않고, 반드시 자기 '몸'을 통하여 '의상'을 얻도록 하고, '의상'을 통하여 드러나는 미묘한 차이, 즉 '감(感:뉘앙스)'을 중시한다. '의상론'은 각자의 '몸'을 온전히 유지한다면, 각자의 '감'으로써 우주 생태계와 태화를 이루는 일이 가능하다고 전제하며, 이러한 활동을 통하여 '태화'의 경지로 다가가기 위한 도덕적 성찰의 기회를 갖는 것을 본래의 목적으로 한다. '의상'을 문학과 예술 창작의 본체로 논하는 까닭은 '의상'을 얻는 일 자체가 '몸-마음'을 성찰하는 일이며, 외부 세계와 조화를 유지하는 일이기 때문이다.

사실상 NCS의 표준화된 색상은 '뉘앙스'를 가시화하고 분석하여 여러 사람과 소통이 가능한 수준으로 표준화하고자 하였다. 그러나 그 차이를 완전하게 극복할 수는 없다. 우리가 속한 세계와 우리 자신은 끊임없이 생성하고 변화하는 과정 중에 있으며, 그 모든 순간에 일어나는 변화를 하나의 코드로 대변할 수는 없기 때문이다. 음계와 악상 기호들, 색상표, 언어 체계까지도 결국은 자연으로부터 취하여 정리한 것들로, 자연의 일부일 뿐, 그 전체를 모두 포괄하진 못한다.

매일같이 반복되는 일몰의 하늘빛, 순간순간 변하는 바다의 다채로운 색과 소리들은 동시다발적으로 드러내고 변화한다. 그리고 그 변화는 잠시도 끊어짐이 없는 지속이고 무한이다. 그런 가운데에도 자연은 단 한 순간도 조화를 잃지 않는다. 자연의 태화(太和)란 이처럼 동시적으로 일어나는 모든 현상의 영구하고도 완진한 조화를 의미한다. 인류는 이를 인식하고 정의하고자 노력해 왔으나 여전히 '신비(神秘)'라는 말 이외의 다른 방법을 찾지 못했다.

그리고 어떤 인간은 자연의 '신비'를 저절로 이룬다. 이런 사람을 공자는 성인(聖人)이라고 했다. 공자가 말한 성인의 신묘함은 모든 상황에 적절한 판단과 행동을 저절로 떠올리는 '도덕적 상상력'을 갖춘 사람이다. 이는 특정 상황에서 무의식적으로 발현하는 '체화된 마음'을 통한다. 공자는 이렇듯 의도하지 않고, 무의식적으로, 저절로 느끼고 행한다는 의미에서 "고요하니 움직임이 없다가, 느끼면 곧바로 통한다."(寂然不動, 感而遂通)라고 하였다. 즉, '감(感)'으로써 통한다는 말이다.

아래 인용문은 『회남자』에서 '감'으로써 행하는 독자적인 음악 활동에 대해서 서술한 부분이다.

> 하나의 현을 조율하여 그것을 오음에 비교할 바가 없게 했다. 그것을 탔는데 25현이 모두 응했다. 이는 아직 시작하지 않은 상태로 소리와는 다른 것이다. 음의 군이 형성되었을 따름이다.[35] 오음에 해당하지 않는 것을 울려 25현이 모두 반응하게 하는 것은 결코 남에게 전해질 수 없는 도이다.[36]

'의상'을 본체로 한 문학과 예술 표현에는 '몸'의 '기상'에 따라서 누구도 베낄 수 없는 미묘한 차이가 담긴다. 이는 독창성을 중시하는 문학과 예술 창작에서는 빼놓을 수 없는 요소이다. 많은 사람이 앞선 이가 베풀어 놓은 길을 따라서 학습을 시작한다. 어느 정도의 숙련을 거치고 나면, 어떤 사람들은 온전히 '체화된 마음'을 통하여 저절로 짓고

---

35 『淮南子』,「覽冥訓」: "夫有改調一弦, 其於五音無所比, 鼓之而二十五弦皆應, 此未始異於聲, 而音之君已形也."
36 『淮南子』,「齊俗訓」: "其於五音無所比, 而二十五弦皆應, 此不傳之道也."

그리고 부르는 경지에 이르게 된다. 그리고 그중에서도 극소수의 사람들은 자기 내면에 품부된 본성인 '천리'를 자연히 운용하는 경지에 이르게 된다.

남조 양나라의 유협(劉勰, 465~521)은 이러한 경지를 '신사(神思)'의 근본으로 논했다.[37]

사물의 현묘한 이치를 꿰뚫은 마음으로 어울리는 '성률'을 찾아 안배하고 독창적인 경지에 이른 장인처럼 '의상'에 의지하여 창작을 해 나간다. 이것이 글을 구상하는 최고의 방법이고 작품을 구상하는 중요한 단서이다.[38]

문장 중에 '성률'은 정해진 규범이며 표준화된 성인의 '의상'이다. 오랜 세월 여러 성인을 걸치면서 축적된 지혜들은 말로 전해지고, 글로 정리되어 후대 문인들이 배우고 익히는 규율이 되었다. 처음에는 문법을 배우고 성인의 문장을 익히고, '성률'을 지켜서 구상을 시작한다. 그러나 '성률'을 찾아 안배하는 것만으로는 독창적인 작품을 기대할 수 없다. 창작이란 반드시 자기 '의상'을 통해야 하며, 이는 자기 '몸'의 내재한 리듬을 따라서 짓는다는 의미이다.

---

37 김현미, 『주역과 회남자의 의상론-의상, 본성에 깃든 천리-』, 서울: 문사철, 2023, V. 동아시아 문인 예술과 '의상' 참조.
38 劉勰, 『文心雕龍』, 「神思」: "使玄解之宰, 尋聲律以定墨, 獨照之匠, 闚意象而運斤, 此蓋馭文之首術, 謀篇之大端."

4. 결론

우리 우주는 하나의 유기체이며 끊임없이 순환하는 과정 중에 있다. 우주는 만들어진 결과물이 아니다. 순환을 통해 지속적으로 변화하는 거대한 생명체이다. 우주가 이미 만들어진 결과물이고, 인간은 우주의 자원을 활용하여 살아가야 하는 필연적인 소비자여야 한다면, 환경의 훼손과 오염은 생존을 위한 불가피한 선택일 수 있고, 우주의 종말은 필연적으로 다가올 미래일 수밖에 없다.

그러나 우주는 여전히 생성하는 과정 중에 있으며, 인간은 그 안에서 더불어 성장하고 발전하는 공생의 존재이다. 이러한 사유 안에서 인간은 우주와 함께 더 나은 미래를 꿈꿀 수 있다. 생동하는 우주 안에 속하여 살아가는 인간은 우주의 리듬을 따름으로써 우주와 조화를 이룰 수 있으며, 자기 몸[身]의 천리를 실현해냄으로써 대우주가 만들어가는 이야기의 공동의 창조자가 될 수 있다.

생태학은 현실에 뿌리를 둔 학문이며, 미학이란 현실의 제약을 뚫고 진정한 미(美)의 본질을 탐구하는 학문이다. 이런 까닭에 생태학은 과학적 탐구를 기반으로 하고, 미학은 예술과의 동조를 구한다. 생태미학이라는 융합 학문이 탄생한 배경에는 개개인으로 하여금 지구 환경에 대한 객관적 현실을 자기 삶에 유의미한 것으로 받아들이게 하고 주체적인 문제 해결자로 거듭나게 하려는 의도가 담겨 있다.

'의상론'에 기초한 미학과 예술은 현실의 이해관계를 넘어서 보다 근원적인 진리로 사람의 마음을 이끈다는 점에서 공동의 위기 극복을 위한 효과적인 대안이 될 수 있으며, 대우주와 소우주인 인간을 동류로 논하여 개인의 인식 능력이 현실의 이해관계를 넘어선 대우주와의 태화(太和)로 이어진다는 점에서 생태학과 미학의 자연스러운 융합을 도모하기에 적절한 관점을 제공할 수 있다.

본 논문에서는 '모더니즘' 미학과 예술 문화 운동의 사례를 먼저 소개하였고, 그와 상보적 관계를 유지하면서 공존하는 '포스트모더니즘'을 소개하면서, 동아시아의 고대 '의상론'에 기초하여 '포스트모더니즘' 미학 이론을 논하였다. '의상'은 특정 상황에 처하여 의도하지 않아도 자연히 발현되는 마음으로, 생득적으로 혹은 생후 경험을 통하여 체화된 마음의 무의식적 반응이다. 이렇듯 자연히 일어나는 '감응(感應)'이 매 상황에 적절하고 조화로운 이유는 우리 '몸'이 외부 세계의 이치에 따라서 형성된 까닭이며, 우리 '몸'의 리듬이 외부 세계의 변화에 따라서 함께 유동하는 까닭이다.

'의상론'에서 인간은 자기 몸을 통하여 대우주의 이치를 온전히 깨우칠 수 있는 완전한 존재로 태어나며, 본래의 자기를 보존함으로써 우주와의 화합을 도모할 수 있다. 이러한 사유에서 인간은 자기의 생활 세계 안에서도 현실을 초월한 예술을 도모할 수 있고, 진정한 미(美)를 추구할 수 있다. 자기 몸을 온전히 하여 우주와의 태화를 이루는 일은 자기의 생활 세계를 예술 세계로 승화시키는 일이자 우주가 이루어가는 아름다운 이야기에 동참하는 일이다.

코로나19로 인한 '팬데믹'은 전 세계가 기(氣)로써 하나로 이어져 있다는 사실을 실감하게 했으며, 지구 환경의 파괴가 인류에게 가져올 재앙의 실례를 보여주었다. 이로 인하여 많은 나라가 새로운 환경 정책을 모색하고 재생 에너지 사업 등에 박차를 가하고 있다. 그러나 아무리 좋은 정책과 사업을 만들어낸다 해도 참여하는 사람들의 의식이 뒷받침되지 않는다면 효과는 기대할 수 없다.

환경의 문제는 정부의 규제나 환경 단체의 독려로 인하여 온전히 해결될 수 있는 일이 아니다. 지구의 미래를 위해서 가장 우선되어야 할 것은 지구 안에서 지구와 함께 공생하는 사람들의 생활 습관의 개선이며, 이는 반드시 개개인을 통해서 이루어질 수 있다. 이는 생태 예술이 궁극적으로 지향하는 바이기도 하다. 이런 차원에서 '의상론'은 미래 세계를 위한 생태 미학 이론의 형성에 큰 보탬이 될 수 있을 것이며, 생태 예술의 새로운 방향을 제시할 수도 있을 것이다. 나아가 본래 자연으로 생성한 우리의 '자연 감응'을 되살리고, 개인의 주관적 경험과 가치를 상기함으로써 미래 사회의 '다원성' 확보에 기여할 것이다.

참고문헌

劉 安, 張雙棣 釋, 『淮南子校釋』, 北京: 北京大學出版社, 2013.
王 弼, 孔穎達 釋, 『周易正義』, 十三經注疏整理委員會, 北京: 北京大學出版社, 2000.
劉 勰, 陸侃如 譯, 『文心雕龍譯注』, 山東: 山東人民出版社, 1958.
張志聰, 『黃帝內經素問注證發微』, 續修四庫全書編纂委員會, 上海: 上海古籍出版社, 1995.
敏 澤, 『文藝研究』, 文化藝術出版社, 1983.
袁行霈, 『文學有産』, 江蘇古籍出版社, 1983.
黃 堅, 김달진 역, 『古文眞寶 後集』, 서울: 문학동네, 2000.
朱 熹, 呂祖謙, 이범한 역, 『近思錄集解』, 서울: 서울대학교출판문화원, 2015.
朱 熹, 呂祖謙, 성백효 역주, 『近思錄集解』, 서울: 전통문화연구회, 2004.
南懷瑾, 신원봉 역, 『주역계사강의』, 서울: 부키, 2011.
張其成, 오수현 역, 『주역 완전해석』, 파주: 민음사, 2018.
이기동, 『주역강설』, 서울: 성균관대학교출판부, 2006.
김상섭, 『주역 계사전』, 서울: 성균관대학교출판부, 2017.
한산동, 「하이데거의 존재론적 차이와 들뢰즈의 개체화 원리에서 나타나는 생성에 대한 이해」, 『철학사상』 86, 서울대학교 철학사상연구소, 2022.
김원숙, 김영민, 서혜애, 박종석, 「창의적 과학자 토마스 영(T Young)의 빛의 간섭 이론 형성 과정에서의 비유 추론을 통한 문제해결과 과학 창의성 교육적 함의」, 『영재교육연구』 23(5), 2013.
최윤영, 이현수, 「색상차와 뉘앙스 영역 분석에 기반한 조화배색코드 생성방법 개발-인상주의 풍경화의 바이오필릭 색채팔레트를 중심으로-」, 『Journal of the Architectural Institute of Korea』, Vol.3 (Serial No.389) March, 2021.
한정언, 「자연색체계로서 오방색원리의 구조적 특성과 그 현대적 의미에 관한 고찰」, 『2003 동계 학술대회 발표논문집』, 한국색채학회 학술대회, 한국색채학회, 2003.
김현미, 「'의상론(意象論)'의 형성과 유학적 본성론의 우주·생태주의적 확장 -'인공지능 윤리'를 위한 유학의 '성선설'과 '의상론' 연구-」, 『한국철학논집』 제76집, 한국철학사연구회, 2023.
임준철, 「漢詩 意象論과 朝鮮中期 漢詩 意象 硏究」, 고려대학교 대학원 박사학위논문, 2003.
이광춘, 「중국회화에서 의상개념의 재순생성(再循生成)연구」, 홍익대학교 대학원 박사학위논문, 2010.
이재혁, 「'意象'에 관한 史的 考察」, 서울대학교 대학원 석사학위논문, 2015.
김현미, 「『周易』과 『淮南子』를 통한 '意象論' 연구」, 성균관대학교 일반대학원 박사학위논문, 2021.

프리드리히 니체, 박찬국 역,『이 사람을 보라』, 파주: 아카넷, 2022.
쇼펜하우어, 김미영 역,『자연에서의 의지에 관하여』, 파주: 아카넷, 2012.
베르너 하이젠베르크, 조호근 역,『물리와 철학』, 파주: 서커스, 2018.
베르너 하이젠베르크, 유영미 역,『부분과 전체』, 파주: 서커스, 2023.
마크 존슨, 노양진 역,『도덕적 상상력: 체험주의 윤리학의 새로운 도전』, 파주: 서광사, 2008.
발터 벤야민, 최성만 역,『기술복제시대의 예술작품 사진의 작은 역사 외』, 파주: 도서출판 길, 2016.
게오르크 빌헬름 프리드리히 헤겔, 한동원 역, 헤겔 예술 철학』(호토의 필기록). 고양: 미술문화, 2008.
아서 단토, 김광우 역,『예술의 종말 이후』, 고양: 미술문화, 2015.
아서 단토, 김한역 역,『무엇이 예술인가』, 서울: 은행나무, 2015.
클레멘트 그린버그, 조주연 역,『예술과 문화』, 부산: 경성대학교출판부, 2019.
김현미,『주역과 회남자의 의상론-의상, 본성에 깃든 천리-』, 서울: 문사철, 2023.
김현미,『이미지와 의상』, 서울: 퍼플, 2023.
황태연,『공자의 인식론과 역학』, 청계, 2018.
Naess, A.(1995a). "The Shallow and the Deep, Long-Range Ecology Movenments: A Summary", Deep Ecology for the 21st Century, (ed.) Sessions, G., Boston: Shambhala.
Vanishing Ice offers an interdisciplinary perspective into the rich cultural legacy of the planet's alpine and polar landscapes. https://www.bucklandart.com/art/ice-texts/
2003 Expedition-Cape Farewell's first Arctic expedition- a voyage that took them from Tromsø to Spitsbergen via Bear Island https://www.capefarewell.com/2003-expedition/
2015 Artscenic Basement in Jeju City, http://markuswernli.org/work/2015/fj/

공간의 시간화: 중국 심미경험의 독특한 표현과 구성의 경로[1]

한칭위韓淸玉
산동대학교 문예미학연구센터

---

[1] 기금 프로젝트: 이 글은 교육부 인문사회과학 중점연구기지의 주요 프로젝트인 '中西互鑒 視閾中的中國現代美學建構路徑與理論形態研究'(프로젝트 번호: 22JJD750028)와 산동대학 인문사회과학의 주요 프로젝트인 '中西互鑒與中國現代文藝美學的話語建構'(프로젝트 번호: 21RWZD03)의 단계적인 성과이다.

내용요약

예술은 사람이 존재하는 방식의 중요한 표현이며, 그 안에 내재된 시공간의 문제는 심미적인 언설의 특수성을 잘 보여준다. 예술에서의 시공간에 관한 문제는 중국 현대미학에서 흔히 찾아볼 수 있는데, 특히 쭝바이화(宗白華, 1897~1986)의 시공간에 관한 개념이 대표적이다. 쭝바이화는 시공간에 대한 중국의 전통적인 사고는 "시간이 공간을 통솔한다."라는 것이라고 개괄하였다. 또한 철학에서의 '공간의 시간화'가 예술에서의 시공간의 기초가 되었고, 예술에서의 시공간에 대한 표현 또한 철학적 명제의 표현방식이 되었다고 보았다. '공간의 시간화'라는 명제는 예술적 꾸밈과 이미지의 안배를 통해 형상화되며, 중국 심미경험론의 독특한 담론을 구성한다. 이러한 점은 생명미학적인 특징보다 월등하다.

주제어: 시간이 통솔하는 공간, 구체적 전경(全景), 공간감형(空間感形), 움직임

철학에서 '시간과 공간'은 인식론의 가장 기본적인 범주이며, 또한 심미와 예술 메커니즘 분석에서의 가장 기본적인 개념이다. 형이상학적 사고나 구체적인 인식에 관계없이, 시간과 공간은 사람들이 힘써 파악하고 확인하는 차원이면서 사람이 외부세계를 파악하는 두 가지 중요한 방식이기도 하다. 예술은 사람이 존재하는 방식의 중요한 표현이며, 그 안에 내재된 시공간의 문제는 심미적인 언설의 특수성을 잘 보여준다.

예술에서의 시공간에 관한 문제는 중국 현대미학에서 흔히 찾아볼 수 있는데, 특히 쭝바이화(宗白華)의 시공간에 관한 개념이 대표적이다. 예컨대 장취췬(章启群)은 "중국 예술에서의 시공간에 대한 인식과 개념은 쭝바이화의 예술 연구에서 주목하는 핵심적인 문제이다."라고 지적했다.[1] 그 이유는 시공간의 차원이 쭝바이화의 미학과 예술 해석에서 의식적이고 효과적이며, 쭝바이화가 이에 따라 '공간의 시간화'라는 심오하면서도 민족적인 특색이 풍부한 이론적 명제를 제시했기 때문이다.

예술에서의 시공간론에 대한 쭝바이화의 이해는 탕융화(汤拥华)가 요약한 다음과 같은 말 그대로이다. "쭝바이화는 시공간 문제의 철학적, 미학적 논술과 관련하여 중국 전통미학의 현대적 전환을 위한 전

---

[1] 章启群,『百年中國美學史略』, 北京大學出版社, 2005, 139쪽.

형적인 시도를 했으며, 이것이 어느 정도는 중국 현대미학의 독창성과 체계성을 구현했다는 공감대가 학계에 형성되었다."[2]

탕융화는 또 이에 대해, 중서(中西) 교류의 맥락에서 보면 중국 현대미학이 고작 중국의 전통철학과 미학에서 사상적인 자원을 찾는 것만으로는 부족하다는 의문을 제기하기도 했다. 달리 말하면, 단지 '중국 아니면 서양' 혹은 '중국이 아닌 것은 곧 서양'이라는 사고방식이 쭝바이화의 '공간의 시간화'라는 개념의 근원이라는 생각은 단편적이라는 것이다.

탕융화는 이어서, "시간과 공간이라는 범주는 쭝바이화가 문화를 넘나드는 미학의 맥락에서 찾아낸 '최대공약수'이다. 그의 중국예술과 중국문화에 대한 고찰은 반드시 시간과 공간의 범주에서 시행해야 한다."[3]라고 주장했다.

또는 쭝바이화의 시간과 공간이라는 범주는 문화 간의 맥락에서 나온 것이기 때문에, 그에 대한 우리의 관점과 인식은 중서(中西) 상호 이해의 시각에서 진행되어야 한다고 할 수도 있다. 그래야만 공간의 시간화라는 이론을 학문적으로 구분할 수 있고, 나아가 중국 현대미학이 가진 토착 담론의 잠재력을 드러낼 수 있을 것이다.

---

2   湯擁華, 『宗白華與"中國美學"的困境: 一個反思性的考察』, , 2010, 72쪽.
3   湯擁華, 『宗白華與"中國美學"的困境: 一个反思性的考察』, 北京大學出版社, 2010, 86쪽.

1. 시간과 공간의 통일은 어떻게 가능한가?

'공간의 시간화'라는 개념의 학문적인 분석에 앞서, "시간과 공간의 통일은 어떻게 가능한가?"라는 전제 조건을 해결해야 한다. 시간과 공간은 인간과 세계의 관계에 있어 중요한 차원을 구성한다. 시간과 공간은 밀접하게 연관되어 있는 두 개의 대응적인 범주이다. 그러나 시간과 공간을 통일하거나 혹은 이 둘을 하나의 명제로 묶는 것은 중국 고전 철학의 지혜가 드러난 것이다.

쫑바이화는 『중국 시화(詩畫)에 표현된 공간 의식』(1949)에서 이렇게 말했다. "시간의 규범성(1년, 4계절, 12개월, 24절기)은 공간의 방위(동서남북 등)를 통솔하여 우리의 우주를 구성한다. 그래서 우리의 공간에 대한 감각은 시간에 대한 감각에 따라 규범화되고 음악화되는 것이다!"[4] 이 말은 의심할 여지 없이 중국 전통 시공간 사유 정립의 총정리이다. 이는 쫑바이화 미학이론의 형성과정에서 중요한 지위를 차지하며, "쫑바이화 미학사상의 가장 중요한 요소이면서, 쫑바이화의 중국 미학 이론의 철학성과 학술적 품격을 다지고 핵심을 제시하는 총론의 성격을 가지고 있다."[5]라고 여겨진다.

이 글에서도 쫑바이화는 "우리의 우주는 시간이 공간을 통솔하기 때문에, 규범화되고 음악화된 '시공 합일체'를 이룬다."[6]라는 한 가지

---

4   宗白華, 「中國詩畫中所表現的空間意識」, 『宗白華全集』(第2卷), 安徽教育出版社, 2008, 431쪽.
5   劉麗莎, 「宗白華"時間率領空間"說探辨」, 『語文教學通訊』第9期, 2019.
6   宗白華, 「中國詩畫中所表現的空間意識」, 『宗白華全集』(第2卷), 安徽教育出版社, 2008, 437쪽.

표현을 거의 반복하고 있다.

이 두 가지 표현은 '시간이 통솔하는 공간', '규범화와 음악화', '시공 합일체'라는 세 개의 핵심어를 가지고 있다. 이 중 '시간이 통솔하는 공간'은 시간과 공간이 서로 통일되는 방식이라고 볼 수 있다. 규범화와 음악화는 곧 시공간 통일의 특징인데, 사실 이러한 특징은 시간적인 것이다. 시공 합일체는 시간과 공간이 통일된 형태로서, 마지막으로 우주에서 구현된다. 예술은 곧 그것이 생동감 있게 표현되는 방식인 것이다. 따라서 우리는 '시간이 통솔하는 공간'의 방식으로써 공간의 시간화를 요약할 수 있다.

그럼에도 불구하고, 우리는 여전히 시간과 공간의 통일은 어떻게 가능한가라는 처음의 질문으로 돌아갈 필요가 있다. 인식론의 측면에서 보면 시간과 공간은 우선 분리되어 있으며, 우리는 이를 사물을 구별하는 중요한 척도로 삼는다. 예컨대 우리는 문학과 음악을 시간적인 예술로 보고, 회화와 조각 등은 공간적인 예술이라고 여긴다. 그러나 존재론의 관점에서 보면, 시간과 공간에 대한 인식은 사람이 타고난 일상생활을 경험하는 능력과도 같고, 또 명백한 공통점이 있다.

독일 고전철학에서 칸트는 시간과 공간이 인류가 가진 감성적인 직관의 순수한 형식으로 존재한다고 생각했다. 또 내적 직관인 시간과 외적 직관인 공간이 동시에 선천적인 인지의 형식으로 우리에게 소유되어 있을 뿐 아니라, 모든 사물을 감지하고 인식하는 근원이 된다고 여겼다. '시간'과 '공간'은 한 쌍으로 힘께 생겨난 개념이지만, 결코 단순히 병렬식으로 외재하는 것은 아니라고 여겼다. 또한 절대적인 구분이나 분할이 어려운, 즉 시간이 없는 공간이나 공간이 없는 시간은 존재하지 않는다고 여겼다. 시간의 연속적인 흐름 속에는 공간이 내재되어 있어, 시간과 공간은 일체라는 것이다.

헤겔은 이렇게 생각했다. "공간 그 자체는 전혀 무관하게 서로 외재하는 존재와 차별이 없는 연속성 사이의 모순이며, 그 자체의 순수한 부정이며, 우선적으로 시간으로 넘어간다. 마찬가지로 시간의 각 결합은 통일체의 대립적 고리로서 그 자체를 직접 포기하기 때문에, 시간은 바로 무차별성 안으로 녹아들고, 무차별적인 서로의 외재성이나 공간 속으로 녹아드는 것이다."[7]

묵자(墨子)는 "길을 간다는 것은 반드시 가까운 곳에 먼저 이르고 먼 곳은 나중에 이르는 것이다. 멀고 가까움이란 거리의 길이이고, 먼저와 나중이라는 것은 시간의 오래됨이다. 사람이 가는 길이 길어지면, 반드시 시간도 오래되어진다."[8]라고 말했다. 여기에서 '수(修)'는 공간의 거리를 가리키고, '구(久)'는 시간의 지속을 나타낸다. 묵자가 여기에서 강조하는 것은 공간적인 거리의 생성이 시간의 지속을 전제로 한다는 것이며, 이러한 의존성은 시공간 통일의 중요한 구현이다.

헤겔은 이러한 통일이 상호부정이지만 실제로는 하나의 전환이라고 생각했다. 헤겔이 보기에, "공간은 시간의 부정이기 때문에, 시간의 과거와 미래가 자연계에 존재할 때가 곧 공간이다. 마찬가지로 뒤집어 말하면, 비어 있는 공간의 처음은 점이고 이것이 스스로 발전한 것이 바로 시간이다."[9] 더 나아가 그는 이렇게 설명한다.

---

7   [德]黑格爾, 『自然哲學』, 梁志學等譯, 商務印書館, 1980, 55쪽.
8   『墨子』「經說下」: "行者, 必先近而後遠. 遠近, 修也, 先後, 久也. 民行修必以久也."
9   [德]黑格爾, 『自然哲學』, 梁志學等譯, 商務印書館, 1980, 52쪽.

공간 그 자체는 전혀 무관하게 서로 외재하는 존재와 차별이 없는 연속성 사이의 모순이며, 그 자체의 순수한 부정이며, 우선적으로 시간으로 넘어간다. 마찬가지로 시간의 각 결합은 통일체의 대립적 고리로서 그 자체를 직접 포기하기 때문에, 시간은 바로 무차별성 안으로 녹아들고, 무차별적인 서로의 외재성이나 공간 속으로 녹아드는 것이다.[10]

여기에서 헤겔은 시간과 공간 각각의 영역을 언급한 것 같다. 어떤 학자들은 '사이'를 한계나 간격으로 이해하기도 한다.[11] 그러나 현실에서 이러한 관점은 성립하지 않는다. 왜냐하면 고대 중국어에서 시간과 공간은 각기 시(時)와 공(空)으로 구분하여 표현됐기 때문이다. 실제로는 시간과 공간은 만물이 세상에 존재하는 형식이라거나, 사람들이 시간과 공간을 사용하여 사물의 존재 양상을 구축한다고 말해진다. 따라서, 시간과 공간의 통일은 구체적인 사물들 속에서 구현된다. 달리 말하면, 각각의 사물들을 모두 하나의 시공 통일체인 것이다.

쫑바이화는 비록 칸트나 쇼펜하우어 같은 이들의 영향을 받았지만, 독일 관념론 철학의 노선을 그대로 계승하지는 않았다. 그는 칸트처럼 인문 분야의 상식을 선험화하거나 인류가 보편적으로 공유하는 선천적 인식능력의 차원으로까지 추론하지 않았다. 또 헤겔 형이상학의 길을 따르지 않고, 시공 전환의 논리구조를 바탕으로 이 둘을 변증

---

10 [德]黑格爾, 『自然哲學』, 梁志學等譯, 商務印書館, 1980, 55쪽.
11 니우져용(牛志勇)은 바로 이런 인식을 견지하고 있다. "'사이'는 경계나 간격으로 이해할 수 있다. 예술은 시간 또는 공간상에서 단일하게 병렬되거나 서로 연속되는 것이 아니라, 복잡한 시공간의 간격이 유기적으로 결합하여, 경계나 간격이 있으면서도 또 유기적인 하나의 통일체가 되어야 한다."라고 생각했다.(牛志勇, 『試析宗白華具生命色彩的時間觀念』, 華東師範大學中國哲學碩士學位論文, 2012, 23쪽.)

법 체계로써 통합하였다.

시간과 공간의 범주는 내적인 마음의 영역에 속하는 것일 뿐 아니라, 동시에 외재하는 사물의 존재 형식이다. 쭝바이화는 다시 생명철학 전체의 차원에서 시간과 공간의 내적 논리를 오래된 민족문화 안으로 끌어들였다. 이는 심미문화가 생명정신 속에서 구현된 것일 뿐 아니라, 고대철학의 우주관과 세계관에 근원을 둔 것이다. 시간과 공간은 서로 생명을 통해 접하고 현상을 통해 드러나, 옛날과 오늘날의 세계를 연결시킨다.

물론 쭝바이화가 시간과 공간을 통합하여 만들어낸 의의는 매우 크다. 탕융화는 시간과 공간에 대한 쭝바이화의 개념을 세 가지 내용 또는 세 가지 측면으로 요약했다. 이것이 바로 '시공감형(時空感形)', '시공합일(時空合一)'과 '문화시학(文化詩學)'이다. 비록 '영적(靈的) 공간'이라는 중요한 관점이 첫 번째로 제시되었지만, 시간과 공간의 문제에 입각해서 말한다면 '시공합일'이라는 예술 본체론과 '문화시학'이라는 외향적인 측면은 쭝바이화 미학과 관련된 논제의 연구에서 더욱 보편적이다. 이와 같이 말하는 이유는 단지 쭝바이화 뿐 아니라 중국 현대미학 전체의 발생과 발전으로 시야를 넓혀 심미와 예술이라는 내재 지향형과 사회문화라는 외재 지향형의 미학 발전 패러다임에 견주어 보면, 시종 긴장감을 갖추고 있기 때문이다.

2. 공간의 시간화의 이론적 토대

쭝바이화는 철학에서 예술에 대한 연구로 전환한 후(그 이전에는 철학사에 속한 추상적 시공간 개념에 대한 연구가 더 많았다.) 시간과 공간이라는 개념을 예술의 형식 및 생명의 상징으로까지 끌어올렸다. 「형이상학-중서철학 비교」라는 글에서는 형이상의 측면에서 시공간의 문제를 더욱 많이 다루었다. 여기에서는 고대의 역률(曆率)에 관한 철학적 풀이에 따라, 창조되어 진화한 생명력을 갖춘 시간이 "'시-공' 통일체에서 우주 창조의 원리라는 주도적인 지위를 차지하고 있으며, 시간과 공간은 이러한 의의에서 통일되어 있다."[12]라고 하였다. 달리 말하면 형이하의 예술 그 자체는 물론이고 형이상의 우주까지도, 우주를 만들고 전개시킨 본원의 힘을 가진 시간이 만물의 생명력과 정신을 매개하여 공간에 대한 통솔을 실현한다는 것이다.

"쭝바이화의 생명철학과 시공간에 대한 관념은 논리적으로 불가분의 관계이다. 그의 생명철학은 주로 각 나라들의 시공간에 대한 관념과 함께 구현되는데, 시와 그림 등의 전통예술에서 보여지는 시공간 관념이나 중국 형이상학 체계에 포함된 시공간 관념을 말하는 것이다. 다른 한편으로, 앞에서 언급한 시공간 관념의 독특성은 그 안에 내재된 생명사상에 있다."[13]

쭝바이화는 중국과 서양철학에서의 공간 관념에 대한 비교를 통해, 중국의 시공간 통일의 관념이 모두 '정위응명(正位凝命: 자신의 자리를 바르게 하고, 하늘이 부여해 준 사명을 수행한다.)'의 사상 안에 응축되어 있음을 밝혔다.

---

12 牛志勇, 『試析宗白華具生命色彩的時間觀念』, 華東師範大學中國哲學碩士學位論文, 2012, 13쪽.

13 牛志勇, 『試析宗白華具生命色彩的時間觀念』, 華東師範大學中國哲學碩士學位論文, 2012, 3쪽.

'정위응명'이라는 네 글자는 사람의 행위가 법도에 들어맞고, 이를 위해 모든 것을 바치는 것이다. 이는 중국 공간 관념의 가장 구체적이고 가장 정확한 표현이다. 고대 그리스의 기하학은 공간의 정확한 위치만을 탐구할 뿐이다. 그러나 중국에서는 '정위응명'을 추구했으니, 이는 곧 생명의 공간화, 법칙화, 전형화이다. 이는 또한 공간의 생명화, 관념화, 감정화인 것이다. 공간이 생명과 소통하는 것은 곧 시간과 소통하는 것이다.[14]

나아가 쭝바이화는 『주역』의 '혁괘(革卦)'와 '정괘(鼎卦)'를 구분하여, 중국 시간생명의 형상과 중국 공간의 형상이라고 분석하였다. 그의 견해에 따르면, "혁괘와 정괘의 힘이 뚜렷할 때가 정위응명이니, 바로 시간과 공간의 합일인 것이다. 시간 안에는 공간(천지)이 있고, 공간 안에는 시간(생명)이 있다! 중화(中和)가 차례대로 질서 있는 공간의 이미지가 정괘이고, 시간의 이미지가 혁괘이다."[15]

방위의 특징을 가진 음양 팔괘와 오행의 구분은 춘·하·추·동이라는 네 계절의 속성에 대응한다. 고대 그리스에서의 공간 관념은 순수하게 숫자와의 조화와 관련된 '정위'만을 추구했다. 그러나 중국에서의 공간 관념은 여기에 '응명'의 뜻을 더하여, 공간의 질서화와 합리화의 추구 위에 다시 종교, 도덕, 신앙의 가치를 더하였다. 이러한 가치들의 상징은 또한 생명 활동과 삶의 기준이 되었다. 이로부터 쭝바이화는 형이상의 생명 본체를 통해 시간과 공간을 소통시켰다.

따라서 시공간 통일의 내재적 논리는 끊임없이 태어나 멈추지 않

14　宗白華, 『形上学－中西哲学之比较』, 『宗白華全集』(第1卷), 安徽教育出版社, 2008, 612쪽.
15　宗白華, 『形上学－中西哲学之比较』, 『宗白華全集』(第1卷), 安徽教育出版社, 2008, 612쪽.

는(생생불식生生不息) 우주의 흐름에 뿌리내리고 있고, 생명의 존재 자체는 시간의 흐름을 의미하며, 세계 만사 모든 것(차소피장此消彼長: 음양의 상대적인 성쇠)은 생명의 흐름 곧 시간의 흐름 안에 녹아있다. 생명 작용은 필연적으로 주변의 환경과 관련되고, 시간에 담겨 있는 생명의 의미는 공간의 존재라는 측면을 아우르며 시간과 공간의 통합을 완성한다.

고대에 시간을 계산하던 방법인 '천간지지(天干地支)'를 예로 들어 보면, "시간의 개념은 우주의 생명이 태어나(生) 번성하고(盛) 성장하며(長) 쇠퇴하는(衰) 주기적 과정을 반영하고 있다."[16] 『사기(史記)』 「율서(律書)」에는 이에 관한 내용이 실려 있다. 예를 들어 천간 중의 '갑(甲)'은 "만물이 껍질을 깨고 나오는 것을 말함(言萬物剖符甲而出)"이고, 지지 중의 '묘(卯)'는 곧 "만물이 무성함을 말함(言萬物茂也)"이라고 해석된다. …… 시간의 연속성에는 생명의 탄생과 변화가 반영되어 있고, 계절의 변화와 함께 만물이 생장(生長)하여 깨닫지 못하는 사이에 공간적인 천지라는 개념과 서로 연관되게 된다.

쭝바이화는 「중국 고대 시공간 관념의 특징」이라는 글에서, 『역경(易經)』에서는 "공간에 대한 시간의 밀접한 연계와 창조성 관계"[17]를 명확하게 설명하고 있으며, 『역경』의 건괘(乾卦)를 분석하여 공간이 시간 속에서 어떻게 생겨나고 전개되는가를 논증하였다. 구체적으로 말하면, "육위시성(六位時成: 육위가 때에 맞게 이루어진다)"에서 시간이 생

---

16 牛志勇, 『試析宗白華具生命色彩的時間觀念』, 華東師範大學中國哲學碩士學位論文, 2012, 42~43쪽.
17 宗白華, 『中國古代時空意識的特點』, 『宗白華全集』(제2권), 安徽教育出版社, 2008, 477쪽.

겨나고 흘러가는 과정의 발판이 곧 '위(位)'라고 풀이하여, 공간은 시간 속에서 형성된다고 결론짓는다. 시간은 공간을 통솔하여, "생명의 비밀은 '시간'이라는 단어를 통해 자아의 완성을 얻는다. 따라서 시간은 생명의 기초를 형성한다. 생명이 완성된 뒤에는 '공간'이라는 단어를 통해 사람들이 알 수 있게 된다."[18]

생명의 존재는 시공간 통일의 근원이다. 우주는 생동감 넘치는 기운으로 가득 차 있고, 생명의 운동은 규범화되고 음악화되어 변주하는 모습으로 나타난다. 쫑바이화는 "우리의 우주는 한번 양하고 한번 음하며(一陰一陽) 한번은 텅 비고 한번은 충실한(一虛一實) 생명의 리듬이며, 이는 근본적으로 이리저리 흘러 살아 움직이는 기운인 허령(虛靈)한 시공간의 합일체이다."[19]라 하였다. 모든 생명의 규범화라는 측면에서 말하자면, 시공간 통일의 특징은 시간적이라는 것이다.

중국 고대의 시간관은 현대의 돌이킬 수 없는 시간 계산과는 전혀 다르다. 과거와 현재를 거쳐 미래에 이르는 단선적인 과정이 아니라, 네 계절이 변화하고 반복하는 '원(圓)'의 양상을 보인다. 끊임없이 낳고 또 낳는(生生不息) 순환 왕복 속에서 시간의 완전한 과정을 추구한다. 만물이 비록 움직이고 변하여 어느 한 곳에 머무름이 없지만(變動不居), 규범화된 시간 속에서 규칙적인 전체의 형태로 나타나면서 결코 뒤죽박죽으로 무질서하진(雜亂無章) 않음을 알 수 있다. 예컨대 24절기는 만물의 생장과 흥망성쇠의 시기를 예측할 수 있다. 또 시간은 일상생활

---

18 施本格勒, 『歷史文化藝術』, 載劉小楓主編 『人類困境中的審美精神』, 知識出版社, 1994, 410쪽.
19 宗白華, 『中國古代時空意識的特點』, 『宗白華全集』(第2卷), 安徽教育出版社, 2008, 438쪽.

의 기준이 될 뿐 아니라, 그 안에 내재되어 있는 안정적인 공간의 질서는 또 현실세계가 효과적으로 작동하는 표준이 된다. "시간의 생성과 전개의 과정 속에서 발을 디디고 있는 곳이 자리가 되어, 공간으로 나타난다. …… 공간에서의 위치는 시간 속에서 형성되는 것이다."[20] 그리고 천지사방(天地四方)이라는 방위의 개념은 고대사회에서의 종법(宗法)의 예교(禮敎)와 대비되어, 권력질서에 따른 존비(尊卑)의 지위를 은유적으로 표현하기도 했다.

한편, 동일한 시공간에서의 생명의 차원은 세계 자체를 구성하는 측면에 국한되지 않아, "천지가 드넓음을 알고 있지만, 푸르른 초목을 가엽게 여기며(已識乾坤大, 猶憐草木靑)"(馬一浮, 1883~1967), 또한 '약하고 불안한 마음'과 '세상을 비통해하고 사람들을 불쌍히 여기는(悲天憫人)' 보편적인 감정까지도 담고 있다.

해와 달이 뜨고 지며 시대가 바뀐다. 중국 고대의 시간관 또한 광활한 역사를 향해 열려 있는데, 역사 자체는 또 갖가지 사건들의 조합 및 인류의 운명과 서로 연계되어 있다. 천쯔앙(陳子昻, 661~702)의 "옛사람 볼 수 없고, 후에 올 사람도 볼 수 없구나. 천지의 아득함을 생각하면, 나 홀로 서글프게 눈물 흘리네(前不見古人, 後不見來者. 念天地之悠悠, 獨愴然而涕下)."라는 탄식에는 역사 속의 생명의 무게감과 광활한 천지의 개념이 서로 연계되어 있다. 여기에서 '천지(天地)'는 곧 역사의 흐름과 삶의 현실 및 주체의 이상을 담고 있는 시공간 전체인 것이다.

여기까지의 논술로, 쭝바이화의 공간의 시간화라는 명제에 대한 이론적 기초를 찾은 것 같다. 이는 바로 중국 전통의 역률철학과 『역

---

20 『宗白華全集』(第一卷), 合肥:安徽教育出版社, 1994, 478쪽.

경』을 주요 내용으로 하는 중국의 고전 시공관이었다. 그러나 문제는 그렇게 간단한 것이 아니다. 왜냐하면 쫑바이화가 거쳐 온 전공들을 통해 보면, 서양철학에서의 시공관은 그의 철학과 예술비평에서도 마찬가지로 두드러진 흔적을 남기고 있기 때문이다.

그는 일찍이 1919년에 「칸트의 공간 유심설(唯心說)」을 발표했을 때조차도 중국의 고대 시공관을 전개하면서 서양의 시공관을 참고하는 것을 잊지 않았다. 쫑바이화의 많은 범주와 명제들은 서양의 학문에 깊이 물들어 있어, 어떤 학자들은 그의 공간론이 슈펭글러(Oswald Spengler, 1890~19936)의 공간론에 영향을 받아 만들어졌다고 생각하기도 한다.[21] 이러한 판단에는 물론 근거가 있어서, 쫑바이화는 「중국 시화(詩畫)에 표현된 공간의식」에서부터 슈펭글러가 『서구의 몰락(Der Untergang des Abendlandes)』에서 제시한 문화의 기본적인 상징물들을 통해 중국예술의 공간에 관한 문제를 전개해 나가기 시작했다. 더군다나 슈펭글러는 공간에 비해 시간을 더 중시했다. 그러나 조금만 분석해 보면 슈펭글러의 시간과 공간은 서로 구분된 병렬 상태인 것을 알 수 있다. 이것은 쫑바이화가 시간과 공간을 통일하고, 심지어 시간을 사용하여 공간을 제거하고자 힘써 시도했던 것과는 큰 차이가 있다.

앞에서 언급한 바와 같이 쫑바이화는 중국과 서양의 시공간 개념을 서로 참고하여, 중국 전통의 "시간으로 공간을 통솔한다."라는 '공간의 시간화' 사상을 총정리했다. 그는 「중국 고대 시공간 관념의 특

---

21 胡繼華,「中國現代性視野中的文化哲學―論中國20世紀30-40代對斯賓格勒的接受與轉換」,『史學理論研究』 2002第3期

징」이라는 글에서, 중국 고전철학에서의 '시위통일(時位統一)' 사상과 고대 그리스 이래로 서구의 시공간 분할 또는 '시간을 공간으로 바꾼다.'라는 사상을 함께 비교하는 것은 진일보한 연구의 가치가 있다고 주장했다.

똑같은 생각을 한 사람도 있어, 중국 현대철학자인 팡둥메이(方東美, 1899~1977) 또한 유럽의 시공관은 시간의 공간화라고 하였다. 다만 쭝바이화와 비교하여 팡둥메이는 『주역』뿐 아니라 중국문화에 큰 영향을 미친 『상서(尙書)』의 시공관에도 주목했다. 나아가 팡둥메이는 시공관의 의의에 입각하여 유가와 도가의 차이에도 주목했다.

구체적으로 말하면 쭝바이화는 '수(數)'를 사용하여 서양 과학의 진리관을 총괄했고, '상(象)'을 사용하여 중국의 가장 근본적인 형이상학의 방법을 설명했다. 나아가 그는 이 두 가지를 함께 풀이하기도 했다: "상을 구성하는 원리는 생생(生生)의 질서이다. 수를 구성하는 원리는 개념의 분석과 긍정이니, 사물의 영원한 질서를 분석하고 결정하는 것이다."[22] 쭝바이화의 '수'에 대한 인식은 아마도 슈펭글러와 무관하지 않을 것이다. 슈펭글러는 "고전 수학에서 가장 가치있는 것은 바로 수는 감각에 의해 감지될 수 있는 모든 사물의 본질이라는 명제이다. 수를 도량(度量)이라고 정의하면, '지금(the now)' '여기(the here)'에서 열정적으로 몸을 던지는 마음의 세계에 대한 감정을 나타낸다. 이러한 의미에서, 도량은 매우 가까우면서도 구체적인 사물의 도량을 뜻한다."[23]라고 하였다.

22　宗白華, 「形上學-中西哲學之比較」, 『宗白華全集』(第1卷), 合肥:安徽教育出版社, 2008, 629쪽.
23　[德]奧斯維德·斯賓格勒, 『西方的沒落』(第一卷·形式與現實), 吳瓊譯, 上海三聯書店,

아울러 슈펭글러는 수가 시간에 따라 생겨난다는 칸트의 관점과는 다른 수에 관한 논의를 제시했다. 그는 수가 시간과 무관하다고 생각하고, 수는 공간과의 관계를 '유사 단위의 질서(또는 배열)'로 나타낸다고 하였다.[24] 이는 또한 쭝바이화가 서양 우주관에 대한 이해를 토대로 공간성의 기본적인 논리로 삼게 만들었다.

쭝바이화는 기하학은 서양철학의 '이상적인 경지'이고, 율력은 중국철학의 '근본적인 지점'이라고 말했다.[25] 율력철학은 기하학적 공간을 숭상하는 것도 아니고, 베르그송이 의미한 '순수한 시간'을 추종하는 것도 아니며, 시간과 공간이 서로 통일된 시공간의 '구체적 전경(Concret whole)'을 견지한다. 이는 확실히 매우 독창적인 개념이다. 쭝바이화는 이를 "춘하추동 네 계절의 차례와 동서남북의 합주(合奏)인 율력은 곧 '하늘에는 일월성신 등의 상(象)이 이루어져 있고, 땅에는 산천초목 등의 형(形)이 이루어져 있다.(在天成象, 在地成形)'라는 말을 구체적으로 보여주는 것이다."[26]라고 풀이했다. 이처럼 새롭게 제시된 시공관은 세계의 생동감을 주체적으로 인식할 것을 지향하고, 중국 전통의 시공관이 이룩한 통일성을 지향하며, 나아가 중국 현대철학이 마주한 중국과 서양의 시공관 이론들에 마주했을 때의 자주적인 의식을 지향한다.

이와 같은 의미에서, 쭝바이화가 제시한 공간의 시간화라는 관점

2006, 61쪽.
24 [德]奧斯維德·斯賓格勒, 『西方的沒落』(第一卷·形式與現實), 吳瓊譯, 上海三聯書店, 2006, 62쪽.
25 宗白華, 『形上學－中西哲學之比較』, 『宗白華全集』(第1卷), 安徽教育出版社, 2008, 587쪽.
26 宗白華, 『形上學－中西哲學之比較』, 『宗白華全集』(第1卷), 安徽教育出版社, 2008, 611쪽.

은 기본적으로는 여전히 중국의 전통에 자리하고 있다. 다만, 그 구체적인 논증방식은 '중국과 서양의 상호이해'이다. 이러한 점에서, 장지에모(張節末, 1956~)는 이렇게 지적했다. "'시공 합일체'라는 규범적인 이념은 중서 비교라는 배경을 통해 생겨나, 완전히 중국화된 미학 이론이다."[27] 그 중에서도 음악적인 생명철학의 체계를 구축한다는 쭝바이화 철학과 미학의 전반적인 이론적 귀결에 주목할 필요가 있다.

이러한 의미에서, 중서철학사의 기초 위에서 새로운 시공간 이론을 재구성하는 것은 생명 본체의 환경 또는 존재방식을 설명하는 것에 지나지 않는다. "그가 공간의 시간화를 강조하는 이유는 세계의 생명력을 회복하는 것뿐 아니라 나아가 중국인의 우주는 곧 음악의 공간임을 입증하고자 하는 데에 목적이 있기 때문이다."[28] 이것이 곧 첫 번째이다. 두 번째는 쭝바이화가 애써 중국 전통의 시공관에서 도출한 '공간의 시간화'라는 명제가 꼭 필요한 것인가이다.

이러한 질문을 하게 된 이유는 학계에서 다음과 같은 관점이 제시되었기 때문이다 : 쭝바이화가 율력철학과 주역철학을 미학에 도입하지 않았더라도 그는 여전히 중국예술의 시공간 관념을 분석할 수 있었고, 심지어 그의 민족시학(民族詩學) 담론 구축에 방해가 되지 않았을 것이다. 왜냐하면 율력철학과 주역철학이 그에게 가장 민족적인 특색의 시공관념을 제공한 것은 전혀 아니며, 중국문화의 창조정신과 예술의 품격을 위해 일상생활에 가장 가까운 근거들을 제공했기 때문이

27　張節末, 「論宗白華中國美學理念的形而上學品格」, 『文藝研究』第5期, 2002.
28　湯擁華, 『宗白華與"中國美學"的困境: 一個反思性的考察』, 北京大學出版社, 2010, 87쪽.

다.[29]

　탕융화가 생각하기에, 우리가 쭝바이화 시공간론의 토대라고 생각하는 율력철학과 주역철학은 결코 가장 민족적인 특색을 가진 시공간 개념이 아니며, 쭝바이화는 중국예술에서의 시공간 관념은 철학 이론들을 완전히 피해갈 수 있다고 분석했다.
　그러나 실제로도 그러할까? 이는 세 가지 측면에서 이해해야 한다.
　첫째, 중요한 사실은 율력철학과 주역철학이 가장 민족적인 특색을 가진 시공간 관념을 제공할 수 있으며, 이는 쭝바이화가 열심히 발굴하여 실현해낸 것이라는 점이다.
　둘째, 민족시학 담론의 구축에는 많은 방법이 있다. 예술로써 예술을 말하거나 철학으로부터 예술에 이르는 등 각각의 많은 방법들이 있기 때문에, 어떠한 방법이 잘못되었다고 말할 수는 없다.
　셋째, 예술과 시공간의 문제에 입각하여 말하자면, 철학으로부터 예술로 들어가는 방식이 적절하다. 왜냐하면 중국의 역대 예술가들이 우선 직면했던 것은 율력철학과 주역철학을 통해 만들어진 시공관 관념이었고, 중국 예술이 표현하고자 하는 것 또한 시공간 관념한 포함한 전체의 우주관이었기 때문이다. 예컨대 쭝바이화 스스로도 이렇게 말하고 있다. "중국인에게 가장 근본적인 우주관은 『역전(易傳)』에서 말한 '한 번 음하고 한 번 양하는 것을 도(道)라고 한다.(一陰一陽之謂道)'라는 것이다. 우리 화면의 공간감 또한 사라졌다가 나타나고(一虛一實) 밝아졌다가 어두워지는(一明一暗) 규칙적인 흐름을 타면서 표현된다."[30]

29　湯擁華, 『宗白華與"中國美學"的困境: 一個反思性的考察』, 北京大學出版社, 2010, 90쪽.
30　『宗白華全集』(第二卷), 安徽敎育出版社, 1994, 434쪽.

그밖에, 그는 핵심 어휘들의 유추를 통해 중국의 시론(詩論)과 철학과의 관계에 대해 설명했다. 시에서의 '반환(盤桓)', '주선(周旋)', '배회(徘徊)', '유련(流連)' 등과 『역전』에서의 '왕복(往復)', '내회(來回)', '주이부시(周而復始)', '무왕불복(無往不復)' 등은 공간 관념을 표현하는 측면에서 동일함을 지적한 것이다.

이러한 취지에서, 철학적인 근원으로부터 중국예술에서의 시공간 관념을 찾는 작업은 필요성이 있을 뿐 아니라, 중국 미학담론의 독특함을 드러내는 중요한 방식이 된다. 왜냐하면, "중국예술은 중국인의 우주관을 예술에 반영한 것이고, 쫑바이화가 힘껏 연구하는 것은 바로 중국예술과 중국철학이 서로 녹아든 시공간 관념이며, 이것이 바로 중국예술과 중국철학의 특별한 정신과 개성이 있는 곳이기"[31] 때문이다.

이상을 종합하면, 중국과 서양의 철학사에 정통한 쫑바이화는 중국예술에서 시공간이 드러나는 기제를 견고한 이론적 토대 위에서 찾아냈다. 그것이 바로 중국 전통의 율력철학과 주역사상을 핵심으로 하는 시공간 관념이었고, 아울러 서양철학의 시공간 관념과의 대조를 통해 삶과 시간의 통섭적 의의를 강조했다. 동시에 중국 전통의 시공간 관념을 생동감 있게 현실화하는 방식을 찾아냈는데, 그것이 바로 예술인 것이다.

---

31 張都愛, 「論宗白華的"中國藝術哲學"體系之構成」, 『中國美學硏究』(第十輯).

3. 공간의 시간화의 실현 형태

쭝바이화는 「중서(中西) 화법(畫法)에 나타난 공간 의식」이라는 글에서, 중국과 서양 회화에서의 공간 조성방식을 그가 제시한 '공간감형(空間感形)'과 비교했다. 쭝바이화는 칸트의 선험적 공간론을 넘어서 '감형(感形)'이라는 이론을 세웠다. 그는 "우리의 심리적인 공간의식의 구성은 감각기관의 경험을 매개로 한다."[32]라고 생각했다. 그는 르네상스를 경계로 서양의 회화를 두 단계로 구분했는데, 그리스와 고전주의는 공간 의식의 측면에서 조각과 건축에 치우쳐 있고, 르네상스 이후에는 빛과 그림자의 명암을 통해 공간을 표현했다는 것이다. 반면에 중국의 회화는 서양의 기하학적 투시도 아니고 빛과 그림자의 투시도 아닌 추상적인 필묵의 표현에 기반하여 드러난 공간감형이니, 곧 '서예(書法)를 통한 공간 창조'[33]이다.

쭝바이화는 중국화의 공간 의식은 서예의 공간표현력에 근간한 것이라고 생각했다. 서예는 선형예술(線形藝術)로, 시간의 흐름과 규범성을 중시한다. 이러한 점에서 서예는 음악이나 무용과도 서로 통한다. 중국문화의 근간은 예악문화(禮樂文化)이지만, 음악이 사회생활에서 점차 쇠퇴해짐에 따라 "서예가 이를 대신하여 최고의 예술적 경지와 정서를 표현하는 민족예술이 되었다."[34] 서예에서의 공간 조성은 한편으로는 서예 작품 전체의 평면적인 드러남이고, 다른 한편으로는 각 글

---

32 宗白華, 「中西畫法所表現的空間意識」, 『宗白華全集』(第二卷), 安徽教育出版社, 2008, 142쪽.
33 宗白華, 「中西畫法所表現的空間意識」, 『宗白華全集』(第二卷), 安徽教育出版社, 2008, 143쪽.
34 宗白華, 「中西畫法所表現的空間意識」, 『宗白華全集』(第二卷), 安徽教育出版社, 2008, 143쪽.

자와 행 사이의 배치가 거침없거나 소략하여 정취가 있는 것이다. 여기에서 후자는 전자의 과정이나 수단이 된다. 쭝바이화가 보기에, 좋은 서예 작품은 무용이고 음악이며, 생명의 흐름인 것이다.

공간의 조성에 있어 중국 고대회화는 서양의 투시법을 채택하지 않았는데, 그 원인을 고찰하면서 쭝바이화는 남조(南朝) 왕미(王微, 414~453)의 "한 자루의 붓으로 태허(太虛)의 모습을 그려낸다.(以一管之筆, 擬太虛之體)"라는 표현을 빌려, 회화는 "움직이지 않는 형상에 의지하여, 영적이면서 변화하는(보이지 않는) 마음을 드러내는 것이다."라고 생각했다."[35] 곧 중국의 산수화는 눈앞에 보이는 것을 드러내는 것에 만족하지 않고, 실경(實景)을 정밀하게 묘사하는 것에 뜻을 두지 않으며, "무한한 공간과 그 공간을 가득 채우고 있는 생명(도道)이 회화의 진정한 대상이자 경지이다."[36]

쭝바이화가 회화는 무한한 공간을 표현하는 것이라고 말했을 때, 실제로는 이미 일정한 의미에서 공간의 측면을 제거했다. 왜냐하면 앞에서 언급했던 바와 같이, 공간은 사물 자체의 의의뿐 아니라 경계의 의미를 더욱 강조하기 때문이다. 달리 말하면, 공간의 기본적인 속성은 유한성(有限性)이어야 한다. 쭝바이화는 심괄(沈括, 1031~1095)의 "큰 것으로 작은 것을 본다.(以大觀小)"라는 방법으로 중국회화의 공간 조성방식을 요약했다. 곧 "마음의 눈으로 내 앞에 펼쳐진 모습을 감싸고, 전체로부터 부분을 본다."[37]라는 것이다. 이때 내 앞에 펼쳐진 모습은

---

35 宗白華, 「中西畫法所表現的空間意識」, 『宗白華全集』(第二卷), 安徽教育出版社, 2008, 147쪽.
36 宗白華, 「中西畫法所表現的空間意識」, 『宗白華全集』(第二卷), 安徽教育出版社, 2008, 147쪽.
37 宗白華, 「中西畫法所表現的空間意識」, 『宗白華全集』(第二卷), 安徽教育出版社, 2008, 421쪽.

기운생동(氣運生動)하는 유기체이니, 바로 화림(華琳)이 말한 "벗어난 듯 하면서도 합치한다.(似離而合)"라는 것이다. 나아가 그는 심괄의 "스스로 오묘한 이치를 이룬다.(自成妙理)"라는 구절을 해석하면서, "큰 것으로 작은 것을 본다."라는 것은 예술 자체의 원리에 부합하는 것이지 과학적인 투시는 아니라고 하였다.

또는 중국에는 특별한 투시법이 있어, 사실을 추구하는 서양의 공간 조성과는 근본적인 차이가 있다고도 했다. 구체적으로 이렇게 말한다. "중국화의 투시법은 태허(太虛)를 맑게 드러내고, 세상 밖에서 굽어보는 입장에서 대자연의 움직임을 관조하는 것이다. 화가의 공간적 입장은 시간 속에서 돌아다니고 이동하며 주위를 둘러본 후에, 여러 측면과 다방면의 시점들을 모아서, 한 폭의 겉모습을 넘어 텅 비고 영험한(虛靈) 시정(詩情)의 경지를 만들어낸다.(중국 특유의 두루마리 그림의 산출) 따라서 작품의 경계(境界)는 원경(遠景)에 치우쳐 있게 된다."[38]

중국의 산수화는 작가의 의중을 표현하는 사의(寫意)를 중히 여긴다. 사물의 형상을 드러내는 것은 궁극적인 지향점이 아니며, 공간의 조성은 대자연의 조화와 우주의 운동 및 생명에 내재된 규범성의 표현을 지향한다. 회화가 시간적이고 유동적인 규범성에 주안점을 두면, 공간의 표현은 운동의 형태에 따라 달라진다.

또 쫑바이화의 "화가는 흘낏 쳐다보면서(流盼) 내 몸에 깃든(綢繆) 형형색색을 면밀히 확인한다.(盤桓)"[39]라는 구절을 보면, '유반(流盼)', '주무(綢繆)', '반환(盤桓)' 등은 모두 시간의 흐름을 내포한 역동적인 공

---

[38] 『宗白華全集』(第二卷), 安徽教育出版社, 110쪽.
[39] 宗白華, 「中西畫法所表現的空間意識」, 『宗白華全集』(第二卷), 安徽教育出版社, 2008, 422쪽.

간 조성의 특징을 드러내고 있다.

중국의 회화에서 공간을 조성하는 구체적인 방법은 바로 곽희(郭熙, 1023~1085)의 『임천고치(林泉高致)』에 보이는 '고원(高遠)', '심원(深遠)', '평원(平遠)'이라는 삼원(三遠)의 방법이다. 화가가 멈추어 선 채 바라보는 서양의 투시법과 달리, 중국 회화에서의 산에 대한 묘사는 "산꼭대기를 우러러보고(仰山顚)" "산의 뒤를 엿보며(窺山後)" "먼 산을 바라보고(望遠山)", 걸음을 옮겨 경치를 바꾸며, 끊임없이 시선을 옮긴다. "높은 곳에서 깊은 곳으로 옮기고, 깊은 곳에서 가까운 곳으로 옮기며, 다시 평원(平遠)을 가로질러, 규범화된 행동을 한다."[40]

청대의 화론가(畫論家)인 화림(華琳)은 삼원법을 더욱 발전시킨 '추지법(推之法)'을 제시했는데, 쭝바이화에 의해 발굴되어 크게 인정받았다. 낮은 곳으로부터 높은 곳으로 밀어내고(推) 얕은 곳으로부터 깊은 곳으로 밀어낸다(推)는 추지법은 평평하거나 낮은 곳(또는 얕은 곳)으로부터 높은 곳(또는 깊은 곳)에 이르도록 밀어내는 방법이다. 쭝바이화는 여기에 해설을 덧붙여, "'밀어냄(推)'은 그려낸 선의 방향과 조합을 통해 우리 공간의 깊거나 멀고 편평한 느낌을 불러일으킨다. ······ 생동감 있는 선들의 규범성을 통해 공간감을 이끌어낸다."[41]라고 하였다.

이러한 공간감은 우선적으로 서예 예술에 보인다. 쭝바이화는 중국의 서예와 회화 및 희곡의 공통점은 모두 무용정신 즉 음악정신을 가지고 있다는 것이며, "춤 동작을 통해 허령(虛靈)한 공간을 드러낸

40　宗白華, 「中西畫法所表現的空間意識」, 『宗白華全集』(第二卷), 安徽教育出版社, 2008, 432쪽.
41　宗白華, 「中西畫法所表現的空間意識」, 『宗白華全集』(第二卷), 安徽教育出版社, 2008, 433쪽.

다."⁴²라고 생각했다. 따라서 기본적인 특징으로 보면 중국예술의 공간 의식은 음악적이라는 것이고, 음악과 춤과 서예 등은 이러한 공간 의식의 표현 방식인 것이다. 물론 여기에서 시공간적 요소를 종합한 춤과 서예가 공간적 표현의 독특한 특성을 두드러지게 만드는 것은 아니다. 달리 말하면 춤과 서예 자체의 공간 표현은 고작 표면적일 뿐이고, 공간을 표현하는 독특함에는 진실로 시간적인 예술 언어가 필요하다는 것이다.

이에 대해 탕융화는 다음과 같은 훌륭한 설명을 했다. "춤과 중국 회화는 모두 공간을 먼저 묘사하지 않고, 예술적 이미지를 통해 공간을 소환하고 창조한다. 이때의 공간은 일종의 자신을 위한 공간이며, 춤으로 대표되는 중국예술이 공간 자체를 구현하는 것으로, 곧 공간의 시간화를 주제로 하는 것이다."⁴³ 시와 춤은 모두 시공간 합일의 예술이다. 그렇다면 시 속의 시공간 합일은 어떻게 실현되는 것인가? 시는 규범성이 뚜렷하기 때문에, 그 공간성은 구체적인 장면이 드러나는 것 외에 글자의 배치를 통해서도 작품에서의 공간을 나타낼 수 있다. 쭝바이화는 이러한 '조용한 형식'이 시간의 변화를 보여줄 수 있다고 생각한다.⁴⁴

이상에서는 주로 창작의 관점에서 살펴보았다. 쭝바이화는 나아가 수용의 측면에서, 공간의 시간화에 대한 감상을 다음과 같이 상세히 기술했다. 우리는 산수화를 감상하며, 먼저 고개를 들어 높고 먼 산

---

42 『宗白華全集』(第三卷), 安徽敎育出版社, 1994, 389쪽.
43 湯擁華, 『宗白華與"中國美學"的困境: 一個反思性的考察』, 北京大學出版社, 2010, 81쪽.
44 宗白華, 「新詩略談」, 『宗白華全集』(第一卷), 安徽敎育出版社, 2008, 169쪽.

봉우리를 본 후에 층층이 아래로 내려오고, 깊은 골짜기를 살펴보다가 가까운 수풀 아래의 물가로 시선을 옮기고, 마지막에는 가로 방향으로 눈길을 돌려 편평한 모래톱의 작은 섬을 향한다. 산수화에서 먼 산과 가까운 경치는 평면적인 공간의 규범성을 이룬다. 왜냐하면 우리의 시선이 위로부터 아래로 굽이쳐 흐르기 때문인데, 이것이 바로 규범적인 움직임이다.[45]

쭝바이화는 공간의 시간화 과정 속에서도 공간은 움직일 수 있어, '먼 산'과 '가까운 경치'는 음악의 선율을 연주하는 것이고 이 선율은 생명의 춤 곧 우주의 운율을 담고 있다고 생각했다. 공간은 텅 비어있음을 귀하게 여기고, 생명은 충만함을 높이 여긴다. 이렇게 '텅 비어있음이 변하여 충만하게 되는(轉虛成實)' 과정은 기술적인 측면에서 보면 공간의 시간화에 의한 생명의 승화이다.

이번엔 조각을 살펴보자. 쭝바이화가 「로댕의 조각을 본 후」라는 글에서 제시한 '움직임'은 바로 공간의 시간화를 표현한 것이다. 로댕은 예술이 표현하는 '움직임'은 첫 번째 현상에서 두 번째 현상으로 넘어가는 과정을 보여주는 것이라고 생각했다. "우리는 작품에서 첫 번째 현상에서의 과거의 흔적과 두 번째 현상에서 처음으로 생겨난 그림자를 함께 볼 수 있다. 그런 후에야 '움직임'은 우리의 눈앞에 분명하게 나타난다."[46] 물리적 의미에서의 사물은 정지되어 있지만, 예술가의 글과 감상자의 눈에 비치는 이미지는 시간적인 차원에서의 선후를 담고 있다.

---

45 『宗白華全集』(第二卷), 安徽敎育出版社, 1994, 434~435쪽.
46 宗白華, 「看了羅丹雕刻以後」, 『宗白華全集』(第1卷), 安徽敎育出版社, 2008, 313쪽.

시와 그림뿐 아니라 심지어 모든 중국예술의 시공간에 대한 표현은 모두가 중국철학에서의 "굽어보고 우러러보며 갔다가는 돌아오고, 멀고 가까우며 주고받는다(俯仰往還, 遠近取與)"라는 시공간 관념을 구현한 것이라고 할 수 있다. 따라서 중국예술은 곧 공간의 시간화라는 명제가 실현된 모습이다. 그 실현 과정에는 민족화된 중국예술의 특징이 함축되어 있으며, 중국 시에 담긴 지혜의 풍부한 함의 또한 보여주고 있다.

이상에서의 분석을 통해, '공간의 시간화'라는 명제는 중국 전통의 시공간 관념이 가진 독창성에 기반을 두고 서양의 시공간 관념을 참조하여 배태된 것임을 알 수 있었다. 이 문제에 대한 쫑바이화의 공로는 시공간 관념에 대한 전통을 총정리하여 다듬고, 나아가 "시간은 공간을 통솔한다."라고 요약해 낸 데에 있다. 그는 이러한 기초 위에서 철학과 예술에서의 시공간 문제를 하나로 만들고, 철학에서의 공간의 시간화를 예술에서의 시공간 문제에 대한 기초로 삼았다. 따라서 예술에서의 시공간 표현은 철학 명제의 실현 형태 혹은 표현 방식이 된 것이다.

이는 학술용어의 순환이지만, 이 순환은 창조적 가치가 전혀 없는 기계적인 운동이 아니며, 그 의의는 중국미학 이론의 측면에서 나타난다. "쫑바이화에게 있어 중국회화는 곧 중국미학에 나타난 시공간 의식의 중요한 예시이고, 중국미학 시공간 의식에 따른 예술적 경험의 원천이기도 하다."[47] 또는 쫑바이화의 노력은 그 효과라는 측면에서 중국의 심미경험론에 진정으로 독창적인 방안을 제공했고, 이러한 점은 그 생명미학적인 특징보다 기여도가 크다고 할 수 있다.

---

47 劉麗莎, 「宗白華 "時間率領空間" 說探辨」, 『語文教學通訊』第9期, 2019.

생명관(또는 생명경험이라고도 한다)은 중국철학과 중국예술을 연결하지만, 그 예술적인 표현은 여전히 이념적이고, 예술 언어에 의한 공간의 형상화도 제한적이다. 그러나 공간의 시간화는 그렇지 않아서, 예술에서의 조경과 이미지의 배치를 통해서 형상화하여 표현할 수 있다. 이는 심미경험에 있어 기존의 문제들에 대한 큰 돌파구가 되었으며, 중국 심미경험론의 독창성을 이루었다.

공간예술로서의 회화가 공간 조성에 있어 중국 전통 시공간 관념의 핵심인 '공간의 시간화'를 실현한 것이라면, 쫑바이화는 고시(古詩)에서의 '굽어보고 우러러보며 관조한다.(俯仰觀照)'라는 관념을 분석하여, 회화의 공간관에 대한 호문적(互文的: 앞뒤의 문장이 뒤섞여 서로 보완하며 보다 완전한 문장이 됨) 해석의 근거를 제공했을 뿐 아니라 중국의 심층 우주관을 변증법적 노선으로 되돌려 놓았다.

그는 장담암(莊淡庵: 청대의 화가)이 능우혜(凌又惠)에게 써 준 제화시(題畫詩)의 "끝닿은 곳 없는 곳에 노닐며, 석양 속에서 돌아가는 까마귀를 보네.(低徊留得無邊在, 又見歸鴉夕照中)"라는 구절을 빌려 자신의 관점을 설명했다. "중국인들은 끝없는 공간을 향한 무한한 추구를 하는 것이 아니라, '끝닿은 곳 없는 곳에 머물러(留得無邊在)' 둘러보고 감상하며 음악으로 계발하였다."[48] 여기에서, '공간의 시간화'라는 명제는 다시 하나의 인생철학으로 승화되었다.

우리가 미학에 관한 쫑바이화의 기조를 생명미학이라고 정의할 때, 그가 현실사회와 삶을 긍정한다는 것을 잊지 말아야 한다. 어떤 학자

---

48 宗白華, 「中國詩畫中所表現的空間意識」, 『宗白華全集』(第二卷), 安徽教育出版社, 2008, 441쪽.

는 "쭝바이화의 미학사상의 기초는 생명철학이고, 최종 성관느 예술의 경지이며, 이 두 가지를 연결한 것이 공간의식 또는 공간감이다."[49]라 하였다. 이러한 주장이 다소 과감한 것이기는 하지만, 쭝바이화가 구축한 '공간의 시간화'라는 명제를 보면 다소는 일리가 있다.

---

49 熊海洋, 「中國畫空間感的轉換與近代中國的道德主題」, 『浙江工商大學學報』第2期, 2019.

청화(靑華) 하인두(河麟斗, 1930~1989) 예술 세계에 내재한 동아시아적 사유

: 〈묘계환중(妙契環中)〉을 중심으로

이진명 李振銘
숙명여자대학 강사

내용요약

청화 하인두는 1930년대를 시작하는 기점에 태어났다. 해방하는 해 16세였고 현재 고등학교 1학년에 해당한다. 한국전쟁이 일어난 1950년에 21세였다. 한반도 역사에서 가장 힘든 시기에 유아기와 청소년기를 보낸 셈이다. 우리나라 화가 중 높은 문학성을 가진 화가가 드물게 존재한다. 대표적으로 이우환·김창열·하인두가 있다. 그중 하인두의『청화수필(青華隨筆)』은 이우환의『여백의 예술』과 함께 가장 높은 문학성을 보여주는 우리나라 화인의 기록문학으로 평가된다. 다만 전자는 사변적인데 후자는 실존적이다.

청화 하인두는『지금, 이 순간에』(1983),『혼불, 그 빛의 회오리』(1989),『당신 아이와 내 아이가 우리 아이를 때려요』(1993),『청화수필』(2010) 등 주옥같은 저서를 남겨 자기 사유와 실존적 체험을 생생하게 전하고 있다. 필자는 화가의 저서를 바탕으로 하인두 예술 세계에 내재한 동아시아적 사유를 짚어보고자 한다.

하인두는 한국성을 추구하며 다시 유행하던 서구 미술 사조과 국제양식을 넘어서고자 했다. 1970년대 중반은 하인두 예술 세계의 전환기였다. 하인두가 이 시기에 창작한 작품 제목은 〈만다라〉(1974), 〈묘환〉(1977), 〈묘계환중〉(1979), 〈밀문〉(1978), 〈화(華)〉(1979)와 같다. 제목에 불교나 노장, 유가의『주역』사상이 함께 착종(錯綜)되어 있지만, 역시 불교적 색채가 가장 짙다. 청화 하인두는 1967년 무렵부터 김종해 박사와의 친교를 시작했다. 시기가 지나면서 우정은 더 돈독해졌다. 화종(和宗) 김종해(金鍾海, 1931-1984) 박사가 물심양면으로 이끌었던 효당학파(曉堂學派)의 주요 연구 대상은 원효의 화쟁사상(和諍思想)이었으며 하인두에게 공유되었다. 하인두는 화쟁사상을 심도 있게 공부했으며 그 사상은 만다라 그림과 밀접한 관계가 있다고 보았다. 즉, 원효의 깨우침이 만다라 그림에서 비롯되었다고 확신한다. 묘계(妙契)

는 분별하지 않아도 저절로 진리의 자리에 함께하는 사람의 경지를 뜻한다. 하인두는 환중을 가리켜 역동적이면서도 정적인 지점, 즉 옳고 그름을 모두 포섭하여 원만구족(圓滿具足)한 상태로 해석한다. 따라서 하인두의 대표 연작 〈묘계환중(妙契環中)〉은 보편적이며 평등하게 작용하는 진리를 회화적 진정성으로 표현한 작품이다.

키워드: 하인두, 『청화수필』, 김종해, 〈묘계환중〉, 회화적 진정성

1. 들어가는 말

　청화 하인두는 1930년대를 시작하는 기점에 태어났다. 해방하는 해 16세였고 현재 고등학교 1학년에 해당한다. 한국전쟁이 일어난 1950년에 21세였다. 한반도 역사에서 가장 힘든 시기에 유아기와 청소년기를 보낸 셈이다. 우리나라 화가 중 높은 문학성을 가진 화가가 드물게 존재한다. 대표적으로 이우환·김창열·하인두가 있다. 그중 하인두의 『청화수필(青華隨筆)』은 이우환의 『여백의 예술』과 함께 가장 높은 문학성을 보여주는 우리나라 화인의 기록문학으로 평가된다. 다만 전자는 사변적인데 후자는 실존적이다. 또한 미망인 류민자 여사의 회고에 의하면 하인두는 외강내유형 인간이었으며, 자신을 밖으로 내세우는 것을 부끄러워했으며, 대인기피증이 있었다고 한다. 반대로 사색, 산책, 독서를 통해서 인간의 삶과 역사, 문명과 자연, 이 세상과 피안에 대한 깊은 이해에 도달했다고 전한다.

　우리는 하인두의 세계와 만나기 위하여 하인두 인생에 나타났던 세 번의 변화에 관하여 인식해야 한다. 세 차례 찾아왔던 변화란 외부적 사건과 내면적인 성찰로 다시 분류된다. 외부적 사건이란 한국전쟁 당시 인민군에 끌려가 구사일생으로 생환한 일, 북에서 내려온 옛친구를 하루 집에서 재워주다 불고지죄로 옥중생활을 겪은 일, 세 번째 암에 걸려 생사를 넘나든 경험이 그것이다. 내면적 성찰이란 하인두가 청

그림 1 하인두, 구리시 아천동 자택에서, 1987년

년기에 범부(凡夫) 김정설(金鼎卨, 1897-1966) 사상과의 만나면서 얻어졌다. 김정설은 『화랑외사(花郎外史)』(1948), 『풍류정신(風流精神)』(1986) 등 저서를 남겼는데, 이 중 『풍류정신』은 제1부 '화랑(花郎)', 제2부 '최제우론(崔濟愚論)', 제3부 '음양론(陰陽論)'으로 구성된다. 우리나라 상고 신라의 화랑도, 근세조선의 동학, 동아시아 사유의 원천인 『주역』과 한대(漢代) 발생한 음양론에 관한 각각의 강해서(講解書)이다. 하인두의 1960년대 후반에서 1970년대 초반까지의 사유가 여기서 기인한다. 두 번째, 1970년대 중반 정신과 의사인 화종(和宗) 김종해(金鍾海, 1931-1984) 박사를 통해서 불교 사상을 깨우친 시기이다. 김종해 박사는 효당(曉堂) 최범술(崔凡述, 1904-1979) 스님의 제자이다. 최범술은 효당이라는 법호가 암시하듯 원효(元曉) 사상에 정통한 학자였다. 마지막 세 번째로 맞이한 사상 변천은 기독교와의 만남이었다. 김정설, 최범술, 김종해와의 사상 교류에서 하인두는 정신의 해탈과 심미적 소요유(逍遙遊)를 알았다. 이 시기는 '묘계환중(妙契環中)'이라는 말로 상징화된다. 주지하다시피 '묘계환중'이란 원효의 『금강삼매경론』에 등장하는 묘계(妙契)와 『장자』에 나오는 환중(環中)과의 합성어이며, 이 말에 불도(佛道) 사상의 정수가 만나고 있다. 또한 1980년대 이후 기독교와의 만남에서 육신과 인적 네트워크의 구원을 알았다. 이 시기는 '혼불'이라는 말로 상징화된다. 혼불은 『성서』 「창세기」에 등장하는 말씀과 빛으로서 로고스(logos)의 우리말이다.

청화 하인두는 『지금, 이 순간에』(1983), 『혼불, 그 빛의 회오리』(1989), 『당신 아이와 내 아이가 우리 아이를 때려요』(1993), 『청화수필』(2010) 등 주옥같은 저서를 남겨 자기 사유와 실존적 체험을 생생하게 전하고 있다. 필자는 화가의 저서를 바탕으로 하인두 예술 세계에 내재한 동아시아적 사유를 짚어보고자 한다.

2. 한국성을 위하여: 하인두의 진리 탐구

청화 하인두의 호에는 하인두의 사유가 응축되어 있다. '푸른 빛' 그것은 현묘한 빛이자 로고스의 빛을 포괄한다. 하인두는 1930년 경상남도 창녕에서 태어났다. 하인두는 10대 때부터 소설가 김동리(金東里, 1913-1995)와 교류했다. 김동리는 『화랑의 후예』, 『무녀도』, 『황토기』, 『등신불』과 같은 명저를 남겼는데, 작가는 우리 안에 내재하여 전승되는 상고 정신의 체화를 그려낸다. 그 정신으로 이야기 주인공은 한민족이 맞이한 특수한 역사 상황의 불행을 보편적 사랑과 화해로 극복한다. 김동리의 16살 터울의 형이 바로 범부 김정설이다. 김동리와 김정설은 모두 경상남도 경상북도 경주 태생이다. 김정설은 지난 세기를 대표하는 동양 사상가이자 한학자인데, 교토 제국대학에서 독문학과 철학 학위를 수여했다.

주지하다시피 경주는 우리나라 정신의 고향이다. 상고의 화랑도, 풍류도가 발원하여 근세에 최제우(崔濟愚)의 동학이 거대한 하류를 이루었다. 김정설은 우리 고유의 풍류도와 유불선 삼교(三敎)를 일체화한다. 김정설이 활약하던 해방공간의 시대와 전후 우리나라는 신생 독립국이었기에 새로운 국시(國是)를 찾아야 했다. 당시 우리나라 사유는 서북학파(西北學派), 즉 김교신(1901-1945), 유영모(1890-1981), 함석헌(1901-1989)으로 대표되는 서북 기독교 영성주의(靈性主義, Spiritualism)가 있었다. 이 사상은 일본인 우치무라 간조(內村鑑三, 1861-1930)의 무교회주의에서 영향받은 바 크다. 이들은 우치무라 간조의 무교회주의 정신을 이어서 기독교계 월간지『성서조선(聖書朝鮮)』을 간행했으며, 월간지를 통하여 계몽과 교화 운동을 전개했다. 이들의 사상 특질은 유불선 삼교를 기독교 사상으로 포섭하여 종합한 곳에 자리한다. 반면에 효당 최범술, 범부 김정설, 김동리, 김종해로 이어지는 동남학파(효당학파)의 사상 라인은 동방학으로써 서방(서구) 세계의 물질주의, 과학주의에 대항하려는 민족의 대안적 자구책이었다. 이 사상은 화랑도와 풍류도와 같은 우리 상고 사상을 바탕으로 유불선 삼교를 통섭하고자 했다. 따라서 함석헌이 서북의 기독교 영성주의를 대표했다면, 김정설은 동남의 국민 국가주의를 보여주었다. 전자가 민중-영(靈)-만인 구원론-코스모폴리턴-무정부주의-영성주의-온건적 경향을 보여주었다면, 후자는 국민-효(孝)-지정(至情)-충(忠)-인륜적 국민국가-지역주의(한국과 동방)-즉관주의(卽觀主義)-투쟁적 경향을 보여주었다.[1] 김정설은 박정희와의 인연으로도 유명하다. 1963년 5월 3일 『조선일보』의 기사가 흥미롭다.

> 박정희 최고회의 의장은 2일 낮 청와대에서 2대 국회의원이던 김범부 씨를 만나 약 1시간 동안 민정 동향에 관해 의견을 나누었다.……이후락 대변인은 박 의장이 김 씨와 점심을 같이 하면서 세상 물정에 관한 이야기를 나누었다고 말했다.[2]

박정희는 정권의 정통성을 확립하기 위해서 신라의 화랑도와 풍류도와 같은 민족정기로 국가의 기강을 세우려 했으며, 김정설은 신라의 화랑도가 구국의 역할을 담당했던 역사적 실체를 현시점에 재현하여 자기 사상의 정수를 실현하고자 했다. 필자는 단색화 화가들이 일본인에 의해 설계되었던 한국성(조선성), 가령 모노노아와레의 변용인 한(恨)의 정서, 소(素)의 질박함, 흰색의 미학 등에 질곡(桎梏)되었던 반면, 하인두는 그로부터 자유롭게 진정한 한국성을 펼칠 수 있었다. 필자는 그러한 예술적 행운은 하인두가 김정설의 확실한 민족주의를 학습한 결과에서 다가왔다고 본다.

---

[1] 김건우, 「토착 지성의 해방 전후: 김범부와 함석헌을 중심으로」, 『상허학보』 36, 2022 참조.
[2] 「박의장과 면담 – 김범부·김팔봉씨」, 『조선일보』(1963년 5월 3일), 1면.

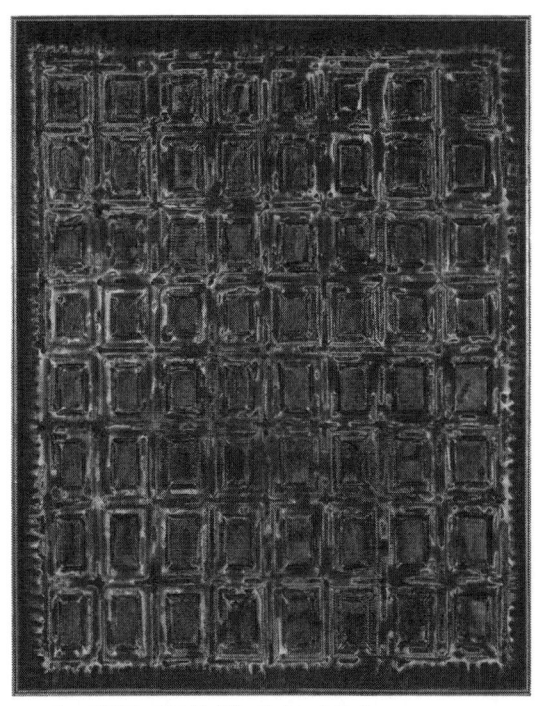

그림 2 하인두, 밀문(密門), 캔버스에 유채, 117x91cm, 1978

김정설의 이론은 민족주의를 지향하며, 충효 사상을 바탕으로 한반도, 만주(동북 3성), 연해주, 몽골, 시베리아의 우리 고토에서 태어난 사상과 신앙을 포섭하며, 그것을 포섭하여 운영(운행)하는 핵심 조타(操舵)에 『주역』 64괘와 음양론이 자리한다. 세간에서는 하인두의 〈밀문(密門)〉 연작을 불교로 해석하는데, 이 작품은 상하좌우 64개의 문으로 설정(구성)되기에 64괘의 상징으로 해석할 필요가 있다. 『주역』은 64괘로 구성되며, 모든 괘는 상괘(上卦)·하괘(下卦)로 나뉘며 각기 육효(六爻)로 이루어져 있는다. 주지하다시피 『주역』 64괘의 마지막 괘는 미제괘(未濟卦)이다. 미제(未濟)는 영원히 끝나지 않는다는 뜻이다. 『주역』은 따라서 무한의 우주와 복잡다단한 인간사를 모두 상징한다. 〈밀문〉은 이러한 동양적 우주관에서 비롯한 웅대한 깨달음을 조형 언어로 구성한 세계 최초의 작업이다.

또한 하인두는 어떤 작가보다 문학성이 뛰어났으며, 종교심과 우주심(宇宙心)을 숭상했다. 정치이념을 내세우는 예술과 운동은 문학뿐만 아니라 그것이 동료의 미술일지라도 심각한 거부감을 내비치기도 했다. 하인두가 창작하기 전 사색과 산책, 독서, 저술(일기)로 마음을 다스리고 청화(靑華)의 푸른 빛을 내면에 응결한 것은 유명하다. 하인두가 작고한 후 1993년에 출간된 『당신 아이와 내 아이가 우리 아이를 때려요』라는 저서는 일종의 수상록인데, 작가의 문학성과 종교심이 여실히 드러난 역작이다. 제목의 뜻이 무엇일까? 아이는 나의 사랑이자 가치의 모든 것이다. 여기서 아이란 한 개인의 알파와 오메가를 뜻한다. 당신이 당신의 지향하는 가치만을 주장하고 내가 나의 가치에 매몰될 때 우리의 가치는 사라지거나 타격을 입는다는 뜻이다. 자아(에고)를 내려놓고 무아(無我)의 본뜻을 파악해야 한다는 것이다. 이 저서에 작가가 품는 시문학의 애정과 고마움이 잘 나타난다.

누군가 말했던가. '시는 목적이 아니라 정열'이라고. 시인의 정열은 '사람 곧바르게 살아감의 정열'이란 뜻이 되겠고 나아가 그 뜨거움은 언제나 사회의 부정(不正)을 부정(否定)하는 준엄한 순정의 몸짓-양심-이어야 한다는 뜻일 것이다.[3]

순정의 몸짓은 이데올로기도 아니고 정치적 수사도 아니다. 순정의

---

3   하인두, 『당신의 아이와 내 아이가 우리 아이를 때려요』, 서울: 한아름, 1993, 14~5쪽.

몸짓은 참된 인간만이 발휘할 수 있는 양심이다. 따라서 작가는 말한다. "많은 경향시인 및 이데올로기 추종 시인들은 정치이념에 급급했고, 고민이나 인간 생명 존재의 근원은 도외시하였다. 그러므로 그들은 낙관론적 시인들이고, 우리 자유 시인들은 때론 비관적인 시인일 수도 있다는 것이다."[4] 순정의 몸짓과 양심이란 모든 생명을 숭고한 생명으로 대하는 마음이다. 생명의 근원은 우주심, 곧 하느님의 마음에서 비롯한다. 이에 반해 정치적 선전과 수사는 인명을 경시한다. 마르크시즘과 자본주의, 과학주의, 이성적 합리주의, 논리주의 그 모든 것은 서구의 산물이다. 하인두는 서구의 산물에서 비롯한 정치적 수사나 그것의 찬반 의견 대립에서 비롯하는 인간 불행에서 벗어나고자 했다. 이러한 태도는 첫째 김정설이 가르쳐준 큰 울림에서 비롯되었을 것이다. 둘째, 하인두는 서구 미술 진원의 역사적, 사회적 맥락을 이해하지 못한 채 맹목적으로 장단을 맞추는 한국 미술계의 세태에 통탄의 감정을 숨길 수 없었다. 아래와 같이 김정설의 진술과 하인두의 내면적 자각을 종합한다면 하인두가 한국성을 추구했던 진의를 파악할 수 있는 길이 열린다.

현대 구주인(歐州人, 유럽인)은 하나의 기계가 되었다. 이 기계가 사람을 구출할 수는 없다. 인간의 구출은 사람이어야 한다. 그러나 이 사람을 구출할 사람이 구주(歐洲)에게는 없다. 그러면 정녕 구주 밖에서 찾을 수밖에 없다. 예컨대 '광명은 동방에서 온다.'라는 말과 같이 구주 이외에서 기계화되지 않은 사람을 찾으려면 동방(동아시아)밖에 없다. 그러나 동방 또

---

4 하인두, 『당신의 아이와 내 아이가 우리 아이를 때려요』, 서울: 한아름, 1993, 92쪽.

한 제2의 구주인이 되고 만 것이다.[5]

한국화단이 오프티컬→포프→미니멀→하이퍼→컨셉췰하면서 유럽 미술의 진원의 파장에 장단을 맞춰 거기에 편승하는 꼭두각시놀음을 되풀이 해 왔다.[6]

하인두가 유럽의 자유 정신을 사랑하고 세잔을 숭앙했다는 사실은 유명하다. 프랑스에서 세잔의 그림과 마주했을 때 주저앉을 뻔했던 당시 회고나 샤르트르 대성당의 스테인드글라스를 보고 느꼈던 감흥 묘사는 문집 여기저기서 관찰된다. 가령 "세잔에 완전히 미쳐 오금을 못 쓰고,……그의 그림들 앞에서 너무나 황홀해서 폭삭 주저앉을 뻔도 했다."라고[7] 진술하거나 "샤르트르 (대성당)의 비트로(스테인드글라스)를 보노라면, 사방으로 그 불꽃 튀기 듯한 별들이 나의 온몸과 피부 구멍을 파고들어 나를 저 피안으로 끌어올리듯 몸과 마음을 어둠의 진공으로 둥둥 떠 흐르게 해준다."라고[8] 고백하는 문장에서 우리는 하인두가 품고 있는 서구와 세잔에 대한 존경의 마음을 읽을 수 있다. 주지하다시피 1954년 서울대학교 미술대학을 졸업한 하인두는 1957년 김창렬, 정상화 등과 함께 '현대미술가협회'를 결성했다. 우리나라에

---

5   김범부 지, 이종익 징리, 『東方思想講座(抄)』, 서울: 동양의약대학, 1963, 22쪽; 최재목, 「凡夫 金貞卨의『東方思想講座』와 東方學에 대한 기초적 검토」,『양명학』62, 2021 283쪽에서 재인용.

6   하인두,『청화수필』, 서울: 청년사, 2010, 243쪽.

7   하인두,『청화수필』, 서울: 청년사, 2010, 215쪽.

8   하인두,「샬르트르 성당의 비트로」,『지금, 이 순간에』, 서울: 우암출판사, 1983, 145~6쪽.

서 전개된 최초의 전위미술 운동이었으며, 앵포르멜 추상 미술의 탄생과 성장을 이끌었다. 제5회 현대미술가협회 전시(1959. 11. 11-17)에서 하인두가 밝힌 선언문의 하이라이트는 다음과 같다.

우리는 생의 욕망을 다시없는 나에 의해서 나로부터 세계의 출발을 다짐한다.[9]

위 진술은 하인두가 얼마나 실존적 가치를 중시했는지 여실히 보여준다. 앵포르멜은 1950년대 말부터 60년대 중후반까지 국제양식으로 통했다. 그럼에도 하인두는 문집 곳곳에서 "아직 고독한 전위로 남아있으면서 10여 년 전처럼 동지들과 함께 어울려 다니지 않는다."라고[10] 말하거나 박서보의 회화와 예술 태도를 가리켜 "섬찟한 폭력적 회화 파괴의 몸짓"이라고[11] 규정한 사실, "나는 국전에서 여덟 번씩이나 낙선하였다. 우리나라 국전사상 나만큼 스트레이트로 여덟 번이나 낙선의 고배를 든 자도 없을 것이다. 어떤 점에선 국전사상 최악의 작가로 기록될 희귀한 존재일지 모른다."라고[12] 고백하는 진술, "막연한 전위나 실험이 아니라 오리지널리티가 있는 것, 즉 한국 냄새가 짙은 작품을 제작해야 한다."라고[13] 학생과 후배에게 제시하는 교화 등을 종합해 보면, 하인두가 우리 문화와 정신을 절실히 추구했던 연유는 초기 김정

---

9 하인두, 『당신의 아이와 내 아이가 우리 아이를 때려요』, 서울: 한아름, 1993, 115쪽.
10 「고독한 전위운동 화가 하인두 씨」, 『한국일보』(1970. 9. 11.)
11 하인두, 『당신의 아이와 내 아이가 우리 아이를 때려요』(서울: 한아름, 1993), 67쪽.
12 하인두, 「배꼽이 하늘을 본다」, 『지금, 이 순간에』(서울: 우암출판사, 1983), 172쪽.
13 하인두, 「한국미의 깨달음」, 『전통예술』, 한국전통예술연구소, 제2집(1984), 5-6쪽.

설의 가르침과 미술 현장에서 온몸으로 겪은 총체적 감수성이 함께 작용한 결과라고 볼 수 있다. 하인두는 서구에서 벗어나 다시 태어났다. 우리 사상, 우리 것, 우리 냄새가 나는 것에 대한 강렬한 희구(希求)는 〈회(廻)〉(1960), 〈윤(輪)〉(1969), 〈태동(胎動)〉(1974)과 같은 작품 연작을 낳았다. '회'나 '윤'은 불교의 윤회를 가리키거니와 자신으로 돌아옴을 뜻하기도 하며 '태동'에는 다시 태어남, 거듭남(born again)의 뜻이 내포되어 있다.

3. 성속구유(聖俗具有), 진속불이(眞俗不二), 비승비속(非僧非俗)

1970년대 앵포르멜에 참여했던 작가들이 집단으로 단색조 회화로 전환했던 것에 달리 하인두는 한국성을 추구하며 엥포르멜을 넘어서고자 했다. 강렬한 원색을 쓰며 현생과 불교와 무속을 넘나들었던 작가로 우리는 박생광(朴生光, 1904~1985)을 기억한다. 하인두와 박생광과의 관계에 대한 연구서는 없다. 다만 하인두의 『청화수필』에 「가슴에 남기고 싶은 화가 - 박생광, 그 거장의 언저리에서」라는 글이 남아 있다. 주지와 같이 박생광은 고향이 경남 진주이다. 하인두는 그 근처 창녕이다. 창녕 - 의령 - 진주는 한 고장으로 보아도 무방하다. 하인두는 서구 앵포르멜에서 벗어나 우리 본연으로 돌아왔고, 박생광도 진정한 한국회를 창조하여 왜색 힘의에서 벗어났다. 둘은 막역했고, 통했다. 둘이 만날 때는 옛 고향 말투를 사용했으며, 두 화가는 상대방이 말로 묘사하는 고향의 산천을 눈감은 두 눈의 시선 속에 생생하게 떠올릴 수 있었다. 20년 터울 존경하는 고향 선배가 묵묵히 혼자 길 건는 모습을 보고 하인두 역시 자기만의 예술을 희구할 수 있는 힘을 얻었는지 모른다.

1970년대 중반은 하인두 예술 세계의 전환기였다. 하인두가 이 시기에 창작한 작품 제목은 〈만다라〉(1974), 〈묘환〉(1977), 〈묘계환중〉(1979), 〈밀문〉(1978), 〈화(華)〉(1979)와 같다. 제목에 불교나 노장, 유가의 『주역』 사상이 함께 착종(錯綜)되어 있지만, 역시 불교적 색채가 가장 짙다. 부인 류민자 씨가 독실한 불교 신자인 사실도 유명하다. 이 둘은 시간이 날 때마다 사찰에 다닌 것 같다. 하인두는 "산사의 이끼 낀 돌을 밟아보고, 절간 뒷벽의 빛바랜 단청이나 암자 속의 원색 탱화를 두루 살펴보았다."라고[14] 진술한다. 또한 1967년 무렵부터 시작된 김종해 박사와의 친교는 이 시기 더욱 돈독해진 것 같다. 김종해 박사가 물심양면으로 이끌었던 효당학파의 주요 연구 대상은 원효의 화쟁사상(和諍思想)이었으며 하인두와 공유되던 것 같다. "(김종해 박사는) 나의 추상미술에 정신적 지주 역할을 해줬고 묘계환중, 만다라 등으로 회화 세계의 패턴을 이룩하게 했다."라고[15] 진술하기 때문이다. 앞서 미리 밝힌 바와 같이 〈묘계환중〉에서 '묘계(妙契)'는 원효의 용어이고 '환중(環中)'은 장자의 용어이다. 이 말은 원효가 말년에 남긴 불후의 명저 『금강삼매경론』의 제1편 「경전의 대의를 서술함」에 등장한다.

첫 번째, 경전의 대의를 서술한다. 대저 일심(一心)의 근원은 유(有)와 무(無)를 초월하여 그 자체로 청정하고, 삼공(三空)의 바다는 진(眞)과 속(俗)

---

14 하인두, 『청화수필』, 서울: 청년사, 2010, 198쪽.
15 하인두, 『당신의 아이와 내 아이가 우리 아이를 때려요』, 서울: 한아름, 1993, 178쪽.

을 융합하여 담연하다. 담연하게 진과 속을 융합했지만 하나(一)가 아니고, 그 자체로 청정해 가(邊)를 벗어나 있지만 중(中)이 아니다. 중이 아니지만 가를 벗어나 있기에 유가 아닌 법이면서도 무에 즉(卽)하여 머물지 않고, 무의 형상이 아니면서도 유에 즉하여 머물지 않는다. 하나가 아니지만 진과 속을 융합하고 있기에 진이 아닌 사(事)가 속(俗)이 된 적 없고, 속이 아닌 이(理)가 진이 된 적도 없다. 진과 속을 융합했으면서도 하나가 아니기 때문에 진과 속의 자성[性]이 성립되지 못할 것이 없고, 염(染)과 정(淨)의 모습(相)이 갖추어지지 않음 없다. 가[邊]를 벗어나 있으면서도 중(中)이 아니기 때문에 유와 무의 법을 만들어 내지 못할 바 없고, 시(是)와 비(非)의 뜻이 원만하지 않음 없다. 이에 파괴[破]하지 않지만 파괴하지 못할 것이 없고, (다시) 세우지(立) 않지만 세우지 못할 것이 없다. 그래서 도리가 없는(無理) 지극한 도리(至理)이고, 그렇지 않으면서(不然) 바로 그러하다(大然)고 말할 수 있다. 이것이 『금강삼매경』의 대의이다. 진실로 그렇지 않으면서 바로 그러하기에 설명하는 주체인 언설[語]은 핵심(環中)에 묘하게 계합(契合)되어 있고, 도리가 없는 지극한 도리이기에 설명되는 객체인 종지(宗)는 방외(方外)를 멀리 벗어나 있다. 파괴하지 못할 것이 없기에 금강삼매(金剛三昧)라 하고, 세우지 못할 것이 없기에 섭대승경(攝大乘經)이라 하며, 일체의 의(義)와 종(宗)이 금강삼매와 섭대승경을 벗어나지 않는 까닭에 또한 무량의종(無量義宗)이라고도 한다. 이에 이들 가운데 하나를 제목으로 지목하여 첫머리에 두었다.[16]

---

16 元曉, 『金剛三昧經論』 上卷 제1장 「述大意者」: "第一述大意者. 夫一心之源離有無而獨淨. 三空之海融眞俗而湛然. 湛然融二而不一. 獨淨離邊而非中. 非中而離邊. 故不有之法不卽住無. 不無之相不卽住有. 不一而融二. 故非眞之事未始爲俗. 非俗之理未始爲眞也. 融二而不一. 故眞俗之性無所不立. 染淨之相莫不備焉. 離邊而非中. 故有無之法無所不作. 是非之義莫

원효의 법문에 의하면, 진리의 핵심은 일심(一心)에 있다. 일심이 확립되는 순간, 진리의 드러남과 일상의 범속함[眞俗] 사이의 구분이 사라진다. 일심 자체가 진리이자 평상심이기 때문이다. 그런데 진과 속은 융합함과 동시에 하나가 아니다(不一而融二). 그것은 더러움[染]과 깨끗함[淨]을 구유한다. 이(理)와 사(事)는 변환자재, 자유자재로 융합과 분리를 오간다. 이는 사사무애법계(事事無碍法界)를 의미한다. 하인두가 여기서 주목한 개념이 바로 "도리가 없는(無理) 지극한 도리(至理)이고, 그렇지 않으면서(不然) 바로 그러한(大然)" 진리, 즉 "무리지지리(無理之至理)", "불연지대연(不然之大然)"로서의 진리이다. 분별하지 않아도 저절로 진리의 자리에 함께하는 사람의 경지를 뜻한다. 그 경지에 있는 사람은 진리를 언어(언설)로 표현해도 그것(진리)의 핵심(環中)에 절묘하게 계합한다(妙契). 이러한 경지를 표현할 길이 없어서 겨우 무량의종(無量義宗)이라는 개념을 만들어 표현할 수밖에 한다. 여기서 핵심, 즉 환중(環中)은 『장자』「제물론(齊物論)」에 등장한다.

이것이 또한 저것이며, 저것 또한 이것이니, 저것에 또한 하나의 옳고 그름이 있고 이것에도 또한 하나의 옳고 그름이 있는 것이라네. 과연 저것과 이것은 있는 것일까? 아니면 저것과 이것은 없는 것일까? 저것과 이것의 대립하는 것을 그치고 양쪽을 다 취하는 것을 자연의 도의 핵심이라 일컫는다네. 자연의 도의 핵심을 터득하면 비로소 논쟁의 고리 중심을 취하는

不周焉. 爾乃無破而無不破. 無立而無不立. 可謂無理之至理. 不然之大然矣. 是謂斯經之大意也. 良由不然之大然. 故能說之語妙契環中. 無理之至理. 故所詮之宗超出方外. 無所不破故名金剛三昧. 無所不立故名攝大乘經. 一切義宗無出是二. 是故亦名無量義宗. 且舉一目以題其首. 故言金剛三昧經也.

청화(青華) 하인두(河麟斗, 1930~1989) 예술 세계에 내재한 동아시아적 사유

것과 같아서 능히 무궁한 변화에 순응할 수 있다네. 옳음은 옳음대로 하나의 무궁한 변화가 있고 그름은 그름 그대로 또한 하나의 무궁한 변화가 있다네. 그래서 말하기를 "자연의 도, 즉 본래의 밝고 맑은 마음으로 만물의 본연을 관조하는 것보다 좋은 것은 없다."라고 말한 것이라네.[17]

환중은 도리의 핵심이며, 옳음과 그름의 대립 양편을 모두 포섭하는 경지를 뜻한다. 옳음과 그름의 중도이자 중심이다. 하인두는 원효가 이러한 깨우침을 만다라 그림을 보고 얻었다고 확신한다. 하인두는 환중을 가리켜 역동적이면서도 정적인 지점, 즉 옳고 그름을 모두 포섭하여 원만구족(圓滿具足)한 상태로 해석한다.

나는 나의 그림에 이러한 '만다라'의 형상을 지금껏 찾아내려고 애쓰고 있다. 원효대사가 말하는 묘계환중(妙契環中)이란 말도 실인즉 만다라의 구성(composition)을 두고 서술한 것이 아닐지 모르겠다. 'Dynamically Stable of the Point'라고 나는 이 묘계환중을 내 나름대로 풀이하고 있다. 서로서로 힘차게 얽히고 짜이면서 중심의 불변하는 한 점을 에워싸고 돌고 도는 무한의 세계, 그 신묘한 우주 및 자연의 질서이다.[18]

즉 사유하는 주체와 세계의 대상이 하나이면서도 둘이고 같으면서도 다르다는 것, 그리고 그 관계는 그물의 눈처럼 인과와 인연에 착종

---

17 『莊子』 內篇 「齊物論」: "是亦彼也, 彼亦是也. 彼亦一是非, 此亦一是非. 果且有彼是乎哉? 果且無彼是乎哉? 彼是莫得其偶, 謂之道樞.樞始得其環中, 以應無窮. 是亦一無窮, 非亦一無窮也. 故曰'莫若以明.'"
18 하인두, 「만다라의 형상을 찾아서」, 『소설문학』 1985-2, 135쪽.

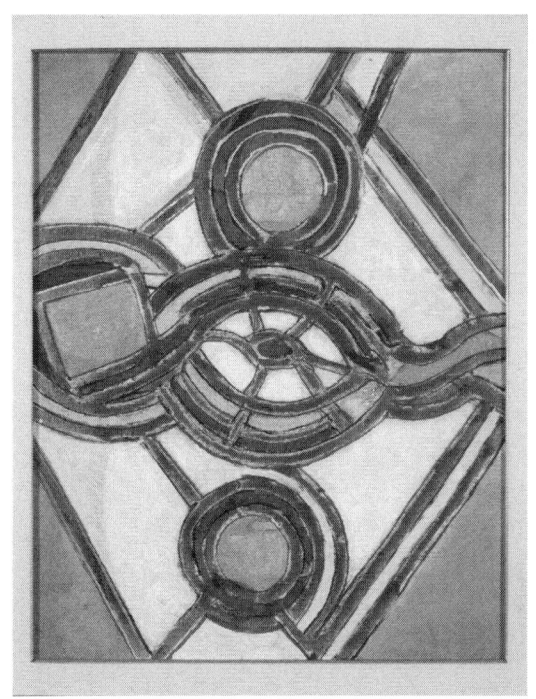

그림 3 하인두, 묘계환중(妙契環中), 캔버스에 유채, 89×71.5cm, 1979

(錯綜)되어 있다는 것, 그런데 그 중도(中道)를 깨우쳐서 시비·선악·귀천·미추·장유(長幼)·적서(嫡庶)·남녀의 분별과 경계를 뛰어넘을 때 비로소 진리가 보장된다는 설명이다. 1977년 작품 〈묘환(妙環)〉은 화면 가운데에 중심 고리가 있고 양쪽으로 고리들(인과관계)이 중심(환중)에 확연하게 떨어져 있으며 상단부 몇 부분만이 아슬아슬하게 붙어있을 뿐이다. 하인두는 진리에 이르는 길이 그토록 어려운 일임을 시각언어로 표현하고 있다.

 필자는 글을 마치기에 앞서 하인두 작가의 대표적 연작인 〈묘계환중(妙契環中)〉의 그림을 분석하고자 한다. 앞서 필자는 '환중(環中)'의 의미가 도리, 즉 도(道)의 핵심이며, 옳음과 그름의 대립 양편을 모두 포섭하는 경지를 뜻한다고 말했다. 환중은 옳음과 그름의 중도이자 중심이다. 우리는 그림3에서 가운데 중심 형상에서 마름모 사방의 꼭짓점에 형성되어 있는 각각의 네 형상이 서로 절묘하게 이어져 있음을 알게 된다. 가운데 있는 중심 형상은 문(門)으로 말하면 지도리[樞]이고 수레[車輪]로 치면 바퀴의 축[車軸]이다. 지도리로 인하여 이 방과 이 방의 저편이 이어지고 단절되기가 가능해진다. 수레의 축 덕분에 우리는 이곳에서 저곳으로 가게 된다. 우리는 처음에는 산은 산이었다고 생각한다(안다). 곧 수양을 통하여 산은 산이 아니라는 사실을 발견한다. 즉, 이 세계가 아니라 저 세계도 있다는 사실을 발견한다. 궁극적으로 깨달음이 온 후의 진여(眞如)의 세계는 처음에 느꼈던 태어나서 죽어가는 일상, 즉 생멸(生滅)의 이 세계와 저 세계와 같다는 진리에 도달하게 해준다. 생멸의 일상과 그 반대의 세계, 그리고 두 반대의 세계가 통합되는 계기이다. 하인두에 의하면 그 계기가 환중에서 일어난다는 것이다. 따라서 하인두의 〈묘계환중〉은 사법계(四法界)를 그린 것으로 추정할 수 있다. 사법계는 현상과 본체와의 상관관계를 사법계(事法界)·이법계(理法界)·이사무애법계(理事無碍法界)·사사무애법계(事事無碍法界) 등 넷으로 나누어 설명한다. 모든 사물이 각기 그 한계를 지니며 대립하고 있다는 차별적인 현상계(現象界)를 가리켜 사법계라 하고, 그 반대로 평등한 본체계(本體界)를 이법계라 한다. 그런데 이러한 현상과 본체는 서로 원인이 되고 융합되어, 평등하면서도 차별을 보이며 또 차별 가운데 평등을 나타낸다. 이것이 이사무애법계이다. 나아가 현상 그것도 각각의 현상마다 서로 원인이 되어 밀접히 융합된바, 그것이 바로 사사무애법계이다. 그림3에서 보다시피 중심의 환중(環中)에서 네 가지 법계가 동시에 서로 영향을 주고받으며 펼쳐진다. 〈묘계환중〉은 바로 불교의 진리를 회화로 표현하고자 한 하인두 작가의 기획이라고 할 수 있다.

4. 나오는 말

하인두는 화가이기 이전에 문학가이며 사색가이다. 김정설, 김동리, 최범술, 김종해, 박생광, 김창열과의 막역한 교우 관계는 사상과 예술론을 심화시키는 결정적 계기였다. 하인두는 불교 사상은 물론 유불선과 우리나라 상고시대의 화랑도, 풍류를 모두 섭렵하여 소화한 거의 유일한 화가이다. 서구 미술사와 동양 미술사에 정통했으며, 그림 제작에 반드시 존재 이유를 표명했다. 하인두에게 만다라는 우주적 진리 표현이며, 작업은 비밀의 문, 즉 밀문(密門)에 진입하기 위한 간단(間斷) 없는 수행이었다.

근대 우리나라 사상가는 우치무라 간조가 제창한 무교회주의에 영향받은 서북학파와 상고사상으로 유불선을 통섭하고자 한 동남학파(효당학파)가 있다. 서북학파는 기독교 영성주의와 유불선과의 통합을 견지했고, 동남학파는 상고사상으로 유불선 삼교일체론을 표명했다. 하인두는 말년에 기독교 사상까지 통달했으니 우리나라 근대 사상의 궤적을 모두 익힌 화가로 남는다. 하인두는 1970년대 중후반 〈만다라〉(1974), 〈묘환〉(1977), 〈묘계환중〉(1979), 〈밀문〉(1978), 〈화(華)〉(1979)와 같은 불후의 연작을 창작했지만, 필자는 시간의 한계에 쫓겨 〈묘계환중〉 한 작품의 사상적 배경을 간단히 묘사하는 데 그쳤다. 추후의 과제로 남기고자 한다.

그림 4 하인두, 만다라(曼多羅), 캔버스에 유채, 90.5x72cm, 1974

하인두는 서구 미술과 문화를 존숭했지만, 그들의 사상 맥락과 창작 노력을 이해하지 못하고 무조건 뒤쫓는 한국의 꼭두각시놀음에 환멸을 느끼며 우리나라 전통에 물을 대어야 한다고 생각했다. 하인두는 전통과의 무조건적 단절에서 모더니티가 산생(産生)되는 것이 아니라, 전통에 다가가서 나의 껍질을 부술 때 비로소 탈각 후 아름답게 퍼지는 나비 날개의 이치가 발견된다고 보았다. 필자는 하인두가 남긴 『지금, 이 순간에』(1983), 『혼불, 그 빛의 회오리』(1989), 『당신 아이와 내 아이가 우리 아이를 때려요』(1993), 『청화수필』(2010)의 주옥같은 문장을 바라보면서, 우리가 살아가는 디지털리티의 시대에도, 하인두가 보여준 예술과 사유를 일치하고자 하는 노력, 동서고금의 지혜를 회통

(會通)하려는 의지, 진리에의 희구는 (우리가) 영원히 배워야 할 미덕이라고 생각한다.

작가는 『청화수필』에서 오스카 와일드(1854-1900)의 명언을 인용하기도 했다. "인간이 갖는 최고의 순간은 그가 땅바닥에 무릎꿇고 가슴 치면서 생애 모든 죄악을 고백할 때이다."[19] 사람은 모든 것이 끝장난 비극적 최후에 모든 걸 내려놓을 수 있다. 그때 비로소 신(神), 여래(如來), 인(仁), 도리[道]를 만나게 된다. 청화 하인두는 모든 것을 내려놓은 대신에 단 하나 붓을 들었다. 신께 붓 드는 것만은 허락해달라고 기도했다. 따라서 하인두의 그림은 단순한 시각적 아름다움이 아니라 지혜와 진리를 찾는 영원한 과정을 담고 있다.

---

19 하인두, 『청화수필』, 서울: 청년사, 2010, 116쪽에서 재인용.

참고문헌

『周易』
『莊子』
『金剛三昧經論』
『大乘起信論疏』
김범부 저, 이종익 정리, 『東方思想講座(抄)』(서울: 동양의약대학, 1963)
하인두, 『지금, 이 순간에』(서울: 우암출판사, 1983)
하인두, 『혼불, 그 빛의 회오리』(서울: 제삼기획, 1989)
하인두, 『당신 아이와 내 아이가 우리 아이를 때려요』(서울: 한아름, 1993)
하인두, 『청화수필』(서울: 청년사, 2010)
하인두, 「만다라의 형상을 찾아서」, 『소설문학』(1985. 2.)
김건우, 「토착 지성의 해방 전후: 김범부와 함석헌을 중심으로」, 『상허학보』 제36권 (2022)
최재목, 「凡夫 金貞卨의 『東方思想講座』와 東方學 에 대한 기초적 검토」, 『양명학』 제62호 (2021)
하인두, 「한국미의 깨달음」, 『전통예술』, 한국전통예술연구소, 제2집 (1984)

아론 앨런 생태 음악 사상의 현실적 시사점

장톄청張鐵成
산동대학교 예술대학

내용요약

21세기 들어 글로벌 환경 위기가 부각됨에 따라 이에 관련된 문화 연구도 꾸준히 심화되고 있으며, '생태 음악'의 등장은 음악가들이 환경 위기를 중시하고 성찰한 노력에 기반한 것이다. 본 논문은 서양 생태 음악 이론 구축을 출발점으로 삼아, 『그로브 미국 음악 사전』에서 '생태 음악학' 항목을 집필한 아론 앨런(Aaron S. Allen)[1]의 일련의 견해를 정리하고 요약한 것이다. 그리고 그의 주요 사상을 귀납한 바탕 위에서 서양 '생태 음악'이 가진 문화적 속성, 가치 지향 및 세계 음악 문화 구조 내에서의 위치를 점차 명확히 하고자 하였다. 아울러 생태 음악학 관점에서 생태 위기에 대한 비판적 문화 인식과 지속 가능한 미학에 대한 성찰 방식을 탐구하며, 우리나라 음악 연구의 생태적 시각 구축과 연구 패러다임 확장을 위한 가치 있는 탐구 경험을 축적하고자 시도하였다.

주제어: 아론 앨런, 생태음악학, 생태비평, 민족음악학, 지속 가능성

---

[1] 아론 앨런은 현재 미국 노스캐롤라이나 대학교 그린즈버러 캠퍼스 음악대학 환경 및 지속 가능성 연구 프로그램의 디렉터이자 『생태 음악학 리뷰』 편집장이다. 그는 미국 음악학회 생태 비평 연구 그룹과 민족음악학 학회 생태 음악학 특별 관심 그룹을 공동 설립하고 이를 주도하고 있다.

1950년대 서구에서 포스트모더니즘 문화 사조가 등장하면서, 생태, 인권, 건강을 중심으로 한 '환경 운동'이 활발하게 전개되었다. 이러한 사조는 문학계를 시작으로 음악, 무용, 미술 등 다양한 분야로 빠르게 확산되었다. 글로벌 환경 위기에 대한 문화적 인식이 심화됨에 따라 서구에서는 '생태 음악'이 서서히 부상하기 시작하여, 음악과 생태 환경 간의 내적 연관성을 탐구하고, 생태가 음악에 부여하는 의미와 생태에 대한 음악의 가치를 밝히고자 했다.

1972년, 영국 피아니스트이자 저명한 학자인 말콤 트루프(Malcolm Troup)는 그의 "셰이퍼 사운드스케이프 작품" 연구 보고서에서 처음으로 '생태 음악학'이라는 용어를 제기했다.[2] 그는 작곡가 R. 머레이 셰이퍼(R. Murray Schafer)의 "세계 사운드스케이프 프로젝트"에 사용된 방법과 작품 표현을 생태 음악학 연구의 대표적인 사례로 간주했으며, 이를 통해 음악 연구의 생태적 관점을 확장시켰다.

2012년 10월 29일부터 30일까지 미국 뉴올리언스에서 제1회 "국제 생태 음악학 학회"[3]가 개최되었으며, 이번 학회의 주제는 '소리와 자

---

2   Aaron S. Allen, "A 'Stubbornly Persistent Illusion'? Climate Crisis and the North, Ecomusicology and Academic Discourse", special issue "Climate Change, Music, and Nature", European Journal of Musicology, 2019, no.1, p.28.

3   Aaron S. Allen, "Activities of the ESG & ESIG in New Orleans", Ecomusicology Newsletter II, no.1. 2013, p.14.

연', '음악과 생태' 간의 관계였다. 2013년, 아론 앨런(Aaron S. Allen)은 '생태 음악학'을 다음과 같이 정의하였다. "전문 용어로서의 음악, 문화, 자연 및 그 복잡성에 대한 연구로, 생태와 자연환경과 관련된 음악 및 소리에 대한 문제를 텍스트와 공연 두 측면에서 사유한다."[4] '생태 음악학'이라는 용어를 『그로브 미국 음악 사전』에 전문 용어로 등재한 것은 '생태 음악' 실천과 '생태 음악학' 연구가 학문적으로 체계화되었음을 의미한다. 앨런은 생태 음악 개념의 내포와 외연을 중심으로 생태 음악학 이론을 구축하면서, 자연과학, '생태 비평', '음악학' 간의 학제적 결합을 이루어냈다. 이를 통해 서양 음악학의 연구 시야가 더욱 넓어졌다.

그러나 중국 학계에서 '생태 음악'에 대한 관심은 여전히 그 표현 형식에 대한 예술적 해석에 그치거나 원형 생태 음악의 전승과 보호에만 초점이 맞춰져 있으며, 그 문화적 기능, 특히 생태 위기와의 관계에 대해 심도 있는 연구가 이루어지지 않았다. 따라서 앨런의 생태 음악 이론 구축 모델, 특히 학제적 특성을 지닌 생태 음악 사상을 명확히 하는 것은 서양 '생태 음악'의 문화적 속성, 가치 지향 및 세계 음악 문화 구조 내에서의 위치를 이해하고 분석하는 데 도움이 될 것이다. 또한, 이는 서양 생태 음악 이론의 성과를 참고하는 것을 바탕으로, 새로운 시대의 음악 발전의 문화적 뿌리를 성찰하고, 음악 학문이 지닌 인문적 미학 기능을 발휘하는 전제하에 그 교육적 및 문화적 선도 가치를 발굴하는 데에도 영감을 줄 것이다.

---

[4] Aaron S. Allen, "Ecomusicology", Grove Dictionary of American Music, 2nd ed. Oxford University Press, 2013, Vol 3, p.80.

1. 음악의 생태 비평 관점

인류 사회의 역사적 과정을 살펴보면, 음악 예술의 탄생과 전승은 언제나 자연 생태의 변화, 인간 정신문명의 발전, 그리고 사회 제도의 교체와 밀접하게 연관되어 있었다. 21세기에 들어서면서, 환경 문제는 전 세계적으로 주목받는 핵심 이슈로 부상하였고, 세계 경제와 사회 발전의 원동력과 마찬가지로, 글로벌 생태 위기의 등장 역시 깊은 인식론적 및 가치론적 사상적 근원을 지니고 있다.

서구 현대 음악학 연구의 관점이 점차 확장됨에 따라 소리와 자연, 음악과 환경 간의 관계에 대한 문제가 음악학자들의 주목을 받기 시작했다. 그중 가장 대표적인 사례는 캐나다 작곡가 R. 머레이 셰이퍼(R. Murray Schafer)가 1960년대 후반 시몬 프레이저 대학교에서 설립한 국제 연구 프로젝트인 "세계 사운드스케이프 프로젝트"이다. 이 프로젝트는 사운드스케이프 생태학의 현대적 연구이며, 그 궁극적인 목표는 "인간 공동체와 소리 환경 간의 관계가 조화를 이루는 생태적으로 균형 잡힌 소리 풍경의 해결책을 찾는 것"[5]이었다.

또한, 20세기 후반 세계 환경운동과 환경 연구가 지속적으로 부상하면서, 미국 대중음악 분야에서 생태 비평에 관한 선구적인 연구가 이루어졌다. 그중에서도 데이비드 인그럼(David Ingram)의 『정원의 주크박스: 1960년대 이후의 생태 비평과 미국 대중음악』[6]은 가장 영향력

---

[5] https://en.wikipedia.org/w/index.php?title=World_Soundscape_Project&oldid=1083559448

[6] DavidIngram, The jukebox in the garden: Ecocriticism and American popular music since 1960, AmsterdamNetherlands, Rodopi, 2010.

있는 저서로 손꼽힌다. 인그럼은 현대 환경주의 시대의 미국 대중음악에 대한 서술과 분석을 결합하여 음악과 철학 사상 간의 점점 깊어지는 연관성을 탐구하였다. 특히, 심층 생태학과 다문화적 영향 아래 음악과 생태 사상이 형성한 특별한 친화력을 조명했다. 인그럼은 대중음악이 지닌 폭넓은 사회적, 역사적, 정치적 배경을 바탕으로 생태 사상을 음악적 관점에서 고찰했으며, 이는 음악 연구, 문화 연구, 환경 연구가 융합된 또 한 번의 유익한 시도로 평가된다.

위의 배경을 바탕으로, 두 선구자의 연구와 저술을 체계적으로 고찰하면서 앨런은 '생태 음악학'이라는 용어가 처음 등장한 것은 1972년 말콤 트루프가 셰이퍼의 사운드스케이프 작품에 대한 연구 보고서에서 제안한 것임을 지적했다.[7] 또한, 셰이퍼가 사운드스케이프 생태학 분야에서 제시한 방법론과 작품을 생태 음악학의 핵심으로 간주했다. 셰이퍼의 혁신적인 사운드스케이프 탐구 계획과 그 성과는 서구 음악학자들에게 막대한 영향을 끼쳤으며, 특히 앨런의 생태 음악 관념 형성에 중요한 길잡이 역할을 했다.

이와 더불어 앨런은 인그럼이 "음악 자체가 환경 문T제의 해결책이 될 수는 없다"라는 점을 인식했으며, "음악이 인간의 자연 세계에 대한 상상력, 감정 및 심리적 반응을 배양할 수 있다."라고 생각했다고 평가했다. 이는 '인간 이성의 확장'이라는 목표를 지향하는 것이었다.[8]

---

[7] Aaron S. Allen, "A 'Stubbornly Persistent Illusion'? Climate Crisis and the North, Ecomusicology and Academic Discourse", special issue "Climate Change, Music, and Nature", European Journal of Musicology, 2019, no.1, p.28.

[8] Aaron S. Allen, "Ecomusicology: Bridging the Sciences, Arts, and Humanities", in Environmental Leadership: A Reference Handbook, ed. Deborah Rigling Gallagher (Sage Publications), 2012, p.377.

앨런은 인그럼의 사상을 비판적으로 계승하며, 음악과 문화, 역사, 물리학 및 기타 자연과학 간의 관계를 촉진하는 방안을 추가적으로 고민했다. 그는 인그럼이 다양한 철학적, 환경적, 음악적, 정치적 관점을 존중하려는 원칙을 고수한 점을 적극적으로 수용했으며, 특히 그의 연구에서 활용된 '미학적 다원주의'를 강력히 지지했다. 바로 이러한 미학 관점이 앨런의 생태 음악 사상에 이론적 기초를 제공했다. 결론적으로, 셰이퍼의 사운드스케이프 생태학 음악 실천과 인그럼의 철학적 음악 생태 사상에 대한 탐구는 앨런이 생태 비평적 관점을 확립하고 생태 음악학 개념의 이론적 구조를 구축하는 데 있어 적극적인 지침과 추진력을 제공한 것으로 보인다.

환경주의자로서의 앨런은 생태 환경 문제에 대해 지속적으로 높은 관심과 참여를 보여왔으며, 이는 그가 환경 위기를 문화 비평적 시각으로 바라보게 하는 데 영향을 미쳤다. 이러한 관점은 그가 튤레인대학교와 하버드대학교에서 쌓은 풍부한 학문적 경험, 특히 지속 가능한 발전에 대한 제도적 탐구와 학제적 사고 방식을 시도한 데서 비롯되었다. 이는 그의 음악 생태 비평 관점을 형성하는 데 중요한 역할을 했다.

앨런은 「캠퍼스 녹화: 튤레인대학교의 제도적 환경 변화」라는 글에서 튤레인대학교를 사례로 삼아 환경 제도의 변화를 고찰했다. 그는 이 글에서 '캠퍼스 녹화'[9]라는 개념을 제시하며, 대학 운영 시설, 절차, 캠퍼스 및 주변 지역의 인간 공동체에서 환경 인식을 높이기 위한 실

---

9   Aaron S. Allen, "Institutional Change and Campus Greening at Tulane University", In Proceedings of a Conference on Sustainability of Wetlands and Water Resources, Oxford, Mississippi, May 23-26, 2000, p.4.

천을 촉구했다. 이를 통해 학생들이 지속 가능성 과정을 기반으로 환경 지속 가능성 개념을 더 넓은 사회적 집단에 실천적으로 통합하도록 했다. 앨런은 또한 「르네상스 시대 도시와 궁정에서의 음악」[10]과 「오르간은 시대의 거울」[11]에 대한 서평을 각각 작성하며, 도시 역사의 문화적 요소와 악기의 진화에 담긴 인문학적 초상을 중심으로 음악학자들이 역사학, 문학, 예술사, 사회학, 심리학, 예술 비평 이론에서 경험을 얻는 방법과 경로를 논평하고 탐구했다. 초기에 참여한 환경 보호 운동과 음악학자로서의 학제적 탐구는 앨런이 현대 인문학과 자연과학을 결합하는 교차적 관점을 점진적으로 형성하도록 했다. 또한, 음악 역사 연구와 환경 의식을 융합하는 과정에서 그의 생태 음악 비평 관점을 구축하는 데 견고한 이론적 기반을 제공했다.

앨런의 베토벤 음악의 전원적 특성에 대한 연구는 그가 철학적 사고를 내포한 '절대음악'[12] 장르로서의 교향곡에 주목하게 했다. 그의 논문 「교향곡과 전원곡—라인홀드 브링크만(1934-2010)을 기리며」에서는 교향곡과 전원시의 간략한 역사적 개요를 바탕으로 교향곡의 추상적이며 비판적인 기능을 충분히 활용하고 탐구했다. 앨런은 교향곡이 '순수 음악' 장르로 여겨지더라도 자연에 관한 관점을 표현할 수 있

---

[10] Aaron S. Allen, "Review of Music in Renaissance Cities and Courts", Edited by Fiona Kisby (New York, Cambridge University Press, 2001), for The Journal of Interdisciplinary History, XXXIII/4 (Spring 2003), pp. 609-611.

[11] Aaron S. Allen, "Review of The Organ as a Mirror of Its Time", Edited by Kerala J. Snyder (New York, Oxford University Press, 2002), for The Journal of Interdisciplinary History, XXXIV/4 (Spring 2004), pp. 623-625.

[12] Aaron S. Allen, "Symphonic Pastorals: To the memory of Reinhold Brinkmann (1934-2010)", Green Letters: Studies in Ecocriticism 15, 1. 2011, p.22.

다고 보았으며, 이는 그의 연구가 서구 학계에서 전원곡 역사의 생태적 관심에 크게 기반하고 있음을 보여준다. 더불어 민족음악학의 교향곡에 대한 문화적 해석이라는 학제적 관점을 참고했다.

논문에서는 자연을 주제로 한 교향곡적 사고를 음악의 비판적 통찰의 원천으로 간주하며, "비록 달하우스가 19세기 전체의 교향곡이 절대음악의 관점에서 통일성을 가진다고 주장했지만, 자연과 관련된 교향곡 사상은 시간이 흐르며 변화하고 있으며, 교향곡은 생태 비평 음악학(ecocritical musicology)적 해석의 비옥한 토양이다."라고 지적했다.[13] 여기서 사용된 "ecocritical musicological"이라는 용어는 문자 그대로 '생태 비평 음악학'으로 해석될 수 있다. 앨런은 현대 음악 비평가들이 교향곡을 분석할 때 역사, 정치, 사회, 문학, 환경 등 다각적인 시각에서 논평한다고 보았다. 또한, 문학적 전원시의 학술적 참여가 생태 비평 이론의 중요한 구성 요소임을 강조하며, 전원시를 창작 원형으로 삼은 교향곡이라는 '추상적' 장르의 표현에서도 생태 비평의 시각으로 이를 해석하는 것이 충분히 가능하다고 주장했다.

앨런은 19세기 이후 전원시를 소재로 한 교향곡 작품들을 정리하는 과정에서 본질적으로 생태 비평 이론의 영향을 받았다. 그는 작곡가가 '순수 음악'의 언어를 활용하여 '자연'이라는 주제에 대한 동경과 희망을 표현할 수 있음을 충분히 논증했다. 비록 시대가 변하고 음악 스타일이 끊임없이 변화하더라도, 영원한 전원적 주제와 강력한 교향곡의 생명력 및 비판성은 음악학자의 연구 시야에 더욱 충분히 포함되

---

[13] Aaron S. Allen, "Symphonic Pastorals: To the memory of Reinhold Brinkmann (1934-2010)", Green Letters: Studies in Ecocriticism 15, 1. 2011, p.23.

어야 한다고 강조했다. 그는 논문에서 다음과 같은 결론을 내렸다. "작곡가는 교향곡에 의미를 부여하고, 평론가는 교향곡의 의미를 해석하며, 생태 음악학은 음악, 문화, 자연 간의 상호 관계에 대한 관점을 제공할 수 있다."[14]

다수의 학술회의와 논문에서 앨런은 자신의 비판적 주장을 여러 차례 명확히 밝혔다. 그는 생태 음악학이 중요한 이유는 환경 위기를 초래한 문화적 위기를 이해하도록 돕기 때문이라고 강조했다. 생태 음악학은 학제적 사고방식을 통합하고, 융합적인 비판적 사고를 활용하여 사람들의 인식을 높이고 행동 방식을 개선하며, 환경 위기의 해결을 지속적으로 추진하는 데 기여한다는 것이다.

앨런은 생태 음악학이 환경 연구와 관련된 여러 학문에서 보여준 학제적 특성과 학문 간 연계성을 유지해야 한다고 주장했다. 그는 음악적 혹은 청각적 방식을 통해 자연-문화의 이분법적 대립이라는 사회적 모순과 환경 문제의 근원을 해체해야 한다고 보았다. 「녹색화된 교과 과정: 생태 음악학의 짧은 음악사」라는 논문에서 그는 다음과 같이 언급했다.

> "사운드스케이프 연구, 생태 비평에서 생태 음악학으로, 그리고 심층적인 사례 연구로 이어지는 이 과정은 전반적으로 생산적인 결과를 가져왔다. 이 짧은 음악사는 현대 생태 음악학이 여러 면에서 현재의 환경 위기에 대한 응답이라는 사실과 관련이 있으며, 이는 본래 19세기에 시작된 자연

---

[14] Aaron S. Allen, "Symphonic Pastorals: To the memory of Reinhold Brinkmann (1934-2010)", Green Letters: Studies in Ecocriticism 15, 1. 2011, p. 37.

문화 활동(예: 산업혁명)의 산물이다."[15]

2022년 6월 개최된 제12회 테살리(西萨利)·아흐마드(艾哈迈德) 국제 심포지엄에 초청받아 참석한 앨런은 생태 음악학의 비판적 본질에 대해 어원적 관점에서 추가로 설명했다. 그는 생태 비평은 생태학과 문학 비평의 통합이며, 음악학은 음악/소리 연구와 논리학의 통합이라고 언급했다. 이 두 가지를 융합하여 '음악과 환경의 비판적 연구'로서 생태 비평과 음악학의 종합체, 즉 생태 음악학이 탄생했다고 설명했다. 그의 연구 대상은 크게 '음악'(소리)과 '환경'(자연환경 및 문화환경)으로 나뉜다고 덧붙였다.[16]

앨런의 음악 생태 비평 관념이 점진적으로 확립된 것은 음악학의 전통적 연구 경로를 참고하면서 생태학의 학제적 특성과 포괄성을 충분히 활용하고, 비판적인 생태 전체론적 관점을 지침으로 삼아 연구 시야를 인간과 비인간, 문화와 자연, 인간과 지구 사이의 복잡한 관계로 끊임없이 확장한 결과이다. 앨런은 생태 음악학을 문화, 자연, 그리고 소리/음악의 다원적 연구를 연결하는 분야로 정의했으며, 이를 고립된 학문으로 간주하지 않았다. 오히려 생태 음악학을 넓고 포괄적인 틀로 이해하며, 인간과 비인간 사이의 이분법적 대립을 바탕으로 인간의 소리 세계와 비인간의 소리 세계를 연결하는 역할을 한다고 보았다.

21세기에 들어 환경 위기가 미치는 영향은 인류 사회의 거의 모든

---

[15] Aaron S.Allen, "Greening the Curriculum: Beyond a Short Music History in Ecomusicology", Journal of Music History Pedagogy XIII, no.1. 2017, p.91.
[16] 앨런의 2022년 6월 9일 제12회 테살리 아흐마드 국제 심포지엄 발표 참조: "글로벌 생태 음악학"

영역에 침투했다. 그 근원을 고찰해보면, 인류가 실제로 직면하고 있는 것은 인간 문화의 위기와 행동의 결함이다. 인간이 위기와 그 발생 원인을 인식하는 데 한계가 있었기 때문에 생태 환경이 점점 더 악화된 현상이 초래되었다. 거시적인 문화적 시야에서 볼 때, 앨런의 생태 음악학 이론 구조와 발전 과정에서의 비판적 사유는 환경 위기를 현대 문화 변천의 한 측면으로 해석할 수 있다. 따라서 생태 음악학은 과거에 국한되지 않고 미래를 향한 비판적 시각을 가져야 한다고 강조한다.

2. 생태 음악학과 민족음악학의 '삼중 관계'

음악 생태 비평적 관점을 통해 생태 음악학을 생태 비평과 음악학의 융합체로 볼 수 있다. 음악학의 분과로서 생태 음악학은 민족음악학과 연구 대상이 일치하지만, 연구 관점의 범위, 활용되는 관련 학문 이론의 근거, 연구의 가치 구현 등에서 차이가 있다. 생태 음악학자로서의 앨런은 음악을 문화적으로 해석하고 분석하는 능력을 보유하고 있으며, 그의 음악 생태적 관점은 사회학, 인류학, 생태학 등 다양한 학문 분야에 대한 깊은 이해를 반영한다. 이러한 학제적 사고방식은 민족음악학자에게 필수적인 조건이다. 앨런은 생태 음악학 개념을 설명하면서 이를 학문이 아닌 학제적 연구 분야로 규정하고, '생태 중심주의'를 생태 음악학이 다른 인문학과 차별화되는 원칙으로 보았다.

그렇다면 앨런이 언급한 학제적 연구 분야는 어떻게 이해해야 하며, 민족음악학과는 어떤 관계가 있는가? 이에 대해, 이제부터 역사음악학과 민족음악학의 연구 패러다임을 기반으로 앨런의 생태 음악학과 민족음악학 간 관계에 대한 해석을 탐구하고자 한다.

    20세기 초, 유럽과 미국의 음악학(역사 음악학)은 비교적 보수적으로 발전했다. 전통적인 음악학 연구는 예술사와 문학 연구의 방법을 통해 음악 작품의 역사적, 사회적 배경을 고찰했으며, 음악학자들은 역사, 전기, 양식 및 텍스트 맥락을 강조했다. 따라서 이들은 주로 음악회 전통에서의 예술 음악과 그 문헌 자료에 집중했다. 반면, 민족음악학은 토착 음악 전통, 비서구 고전음악, 서구 민속 음악, 대중음악 등을 연구 대상으로 하며, 사회적·문화적 맥락을 강조한다. 민족음악학자들은 인류학, 민족지학, 현장 조사 등 다양한 학제적 방법론을 활용하는 특징이 있다.

    음악학과 민족음악학의 분열에 대해, 앨런은 환경 문제의 문화적 지위를 고려하며 이를 "불행하고 역효과적이며, 일부 보수주의를 드러내는 것"이라고 평가했다. 그는 "많은 음악학자가 지나치게 정치화되는 것을 우려해왔다"라는 점을 지적하며, 비슷한 상황이 지난 수십 년간 '신음악학'에서도 나타났다고 언급했다.[17] 그러나 생태 음악의 발생과 발전을 놓고 볼 때, 앨런은 환경 문제가 서구 국가들에서 정치적으로 암시된 문제를 다른 관점에서 반영한다고 보았다. 따라서 그는 민족음악학의 개방성, 혁신성, 학제적 사고방식을 생태 음악학의 '생태적 관점'을 확립하는 기초로 간주하며, 이를 통해 생태 음악학의 발전 방향을 제시했다.

---

17 Aaron S. Allen, Andreas Engström, Juha Torvinen, "The Study of the Music & Culture of the Environmental Crisis: Interview with Aaron S. Allen", Ecomusicology Newsletter II, no. 2. 2013, p.3, p.20.

역사 음악학과 비교할 때, 민족음악학의 연구 시야는 훨씬 더 넓으며, 관련 사례 연구에서도 역사학, 사회학, 커뮤니케이션학, 인류학, 문학 비평 등과 같은 학제적 영역을 자주 포함한다. 생태 음악학은 이러한 기반 위에 생태학, 사운드스케이프 생태학, 생물음악학, 지리학, 생태 비평 등의 관점을 추가한다. 이러한 점에서 생태 음악학은 민족음악학의 연구 시야와 연구 패러다임을 계승하고 확장한 분야라고 할 수 있다.

앨런이 정의한 생태 음악학의 범위는 사실상 체계화된 민족음악학과 역사 음악학의 일부를 포함하고 있다. 앨런과 마찬가지로 많은 음악학자와 민족음악학자들은 새로운 생태 음악학 분야의 주요 참여자로 활동해 왔으며, 이를 기반으로 음악과 자연의 관계를 탐구하는 더 새롭고 혁신적인 방법들을 만들어냈다.

앨런의 주장처럼, 생태 음악학이 학제적 연구 분야라면 여러 학문 및 유사 분야와 지속적으로 대화하고 더 깊은 융합 방식을 탐색해야 한다. 앨런은 생태 음악학이 하나의 '분수령'과 같으며, 그 학문적 지류와 분기를 명확히 하는 것이 생태 연구, 음악 연구, 음악 교육, 음악 공연에 종사하는 학자들에게 새로운 탐구 관점을 제공할 것이라고 보았다. 그는 「생태 음악학: 통합 분야의 지류와 분기」라는 논문에서 생태 음악학이 음악학, 민족음악학, 그리고 관련 분야와 맺는 지류 관계를 체계적으로 정리했다.

먼저, 그는 민족 음악학 연구가 주로 문화적 표현 형식으로서의 음악에 집중하는 반면, 역사 음악학은 이를 간과하거나 부차적인 요소로 여긴다고 지적했다. 둘째, 그는 생태 음악학과 민족음악학의 관계가 역사 음악학과 민족음악학의 관계와 유사하다고 보았다. 두 학문은 연구하는 학제적 영역에서 일부 중복되는 부분이 있지만, 각기 다른 초점과 연결성을 가진다. 예를 들어, 소리와 음악의 관계, 음악의 문화적 확산, 다양한 지역의 음악/소리 연구 등이 이에 해당한다.

마지막으로, 앨런은 생태 음악학이 자연환경과 생태 문제에 대한 관심을 통해 민족음악학 관련 연구를 보완할 뿐 아니라, 생태 위기의 문화적, 사회적, 역사적 원인과 물리적 소리 및 음악적 소리에서의 반영을 더 깊이 고려한다고 주장했다. 그는 생태 음악학을 다음과 같이 정의했다.

"생태 음악학이라는 비교적 젊은 학제적 연구 분야는 자연과의 관계, 생태 전체론, 생태계, 환경 해석 및 위기 대응 등 음악/소리에 대한 생태적 분석을 수행하며, 환경 운동, 기후 변화, 오염, 환경 정의, 생물 다양성 등 기존 음악학에서는 충분히 다뤄지지 않았던 주제들을 포함한다."[18]

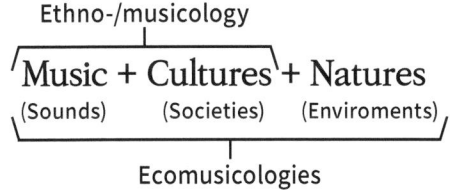

[그림] 생태음악학 구성도

---

[18] Mark Pedelty, Aaron S. Allen, Chiao-Wen Chiang, Rebecca Dirksen, Tyler Kinnear, "Ecomusicology: Tributaries and Distributaries of an Integrative Field", Music Research Annual 3. 2022, p.3.

이번 테살리-아흐마드 국제 심포지엄에서의 발언에서 앨런은 민족음악학과 생태 음악학의 관계에 대한 이전 논의를 바탕으로, 생태 음악학이 미래를 지향해야 할 방향에 대해 한층 더 깊이 있는 견해를 제시했다. 그림에서 볼 수 있듯이, 음악/소리 연구는 문화적/사회적 요인과 직접적으로 관련이 있다. '음악+문화'라는 이원적 구조는 역사 음악학과 민족음악학의 연구 시야와 패러다임을 요약한 것이며, 이는 이들 분야에서 일반적으로 인정받는 구조이다. 그러나 이 틀은 역사 음악학이나 민족음악학 모두 인간중심주의적 관점을 뚜렷이 드러내는 한계를 지닌다.

생태학적 학문 특성과 환경 문제에 따른 문화적 위기를 고려할 때, 앨런이 설명하는 생태 음악학은 이러한 이원적 구조를 확장하여 '음악+문화+자연'이라는 삼중 구조로 발전시켰다. 이는 생태 음악학이 자연/환경 요소를 기존의 음악과 문화 연구에 추가함으로써, 다른 음악학 분야와 차별화된 학제적 연구 영역을 개척하게 했으며, 명확한 '생태중심주의'경향을 가지게 했다.

앨런은 인간중심주의가 인간의 가치와 이익에 우선권을 부여하는 반면, 생태중심주의는 생명공동체의 이익에 우선권을 부여한다고 보았다. 그는 「다른 생태 음악학: 환경 인문학과의 차이점」에서 "생태중심주의는 생태계에 특권을 부여하는 관점이며, 인간은 생태계의 일부에 불과하다"[19]고 언급했다. 그는 음악을 하나의 문화적 표현으로 보았으

---

19 John Holmes Mcdowell, et al. editors. Performing Environmentalisms: Expressive Culture and Ecological Change, Aaron S. Allen, Chapter Title: Diverse Ecomusicologies: Making a Difference with the Environmental Liberal Arts, University of Illinois Press, 2021. p.98.

며, 이를 생태학과 생태 비평 이론과 융합함으로써 음악에 생태 비판적 기능을 부여했다고 보았다. 따라서 자연적 요소를 포함한 생태 음악학은 인류가 환경 문제와 생태 위기에 직면한 시점에서 중요한 역할을 해야 한다고 강조했다. 생태 음악학은 다원적 환경주의의 한 요소로서 여러 학문과 연구 영역을 아우르며, 다양한 시각을 통해 환경 및 지속 가능성 연구와 긴밀히 결합할 것을 제안했다. 이는 인간중심주의적 문화 연구를 보다 넓은 생태중심주의로 전환하는 데 기여할 수 있을 것이다.

학문적 특성으로 볼 때, 인간 문화와 사회 발전에 대한 연구는 주로 인간을 중심으로 이루어지기 때문에 이러한 학문들은 인간중심주의적 성향을 지닌다. 반면, 자연과 환경에 대한 연구는 물리학, 화학, 생물학 등 자연과학 분야에 존재하며, 대개 인간에 초점을 두지 않고 생물 중심적 또는 생태 중심적 관점을 취한다. 이들 학문은 생명과 생태계의 전체성을 강조하는 데 중점을 둔다.

앨런은 민족음악학과 역사 음악학을 해체적으로 분석하는 과정에서, 민족음악학이 소리와 음악에 대한 연구를 주로 문화와 사회적 학문과 결합하여 수행한다는 점을 인식했다. 예를 들어, 소리의 물리적 특성과 연주 기술, 음악의 철학적 의미와 공연 예술, 소리와 음악에 관련된 역사적·사회적 맥락 및 문화적 문제, 그리고 소리를 내는 연주자와 이를 받아들이는 청중까지 다양한 관점이 결합된다.

본질적으로 보면, 민족음악학이든 역사 음악학이든 모두 인간중심주의적 성격을 띠고 있다. 그러나 '자연'이라는 관점을 추가한 생태 음악학에 대해 앨런은 '생태 중심주의' 경향을 이를 학제적 연구 분야로 정의하는 기준으로 간주했다. 그는 "생태 음악학자는 음악과 문화를 연구함으로써 자연환경과 명확하고 비판적인 관계를 형성한다."[20]라고 주장하며, 생태 중심주의가 생태 음악학의 본질적 특징임을 강조했다.

앨런이 민족음악학과 생태 음악학의 관계에 대해 논의한 내용을 정리하면, 그의 주장은 다음과 같이 요약할 수 있다. 첫째, 민족음악학 연구는 일반적으로 역사, 문화, 민족 등 인간 사회와 관련된 하나 이상의 학문을 포함한다. 이는 예술과 문학에서 청각과 물리학, 정체성과 역사에서 사회학과 인류학에 이르기까지 광범위하며, 거의 모든 민족음악학 연구 관점이 '인간중심주의'를 띠고 있다. 둘째, 생태 음악학은 민족음악학의 연구 방법과 폭넓은 학제적 특성을 계승하면서도, 자연환경에 대한 관심과 생태 비평을 민족음악학의 음악 및 소리 연구에 통합한다. 이로 인해 생태 음악학은 더욱 강한 '생태 전체론적' 및 '생태 중심주의적' 경향을 보이며, 단순히 생태 음악학을 민족음악학이나 역사 음악학에 속하는 분야로 간주할 수는 없다. 오히려 생태 음악학은 두 분야의 특성을 겸비한 독립적 학문으로 보아야 한다. 셋째, 생태 음악학이 다루는 핵심 주제는 음악과 소리, 문화와 사회, 자연과 환경 등 매우 복잡하며, 이들 간의 상호 관계를 비판적으로 고찰해야 한다. 따라서 앨런의 생태 음악학 이론에서는 민족음악학과 역사 음악학의 연구를 기반으로 하지만, 그 연구 범위는 민족음악학과 역사 음악학의 총합을 넘어설 가능성이 있다고 본다.

---

20 앨런의 2022년 6월 9일 제12회 테살리·아흐마드 국제 심포지엄 발표: "글로벌 생태 음악학" 참조.

3. 지속 가능성 윤리 미학

앨런의 생태 사상이 점진적으로 확립되는 과정을 살펴보면, 인그럼의 철학적 음악 생태 사상의 확장이 엿보인다. 민족음악학자인 인그럼은 심층 생태학과 다문화적 영향을 바탕으로 음악의 생태 비평과 미학적 개념을 음악과 철학의 융합 속에 녹여냈다. 그의 비판적 작품은 앨런에 의해 찬사받을 만한 '미학적 다원주의'를 채택한 것으로 평가되었으며, 이 미학 관점은 앨런의 생태 음악 사상의 이론적 토대를 마련했다. 따라서 앨런이 생태 음악의 미학적 취지와 미학적 의미를 탐구한 과정 역시 뚜렷한 학제적 특성을 지닌다. 앨런의 생태 음악 미학 주장을 명확히 이해하려면, 먼저 생태학과 인문학의 융합 과정을 정리하고, 나아가 그의 미학 사상의 근원을 탐구해야 한다.

'생태학'이라는 용어는 독일 동물학자 에른스트 헤켈(Ernst Heinrich Philipp August Haeckel, 1834~1919)이 1866년에 처음 제안한 것이다. 생태학은 자연과학의 한 분야로서 처음에는 인간 이외의 유기체와 그 생존 환경에 국한된 연구 분야로 출발했으며, 이후 '곤충 생태학', '해양 생태학', '미생물 생태학' 등 다양한 분과 학문으로 구성된 자연과학 체계를 점차 형성했다. 21세기에 들어서면서, 생태학의 원칙이 사회학, 인류학 등 사회과학 분야의 연구에 적용되기 시작하며 생태학 연구 패러다임이 사회과학 영역으로 확장되었다. 이로 인해 '민족 생태학', '경제 생태학', '사회 생태학' 등의 학문이 파생되었다. 최근 들어 생태학자들은 연구 시야를 인간의 문화 생태와 정신 생태 영역으로까지 확장하면서, '생태 철학', '생태 미학', '생태 윤리학', '생태 문학' 등 인간 생태에 관한 이념, 미학적 취향, 가치관, 세계관 등을 다루는 연구가 점차 학제적이고 다원화된 방향으로 발전하고 있다. '생태 음악학'이라는 학술 용어는 2000년경부터 점차 널리 주목받고 사용되기 시작했다. 이 방향에 대한 연구는 1960~70년대 북미의 환경운동에서 시작되었으며, 같은 시기 R. 머레이 셰이퍼가 생태학적 이념을 중심으로 전개한 "세계 사운드스케이프 프로젝트"라는 학제적 연구의 연장선에 있다.

앨런은 『그로브 미국 음악 사전』에서 '생태 음악학' 항목을 집필하며 '생태 비평'과 '음악학'의 학제적 결합을 실현했다. 이를 통해 음악 작품과 자연 생태 간의 관계를 밝히고, 특히 지속 가능성 미학 관념의 확립 차원에서 생태 위기 해결을 위한 새로운 비판적 접근 방식을 제안했다. 2014년에는 『그로브 악기 사전』에서 '지속 가능성' 항목의 집필에도 참여했다. 그는 인류학과 악기학을 참조하여 인간의 심미적 요구와 악기 제조의 지속 가능성 문제를 탐구했으며, 이를 통해 음악 분야가 생태계에 미치는 영향을 장기적이고 지속 가능한 관점에서 다루었다.

해당 항목에서는 전통적인 악기 제조가 생태 환경에 미치는 영향을 지속 가능성 문제의 원인 중 하나로 제시했다. 특히, 코끼리 상아, 바다거북 껍질, 파충류의 가죽, 흑단, 가문비나무, 로즈우드, 페르남부코 등 멸종 위기에 처한 동식물과 비재생 광물 자원의 과도한 사용은 자연 자원과 생태계를 파괴하고 있다고 지적했다. 이러한 자원의 비지속적 소비는 인간의 이익 추구와 심미적 요구를 충족시키기 위한 것에서 비롯되었으며, 이는 "위테로운 현황이 점점 더 많은 악기 제조업자, 소비자, 보호주의자들의 주목을 받고 있으며, 따라서 인간은 가치관과 행동 방식을 재조정해야 한다."²¹고 강조했다. 앨런은 '지속 가능성' 항목에 대한 해석을 통해 지속 가능성 문제를 정리하고, 음악을 문화 표현의 심미적 지향점으로 삼아 이를 생태 위기의 근본 원인과 연결시키고자 했다. 즉, 음악의 심미적 기준을 지속 가능성과 연관 짓는 새로운 방향을 제시한 것이다.

이번 테살리-아흐마드 국제 심포지엄에서의 발언에서, 앨런은 지속 가능성 문제에 대해 심도 있는 설명을 제시했다. 그는 오랫동안 사람들이 지속 가능성을 상대적으로 제한된 방식으로 이해해 왔으며, 이는 본질적으로 '그린워싱(洗綠策略)'과 다르지 않다고 지적했다.²² 이는 개인과 생태계를 변화시키지 않은 채 긍정적인 느낌을 주는 마케팅 전략일 뿐이라는 것이다.

'지속 가능성'이라는 용어는 현재 매우 대중적으로 사용되고 있으며, 『브리태니커 백과사전』, 앨버타 대학교 지속 가능 발전 사무소, 그리고 1987년 유엔 총회의 『브룬트란트 보고서』²³에서 제시한 정의가 가장 대표적이고 권위적이다. 앨런은 이 세 가지 지속 가능성에 대한 설명을 비교하며, 그 공통점이 대부분 '지속 가능한 발전'의 정의와 겹친다고 언급했다. 따라서 앨런은 지속 가능성을 비판적 방식으로 해석하지 않는다면 이는 단순히 현상 유지를 의미할 뿐이라고 주장했다.

---

21 Aaron S. Allen, Laurence Libin, "Sustainability", Grove Dictionary of Musical Instruments, Oxford University Press, 2014, Vol 4, pp. 657-658.

22 앨런의 2022년 6월 9일 제12회 테살리·아흐마드 국제 심포지엄 발표: "글로벌 생태 음악학" 참조.

23 Wikipedia contributors, "Sustainability",Wikipedia, The Free Encyclopedia, https://en.wikipedia.org/w/index.php?title=Sustainability&oldid=1096421740 (accessed July 5, 2022).

그가 논증한 지속 가능성은 인간 관념의 전환과 그 영향을 받는 인간 행동 방식의 변화를 포함하며, 이는 지구에서 인간 문명이 작동하는 방식을 근본적으로 바꾸는 것을 목표로 한다.

전통적인 사회학적 관점에서 '지속 가능성'은 주로 인간과 지구 간의 관계 문제를 다루며, 사회 발전 목표로서 환경, 경제, 사회적 공정성이라는 세 가지 표준 차원으로 구성된다.[24] 이러한 삼원 구조는 환경과학, 경제학, 사회과학에서 채택한 지속 가능성 접근 방식으로서 효과적임이 분명하지만, 그 지속 가능성 효과의 범위, 깊이 및 지속성은 여전히 추가적인 탐구가 필요하다. 이를 감안하여, 앨런은 이 표준 차원을 미학을 포함한 네 가지 구조로 확장했다. 기존 세 가지 차원에 문화, 교육 및 도덕과 같은 '네 번째 기둥'을 추가함으로써, 미학적 요구를 포함한 지속 가능성 이론 구조는 기존 표준 틀을 보완하고, 미학적 가치관의 전파가 세 가지 차원 간의 연결성을 강화할 수 있음을 설명했다. 특히 문화가 지속 가능성 문제에 어떻게 적응하는지를 표현하는 데 있어 이 틀에 예술, 문화, 교육, 도덕, 표현력, 경험 등의 개념과 같은 다양한 미학적 요소를 추가하였다. 이는 21세기 인류와 지구 간 관계의 인식 문제를 설명하고 해결책을 제시하는 데 기여할 수 있다.[25] 따라서 미학적 차원을 포함한 '지속 가능성'의 다원 구조는 인간과 그 생존 환경 간의 새로운 생태적 관계를 구축하는 데 도움이 되며, 보다

---

[24] 앨런의 2022년 6월 9일 제12회 테살리·아흐마드 국제 심포지엄 발표: "글로벌 생태 음악학" 참조.

[25] John Holmes Mcdowell, et al. editors. Performing Environmentalisms: Expressive Culture and Ecological Change, Aaron S. Allen, Chapter Title: Diverse Ecomusicologies: Making a Difference with the Environmental Liberal Arts, University of Illinois Press, 2021. p.99.

객관적인 생태 윤리적 관점에서 세계를 인식하고 자신을 표현하는 데 기여할 것이다.

앨런은 음악을 문화 표현의 독특한 분파로 간주하며, 이는 지속 가능성의 미학적 요구에서 필수적인 요소라고 보았다. 그는 음악과 지속 가능성 문제의 미학적 기반을 설명하는 데 있어 미국 철학자이자 과학자, 생태학자인 알도 레오폴드(Aldo Leopold)[26]의 '토지 윤리' 이론과 작가이자 교육자인 미첼 토마쇼(Mitchell Thomashow)[27]의 '미학적 지속 가능성' 관점을 주로 참조하였다. 앨런은 미학과 윤리가 반드시 긴밀히 연결되어야 한다고 주장한다. 레오폴드의 '토지 윤리'는 토지를 단순히 인간의 소유 개념으로 보지 않고, 토양, 물, 식물, 동물 등을 포함한 자연환경으로 확장하며, 인간 중심적 관점을 넘어 비인간 생명체와 비생물적 환경까지 아우르는 철학적 틀을 제시했다. 이 개념은 환경주의 철학의 핵심 원칙으로 자리 잡았다.[28] 레오폴드는 사람들이 "경제적 운영에서의 임시방편적인 관점을 넘어, 윤리적이고 미학적인 시각으로 모든 문제를 바라보아야 하며, 생물군계의 완전성, 안정

---

[26] 알도 레오폴드(Aldo Leopold, 1887~1948)는 미국의 저명한 생태 문학가이자 생태 사상가이며, 환경 보호 사상의 선구자로 불린다. 그는 "야생 동물 보호의 아버지", "미국 야생 동물 관리의 아버지", "미국의 예언자"로 불리며, 환경 윤리학과 생태 사상사 분야에서 뛰어난 명성을 지녔다. 그는 생태 전체주의 사상을 주창하고 이를 완성하는 데 기여했으며, 저서로는 『샌드 카운티 연감』과 『토지 윤리』가 있다.

[27] 미첼 토마쇼(Mitchell Thomashow, 1950~)는 미국의 현대 작가, 교육자, 환경운동가이다. 주요 저서로는 『생태적 정체성: 성찰적 환경운동가 되기』, 『생물권을 집으로 가져오기: 지구 환경 변화를 감지하는 법 배우기』, 『지속 가능한 캠퍼스의 9가지 요소』 등이 있다. 그가 주창한 '성찰적 실천'(反思實踐) 환경 교육 방법은 환경 연구 및 교육 철학에 큰 영향을 미쳤다.

[28] John Holmes Mcdowell, et al. editors. Performing Environmentalisms: Expressive Culture and Ecological Change, Aaron S.Allen, Chapter Title: Diverse Ecomusicologies: Making a Difference with the Environmental Liberal Arts, University of Illinois Press, 2021. p.100.

성, 아름다움을 유지하는 방향으로 작용하는 일은 옳다."[29]고 보았다. 그의 이러한 주장은 윤리학을 인간 중심적 관점에서 더 포괄적인 생태 중심적 관점으로 확장시켰다. 또한, 레오폴드는 미학과 윤리를 지속 가능성 의사결정 과정에 포함시킬 것을 주장했다.

토마쇼는 자신의 과학 생태학 및 환경 철학 연구 저술을 바탕으로, 미학을 "아름다움이나 추함에 대한 내재적 정도, 그것이 관찰자의 눈에 존재하는지 여부, 그리고 이러한 구분의 도덕적 함의"[30]로 요약하였다. 그의 '미학적 지속 가능성'은 세 가지 연계된 주장으로 주요하게 드러난다. "예술은 사람들의 생물권에 대한 인식을 강화하며, 인간 상상력의 함양은 창의적 지속 가능성 발전의 기초가 되고, 문화를 지속 가능한 발전의 미학으로 전환하는 데 기여한다."[31] 교육자로서 토마쇼는 다양한 문화적 표현 방식을 활용하여 지속 가능성을 창의적으로 발전시킬 것을 제안한다. 그는 예술이 인간의 감각을 향상시키고, 상상력을 형성하며, 미학적 전환을 이루는 과정을 통해 '미학적 지속 가능성'을 방법의 산출자로도, 그 결과로도 간주하며 이를 교육적 맥락에서 구현하였다. 이는 궁극적으로 문화와 환경보호주의를 변화시키는 목표를 달성하기 위함이다.

---

[29] Aldo Leopold, A Sand County Almanac, and Sketches Here and There, New York: Oxford University Press. 1989, p.224.

[30] Mitchell Thomashow, The Nine Elements of a Sustainable Campus, The MIT Press, 2014. p.205.

[31] John Holmes Mcdowell, et al. editors. Performing Environmentalisms: Expressive Culture and Ecological Change, Aaron S. Allen, Chapter Title: Diverse Ecomusicologies: Making a Difference with the Environmental Liberal Arts, University of Illinois Press, 2021, p.101.

앨런은 토마쇼의 관점을 차용하며 그의 개념을 학문 간 융합적 관계로 확장했다. 예를 들어, 사람들이 생물학이나 물리학 같은 자연과학을 학습할 때, 서정적 텍스트, 시각 예술, 은유, 음악 또는 소리, 춤과 같은 미학적 요소를 학습 과정에 통합하면 생물권에 대한 인식을 강화하고, 보다 높은 수준의 호기심을 효과적으로 자극하며 학습 흥미를 높일 수 있다. 또한, 과학자들은 예술과 문학에서 영감을 얻어 새로운 발견을 이루고 새로운 영역을 확장하며, 예술가와 사상가들은 과학적 발견을 통해 자신의 작업을 촉진한다. 이러한 상호 강화적 교류는 상상력이 풍부한 창의적 활동에 동력을 제공하며, 이는 "지속 가능한 발전을 위한 미학적 접근과 교육 방법의 기초"를 형성한다.[32]

종합적으로 볼 때, 레오폴드는 윤리학을 인간 중심적 관점에서 보다 포괄적인 생태 중심적 관점으로 확장했으며, 이는 앨런이 인간 중심주의에서 더 광범위한 생태 중심주의로 전환하고자 하는 생태 음악학적 요구와 일치한다. '토지 윤리' 사상의 영향을 받아, 앨런은 생태 음악학의 미학적 관점을 윤리학적 시각에 접목시켰다. 그는 생태 미학, 환경 미학, 윤리 미학, 음악 미학 간에 지속 가능성의 관점을 연결고리로 삼아 생태 음악 미학 관점을 확장하는 학제 간 사상적 기반을 구축하였다.

또한, 토마쇼의 '미학적 지속 가능성' 주장은 레오폴드의 환경 윤리 사상의 연장선에 있다. 앨런은 토마쇼가 변화를 지향하는 지속 가능성 프레임워크에서 미학을 옹호한 점을 높이 평가하며, "지속 가능

---

[32] Mitchell Thomashow, The Nine Elements of a Sustainable Campus, The MIT Press, 2014, p.197.

성 예술이 인간이 세계를 바라보는 방식을 어떻게, 그리고 변화시킬 수 있는가"를 탐구했다. 앨런은 이러한 지속 가능성 미학 원칙을 생태 음악학 이론 체계에 통합시켜, 전통적인 음악/소리 창작, 전파, 미학적 접근을 인간 중심적 관점에서 생태계를 중심으로 한 음악/소리 창작, 전파, 미학적 연구로 확장하였다.

이 과정에서 앨런은 레오폴드의 윤리 미학 사상의 확장성을 충분히 흡수하여 생태 음악학의 지속 가능성 윤리 미학 패러다임을 형성했다. 이 패러다임은 광범위한 생태 중심주의를 전제로 하고, 생태 윤리를 관점으로 삼으며, 음악/소리를 매개로 하여 지속 가능성 표준 구조를 완성하기 위한 미학적 기둥을 세운다. 이는 생태 윤리에 기반한 지속 가능성 미학 원칙을 강조한다. 그것은 토마쇼가 예술의 기능과 의미를 해석하며 언급했던 것과 같다. "예술은 우리가 세계를 바라보는 방식을 변화시킬 수 있다. 예술은 예상치 못한 곳에서 아름다움을 발견하도록 영감을 주며, 놀라움과 기쁨을 불러일으키고, 과학적 탐구를 자극하며, 인간의 번영을 장려하고, 세계를 더욱 의미 있게 만든다."[33]

4. 결론

생태학은 자연과학의 중요한 분과로, 인간 생태 환경의 악화를 초래하는 근본 원인을 밝혀내는 데 유용한 도구이다. 그러나 학문적 특

---

[33] Mitchell Thomashow, The Nine Elements of a Sustainable Campus, The MIT Press, 2014, p.210.

성상 자연과학은 인간 행동 규범의 변화나 전달 경로에서 미학적 지향성의 한계를 지닌다. 반면, 음악 예술은 독특한 창작 과정, 전달 경로, 미학적 요구를 가진 문화적 방식으로, 인류 문명의 다양한 단계에서 인간의 사고와 행동 선택을 변화시키는 특정한 역할을 해왔다. 특히 청각에 의존하는 유일한 예술 장르로서, 음악은 생태 문명의 발전 과정에서 점점 더 뚜렷한 역할을 드러내고 있다.

20세기 인간 환경 운동에서 탄생한 학제 간 연구 분야인 앨런이 설명한 '생태 음악학'은 자연과학과 인문학의 고도의 융합 산물이다. 이 연구는 민족음악학의 '음악+문화' 연구 패러다임을 계승하면서, 여기에 '자연', '생태', '환경'과 같은 연구 시각을 추가하였다. 이를 통해 음악 예술을 인간 중심적 관점에서 생태 중심적 관점으로 전환시키는 데 기여하고 있다. 따라서 '생태 음악학'이라는 개념은 생태 위기라는 배경 속에서 탄생한 예술적 반성으로 간주할 수 있다. 이 개념은 음악 연구에 '자연'의 강한 기운을 불어넣었을 뿐만 아니라, 우리나라 음악 예술 발전에 대해 건설적인 사고를 제시하는 데 기여하고 있다.

첫째, 앨런의 '음악 생태관'은 우리나라 음악 연구에 있어 관념적 돌파구를 제공한다. 20세기 중반 생태 문명 시대의 도래와 함께 생태 사조는 문화 및 철학 사상 분야에서 탄생하여, 점차 인간중심주의에서 생태 전체관으로, 전통적 인식론에서 현대적 존재론으로의 전환을 촉진하였다.

이와 같은 흐름에 따라, 우리나라 음악 연구는 다른 인문과학 연구 성과를 참고하여 스스로의 문화적 사명을 재인식하고 조정해야 한다. 특히 '지구 생명공동체'[34]라는 이념의 지침 아래, 인간 생태관의 전체적 구축을 더욱 추진해야 한다. 이를 위해 음악 예술의 문화적 역할과 연구 시각을 조정하여, 음악이 인간 생존에 갖는 의미와 가치를 더욱 주목해야 한다. 즉, 인간중심주의에서 생태 중심주의로의 전환을 꾀하며, 관념적으로 음악 예술의 미학적 지향성을 발휘하여 인간 생존의 본질에 기반한 생태적 가치관을 확립하는 데 기여해야 한다.

둘째, 앨런의 '음악 생태관'은 우리나라 음악 예술 발전에 새로운 연구 패러다임을 제시한다. 20세기에 생태 과학의 발전은 생물학, 경제학, 역사학, 철학, 미학 등 다양한 분야에 영향을 미쳤으며, 인간이 환경 위기에 대한 인식을 점차 심화하는 계기가 되었다. 20세기 말 30년 동안, 서구 민족음악학은 생태 음악, 사운드스케이프 연구, 음향 생태 및 환경과 관련된 다양한 연구에 대한 관심이 급격히 증가하였다. 다수의 민족음악학자가 셰이퍼가 창안한 '사운드스케이프' 연구와 트롭의 '생태 음악' 관점을 중심으로 일련의 탐구를 전개하였다. 그들은 환경 위기, 기후 변화, 종 균형, 초인류 연구 등 긴급한 문제에 주목하며 생태 음악학의 융합적 연구 방법과 사고를 끊임없이 모색하였다.

중국 음악의 발전을 위해, 서구 생태 음악학이 그 생성 및 발전 과정에서 보여준 학제 간 융합성과 포용성은 우리에게 생태 의식과 문제 지향적 접근을 강화할 뿐만 아니라, 미래 음악 예술 발전의 생명력 있는 원천이 될 가능성이 크다. 따라서 음악 연구와 자연과학의 융합은 '신시대'에 기존 연구 패러다임을 돌파할 보다 정교한 기회를 제공할 것

---

[34] 2021년 10월 12일 시진핑 주석의『생물다양성협약』제15차 당사국총회(COP15) 정상회의 기조연설, 신화망『제1보도』, 2021년 10월 14일.

이다. 학문 간 교차와 융합의 관점에서 우리나라 음악 예술의 구조와 기능을 재조명함으로써, 중국 음악은 새로운 정체성과 이미지를 통해 민족 음악의 문화적 역량을 확장할 수 있을 것이다.

셋째, 앨런의 '음악 생태관'은 음악 예술 발전에 지속 가능한 문화적 힘을 제공한다. 앨런은 그의 논문「하나의 생태학과 다수의 생태학」에서 과학자 크리처의 예언을 인용하며, "생태학은 더 이상 자연사에 대한 신비로운 연구가 아니며, 21세기의 생태학은 22세기 이후 인류의 운명을 결정짓는 핵심이 될 가능성이 있다."[35]라고 언급했다. 이러한 맥락에서 서구 생태 음악학자들은 생태적 관점에서 음악의 역사적 주제나 미래 음악 현상을 다루기 시작했으며, 그들의 연구 시각의 "녹색화"는 연구 대상과 연구 패러다임의 돌파구를 만들어냈다. 이는 점차 역사음악학, 민족음악학, 신음악학 등 다양한 연구 분야로 확장되고 있다.

앨런의 생태 음악학에 관한 일련의 주장은 인류 생태 문명관의 구축과 완성을 위해 '청각'과 '미학적' 지지를 제공함과 동시에, 음악 예술 창작, 예술 교육, 예술 전파 분야에서 새로운 탐구와 시도를 촉진한다. 이러한 접근은 기존 음악 실천 모델을 혁신하여 음악 문화의 기능을 재검토하고 재개발하는 데 기여할 것이다.

결론적으로, 앨런의 생태 음악 사상은 음악이 반드시 "세계에서 무슨 일이 일어나고 있는지"를 직시해야 한다는 기반 위에 형성되었으

---

35 Aaron S. Allen, "One Ecology and Many Ecologies: The Problem and Opportunity of Ecology for Music and Sound Studies", Introduction to Special Issue Ecologies, Musicultures, 45/1-2, 2018, p.11.

며, 나아가 "음악이 인류를 위해 무엇을 할 수 있는가"에 대한 새로운 해석과 이해를 제공한다. 이러한 이해는 음악의 존재 가치를 반영하며, 미래의 음악이 자연으로부터 어떻게 영감을 받아야 하는지, 그리고 음악이 실천적으로 생태 환경과 지속 가능성 문제에 새로운 미학적 모델을 제공할 수 있는지를 보여준다.

조선 후기 여성 지식인이 유학 생생관(生生觀)에 대한 이해(1)
: 이사주당(李師朱堂)의 『태교신기(胎教新記)』를 중심으로

진함陈涵
성균관대학교 한국철학문화연구소 책임연구원

내용요약

이 글은 이사주당(李師朱堂)의 『태교신기(胎敎新記)』를 중심으로 조선 후기 여성 지식인이 유학의 생생관(生生觀)에 대한 새로운 이해를 고찰한다. 일반적으로 유학의 생생관은 우주 만물이 끊임없이 생성되는 원리를 거시적인 관점에서 설명하는 이론으로 인식된다. 이때 개별 존재의 생성보다 우주 만물의 근원적인 생성에 초점이 맞춰지며, '생생지리(生生之理)'라는 개념이 주로 사용된다. 이와 달리, 조선 후기 여성 지식인들은 제한적인 사회 환경에도 불구하고 유학의 생생관을 보다 구체적이고 실천적인 차원에서 성찰하였다. 특히 이사주당은 개인의 탄생을 하늘로부터 부여받은 보편적 원리인 천명(天命)과 부모에 의해 형성되는 개별적 요소인 기질(氣質)로 설명하며, 태아의 기질 형성이 지니는 구체적인 의미를 제시한다. 이러한 성찰은 유학 생생관을 현대적으로 재조명하는 과정에서 기존 논의에서 부족했던 여성적 관점을 제공한다.

주제어: 이사주당(李師朱堂), 『태교신기(胎敎新記)』, 생생관(生生觀), 기질(氣質), 태교

1. 문제 제기

이 글은 이사주당(李師朱堂, 1739~1821)의 『태교신기(胎敎新記)』[1]를 중심으로 조선 후기 여성 지식인의 유학 생생관(生生觀)에 대한 독창적 이해를 고찰하고자 한다.

유학에서 생생관은 핵심 사상 중 하나로, 『주역(周易)』에 등장하는 "하늘과 땅의 큰 덕은 생(生)이다"[2]라는 명제에서 기원한다. 이 명제는 우주의 생성과 만물의 탄생을 절대적인 가치로 인식하는 유학 사상의 근본적인 특징을 보여준다. 특히 송나라에 이르러 유학적 우주론이 체계화되는 과정에서 우주의 생성이 근원적인 이치[理]로 자리 잡았으며, 이에 대한 논의는 '생생지리(生生之理)'라는 개념을 중심으로 활발히 전개되었다.[3]

성리학자들이 생생지리를 설명할 때 구체적인 예시를 활용하는 경우가 많았다. 주희(朱熹, 1130~1200)는 『시경(詩經)』의 구절을 인용해 "솔개는 하늘로 날아오르고, 물고기는 연못에서 뛴다"고 하며, 이를 도

---

1 이 글에서 인용하는 『胎敎新記』 원문과 번역은 이사주당·유희 외 지음, 김양진 역주, 『태교신기·태교신기 언해』, 서울: 도서출판 모시는사람들, 2023에 바탕으로 한다.
2 『周易』, 「繫辭傳」: "天地之大德曰生."
3 『太極圖說』: "萬物生生而變化無窮"; 『近思錄』: "生生之理, 自然不息."

(道)의 발현으로 해석하였다.⁴ 주돈이(周敦頤, 1017~1073)는 창문 밖의 잡초가 무성하게 자라는 모습을 보고 우주의 생명성을 깨달아 잡초를 베지 않았다는 일화를 남기기도 했다.⁵

이처럼 성리학자들은 자연 현상을 통해 생의(生意)를 체득하고 생생지리를 설명하는 데 활용했지만, 한 개인의 탄생이라는 구체적인 현상에는 큰 관심을 두지 않았다. 성리학자들에게 개인의 탄생은 우주 생성의 일부로 간주되었으며, 음양의 기[氣]가 작용한 결과로 간략하게 설명되었다.⁶

여기서 한 가지 의문을 제기할 수 있다. 성리학자들이 자연물(새, 물고기, 잡초 등)에서 생의를 논했음에도 불구하고, 왜 한 개인의 탄생에는 깊이 주목하지 않았을까? 이는 성리학자들이 모두 남성이었기에 사람의 출생을 직접 경험하지 못했기 때문이라고 가정할 수 있다. 따라서 출산을 실제로 경험한 여성 지식인의 시각은 이 문제를 새롭게 바라보는 계기가 될 수 있다.

조선 후기 여성 지식인의 문집에서 이러한 문제의 실마리를 찾을 수 있다. 물론 당시 지식인 대부분은 남성이었다. 조선 초기부터 시행된 내외법(內外法)은 여성의 활동 공간을 집안으로 한정했고, 지식 습득과 사회 참여는 남성의 영역으로 고정되었다. 또한 유학에서 강조하는 '수기치인(修己治人)'의 도덕 수양도 여성과는 거리가 먼 개념이었다.⁷

4 『詩經』,「旱麓」: 鳶飛戾天, 魚躍於淵.『朱子語類』: "道體發見者."
5 『宋元學案』: 窓前草不除; 造物生意. 관련된 논의는 신정근,「주렴계의 생태 사상」,『철학』제137권, 한국철학회, 2018, 1~26쪽 참고.
6 『太極圖說』: "兩氣交感, 而化生萬物."
7 이순구,「朝鮮初期 內外法의 成立과 展開」,『청계사학』제5권, 청계사학회, 1988,

그러나 이러한 사회적인 제약 속에서도 조선 후기에 여성 지식인의 문예 활동과 자각이 점차 확대되었다.[8] 일부 여성 지식인들은 한문을 익히고 유학 경전을 연구했으며, 유학적 수양법에 대한 자신의 견해를 글로 남기기도 했다.[9] 이 글은 바로 조선 후기 여성 지식인의 유학 생생관에 대한 이해와 실천을 고찰하는 데 초점을 맞춘다. 특히 이사주당의 『태교신기』를 중심으로, 여성의 시각에서 한 개인의 탄생을 어떻게 바라보았으며, 이에 대해 어떤 문제 제기와 보완적 논의를 했는지를 분석하고자 한다.

이사주당의 본명은 전해지지 않는다. 연구자들은 또한 그녀의 본명이 미상이라고 기록하는 경우가 많으나, 일부 연구에서는 그녀의 본명을 이선원(李璿源)으로 기재하기도 했다.[10] 그러나 이에 대한 명확한 증거가 부족함으로 이 글에서는 '이사주당'이라는 당호(堂號)를 사용하기로 한다. '사주당(師朱堂)'이라는 당호는 성리학의 집대성자인 '주자를 스승으로 삼는다'는 뜻을 담고 있다. 『태교신기』의 서문에 따르면, 이사주당은 어린 시절부터 독서를 즐겼으며, 특히 유학 경전에 큰 흥미를 보였다.[11] 이사주당은 어린 시절부터 성리학에 깊은 관심을 가졌으며, 이러한 관심은 그녀의 저작 『태교신기』 곳곳에서 성리학적 개념 체

113~132쪽 참조.

8   이남희, 「조선후기 지식인 여성의 자의식과 사유세계: 이사주당(李師朱堂, 1739~1821)을 중심으로」, 『원불교사상과 종교문화』 제68집, 원광대학교 원불교사상연구원, 2016, 188~190쪽 참조.

9   이은선, 「朝鮮後期 女性性理學者의 생애와 학문에 나타난 儒敎 宗敎性 탐구: 任允摯堂과 姜靜一堂을 중심으로」, 성균관대학교 박사학위논문, 2007, 66~99쪽 참조.

10   김인호·최정준, 「『胎敎新記』에 나타난 師朱堂李氏의 태교관」, 『온지논총』 제81호, 온지학회, 2024, 148쪽 참조.

11   申綽, 『胎敎新記』, 「序」: "柳夫人李氏, 完山氏族, 春秋今八十有三, 幼而好書, 突明經訓."

계를 수용하려는 시도로 나타난다. 따라서 이 글에서는 『태교신기』 속에서 이사주당이 성리학의 인간관을 어떻게 수용했으며, 이를 바탕으로 한 개인의 출생을 어떻게 구체적으로 규정하려 했는지를 분석하고자 한다.

2. 이사주당과 『태교신기(胎敎新記)』

논의에 앞서, 먼저 이 장에서는 『태교신기』 텍스트의 특징을 소개하여 이 글의 연구 방법을 제시하고자 한다.

전해진 묘지명과 『태교신기』의 여러 편 서문과 발문을 종합해보면, 조선 후기 여성 지식인인 이사주당은 학식이 깊고 독서를 즐기는 인물이었으며, 동시에 1남 3녀를 둔 어머니였다.[12] 이사주당은 40세가 되던 해, 1남 3녀를 양육하며 얻은 경험을 바탕으로 『교자집요(敎子輯要)』라는 책을 저술하였다. 20여 년 후, 이 책이 막내딸의 상자에서 다시 발견되었고, 아들 유희(柳僖, 1773~1837)가 그중 '양태(養胎)'와 관련된 부분만을 발췌하여 언해(諺解)를 추가한 뒤, 『태교신기』라는 제목으로 간행하였다.[13]

『태교신기』는 유희가 편집하고 간행한 책이며 총 10장으로 구성되

---

[12] 이사주당의 출생과 주요 활동에 관해서는 이숙인, 「삶과 앎의 문제로 본 이사주당: 인물 재구성을 통한 여성사상사 서술의 시론」, 『여성과 역사』 제26집, 한국여성사학회, 2017, 225~232쪽 참고.

[13] 柳僖, 『胎敎新記』, 「跋」: "我先君手題卷目曰敎子輯要, 旣育不肖等四男女, 冊子遂如得魚之筌, 二十有餘歲, 復出四姊箱中 …… 於是削去末附, 只取養胎節目, 反覆發明, 務庸世迷, 命之曰新記, 以補少儀內則舊闕也."

어 있다. 각 장에서는 이사주당이 직접 쓴 내용과 이를 해석한 유희의 언행이 함께 담겨 있다. 구체적으로 태교의 의미, 태교를 실천하는 방법, 태교를 소홀히 했을 때의 결과, 태교 시 주의 사항, 태교의 정당성을 뒷받침하는 한의학과 유학 텍스트, 그리고 이를 종합한 총론으로 이루어져 있다.

여기서 두 가지 점을 주목할 필요가 있다.

첫째, 『태교신기』의 텍스트는 이사주당의 유학 생생관을 부분적으로만 반영하고 있다는 점이다. 앞에서 언급했듯이, 유희는 어머니의 글에서 '양태'라는 주제에 초점을 맞춰 내용을 선별하여 간행하였다. '양태'란 임부가 10개월 동안 태아의 성장을 돌보고 발육을 기르는 과정을 의미하며, 『태교신기』에서는 주로 어머니와만 관련된 맥락에서 사용되었다.14 이처럼 『태교신기』는 분량과 내용 면에서 어머니를 중심으로 태교를 논하며, 아버지의 역할에 대한 언급은 극히 드물다. 이는 유희가 책을 편집하는 과정에서 어머니의 경험과 역할을 강조한 결과로 보인다.

이로 인해 『태교신기』의 제한된 분량에도 불구하고, 태교 과정에서 아버지의 역할에 주목할 필요가 있다. 기존 연구에서는 『태교신기』가 단순히 어머니의 역할만을 강조하는 것이 아니라, 아버지도 태교의 주체가 될 수 있음을 시사하는 부분이 있다고 평가하였다.15 실제로 『태교신기』의 어머니 중심적 서술은 조선 사회에서 여성이 가정 내에서

---

14 예컨대, 『胎敎新記』: "養胎者, 非惟自身而已也; 養胎不謹, 豈惟子之不才哉; 爲母而不養胎者, 未聞胎敎也."

15 장정호, 「한·중 전통 태교론 비교 연구」, 『교육사학연구』 제18집, 교육사학회, 2008, 225~232쪽 참고.

주도적인 역할을 담당했다는 점을 반영한 것이지만, 생생관의 전체적 이해를 위해서는 아버지의 역할까지 포함해 보완적으로 읽어야 한다.

결과적으로, 비록 『태교신기』에서 어머니의 역할이 강조되었지만, 아버지의 역할 역시 생생관의 맥락에서 함께 논의되어야 하며, 어머니와 아버지의 역할을 통합적으로 조명할 때 이사주당의 생생관과 그 속에 담긴 태교의 본질적 의미를 더 온전히 파악할 수 있을 것이다.

둘째, 이사주당이 독서를 즐겼다는 점을 뒷받침하는 구체적인 자료들이다. 그녀의 묘지명과 『태교신기』의 서문과 발문에서, 자식들과 후대 학자들이 이사주당의 학문적 열정을 높이 평가하고 있다. 그러나 이를 보다 구체적으로 살펴보기 위해 『태교신기』에 언급된 서적들을 검토하는 것이 중요하다.

『태교신기』에는 이사주당이 직접 언급하거나 유희가 주석으로 출처를 밝힌 약 20여 종의 서적이 포함되어 있다. 이들 서적에는 『논어(論語)』, 『대학(大學)』, 『시경(詩經)』 등 유학 원전, 『여범첩록(女範捷錄)』 등 여성 훈육서, 『의학입문(醫學入門)』, 『의학정전(醫學正傳)』 등 의학서가 포함되어 있다.[16] 이사주당의 독서 범위는 유학에서부터 여성 훈육서, 한의학에 이르기까지 폭넓었음을 알 수 있다.

그러나 흥미로운 점은 이사주당이 자신이 주희를 스승으로 삼다는 고 밝혔지만, 『태교신기』의 원문에서는 주희의 글을 직접 인용하지 않

---

16 정해은에 따르면, 『태교신기』에는 약 20여 종의 서적이 등장한다. 해당 서적을 열거하면 다음과 같다. 『論語』, 『中庸』, 『大學』, 『尙書』, 『詩經』, 『大戴禮』, 『戰國策』, 『女範捷錄』, 『禮記』, 『列女傳』, 『(顔氏)家訓』, 『賈氏新書』, 『壽世保元』, 『醫學入門』, 『醫學正傳』, 『得效方』, 『丹溪心法』, 『格致餘論』 등이다. 정해은, 「조선시대 태교 담론에서 바라본 이사주당의 태교론」, 『여성과 역사』 제10집, 2009, 8쪽 인용.

았다. 이는 두 가지 가능성으로 해석할 수 있다. 첫째, 유희가 어머니의 글을 선별하는 과정에서 '양태(養胎)'라는 주제어에 집중하여, 주희의 사상이 직접적으로 언급되지 않은 부분을 중심으로 편집했을 가능성이 있다. 즉, 유희의 편집 방향에 따라 주희의 글이 원문에서 배제되었을 수 있다.

둘째, 비록 원문에서 주희의 사상이 인용되지는 않았지만, 이사주당 글의 저변에 내재하는 사상적 기반으로 작용했을 가능성이 있다. 즉, 그녀의 태교론은 주자학적 사유를 바탕으로 전개되었으며, 명시적 인용 없이도 사상적 영향을 미쳤을 수 있다. 결국 『태교신기』는 유희의 편집을 거쳐 간행된 책이므로, 이사주당의 독서 경험과 사상적 기반을 온전히 반영하지 못할 가능성이 높다. 따라서 『태교신기』의 텍스트뿐만 아니라, 그 저변에 깔린 주자학 사상도 함께 고려해야, 이사주당의 태교론과 생생관을 보다 깊이 이해할 수 있을 것이다.

이 글은 이러한 점을 염두에 두고, 『태교신기』에서 충분히 표현되지 않은 아버지의 역할과, 텍스트에는 직접 드러나지 않았으나 사상적 기반을 이루고 있는 주자학 사상을 함께 고려하여 분석하고자 한다.

3. '사람의 태어남'의 구체적인 의미

이 장에서는 이사주당이 성라학의 인간관을 수용하면서, 한 개인의 출생을 직접 경험한 여성으로서 '사람의 태어남'에 대해 새로운 해석을 분석하고자 한다.

성리학의 관점에서는 사람의 태어남은 하늘[天]과 땅[地]이 이루는 조화로운 작용으로 이해한다. 인간이 이 과정에서 개입할 수 있는 부분은 "현명한 사람이 하늘과 땅의 작용에 동참한다"는 개념으로 설명된다.『중용(中庸)』에서는 지극히 진실한 사람만이 하늘과 땅의 창조적인 작용을 돕고, 하늘과 땅과 함께 나란히 설 수 있다고 한다.[17] 이 개념은 성리학의 수양론에서 궁극적인 목표로 여겨졌으며, 당시의 남성 유학자에게도 매우 높은 이상이었다.[18] 조선 시대 여성은 사회적 제약과 지식 접근의 제한으로 인해 이러한 이상을 실천하기가 더욱 어려웠다.

신작(申綽, 1760~1828)이 쓴『태교신기』의 서문은 이러한 정통적 관점에서 벗어나, '사람의 태어남'에서 태교의 역할을 강조하는 새로운 해석을 제시한다. 신작은 이사주당의 사상을 다음과 같이 요약한다. "하늘과 땅의 신묘한 작용이 사람에 있다."[19] 즉, 성리학에서는 한 사람의 태어남을 하늘과 땅의 작용으로 이해했지만, 이사주당은 이를 보다 실천적인 관점에서 해석하여, 부모의 태교가 한 사람의 탄생을 구체적으로 이루어가는 과정이라고 보았다.

한편, 성리학에서는 한 사람의 태어남을 설명하기 위해서 천명지성(天命之性)과 기질지성(氣質之性)의 개념을 사용한다. 천명지성은 우주적 진리가 개인에게 부여된 보편적 본성으로 인간의 이상적인 본질을 의미한다. 기질지성은 개인의 실존적 특성을 구성하는 요소로, 현실적이고 개별적인 차원을 강조한다. 두 개념은 분리될 수 없으며, 함께 작

---

17 『中庸』: "唯天下至誠, 爲能盡其性. 能盡其性, 則能盡人之性. 能盡人之性, 則能盡物之性. 能盡物之性, 則可以贊天地之化育. 可以贊天地之化育, 則可以與天地參矣."

18 『中庸章句』: "盡其性者德無不實, 故無人欲之私, 而天命之在我者, 察之由之, 巨細精粗, 無毫髮之不盡也. 人物之性, 亦我之性, 但以所賦形氣不同而有異耳. 能盡之者, 謂知之無不明而處之無不當也. 贊, 猶助也. 與天地參, 謂與天地並立爲三也, 此自誠而明者之事也."

19 申綽,『胎敎新記』,「序」: "幽贊之功在人."

용해 한 사람을 구성한다.²⁰ 이사주당은 성리학의 인간관을 수용하면서도, 한 사람의 태어남에 대한 보다 세부적인 설명을 시도했다. 특히 태아의 기질 형성 과정에 주목하며, 전통적인 성리학적 인간관을 보완하는 독자적인 해석을 제시하였다.

이사주당은 한 사람의 태어남을 아버지의 하루 낳음과 어머니의 10개월 기름을 통해 기질이 형성된다고 보았다. 다음 인용문을 통해 그녀의 주장을 구체적으로 살펴볼 수 있다.

① 사람의 태어남에 본성은 하늘에 근본하고, 기질이 부모에게서 형성된다. 기질이 한쪽으로 치우침이 심하면 점차 본성이 가려진다. 부모의 낳고 기름에 어찌 삼가지 않을 수 있겠는가?²¹

② 아버지가 낳고, 어머니가 기르고, 스승이 가르치는 것은 하나이다. 잘 치료하는 자는 병이 들기 전에 고치는 법이고, 잘 깨우치게 하는 자는 태어나기 전에 깨우치게 하는 법이다. 그러므로 스승의 10년 가르침이 어머니의 10개월 기름보다 못하며, 어머니의 10개월 기름이 아버지의 하루 낳음보다 못하다.²²

③ 그러므로 기혈(氣血)이 엉겨 정체되고, 지각이 순수하지 못한 것은 아

---

20 『朱子語類』4권,「性理一」: "所謂天命之與氣質, 亦相關同. 才有天命, 便有氣質, 不能相離. 若闕一, 便生物不得."
21 『胎教新記』: "人生之性本於天, 氣質成於父母. 氣質偏勝, 馴至於蔽性. 父母生育其不謹諸."
22 『胎教新記』: "父生之, 母育之, 師敎之, 一也. 善醫者, 治與未病. 善敎者, 敎於未生. 故師敎十, 未若母十月之育. 母育十月, 未若父一日之生."

버지의 허물이며, 형질(形質)이 비루하고 재능이 주어지지 못한 것은 어머니의 허물이다. 무릇 이후에는 스승의 책임이 있으나, 스승이 가르치지 않는 것은 스승의 허물이 아니다.[23]

위 인용문을 통해 이사주당은 한 사람의 형성과 교육 과정에서 아버지, 어머니, 스승의 역할을 위계적으로 설명하고 있다.[24] 그녀는 아버지가 아이를 바르게 잉태하는 책임을 지며, 어머니는 태아를 올바르게 기르는 역할을 맡고, 스승은 몸소 실천하며 아이가 본받도록 이끄는 존재로 규정하였다.

구체적으로 설명하자면, 이사주당은 아버지가 올바른 예절을 갖추어 혼인해야 하며, 부부 간에 서로 존중하는 관계를 유지해야 한다고 강조한다. 또한 건강이 좋지 않거나 상중(喪中)일 때는 잠자리 피해야 하며 이를 통해 올바른 태아를 잉태하야 한다고 보았다.[25] 어머니는 아버지의 성을 받아 아이를 낳고, 10개월 동안 바른 행동과 사고로 태아를 기르는 역할을 맡는다.[26] 그리고 스승은 단지 말로 가르치는 것이 아니라 몸소 실천하여 아이가 자연스럽게 본받을 수 있도록 해야 한다

---

23 『胎敎新記』: "是故, 氣血凝滯, 知覺不粹, 父之過也. 形質寢陋, 才能不給, 母之過也. 夫然後, 責之師, 師之不敎, 非師之過也."
24 아버지의 하루 낳음, 어머니의 10개월 기름, 그리고 스승의 10년 가르침에 대한 설명은 진함, 「李師朱堂『胎敎新記』의 성리학적 해석」, 『양명학』 제73호, 한국양명학회, 2024, 269~273쪽 참조.
25 『胎敎新記』: "夫告諸父母, 聽諸媒氏, 命諸使者, 六禮備而後爲夫婦. 日以恭敬相接, 無或褻狎相加. 屋宇之下, 牀席之下, 猶有未出口之言焉. 非內寢, 不敢入處; 身有疾病, 不敢入寢; 身有麻布, 不敢入寢; 陰陽不調, 天氣失常, 不敢宴息. 使虛慾不萌於心, 邪氣不設於體, 以生其子者, 父之道也."
26 『胎敎新記』: "受夫之姓, 以還之夫, 十月不敢有其身. 非禮勿視, 非禮勿聽, 非禮勿言, 非禮勿動, 非禮勿思, 使得心知百體, 皆由順正, 以育其子, 母之道也."

고 보았다.²⁷

아울러, 인용문①과 ③에 따르면, 아버지의 하루 낳음과 어머니의 10개월 기름을 통해 형성된 기질은 하늘로부터 부여받은 천명의 본성을 가릴 수도 있으며, 스승의 가르침을 통해 올바르게 교육되지 않을 가능성도 있다. 즉, 모든 사람은 태어날 때 동일한 보편적 천명을 부여받지만, 부모님의 영향력에 따라 각기 다른 기질을 가지게 된다. 그 결과, 이후의 교육이나 도덕적 함양에 따라 각각 다른 성품과 행동이 나타날 수도 있다.

이러한 설명을 바탕으로 이사주당은 부모가 태아의 기질 형성에 미치는 영향을 구체적으로 규명했다. 인용문③을 보면, 이사주당은 기질 형성을 보다 구체적으로 설명하기 위해서 '기혈과 지각', '형질과 재능'이라는 개념을 도입했다. 비록 『태교신기』에서 이 개념들에 대한 상세한 정의는 제시되지 않았지만, 당시 통용되던 일반적인 인식을 바탕으로 그 의미를 추론할 수 있다.

먼저 아버지에 의해 형성된 기혈과 지각에 대해 살펴보자. 전통 의학에서는 기(氣)와 혈(血)을 인체를 구성하는 기본적인 요소로 보았다.²⁸ 음양론의 관점에서 혈은 유형적이고 고유한 존재이며, 기는 무형적이고 끓임없이 움직이는 특성을 지닌다. 혈이 인체를 구성하는 기본 물질이라면, 기는 이 혈을 원활하게 순환시키고 생명을 유지하는 원동력으로 작용한다. 또한, 지각은 아픔을 인식하고 가려움을 느낀다는 등의 기본적인 감각 능력을 의미한다. 이는 단순한 생리적 기능을 넘

---

27 『胎敎新記』: "子長羈丱, 擇就賢師, 師教以身, 不教以口, 使之觀感而化者, 師之道也."
28 『黃帝內經』, 「素問」: "人之所有者, 血與氣耳."

어, 유학적 맥락에서는 도덕적 인지 능력과도 연결될 수 있다.[29]

다음으로 어머니에 의해 형성된 형질과 재능을 살펴보자. 이사주당은 태아의 형질과 재능은 어머니의 10개월 기름에 의해 결정된다고 보았다. 『태교신기』에서 그녀는 『열녀전(列女傳)』의 내용을 인용하여 '비루하지 않은 형질'과 '주어진 재능'을 각각 '단정한 얼굴'과 '남보다 뛰어난 재능'으로 해석하였다.[30] 한나라 때 유향(劉向, BC79?~BC8?)이 『열녀전』을 지은 당시부터 이미 태아의 외모와 재능은 어머니의 10개월 기름에 의해 형성된다는 인식이 널리 퍼져 있었다고 볼 수 있다.

이사주당은 어머니가 태아의 기질 형성에 미치는 영향을 '단정한 외모' 또는 '비루하지 않은 형질', 그리고 '주어진 재능' 또는 '남보다 뛰어난 재능'이라는 표현으로 설명하였다. 이러한 표현은 오늘날 단순한 미적 기준이나 천재성을 의미하는 것으로 오해될 수 있지만, 실제로는 유학적 덕목과 연결된 개념으로 해석할 수 있다. 이러한 해석을 뒷받침하는 내용을 다음 인용문에서 확인할 수 있다.

④ 남방에서 태아를 배면 그 입이 크니 남방 사람은 너그럽고 인(仁)을 좋아하며, 북방에서 아이를 배면 그 아이의 코가 크니 북방 사람이 굳세고 의(義)를 좋아하는 것은 기질의 덕이다. 열 달 동안의 기름에 감응하여 얻는 까닭에 군자는 반드시 삼가는 것으로 태를 삼는 것이다.[31]

---

29 『二程遺書』2권: "醫家以不認痛癢謂之不仁, 人以不知覺, 不認義理爲不仁, 譬最近."
30 『胎敎新記』: "女傳曰 …… 如此則生子, 形容端正, 才能過人矣."
31 『胎敎新記』: "胎於南方, 其口闊, 南方之人, 寬而好仁. 胎於北方, 其鼻魁, 北方之人, 倔强而好義. 氣質之德也, 感而得乎十月之養, 故君子必慎之爲胎."

⑤ 옛날 성왕들은 태교에도 가르침이 있다. 임신하고 3개월이면 별궁에 나가 거처하면서 눈으로는 흘겨보지 않고, 귀로는 망령된 것을 듣지 않으며, 음악 소리와 맛난 음식도 예로써 그것을 절제하였다. 아끼지 않아서가 아니라 그를 미리 가르치고자 하는 것이다. 자식이 태어나서 그 조상을 닮지 못하면 불효와 마찬가지다. 따라서 군자는 미리 가르치고자 하니 『시경(詩經)』에 이르기를 "효자는 다함이 없으니 길이 너와 같은 종류를 내리신다"고 한 것이다.[32]

위 인용문을 통해 이사주당이 태아의 외모와 재능을 묘사하는 방식을 살펴볼 수 있다. 먼저 인용문④에서는 이사주당이 공자의 가르침을 해석하는 과정에서, 태아의 기질 형성과 지역적 환경의 영향을 연결하는 모습을 확인할 수 있다. 『중용(中庸)』에서 공자는 자로(子路)의 질문을 답하며 남방과 북방 사람의 성향 차이를 설명했다. 남방 사람은 너그러움과 부드러움으로 가르침을 삼으며, 무도한 자에게도 보복하지 않는다. 반면 북방 사람은 쇠로 무기를 삼고, 가죽으로 갑옷을 만들어 죽는다 해도 한치의 거리낌도 없고 용맹하다.[33] 이사주당은 공자의 이러한 논의를 확장하여, 어머니가 태아를 잉태하는 환경이 아이의 외모와 기질 형성에 영향을 준다고 해석하였다. 이사주당의 아들 유희 또는 자연환경이 태아의 형질 형성에 영향을 미친다고 해석하며, 남방은

---

32 『胎敎新記』: "古有聖王, 有胎敎之法. 懷之三月, 出居別宮. 目不妄視, 耳不妄聽, 音聲滋味, 以禮節之, 非愛也, 欲其敎之豫也. 生子不肖其祖, 比之不孝. 故君子, 欲其敎之豫也. 詩曰, 孝子, 不匱, 永錫爾類."

33 『中庸』: "子路問强. 子曰, 南方之强與? 北方之强與? 抑而强與? 寬柔以敎, 不報無道, 南方之强也. 君子居之. 衽金革, 死而不厭, 北方之强也, 而强者居之."

물이 많아 태아의 입이 크고, 북방은 산이 높아 태아의 코가 크다는 설명을 덧붙였다.[34]

이러한 설명은 오늘날 과학적으로 명확히 증명되지는 않았지만, 유전학이나 진화론과의 연관성을 고려할 여지가 있다. 예를 들어, 인류 진화 과정에서 추운 기후에서 생활하는 사람일수록 폐 기능이 발달하고, 산소 공급을 원활히 하기 위해 코가 커지는 경향이 나타난다는 연구 결과와 연결해 해석할 수 있다.[35]

물론 이 글에서 주목하고자 하는 점은 해당 원문의 과학적 해석이 아니라, 이사주당이 어머니가 임신 중 처한 환경에 따라 태아 외모와 형질이 다르게 발현된다고 보는 점이다. 이사주당은 남방 사람의 '입이 크고 인(仁)을 좋아함'과 북방 사람의 '코가 크고 의(義)를 좋아함'을 기질에 의해 발현된 덕성, 즉 기질지덕(氣質之德)으로 표현하고 있다.

아울러, 인용문⑤에 따르면 태교의 궁극적인 목표는 조상과 닮은 아이를 낳는 것이다. 여기서 '조상과 닮는다'는 의미는 단순히 외형적 특징을 지칭하는 것이 아니라, 조상의 능력과 성격까지도 포함하는 개념으로 해석할 수 있다. 설령 외형적인 유사성을 강조된다고 하더라도, 이는 조상과 닮은 얼굴을 가진 아이를 낳자는 의미이지, 단순히 준수

---

34 『胎敎新記』: "南方水㳌, 故口閎, 北方山高, 故鼻魁."
35 조기호에 따르면, 인류 이동 진화 역사에 비추어 볼 때, 사람이 추운 기후대(북방)에 적응하기 위해서는 폐 질환을 예방하고 폐 기능을 유지하는 것이 중요히다. 이를 위해 폐가 신댁직으로 강화되며, 찬 공기를 코를 통해 적절히 가온·가습하기 위해 코가 상대적으로 길고 커지는 특성이 발단한다. 또한, 추운 기후에서 체온 손실을 최소화하기 위해 입과 입술이 상대적으로 작아지는 것이 생존에 유리하다. 또한, 이러한 신체적 적응과 함께, 북방 지역에서 생활하는 사람들은 심폐 기능이 활성화되면서 일반적으로 활동적이고 행동이 빠르며, 외향적이고 직선적인 성격을 가지는 경향이 나타났다. 구체적인 내용은 조기호, 「李師朱堂의 氣候適應形質 考察」, 『한국여성철학』 제15집, 한국여성철학회, 2011, 33~35쪽 참조.

한 외모를 가진 아이를 낳자는 것과는 차이가 있다. 즉, 이사주당이 말하는 형질과 재능의 개념은 오늘날 우리가 흔히 생각하는 '잘생긴 아이'나 '타고난 천재적인 재능을 지닌 아이'를 의미하는 것이 아니다.

정리하자면, 이사주당은 성리학의 인간관을 수용하면서, 한 사람의 태어남을 보다 구체적이고 실천적인 차원에서 해석하였다. 그녀는 아버지의 하루 낳음과 어머니의 10개월 기름을 통해 태아의 기질이 형성된다는 점을 강조했다. 아버지의 하루 낳음은 태아의 신체적 조건과 기본적인 신체 반응 기제인 기혈과 지각에 영향을 미치며, 어머니의 10개월 기름은 형질과 재능을 형성하는 중요한 역할을 한다고 보았다. 물론, 여기서 말하는 외모와 재능은 단순히 준수한 외모나 타고난 천재성을 의미하는 것이 아니라, 유학적 가치에 부합하는 특성으로 해석할 수 있다.

4. 유전-환경 논쟁으로 본 이사주당의 태교론

이사주당이 기질 형성에 대한 세부적인 해석을 정리한 뒤에는, 이제 그 구체적인 원리를 탐구하는 것이 필요하다. 즉, 부모가 태아의 기질 형성을 주도한다고 주장할 때, 그 주도 작용이 구체적으로 어떻게 이루어지는지를 살펴보는 것이 이 장의 목적이다. 이를 규명하기 위해, 기존 태아학에서 논의된 유전-환경 논쟁을 바탕으로 이사주당의 태교론을 분석하고자 한다.

유전-환경 논쟁은 20세기 이내 심리학, 유전학 등 현대 과학에서 치열하게 전개된 논쟁 중 하나이다. 이 논쟁은 개인이 가지는 성격과 성질 등 다양한 특성이 유전적인 요인(천성, nature)의 영향을 더 많이 받는지, 아니며 환경적 요인(양육, nurture)의 영향을 더 많이 받는지에 대한 논의에서 비롯되었다. 유전결정론과 환경결정론의 대립을 거쳐, 오늘날에는 유전과 환경이 상호작용하며 개인의 특성을 형성한다는 유전-환경 상호작용론 또는 상호의존론이 주류적인 입장으로 자리 잡았다.

앞에서 언급한 인용문①에서, 이사주당은 "태아의 본성은 하늘에 근본을 두고, 기질은 부모에 의해 형성된다"고 주장한 바 있다. 정순화는 이 문장을 유전-환경 논쟁과 연결하여 해석하며, 전자는 '천성'을 강조하는 부분이고 후자는 '양육'을 강조하는 부분이라고 분석하였다. 즉, 이사주당의 태교론은 타고난 유전적 요소(본성)와 부모가 제공하는 환경적 요소(기질)가 결합하여 태아의 다양한 특성을 형성한다는 관점을 포함하고 있으며, 이는 현대 심리학과 유전학에서 논의되는 유전-환경 상호작용론과 일맥상통한다고 볼 수 있다.[36]

이경하는 기존의 유전-환경 논쟁에서 대부분의 연구가 '환경', 즉 양육의 시작점을 출생 이후로 설정하는 것과 달리, 이사주당은 부모의 양육이 출생 이전부터 이루어진다고 보았다는 점에서 기존 태교론과 차별화된다고 평가하였다.[37] 즉, 태아가 모태에 있는 동안에도 환경적 영향(양육)을 받을 수 있다는 점을 강조한 점에서, 현대적 논의와도 접점을 가질 수 있다.

---

36 정순화, 「정서발달의 관점에서 본 우리나라의 전통태교: 태교신기를 중심으로」, HER(Human Ecology Research) 52(1):1, 대한가정학회, 2014, 4쪽 참조.
37 이경하, 「본성-양육 논쟁으로 본『태교신기』: 전통 태교론 및 현대 유전학과의 비교」, 『인문논총』제71권 제1호, 서울대학교 인문학연구원, 2014, 88쪽 참조.

그러나 이경하는 정순화와는 다른 해석을 제시하며, 이사주당의 인용문①에서 '태아의 본성은 하늘에 근본한다'라는 표현이 유전과 환경 논쟁에서 말하는 '천성(nature)'과 동일한 개념이 아니라고 지적한다. 이경하에 따르면, 현대 과학에서 말하는 '천성'은 개개인의 차이를 유발하는 선천적 특성을 의미하는데, 오히려 이는 이사주당이 '부모에 의해 형성된다'고 한 '기질' 개념에 해당한다고 보았다.

즉, 이사주당이 사용한 '본성'(性)은 성리학적 개념으로, 현대적 의미의 유전적 특성과는 구별되는 개념일 가능성이 크다는 것이다. 결국, 이경하의 해석에 따르면, '하늘에 근본하는 본성'이 유전적 특성을 의미하는 것이 아니라, '부모에 의해 형성된 기질' 속에서 유전적 요인과 환경적 요인이 결합되어 있다. 이러한 해석을 바탕으로, 이경하는 인용문②에서 언급되는 '아버지의 하루 낳음'이 유전적 요소를 의미하고, '어머니의 10개월 기름'이 환경적 요소에 해당한다고 해석하였다.[38]

두 연구자는 공통적으로 이사주당의 태교론이 천성-양육의 상호작용론과 유사성을 지닌다고 해석하지만, 천성과 양육에 대한 해석에서 차이를 보인다. 정순화는 '하늘로부터 받는 본성'이 유전적 요소를 강조하는 부분, '부모로부터 이루어지는 기질'이 환경적 요소를 강조하는 부분으로 보았다. 반면, 이경하는 '본성'이 유전(천성)의 의미와 다르며, '부모에 의해 형성된 기질' 속에서 유전적 요인과 환경적 요인이 결합되어 있다고 해석하였다.

이러한 차이가 발생하는 원인을 명확히 규명하고, 더 나아가 이러한 차이의 발생을 계기로 두 연구자의 주장이 갖는 타당성을 검증하기

---

38 이경하, 위의 글, 97, 109쪽 참조.

위해, 이사주당이 말하는 '하늘로부터 받는 본성'과 '부모로부터 이루어지는 기질', 그리고 '아버지의 하루 낳음'의 의미를 더욱 면밀하게 살펴볼 필요가 있다.

앞에서 언급했듯이, 이사주당은 '아버지의 하루 낳음'에 대해서, 아버지가 혼인 과정에서의 예절을 준수하고, 부부 간의 서로 존중하며, 상중이나 질병 중에는 잠자리를 피하는 것을 강조한다. 이러한 규율을 따르는 것은 단순히 유학적 가치를 지키는 것이 아니라, "헛된 욕망이 마음에서 싹트게 않게 하며, 삿된 기운이 몸에 달라붙지 않게 함으로써 자식을 낳는 것"을 궁극적인 목표로 삼는다.[39] 즉, 마음속에 헛된 욕망이 없고, 신체가 건강한 상태를 유지하는 것이 아버지의 하루 낳음의 핵심이라고 할 수 있다. 같은 맥락에서, 어머니의 10개월 기름은 임신 기간 동안 예의에 맞게 행동하는 것을 의미하며, 이를 통해 어머니의 마음과 신체를 모두 순하고 바르게 유지하는 것이 태아를 기르는 구체적인 목표로 제시된다.[40]

여기서 아버지의 역할은 건강한 마음과 신체를 유지하여 건강한 정자를 제공하는 것으로, 이는 유전적인 요인에 해당한다고 해석할 수 있다. 반면, 어머니의 역할은 유전보다는 환경적인 요인에 더 가깝다고 볼 수 있다. 그 이유는, 앞서 인용문④에서 언급했듯이, 어머니는 매개체로서 자신이 처하는 환경적인 요소를 태아에게 전달하고 영향을 미치지 때문이다.

뿐만 아니라, 이사주당은 임신 시기의 계절적 속성도 어머니를 통

---

39 『胎教新記』: "使虛慾不萌於心, 邪氣不設於體, 以生其子者, 父之道也."
40 『胎教新記』: "使得心知百體, 皆由順正, 以育其子, 母之道也."

해 태아의 기질 형성에 영향을 미친다는 보았다.[41] 이사주당은 또한 태아를 기르는 과정에서 어머니가 '아름다운 것'을 보고 듣는 것이 태교의 중요한 방법이라고 강조하여,[42] 어머니가 어떤 환경 속에서 어떤 것을 보고 듣느냐에 따라 태아의 성품과 형질이 달라질 수 있다고 주장한다. 결국, 이사주당은 태아의 기질 형성이 단순히 유전적 요인에 의해 결정되는 것이 아니라, 임신 중 환경적 요소에 의해 영향을 받을 수 있음을 강조하고 있다.

이러한 해석을 통해 태교 과정에서 어머니의 역할은 환경적인 요인으로만 단정 지을 수도 있을 것 같지만, 이사주당이 태교를 논할 때 태아와 어머님의 '닮음[肖]'을 강조했다는 점에서 유전적 요인과도 연결될 여지가 있음을 확인할 수 있다. 이사주당은 태교의 필요성을 강조하면서, 짐승조차 어미를 닮아 태어나는데, 인간이 그보다 못한 존재가 될까 염려하여 성인이 태교의 법을 만들었다고 주장한다.[43] 즉, 임부가 임신 기간 동안 안정된 정서를 유지하고 예의에 맞는 행동을 하는 것은 단순한 환경적 요인으로만 설명할 수 있는 것이 아니라, 태아가 어머니를 닮아간다는 유전적인 요인과도 결부될 수 있다는 점을 의마한다.

그러나 태아가 임부를 닮아간다는 의미는 과연 유전적 관점에서

---

41 『胎敎新記』: "夫木胎乎秋, 雖蕃廡, 猶有挺直之性. 金胎乎春, 雖勃利, 猶有流合之性. 胎也者, 性之本也, 一成其形而敎之者, 末也."

42 예를 들면, 『胎敎新記』: "妊娠三月, 刑象始化, 如犀角紋, 見物而變. 必事見貴人好人, 白璧孔雀華美之物, 聖賢訓戒之書, 神仙冠珮之畫. 不可見倡優朱儒猿猴之類, 戲謔爭討之狀, 刑罰曳縛殺害之事, 殘形惡疾之人, 虹霓震電, 日月薄蝕, 星隕彗孛, 水漲火焚, 木折屋崩, 禽獸淫泆病傷及污穢可惡之蟲, 妊娠目見."

43 『胎敎新記』: "夫獸之孕也, 必遠其牡. 鳥之伏也, 必節其食. 果蠃化子, 尙有類我之聲. 是故禽獸之生, 皆能肖母. 或不如禽獸然後, 聖人有怛然之心, 作爲胎敎之法也."

해석될 수 있는지에 대해서는 의문을 제기할 수 있다. '닮아간다'는 표현이 직관적으로는 유전적 개념과 연결될 수도 있지만, 이사주당이 이를 사용하는 맥락을 살펴보면, 오히려 환경적 요소에 더 가까운 의미로 해석할 수 있다.

이사주당은 태아와 어머니의 관계를 설명하면서, 태아가 오랜 기간 동안 어머니와 함께하는 과정에서 어머니의 감정과 성품을 닮아간다고 주장한다. "벗과 오랜 시간 함께 지내면 자연스럽게 그 사람의 인품을 배우게 되듯이, 태아는 10개월 동안 어머니와 함께 있으므로 반드시 어머니의 칠정(七情)을 닮아간다"라는 구절에서,[44] 이사주당은 태아가 어머니의 정서적 상태를 닮아가는 과정이 유전적 영향이라기보다는 환경적 요인 또는 학습(양육)의 영향에 가깝다고 해석하고 있다. 즉, 태아의 기질은 단순히 유전적 요인에 의해 결정되는 것이 아니라, 임신 기간 동안 어머니가 경험하는 정서적 상태와 행동을 흡수하는 존재로 인식된다.

뿐만 아니라, 이사주당이 태교의 끝을 출산으로 보고, 이후에는 스승을 선택하고 아이가 올바른 교육을 받도록 해야 한다고 강조한다. 즉, 태아가 출생한 이후에도 환경적 요소가 계속해서 중요한 영향을 미친다는 점을 강조하며, 태교의 마지막 단계가 아이를 위한 스승을 신중하게 선택하는 것이라는 점에서,[45] 태아 발달과 성장에 있어 환경이 핵심적인 역할을 한다는 점을 다시 한번 확인할 수 있다.

또한, 이사주당은 공동체를 관찰하면서, 사람들이 같은 환경과 시

---

44 『胎教新記』: "與友久處, 猶學其爲人, 況子之於母, 七情, 肖焉."
45 『胎教新記』: "妊婦臨產, 飮食充如也, 徐徐行頻頻, 無接襍人, 子師必擇."

간을 공유하면 그들의 외모, 습관, 기품, 골격 등이 비슷해질 수 있다고 주장한다. 이러한 견해는 기질 형성에 있어 유전보다 환경적 요인이 더욱 중요한 영향을 미칠 수 있다는 가능성을 열어준다. 그녀는 어머니가 비슷한 환경에서 살며, 비슷한 음식을 먹고, 비슷한 것을 보고 들으면 태아도 비슷한 성격과 기질을 갖게 된다고 보았다.[46] 이는 태아가 유전적으로 결정된 특성을 그대로 이어받는 것이 아니라, 어머니가 제공하는 생활 환경과 문화적 요소 속에서 태아의 기질이 형성된다는 점을 강조하는 것이다.

물론, 이에 대한 반론도 제시할 수 있다. 인용문⑤에서 언급된 태교의 궁극적 목적, 즉 조상과 닮은 자식을 낳자는 목표에 대한 해석이 여전히 논란의 여지가 있다. 우선, 조상은 태아와 시간적·공간적으로 직접적인 관계에 있지 않은 존재이므로, 환경적 요인만을 통해 태아가 조상을 닮아간다는 목표를 실현하는 것은 어려운 문제이다. 환경적 요인이 태아의 기질 형성에 영향을 미칠 수 있다는 점은 인정할 수 있지만, 그것만으로 조상과의 유사성을 만들어낼 수 있는가에 대한 의문이 남는다.

조선 시대의 부계 중심 유전 개념을 고려하면, 조상과의 닮음은 아버지의 유전적 기여(하루 낳음)를 통해 쉽게 설명될 수 있다. 즉, 유전적 개념을 전제할 경우, 조상과의 유사성은 아버지의 혈통과 직접적인 연관성을 갖게 된다. 그러나 이사주당은 '아버지의 하루 낳음'이 아

---

46 『胎敎新記』: "孿子面貌比同, 良由胎之養同也. 一邦之人, 習尙相近, 養胎之食物爲敎也, 一代之人, 稟格相近, 養胎之見聞爲敎也. 此三者, 胎敎之所由見也. 君子旣見胎敎之如是其皎, 而猶不行焉, 吾未之知也."

니라 '어머니의 10개월 기름'을 통해 조상과 닮은 아이를 낳을 수 있다고 주장하고 있다. 이는 그녀가 어머니의 역할을 환경적인 요소로 귀결하면서도, 동시에 어머니를 통해서 조상과 태아 사이의 유전적 연결을 조성하려는 듯한 모순을 내포할 가능성을 보여준다. 즉, 만약 조상과의 닮음이 유전적으로 결정되는 것이라면, 어머니의 태교 과정이 그것을 형성할 수 있다는 논리는 다소 약해질 수밖에 없다. 반면, 환경적 요인만으로 조상과 닮은 태아를 낳을 수 있다고 보는 것은 생물학적 유전 개념과 배치될 가능성이 있다.

따라서, 이사주당이 태아가 조상을 닮아간다고 주장하는 것이 생물학적 유전 개념을 포함하는지, 아니면 환경적 요인을 통한 사회적·정신적 유사성을 의미하는지에 대한 추가적인 검토가 필요하다. 이 문제를 해결하는 핵심은 천명지성과 기질지성의 관계에 있다고 볼 수 있다. 이 글에서는 이사주당의 태교론에서 덕성의 유전(천명지성)을 중심으로 논의를 전개하고자 한다.

이사주당은 태교의 궁극적 목표를 현능한 아이 또는 군자를 낳는 것에 있다고 주장한다.[47] 여기서 태아가 지닌 덕성(천명지성)은 원래부터 존재하는 것이며, 부모로부터 유전되는 것이 아니라는 점에 주목할 필요가 있다. 하늘에서 내려온 덕성에 대해서 이사주당은 "내 마음이 하늘이여, 마음이 착하면 하늘에서 내리는 것도 착하고, 하늘에서 내림이 착하면 자손에게도 미치는 법이다"라고 말했다.[48] 이 구절에서 이

---

47 『胎敎新記』: "古人有胎敎而其子賢; 寧憚十月之勞, 以不肖其子而自爲小人母乎? 曷不強十月之功, 以賢其子而爲君子之母乎? 此二者, 胎敎之所由立也."
48 『胎敎新記』: "吾心之天, 心善則天命善. 天命善則及于子孫."

사주당은 '착함'이 부모를 통해 태아에게 유전되는 것이 아니라, 하늘로부터 '유전'받는다고 해석할 수 있다.

나아가 이사주당의 해석에 따르면, 태교가 아이의 덕성을 키우는 과정이 아니라, 하늘로부터 부여받은 덕성을 유지하고 보호하는 과정이다. 이러한 관점에서, 부모가 이루어주는 기질은 덕성을 '확대'하거나 '심어주는' 것이 아니라, 이미 존재하는 천명지성이 가려지지 않도록 기질을 조정하는 역할을 한다.[49] 이사주당은 기질의 문제가 덕성을 가릴 수 있기 때문에, 태교를 통해 기질의 병을 예방하는 것이 중요하다고 본다.

정리하자면, 이사주당은 태교를 통해 덕성 있는 아이를 낳을 수 있다고 확신하지만, 이는 태교를 통해 덕성을 배양하거나 부모님으로부터 덕성이 유전된다는 의미가 아니다. 오히려, 하늘로부터 내재된 덕성이 가려지지 않도록 기질을 조정하는 과정으로 해석할 수 있다. 즉, 태교란 아이가 타고난 천명지성을 그대로 유지할 수 있도록 기질의 균형을 맞추는 과정이며, 이를 통해 아이의 덕성이 온전히 발현될 수 있도록 하는 것이 태교의 궁극적인 목적이라고 볼 수 있다.

5. 나가는 말

이 글은 이사주당(李師朱堂)의 『태교신기(胎敎新記)』를 중심으로 조

---

49 『胎敎新記』: "氣質偏勝, 馴至於蔽性. 父母生育其不謹諸; 氣質之病, 由於父母, 以明胎敎之理."

선 후기 여성 지식인이 유학의 생생관(生生觀)에 대한 새로운 이해를 고찰한다. 일반적으로 유학의 생생관은 우주 만물이 끊임없이 생성되는 원리를 거시적인 관점에서 설명하는 이론으로 인식된다. 이때 개별 존재의 생성보다 우주 만물의 근원적인 생성에 초점이 맞춰지며, '생생지리(生生之理)'라는 개념이 주로 사용된다. 이와 달리, 조선 후기 여성 지식인들은 제한적인 사회 환경에도 불구하고 유학의 생생관을 보다 구체적이고 실천적인 차원에서 성찰하였다.

이사주당은 성리학의 천명지성과 기질지성 개념을 수용하면서, 한 개인의 태어남에 대한 구체적인 설명을 시도하였다. 그녀는 '아버지의 하루 낳음'과 '어머니의 10개월 기름'이 태아의 기질 형성 과정에서 중요한 역할을 한다고 강조하며, 이를 보다 세분화하여 설명하였다. 아버지의 하루 낳음은 태아의 신체적 조건과 기본적인 신체 반응 기제(기혈과 지각)에 영향을 미치며, 어머니의 10개월 기름은 태아의 형질과 재능을 형성하는 핵심적인 역할을 담당한다. 이때 이사주당이 말하는 형질과 재능은 단순히 준수한 외모나 타고난 천재성을 의미하는 것이 아니라, 유학적 가치에 부합하는 특성으로 해석할 수 있다.

또한, 이사주당은 태교의 목표를 '덕성 있는 아이를 낳는 것'으로 설정하며, 태아가 하늘로부터 부여받은 천명지성을 온전히 발현할 수 있도록 하는 과정으로 보았다. 그녀는 태아의 덕성이 부모로부터 유전되는 것이 아니라 하늘에서 부여된 것이라고 보고, 태교의 역할은 덕성을 배양하는 것이 아니라, '기질의 병'을 예방하여 천명지성이 가려지지 않도록 하는 것이라고 주장하였다.

더 나아가, 이사주당은 태아의 기질이 주로 환경적인 요소에 의해 형성될 수 있다고 보았다. 그녀는 같은 시대나 지역에서 태어난 사람들이 비슷한 기질을 가지는 이유가 유전 때문이 아니라, 공유된 환경적 요인의 결과라고 해석하였다. 또한, 태아가 어머니의 감정을 '학습'하며, 태교 기간 동안 어머니가 보고 듣는 것이 태아의 형성과 발달에 중요한 영향을 미친다고 강조하였다. 이는 태아의 기질 형성이 단순히 선천적 요인에 의해 결정되는 것이 아니라, 어머니의 태교 또는 후천적 환경을 통해 조정될 수 있음을 시사한다.

이를 통해 이사주당은 태아의 기질 형성에서 유전적 요인보다 환경적 요인이 더 중요한 역할을 한다는 입장을 견지한다. 이러한 연구는 유학의 생생관을 현대적으로 재조명하는 과정에서, 기존 논의에서 부족했던 여성적 관점을 제공할 수 있다.

참고문헌

『周易』
『詩經』
『太極圖說』
『二程遺書』
『中庸章句』
『朱子語類』
『黃帝內經』

이사주당·유희 외 지음, 김양진 역주, 『태교신기·태교신기 언해』, 서울: 도서출판 모시는사람들, 2023.
이은선, 「朝鮮後期 女性性理學者의 생애와 학문에 나타난 儒敎 宗敎性 탐구: 任允摯堂과 姜靜一堂을 중심으로」, 성균관대학교 박사학위논문, 2007.
김인호·최정준, 「『胎敎新記』에 나타난 師朱堂李氏의 태교관」, 『온지논총』 제81호, 온지학회, 2024.
신정근, 「주렴계의 생태 사상」, 『철학』 제137권, 한국철학회, 2018.
장정호, 「한·중 전통 태교론 비교 연구」, 『교육사학연구』 제18집, 교육사학회, 2008.
조기호, 「李師朱堂의 氣候適應形質 考察」, 『한국여성철학』 제15집, 한국여성철학회, 2011.
정순화, 「정서발달의 관점에서 본 우리나라의 전통태교: 태교신기를 중심으로」, HER(Human Ecology Research) 52(1):1, 대한가정학회, 2014.
정해은, 「조선시대 태교 담론에서 바라본 이사주당의 태교론」, 『여성과 역사』 제10집, 2009.
진함, 「李師朱堂 『胎敎新記』의 성리학적 해석」, 『양명학』 제73호, 한국양명학회, 2024.
이경하, 「본성-양육 논쟁으로 본 『태교신기』 - 전통 태교론 및 현대 유전학과의 비교 -」, 『인문논총』 제71권 제1호, 서울대학교 인문학연구원, 2014.
이남희, 「조선후기 지식인 여성의 자의식과 사유세계: 이사주당(李師朱堂, 1739~1821)을 중심으로」, 『원불교사상과 종교문화』 제68집, 원광대학교 원불교사상연구원, 2016.
이숙인, 「삶과 앎의 문제로 본 이사주당: 인물 재구성을 통한 여성사상사 서술의 시론」, 『여성과 역사』 제26집, 한국여성사학회, 2017.
이순구, 「朝鮮初期 內外法의 成立과 展開」, 『청계사학』 제5권, 청계사학회, 1988.

예술 향촌 건설(藝術鄕建)에서 생태미학의 지속 가능성 구축

위안저우페이袁宙飛, 리루자李璐佳
산동대학교 예술대학 부교수, 산동대학교 예술대학 박사과정

내용요약

예술 향촌 건설(藝術鄕建)과 근대 농촌 개조의 근본적인 차이는 농촌의 생태 환경을 더 이상 현대화에 의해 부정되는 대상으로 보지 않고, 그 시대적 가치를 긍정하며 예술 향촌 건설과 융합하여 발전할 수 있는 대상으로 여긴다는 점에 있다. 지속 가능한 생태미학적 가치관의 구축을 통해, 예술 생태미학의 관점에서 향토 문화를 능동적으로 발굴하며, 심미적 영역에서 여러 주체의 참여형 상호작용을 촉진한다. 이를 통해 예술 요소를 농촌의 문화 생태 환경과 최대한 유기적으로 결합하고 합리적으로 활용하여, 새로운 농촌의 미학적 생태권을 구축한다. 이는 현대 예술 향촌 건설과 생태미학의 융합을 촉진하는 데 기여한다.

주제어: 예술 향촌 건설, 생태미학, 지속가능, 참여형 상호작용

1. 생태미학과 예술생태 미학의 토착화 탐구

중국은 예로부터 '천인합일(天人合一)'이라는 이념을 가지고 있으며, 이는 도가(道家) 사상과 민간에서 전해 내려오는 '만물유령관(萬物有靈觀)'이라는 정신적 신앙 속에 널리 스며들어 있었다. 이 사상은 또한 '인의(仁義)', '화이부동(和而不同)', '도법자연(道法自然)' 등 중국 고대 미학적 관념과 융합되어, 자연을 존중하고, 자연에 순응하며, 자연을 보호하고, 필요한 만큼만 취하며, 수양하며 살아가는 행동 규범으로 내재화되었다. 쩡판런(曾繁仁)은 '천인합일' 관념이 "'태극화생(太極化生)', '생생위역(生生爲易)', '천인합덕(天人合德)', '후덕재물(厚德載物)', '대락동화(大樂同和)' 등 매우 가치 있는 생태적 지혜를 포함하고 있으며, 이는 현대 생태문화 건설에 중요한 자원이 되었다."라고 언급한 바 있다. 고대 '천인지화(天人之和)' 사상은 인간과 자연의 조화에서 나아가 인간과 만물의 '공생'이라는 차원으로까지 확장되었다.[1]

1960~70년대 전 세계적으로 환경 문제가 심화되면서, 환경미학과 생태미학이 유럽과 미국에서 점차 부상하였다. 이는 18세기 중엽 바움가르텐(A. G. Baumgarten)이 확립한 미학 학문 체계를 한층 확장시키는 계기가 되었다. 특히 미국 학자 미크(Mick)는 '예술생태학(藝術生態

---

1 曾繁仁, 「中國古代"天人合一"思想與當代生態文化建設」, 『文史哲』 04, 2006, 5~11쪽.

學)'과 '생태예술(生態藝術)'의 개념을 제안하며, 생태적 예술미학을 구축하기 위한 새로운 방향성을 제시하였다. 이에 더하여, "실천미학이 생태미학으로 발전하기 위해서는 현대적 의미에서 비생태적 실천을 생태적 원리에 부합하는 '생태 실천(生態實踐)'으로 변환해야 한다."[2]는 관점을 통해 생태미학의 실천적 전환이 필요함을 강조하였다. 게르노트 뵈메(Gernot Böhme)의 환경미학은 분위기가 자연에 미치는 영향을 제시하고, 도시, 분위기, 자연 간의 관계를 논의하였다.[3] 중국의 '지속 가능한 발전' 이념은 이러한 전 지구적 환경 문제와 자국의 생존 공간 발전이라는 현실적 필요에 따라 제안된 것이다. 중국 당대의 예술 향촌 건설이 녹색화와 지속 가능성이라는 생태적 흐름과 조화를 이루고 접목될 수 있을지는 향후 농촌 진흥의 전체적인 양상과 발전 경로와 관련되어 있다.

    생태미학에 대한 연구는 21세기 초반부터 중국에서 본격적으로 부상하기 시작했다. 2001년 제1회 생태미학 세미나가 개최되었으며, 2007년 중국에서 처음으로 '생태문명(生態文明)'이라는 발전 이념이 제기되었다. 이는 국가적 차원에서 생태미학의 출현을 합법적으로 인정했다는 것을 의미한다. 현재 중국의 생태미학 연구는 '글로벌 관점에서의 생태미학', '생태미학과 환경미학의 관계', '당대 생태문화 건설에서 생태미학의 위치', '생태미학의 내적 함의' 등 여러 주제를 중심으로 새

---

2   程相占, 「生態美學的八種立場及其生態實在論整合」, 『社會科學輯刊』 01, 2019, 186~194.

3   立野良介, 「楊芳慶.城市、氣氛與自然―論格爾諾特·伯梅的環境美學」 『襄樊學院學報』 07, 2010, 28~32쪽.

로운 학문적 해석과 심층적 논의가 이루어지고 있다.[4] 쩡판런은 중국 생태미학 구축의 길을 세계적 관점, 국제적 자원, 중국적 경험으로 요약하고,[5] 중국 미학이 오랫동안 '서양을 통해 중국을 해석하는 길(以西釋中)'을 걸어왔다고 강조했다. 그는 앞으로는 중국 본토에 기반을 두고 서양의 유익한 경험을 흡수하는 미학 건설의 새로운 길을 개척해야 한다고 주장하였다.[6]

당대 생태미학의 발전은 다음과 같은 일련의 전환 과정을 포함한다. "인간 중심에서 생태 전체로의 전환, 주객 이분법에서 관계적 유기 전체로의 전환, 주체성에서 상호주체성으로의 전환, 자연 경시에서 미학과 문학의 녹색 원칙 준수로의 전환…"[7] 등이 그것이다. 탄하오저(譚好哲)는 "인간과 자연의 통합, 주체와 객체의 합일을 지향하는 미적 개입 모델을 제안"[8]하며, 인간이 환경 속에 존재하고 환경에 대한 미적 경험은 인간의 다양한 감각적 참여를 필요로 한다고 강조하였다. 또한, 환경 미학 경험의 사회성과 그것이 일상적 경험과 연계되는 특성을 특히 강조함으로써, 미적 활동의 일상 생활적 속성을 더욱 강화하였다. 청샹잔(程相占)은 '중국 생태미학의 미래 발전 전략과 방향'으로 다음 세 가지를 강조하였다. "첫째, 서구 환경미학의 이론적 성과를 더욱 충분히 참고하고 흡수해야 한다. 둘째, 생태문명 이념을 보다 자각적으로

4　曾繁仁, 『生態文明時代的美學探索與對話』, 濟南: 山東大學出版社, 2013, 559쪽.

5　曾繁仁, (美)阿諾德·伯林特, 陳炎等編委會; 程相占, 賈偉, 胡培真編訂者, 『全球視野中的生態美學與環境美學』, 長春: 長春出版社, 2011, 2쪽.

6　曾繁仁, 『生態美學』, 濟南: 山東文藝出版社, 2019, 5~7쪽.

7　曾繁仁, 『生態存在論美學論稿·再版序言』, 長春: 吉林人民出版社, 2009, 4쪽.

8　譚好哲, 「當代環境美學對西方現代美學的拓展與超越」, 『天津社會科學』, 2013(05), 113~119쪽.

지침으로 삼아야 한다. 셋째, 중국 전통 사상 자원의 생태적 전환을 보다 합리적으로 실현해야 한다."[9] 그는 생태미학의 핵심 명제로 "'인간의 자연화'가 아니라, 실천미학의 핵심 명제인 '자연의 인간화'와 반대되는 '자연의 자연화'"[10]를 제안하였다.

현실적 관점에서 볼 때, 중국의 예술 향촌 건설은 다양한 실천 과정을 통해 다주체 참여와 주체적 창조를 활용하여 생태 환경과 인간 거주 환경의 상호 융합과 공생을 촉진하고, 전통문화의 창조적 전환과 혁신적 발전을 이루는 하나의 '농촌 재건 경험'을 점진적으로 정리해 왔다. "예술적 심미의 생태화는 세 가지 형태로 나타난다. 첫째, 예술적 심미 공간과 생태 공간이 상호 중첩되는 경우이다. 둘째, 심미적 시공간이 예술 영역에서 시작하여 차례로 준예술, 비예술, 비심미의 영역으로 확장되는 것이다. 셋째, 예술적 심미 활동이 차례로 과학기술, 문화, 실천, 일상생활의 심미 활동으로 나아간 후 다시 본질로 회귀하는 것이다."[11] 더 많은 예술가가 중국 고대 문인의 자연에 대한 '제물비덕(齊物比德)'의 태도를 계승하여, 작품에서 자연물을 심미적 이미지로 사용하고, 이를 통해 내면 깊은 자연에 대한 사랑을 표현하고 있다.[12] 중국적 관점에서 보았을 때, 생태 미술이 현재의 '생태문명 건설'과 어떻게 연계되고, 새로운 시대적 분위기 속에서 어떻게 새로운 예술적 탐구를

---

9   程相占,「中國生態美學發展方向展望」,『求是學刊』, 2015(01), 119-122쪽.
10 程相占,「生態美學的八種立場及其生態實在論整合」,『社會科學輯刊』01, 2019, 186~194쪽.
11 袁鼎生,「生態審美場――生態美學元範疇」,『鄱陽湖學刊』03, 2009, 61~69쪽.
12 劉心恬,「中國當代藝術的生態審美意識」,『江蘇大學學報(社會科學版)』05, 2020, 67~77쪽.

진행할 것인가는 중국 당대 예술의 구도를 재구성하는 데 중요한 의미를 지닌다.

2. 당대 예술 향촌 건설에서 생태미학적 관점 통합의 필요성

"예술 향촌 건설은 예술의 방식으로 농촌 발전의 양상을 직시하고 농촌 사회 문제에 대응하기 위해 탄생한 산물이다."[13] 20세기 초, 량수밍(梁漱溟), 옌양추(晏陽初), 타오싱즈(陶行知), 페이샤오퉁(費孝通) 등은 향촌 재건에 대해 고민하며, 호적 및 주민등록 조사, 토지 조사, 농촌의 민풍·문화·식량 문제 등을 포함한 기초 시설 조사, 초등 교육 추진, 사회교육 문제 해결 등 다양한 활동을 수행했다. 이처럼 문화와 교육 문제에 관심을 가지면서 근대 학자들은 농촌 건설에서 미학과 미적 교육(美育)의 중요성을 인식하기 시작했다. 예술 향촌 건설과 근대 농촌 개조 및 지역사회 거버넌스의 차이점 중 하나는 농촌을 되살리는 과정이 일회적인 것이 아니라 지속가능하고 장기적인 과정임을 인식했다는 점이다. 농촌을 단순히 낙후되고 전통적인 개조의 대상으로 보지 않고, 지속가능하게 활용하고 융합 발전할 수 있는 대상으로 간주하며, 지역사회의 주민들을 개발되고 교화되어야 할 객체로 보지 않고, 협력하고 상호 융합하며 공생할 수 있는 참여형 주체로 여긴다. 이를 통해 농촌 문화 생태 환경의 미학적 가치를 인정하고, 농촌 재건 공동체 주체의 내재적 가치를 확립하며, 이를 현대 사회와 주민들의 일상적 심미 활동

13　屈行甫,「新時代藝術鄉建的價値導向與實現路徑」,『中國社會科學網』07, 2022.

과 연결하여 농촌 문화 생태의 내생적이고 지속 가능한 발전을 촉진한다.

21세기 이후 개입형 예술, 참여형 예술, 대화 예술, 공공 예술 등의 이론적 영향을 받아, 국내에서는 예술이 새로운 시대 농촌 재건 프로젝트와 계획에 개입하고 참여하는 사례가 점차 늘어나고 있다. 2014년부터 '예술 향촌 건설'이라는 용어가 독립적인 연구 개념으로 등장하기 시작했다. 팡리리(方李莉)는 예술이 아름다운 농촌 건설에 미치는 의의에 대해, 예술을 통해 전통적인 중국인의 '생활 양식'을 되살리고 농촌의 가치를 회복하며, '향토 중국'이 '생태 중국'으로 나아가도록 촉진하는 데 있다고 지적했다. 2023년 12월 초 기준, '예술적 농촌 재건'을 주제로 한 498편의 논문 중 상위 20개 관련 학문 분야를 분석한 표에서는 예술적 농촌 재건 연구가 학제적 융합의 경향을 보인다는 점을 확인할 수 있다. 이 연구는 문예 이론, 문화 경제, 건축 공학 및 기술, 미술·서예·조각·사진, 문화와 관광, 사회 통계 등 여러 학문 분야를 아우르고 있다.

번호	관련 학과	문헌수	문헌수 백분율%
1	문예이론	302	60.64
2	문화 경제	221	44.38
3	건축과학 및 공학	100	20.28
4	농업경제	76	15.26
5	미술, 서예, 조각, 사진	55	11.04
6	정당 및 군중조직	53	10.64
7	문화	45	9.04
8	고등 교육	17	3.41

9	여행	15	3.01
10	사회학 및 통계학	12	2.41
11	음악, 무용	9	1.81
12	신문 및 미디어	7	1.41
13	연극영화 및 방송예술	4	0.8
14	경공업, 수공업	4	0.8
15	도서관 정보 및 디지털 도서관	3	0.6
16	교육이론 및 교육관리	3	0.6
17	중등교육	3	0.6
18	중국 문학	3	0.6
19	행정학 및 국가 행정관리	3	0.6
20	민족학	2	0.4

'예술적 농촌 재건' 관련 학문 분야 결과 분석
출처: 중국지식망(中國知網)-학술 평가 지원 플랫폼

현재 예술적 향촌 재건 이론은 주로 예술적 향촌 재건의 발생 배경과 의미 가치, 이론적 구축, 그리고 구체적인 실천 사례 세 부분을 중심으로 전개되고 있다.

첫째, 예술적 향촌 재건의 발생 배경과 가치에 관한 것이다.『향촌 진흥 전략 계획(2018-2022년)』은 농촌 내 "우수한 사상 관념, 인문 정신, 도덕 규범을 심층적으로 발굴하여, 시대적 요구에 맞춰 보호와 전승을 기반으로 창조적 전환과 혁신적 발전을 이루어야 한다."[14]고 명시하고 있다. 이러한 지도 이념의 인도 아래, 예술가, 미학자, 비평가, 대학의 교수와 학생 등으로 구성된 다원적 주체들이 '예술적 향촌 재건'에

14　中共中央國務院,「鄕村振興戰略規劃(2018~2022)」,『人民日報』, 2018.09.27(001).

대한 지속적인 탐구를 전개하고 있다. 이들은 다양한 예술적 상징 표현과 복원 수단을 통해 전통문화를 '다시 되찾는' 작업을 수행하며, 농촌의 표면적 및 잠재적 문화 생태 자원을 통합하고 보완하고 있다. 이를 통해 예술적 향촌 재건이 농촌 교육, 관광 체험, (예술) 치유와 재활, 융합 미디어 등 여러 산업과 융합 및 공생을 이루도록 촉진하고 있다. 현대 예술가 취옌(渠岩)은 "예술이 농촌과 융합하는 데에는 세 가지 의미가 있는데, 첫째는 '탈유산화(去遺産化)'이고, 둘째는 현지 문화의 주체성을 존중하고 확인하는 것이며, 셋째는 다원적 주체 연동의 실천 방식이다."라고 보았다.[15] 이는 궁극적으로 도시화와 자본화로 인해 발생한 농촌의 '생태적 단절'을 완화하고, 농촌 주민들의 문화적 자긍심과 민주적 의식을 고취하며, 주민들의 주체성과 참여의식을 자극하고 농촌의 문화 생태를 복원하여 현대화 과정에 융합되도록 하여 농촌 문화의 부흥을 촉진한다.

둘째, 예술 향촌 건설 이론에 대한 논의이다. 연구 성과에서 언급된 빈도가 높은 용어로는 '사회적 개입', '농촌 거버넌스', '다주체 상호작용', '예술적 참여' 등이 있다. 팡리리(方李莉)는 현재 예술 향촌 건설 이론을 둘러싼 논의가 주로 문화 공간 생산, 공동체적 집단 건설과 심리적 질서, 중국적 미학과 신체적 경험, 현지성 등의 측면에서 이루어지고 있음을 지적하였다. 예술 향촌 건설은 다원적 주체의 통합적 발전 특징을 보여주며, 동양 미학 철학의 함의를 담고 있다.[16] 장즈창(張志强)은 '예술적 향촌 건설'을 미학적 정치 운동으로 규정하며, 이를 통

---

15 鄧小南, 渠敬東, 渠岩 等, 「當代鄉村建設中的藝術實踐」, 『學術研究』 10, 2016, 51~78쪽.
16 方李莉, 範曉穎, 「中國藝術鄉建的理論與實踐」, 『美術』 07, 2023, 6~19쪽.

해 농촌 사회의 변혁 가능성을 탐구한다.[17] 취옌(渠岩)은 "예술적 향촌 건설"이 농촌 주민들의 내생적 힘을 자극하여 문화적 자신감을 고취하고, 참여의식을 강화함으로써, 사회적 무질서와 파편화된 관계를 긍정적으로 통합하고 효과적으로 전환할 수 있다고 본다.[18] 루옌홍(路艶紅)은 '예술적 향촌 건설'을 주체성과 결합한 발전 경로로 나누어 이를 '융입(融入)', '융합(融合)', '융통(融通)'의 세 단계로 구체화하고, 다주체가 협력하고 공존하며 평등과 상호 이익을 추구하는 향촌 건설의 분위기를 조성할 것을 제안한다. 리겅(李耕), 펑사(馮莎), 장후이(張暉)는 예술 공간 생산과 시각 중심성의 주도적 지위, 주체성의 복잡한 관계, 그리고 문화 창작 경제와 같은 여러 최전선 주제를 중심으로 논의를 펼치며, 예술을 활용하여 자원을 활성화하고 체계적으로 아름다운 농촌 건설을 추진할 필요성을 더욱 강조하였다.[19] 장젠(張劍)과 류야추(劉亞秋)는 예술가와 주민 간의 해독의 어려움, 수용자 부재 등의 '전달 단절(傳播斷裂)' 현상이 예술적 향촌 건설의 실천 효과를 저해하고 있음을 지적하였다. 이를 바탕으로 주민 생활공간에 기반을 두고, 참여 메커니즘을 개선하며, 예술적 체험을 조성하는 방식으로 예술가와 주민 간의 대화 메커니즘을 구축할 것을 제안하였다.[20] 이러한 이론은 결국 농촌의 문화 생태적 장을 중심으로 전개될 수밖에 없다. 예술적 향촌 건

17　鄧小南, 渠敬東, 渠岩等, 「當代鄉村建設中的藝術實踐」, 『學術研究』 10, 2016, 51~78쪽.
18　渠岩, 王長百, 「許村藝術鄉建的中國現場」, 『時代建築』 03, 2015, 44~49쪽.
19　李耕, 馮莎, 張暉, 「藝術參與鄉村建設的人類學前沿觀察－中國藝術人類學前沿話題三人談之十二」, 『民族藝術』 03, 2018, 71~78쪽.
20　張劍, 劉亞秋, 「傳播斷裂與互動共融: 藝術鄉建主客體關係及其對話機制」, 『民俗研究』 05, 2023, 146~156쪽, 160쪽.

설의 궁극적 이상 중 하나는 문화의 장벽을 허물고, 지속 가능하며 내생적으로 발전할 수 있는 상호작용형 문화 생태계를 구축하는 것이다. 따라서 예술적 향촌 건설과 농촌 생태의 지속 가능한 발전에 대한 학문적 해석은 여전히 탐구할 여지가 있다.

셋째는 구체적인 예술적 향촌 건설 사례에 대한 분석이다. 류수만(劉淑曼)은 예술 참여와 상호 작용 과정에서의 다중적 주체성을 기반으로[21], 취옌(渠岩)은 "전체성 보호 원칙을 준수하며, 마을의 문화 생태계를 복원한다"[22]는 관점에서 '칭톈(青田) 패러다임'이 생동감 있고 심오한 예술적 향촌 건설 사례임을 지적하였다. 왕멍투(王孟圖)는 "정부+예술가+원주민+신생 창업자 이주민"으로 구성된 농촌 권력 구조의 실천 자체가 일종의 행위 예술이며, 동시에 예술가가 사회적 책임을 수행하고, 자아와 사회적 가치를 실현하는 과정이라고 강조하였다. "모두가 예술가"라는 미적 교육(美育) 이념과 공익 예술교육은 예술의 대중화와 평민화를 주창하며, '다중 주체' 협력을 통해 핵심을 '주민 주체'의 마음가짐 구축에 두고, 주체의 정체성을 확립하며 개인의 가치와 농촌 전체의 가치를 실현하는 것을 목표로 한다. 멍판싱(孟凡行)과 캉저난(康澤楠)은 이전의 '개입형' 연구가 '중심'의 '변두리'에 대한 지배와 '자아와 타자' 간의 이원적 대립을 야기했다고 지적하였다. 일본 가미야마쵸(神山町), '쉬촌(許村) 계획', '비산(碧山) 계획' 등의 사례를 열거하며, 예술의 '다중 주체 융합'을 출발점으로 삼아, 지역적 지식과 문화 주체성

21　劉姝曼,「鄕村振興戰略下藝術鄕建的"多重主體性"――以"青田範式"爲例」,『民族藝術』06, 2020, 135~143쪽.
22　渠岩,「藝術鄕建: 中國鄕村建設的第三條路徑」,『民族藝術』03, 2020, 14~19쪽.

에 대한 존중을 견지하고, 주민들의 문화적 자각을 활성화하며, 미적 정체성을 기반으로 농촌 공동체를 재구성할 것을 주장한다.[23] 이러한 사례들은 모두 농촌 주민들과 새로운 감정적 연계를 형성하고, 다중 주체의 융합과 협력을 통해 농촌 문화의 부흥을 촉진하는 데 중점을 두고 있다.

이미 존재하는 쉬촌, 칭톈 등 예술적 향촌 건설 사례를 살펴보면, 오래된 가옥을 복원하고, 예술제를 개최하며, 예술 동아리와 경연 대회를 운영하고, 중외 예술 교류를 촉진하는 것이 현재 예술 향촌 건설의 기본 모델로 자리 잡고 있다. 그러나 대부분은 여전히 정부와 예술가의 기획과 건설이 주도적인 역할을 하며, '농촌과 도시'가 각각 '전통과 현대', '낙후와 발전'을 대변하는 이원적 대립의 '늪지대'에 머물러 있다. 이러한 모델은 궁극적으로 '예술 공동체'나 '문화관광 마을' 형태로 발전하지만, 생태 환경 보호, 전통문화의 계승, 주민 주체 의식의 각성은 상대적으로 간과되고 있다. 그 결과 예술가가 보는 농촌의 아름다움과 주민들이 인식하는 미적 이미지 간의 '괴리', 생산자와 소비자 간의 수요와 공급 불균형, 예술의 전통적 내포가 '변질'되는 현상이 발생하며, 예술적 향촌 건설의 실천이 진정한 지속 가능성을 확보하지 못하게 된다. 따라서 다양한 원인 중 농촌 생태 환경 속 다차원적 미적 융합이 중요한 고려 요소가 되며, 예술 향촌 건설의 생태 미학적 가치 지향과 실현 경로에 대해 심층적으로 연구할 필요가 있다. 이를 통해 농촌 생태 미학과 주민 주체적 요구를 효과적으로 통합해야 할 것이다.

---

23 孟凡行, 康澤楠, 「從介入到融和: 藝術鄉建的路徑探索」, 『中國圖書評論』 09, 2020, 8~23쪽.

따라서 새로운 시대의 중국 예술 향촌 건설은 '예술'과 '농촌'에 대한 기존의 고정관념을 넘어, 농촌의 생태 미학과 주민의 생활미학을 결합해야 한다. 이는 농촌 문화 주체성을 육성하고, 민간 신앙을 복원하고 지속시키며, 지역적 지식을 계승하고 발전시키고, 향토 장소 정신을 재구성하는 것을 목표로 삼는다. 핵심 요소로는 다중 주체 간의 연계 협력과 상호작용, 농촌 감정 공동체의 구축, 민속(民俗)과 민예(民藝)의 활성화와 재생, 건축 공간의 지역화 개조 등이 포함된다. 중점은 농촌 사회의 문화의 장을 새롭게 갱신하고 재구성하는 데 있으며, 예술과 농촌이 서로를 구축하고, 해석하며, 함께 성취할 수 있는 비교적 균형 잡힌 중간 지점을 창조하는 것이다. 이를 통해 농촌의 문화 생태계를 복원하고 농촌 감정 공동체를 재구성하며, 미래 세대의 생명력을 농촌 생태미학 건설 사업에 참여시키는 방향으로 나아가야 한다.[24] 앞으로는 '예술 향촌 건설'의 함의를 깊이 이해하는 것을 기반으로, 예술 창작과 융합 실천에서 주변 생태 환경, 주민들의 일상생활 및 감각적 체험을 충분히 관찰하며, 농촌 생태미학과 주민 주체적 요구를 통합해야 한다. 이를 통해 농촌 문화에서 두드러진 미적 이미지를 적절히 활용하고, "예술 개입 - 지속 가능한 생태미학 가치관 융합 - 미적 정체성 각성 - 미적 체험 활성화 - 다원적 주체 참여 - 생태적 아름다움 구현"의 경로를 따라 과감히 시도할 필요가 있다.

---

24 屈行甫, 「新時代藝術鄕建的價値導向與實現路徑」, 『中國社會科學網』, 2022.07.21, https://www.cssn.cn/skgz/bwyc/202208/t20220803_5469228.shtml

3. 예술 향촌 건설 과정에서 지속 가능한 생태미학 가치관의 구축

이 글은 예술 향촌 건설 과정에서 '지속 가능한 생태미학 가치관'을 구축해야 한다고 제안한다. 이는 생태 환경과 문학, 예술, 미학의 관계가 상호 연결되고 융합하며 공생한다는 것을 전제로 한 것이다. 루수위안(魯樞元)은 『생태문예학』에서 "자연의 법칙, 인간의 법칙, 예술의 법칙은 일치하며, 심지어 '삼위일체'라고도 할 수 있다"[25]고 언급하였다. 생태미학적 시각에서 예술 향촌 건설을 연구하면, 기존에 나타났던 예술 향촌건설의 동질화와 인터넷 유명세화 현상을 타파할 수 있을 뿐만 아니라, 농촌의 생태적 공간을 확장할 수도 있다. '지속 가능한 생태미학 가치관'은 말 그대로 농촌 진흥 건설에서 '전면적 재구축'이나 '원시적 생태 유지'라는 기존의 정태적 관점을 버리고, 지속 가능성 및 생태미학 이념에 부합하는 가치관을 확립하는 것을 의미한다. 이는 예술 생태미학의 시각에서 향토 문화를 적극적으로 발굴하고, 예술적 요소를 최대한 농촌의 문화적 생태 환경과 유기적으로 결합하여, 현대의 미적 요구와 문화 발전 추세에 부응하는 유익한 혁신을 만들어 내는 것이다. 이를 통해 예술 향촌 건설에서 인간과 자연의 협력적 발전을 실현하고, 새로운 농촌의 미학적 생태권을 구축할 수 있다. 이러한 가치관은 지속 가능 발전의 요구를 충족시킬 뿐만 아니라, 생태미학이 추구하는 미적 가치 지향에도 부합한다. 중국의 생태문명 전환과 지속 가능 발전이라는 역사적 과정에서 지속 가능한 생태미학 가치관을 견지함으로써, 예술적 요소를 농촌 기획 및 건설에 더욱 많이 활용할 수

---

25 魯樞元, 『生態文藝學』, 西安: 陝西人民教育出版社, 2000, 73쪽.

있으며, 농촌이 감정 공동체, 가치 공동체, 미학 공동체로 형성될 수 있도록 촉진할 수 있다.

우선 농촌 문화 생태의 우선적 지위를 존중하고, 예술과 농촌의 조화로운 공생을 강화하는 예술적 협의 의식을 강조해야 한다. 이 과정에서 생태 보호는 기반이 되고, 예술과 기술은 수단이 되며, 예술적 협의는 방법적 경로가 되며, 생태의 지속 가능한 발전은 궁극적 목표가 된다. 실천에서는 친환경적인 재료와 기술을 사용하는 것을 중시하고, 녹색 저탄소 생활 방식을 장려하며, 환경에 대한 오염과 파괴를 줄여야 한다. 동시에 재생 가능 에너지의 사용과 개발을 중시하고, 기술의 힘을 충분히 활용하여 건축과 생활환경을 개조함으로써 거주하기에 적합한 농촌 환경을 조성해야 한다. 또한 농촌 주민들의 미적 수준과 문화적 소양을 향상시키는 데 주목해야 하며, 농촌 건설 사업의 결정과 배치, 장소 선택, 기획과 조직, 그리고 구체적인 설계와 창작에 이르기까지 동질화와 인터넷 유명세화 현상이 발생하지 않도록 해야 한다. 농민들의 문화적 미적 경향, 가치 지향, 그리고 농촌 공공 예술 작품에 대한 정신적 요구를 충분히 존중하며, 주민들이 예술 향촌건설 실천에 자발적으로 참여하도록 이끌어야 한다. 이를 통해 공공 예술이 가져다주는 정체성과 가치의 인정을 체감하게 하고, 현대 농촌 문화와 예술 공공 인프라 구축을 재구성해야 한다. 마지막으로 '역행'을 최대한 피해야 한다. 현재 일부 예술 향촌건설 사례에서는 동질화를 피하고 지신민의 독창성과 혁신성을 강조하기 위해, 이전의 향촌건설 경험과 농촌에 이미 존재하는 '층적 현상(層累現象)'[26]을 전면 부정하는

---

26 '층적(層累)'이라는 용어는 처음에 구제강(顧頡剛)이 「고사층적설(古史層累說)」에서 제시

경우가 있다. 그러나 이는 사실상 또 다른 극단으로 치닫는 것이다. 층적 현상은 중국 민족의 우수한 전통문화와 농촌의 역사적 형성과 변천 과정에서 널리 존재하는 특징으로, 이를 통해 농촌의 '기층'과 '심층'에 축적된 문화적 자산을 발견할 수 있다. 바로 이러한 층적이 존재하기에, 각 지역, 각 민족, 각 공동체 간에 끊임없이 이루어진 문화적 융합과 공생 현상이 입증되었으며, 이는 중화 문명이 계승되고 지속되어 온 역사적 증거가 되었다. 따라서 우리는 농촌에 이미 존재하는 '층적 현상' 뒤에 숨겨진 생태미학적 가치를 직시하고, 이를 기반으로 시대와 사회 발전의 추세에 부합하는 혁신을 이루어야 한다.

둘째, 농촌 지역 특색을 갖춘 생태 공공예술 또는 공공 문화관광 서비스를 조성하는 것이다. 이를 위해 향촌의 규약, 민속 풍습, 농기구와 농업 기술, 민가 건축, 수공예 기술, 전통 축제, 인생 의례 등에서 출발하여 각기 다른 농촌 간의 공통성과 차별적 특성을 찾아야 한다. 문화적 동일성을 중화민족 공동체의 문화적 상징으로 삼고, 지역적 특색을 가진 차별성을 농촌 공동체의 독특함을 강조하는 '예의 태그(禮儀標簽)'로 활용하며, 주민들의 일상생활과 주변 문화 생태 환경을 연결시킴으로써 향토적 스타일을 지닌 공공예술 작품이나 공공 문화관광 서비스를 창출해야 한다. 초기의 '칭톈 패러다임'에서부터 현재 구이저우

한 것으로, 초기에는 역사 자료의 '진위 감별'에 사용되었다. 그는 "고대 역사는 층적적으로 형성된 것으로, 발생 순서와 배열 체계는 오히려 반대로 되어 있다"고 주장하였다(顧頡剛, 『古史辨』 제1권 서문, 상하이 고적출판사, 1982, 52쪽). 이후 이 개념은 신화학, 역사학, 문헌학, 사회학, 민족학, 인류학 등 다양한 연구 분야에 광범위하게 적용되었다. 기본적인 의미는 문화의 형성과 변화가 일정한 규칙성을 가지고 있으며, 장시간에 걸쳐 논의되어야 한다는 것이다. 이를 농촌 생태문화의 지속 가능성 논의에 확장해 보면, 일부 간단한 농기구나 민가 건축 양식 또한 세월의 축적 속에서 여러 차례의 변천과 층적 과정을 겪었음을 확인할 수 있다.

(貴州)의 '촌초(村超)'²⁷가 보여주는 전 국민 참여의 사회적 효과, 그리고 좌징(左靖)이 기획한 량징위(梁井宇)의 '평민 디자인', 류자쿤(劉家琨)의 '미꾸라지 두부 뚫기', 쉬톈톈(徐甜甜)의 '건축 침술', 훙촌 훙탕 공방 등²⁸ 다양한 향촌건설 실천 사례를 보면, 예술 향촌 건설은 단순히 지역 특색 산업의 생산 공간으로 자리 잡는 것에 그치지 않고, 생태와 발전, 주체와 공동체 간의 관계를 조화롭게 조정하며, 향토 자원의 재생 가능 이용, 예술적 미학의 지역화, 디자인 혁신의 현대화를 다차원적으로 융합하고 있음을 알 수 있다.²⁹ 이러한 시도들은 모두 '정부의 지도, 주민의 참여, 예술가의 추진'이라는 효과적인 접근 방식을 통해 이루어진 것으로, 식사, 숙박, 교통, 여행, 쇼핑, 오락을 아우르는 '원스톱 서비스'와 감동을 주는 인문적 정서를 결합하여 주체와 공동체 간의 다원적 상호작용 관계를 조율하고, 현대 농촌의 생태 미학적 요구와 예술 미학적 장의 융합을 촉진하였다.

셋째, 예술 향촌 건설의 주체와 객체 간 참여형 상호작용을 촉진하는 데 주목해야 한다. 인간은 농촌 진흥의 주체이며, 농촌 건설의 목적은 더 많은 사람이 조화로운 공생, 적극적이고 번영하는 문화 생태 환경 속에서 행복한 삶을 누리게 하는 것이다. 이를 위해 예술과 향토 문화, 전통 농촌 생활 방식과 현대 생활 방식 간의 '단절' 상태를 타파하는 것이 강조된다. 이 과정에서 예술 형식은 특정 집단이나 개인의

27　역자 주: '촌초'는 농촌 축구를 의미하는 '촌'과 슈퍼리그를 의미하는 '초'가 합쳐진 약자이다.
28　梁井宇,「平民設計與超越日常」,『微信公眾平台"離村"』, 2021.08.02, https://mp.weixin.qq.com/s/KLP05tIUdjnGNA_aEpwRdQ。이후『중국문화보(中國文化報)』에 의해 보도됨. 李亦奕,「鄉村振興的美學路徑」,『中國文化報』, 2022.05.08(001).
29　「鄉村振興的"美學"之路」,『文化產業觀察』, 2022-05-09, https://www.bilibili.com/read/cv16531676/

미적 요구를 충족시키기 위한 자의적 창작에 그쳐서는 안 되며, 생활화되고, 전체적이며, 공공적이고, 자발적이며, 지속적으로 생성되는 생태미학적 이미지를 담아야 한다. 이는 농촌의 '자연화된 창작' 차원에서 향촌건설 주체에게 더 높은 요구를 제시하는 것이다. 주체들은 자신이 속한 지역 사회의 주민 생활에 깊이 참여하고, '깊이 있는 묘사'를 통해 농촌 '생태미학'을 해석해야 한다. 이러한 과정은 주민 주체와의 관계, 인간과 자연 및 사회 간의 균열을 메우는 연결고리가 되며, 이는 향촌건설 실천 미학과 '일상생활의 미학화' 이론을 잇는 매개일 뿐 아니라, 농촌 생태의 지속 가능성을 촉진하는 하나의 경로이기도 하다. 이를 위해 정부, 예술가, 농촌 주민, 관광객 등 다원적 주체 간의 차이성과 통합성을 존중하고, 상호 융합과 공생이라는 개방적이고 포용적인 태도를 견지하며, 다양한 공동체와 집단 간의 유대 관계 및 참여형 상호작용을 강화해야 한다. 또한, 주민 주체가 농촌 공동체에 대한 문화적 정체성을 형성하고, 자발적으로 자신의 미적 의식을 표현하도록 내적 동기를 자극함으로써, 주민의 생활 상태와 농촌 생태 환경을 더욱 개선할 수 있다.

넷째, 농촌 문화의 계승과 혁신을 촉진해야 한다. '예술 향촌 건설'의 핵심 요소는 문화이다. 이는 인문 정신으로, 개인, 집단, 사회 차원에서 깊이 뿌리내린 공동의 감정과 신념에서 비롯된다. 농촌 문화를 단순히 표본으로 전시하는 데 그치지 않고, 지역 사회의 문화적 자각과 문화 생태의 지속 가능한 발전 모델을 육성해야 한다. 최근 농촌 건설에서 농기구 박물관, 미식 축제, 향수 박물관, 민속 문화관, 그리고 고건축물을 보존하고 활용한 실물 건축물 등은 물질 문명, 정신적 신앙, 생활 문화, 예의와 풍속이 농촌 생태 건설의 지속과 발전에 있어 중요한 의미와 가치를 지닌다는 점을 보여주었다. 앞으로는 농촌 예절과 풍속 문화를 현대적으로 재구성하는 것을 중심으로, 문화 회당, 문화 광장, 농촌 공연장, 무형문화재 전승 공간, 가족 사당 등의 공공 문화 시설 건설을 추진하는 동시에, 지역특색이 풍부하고 주민들에게 친숙하며 사랑받는 문예 작품과 예술 활동을 통해 농촌 문화 공간을 풍부하고 활기차게 만들어야 한다. 농촌 전통문화를 보호하고 계승하는 동시에, 농촌 문화의 혁신과 내생적 발전을 장려하고 지원해야 한다. 이는 농촌 문화의 자신감과 정체성을 높이는 데 기여할 뿐만 아니라, 농촌 문화의 지속적 발전을 촉진하는 데에도 도움이 될 것이다.

4. 결론

과정의 측면에서, '지속 가능한 생태미학 가치관'의 시각에서 본 예술 향촌건설은 생태미학의 심미적 과정과 융합할 수 있으며, 이를 사전, 진행 중, 사후의 세 단계로 나눌 수 있다. 예술 향촌건설 이전 단계는 심미적 취향과 심미적 경험의 융합이 중심으로, '타자'의 심미적 시각에서 농촌의 역사적 연혁, 자연 자원, 인문 지리 및 민속 풍습으로 이루어진 농촌 생태를 깊이 이해하고 이를 바탕으로 예술 개입 계획을 설계하는 것이 필요하다. 예술 개입 진행 중 단계는 주로 심미적 참여, 심미적 창작, 심미적 상상의 단계로, 주민 주체의 심미적 경향과 의견을 충분히 존중하며 다중 주체가 상호작용하며 참여할 수 있는 예술 협의 플랫폼을 구축해야 한다. 이를 통해 다양하고 풍부한 디자인 사례와 전시 방식을 통해 대중에게 전통 예술과 기술 매체의 결합 경로를 가르치고, 주민들이 직접 예술적 향촌 건설 설계에 참여하도록 해야 한다. 예술 개입 이후 단계는 심미적 수용, 심미적 체험 및 심미적 비평 단계로 접어들며, 이를 기반으로 예술적 향촌 건설의 피드백을 진행하여 예술 개입과 농촌 건설 간의 긍정적 순환 모델을 실현해야 한다. 또한, 농촌의 미적 교육(美育) 건설을 중시하여 농촌 문화 강좌를 열고, 예술제를 조직하는 등 집단적인 심미 활동을 통해 주민들의 심미적 통찰력, 이해력, 상상력, 감정 체험 능력을 지속적으로 향상시켜야 한다. 동시에 농촌 지역 특색을 지닌 생태 공공 예술 또는 공공 문화관광 서비스를 구축하여 예술 미학의 지역화를 촉진하고 디자인 혁신의 현대화를 이루어야 한다.

근대기 한국의 새로운 인간개념 연구

: 이돈화를 중심으로

고승환 高承煥
성균관대학교 성균유학·동양철학연구원 선임연구원

내용요약

본 연구는 이돈화를 통해 근대 한국에서 인격이라는 개념이 어떻게 철학적으로 받아들여지고, 변용되는지를 고찰한다. 영어의 person, personality라는 단어의 번역어인 인격(人格)은 동아시아에서는 쓰이지 않았던 용어로 일본에서 19세기 후반에 쓰이기 시작한 이래, 한국에서는 20세기 초반 인품, 인성, 품성 등 기존 개념들과 의미상 중첩된 형태로 활용되었다. 1920년대에 들어서면서 이돈화는 인격 개념에 주목하고 있는데, 단순히 일본을 경유하며 수용한 서양의 인격 개념을 소개하는 데 그치는 것이 아니라 이 개념의 한계를 지적하고, 새로운 인간개념, 즉 인간격 개념을 제안하고 있다. 먼저 2장에서는 20세기 초 한국에서 어떻게 인격이라는 개념이 수용되기 시작했는지 살펴본다. 3장에서는 인격 개념을 수용한 이돈화가 유교적 전통의 관계성, 즉 '人倫'에 대해 어떠한 태도를 취하고 있는지, 또 일본의 근대 사상가로부터 수용한 인격 개념을 어떻게 전통적 인륜과의 관계에서 재해석하고 있는지를 중점적으로 분석한다. 그리고 4장에서는 이돈화 사상의 뿌리라고 할 수 있는 동학의 핵심교리, 인내천 사상을 다룬다. 이돈화는 동학을 천도교라고 하는 신흥 종교로 재탄생 시키는데에 핵심적 역할을 한 이론가이다. 그는 진화론을 바탕으로 동학 사상을 재건립하고 있다. 이상, 이돈화의 새로운 인간 개념인 '人間格'은 네 가지 요소, 즉 ① 신칸트학파의 人格, ② 전통의 유교적 人倫, ③ 동학의 종교적 교리인 人乃天 사상 ④ 포이어바흐의 사람주의 등을 종합하여 새롭게 제시된 것임을 밝힐 것이다.

주제어: 이돈화(李敦化), 인간(人間), 동학(東學), 천도교(天道敎), 신인(新人), 인격(人格)

1. 들어가는 말[1]

현대 사회에서 '인격(人格)'이라는 말은 동·서양을 막론하고 일상적 용어로 뿐만 아니라, 전문적 용어(technical term)로도 흔하게 사용되고 있다. 인격(人格)은 자유(自由), 평등(平等), 인권(人權)(민권民權) 등과 같이 서양 근대 사상을 이루는 중요한 개념이며, 최근에는 인공지능(A.I.) 등 과학 기술의 비약적인 발전에 따라 '전자적 인격(Electronic Person)'이라는 신조어까지 등장하기에 이르렀다.[2] 그런데 현재 이렇게 광범위하게 쓰이고 있는 인격(人格)이라는 말이 처음부터 동아시아 사회에서 쓰이던 개념이 아니며, 이 용어가 19세기 후반~20세기 초반에 들어서서야 비로소 빈번하게 쓰이기 시작하였다는 점에 주목하는 이

---

[1] 본 논문은 「이돈화의 인간관 연구-인류과 인격의 융합, 그리고 새로운 인간형(인간격)-」이라는 글의 일부를 수정, 요약하고 이후 연구된 부분을 추가한 글이다. 추가된 부분은 일본의 쿠와키 겐요쿠 이전에 서양 인격 개념의 유입 과정에 관한 내용(2장 포함), 그리고 이돈화 인간관에 지대한 영향을 미쳤던 포이어바흐(4장 포함) 등이다. 위 논문에서는 이돈화의 인간관에서 포이어바흐 사상의 영향력에 크게 주목하지 못했다. 차후 포이어바흐와의 관련성 연구는 다른 공간에서 본격적으로 다룰 예정이다.

[2] 인격은 인문사회 분야, 특히 윤리학, 심리학, 교육학뿐 아니라 종교학에서 상당히 중요한 개념어로 사용되어왔다. 법학에서는 일찍이 법인격이라는 개념을 통해서 인간 개인이 지닌 '인격'이라는 개념을 확장하여 생물학적인 자연인뿐 아니라 法人(legal person), 즉 법률에 의하여 권리능력이 인정된 단체 또는 재산, 법적인 독립체를 의미한다. 전자 인격이라는 개념 자체는 소위 인공지능이라는 인간 외의 존재에게 인간에 준하는 법적 권리뿐 아니라, 윤리적 주체로서 책임까지 부여할 수 있느냐하는 문제와 결부되어 있다.

가 많지 않다.

그런 점에서 근대 한국의 야뢰 이돈화(1884~1950?)라는 사상가는 흥미로운 시사점을 던져준다. 이돈화는 일제 식민지 시기 천도교의 대표적인 이론가이자 언론인, 종교인 등으로 활약한 인물이다. 이돈화가 활동할 당시 한국은 유교적 이데올로기를 지니고 500년을 이어온 조선왕조(朝鮮王朝, 1392~1897)가 무너진 상황이라, 가치관의 대혼란기를 겪고 있었다. 이때 이돈화가 주목한 것은 서양의 인격 개념이었는데, 그는 유교적 인륜을 바탕으로 한 낡은 인간관을 가지고는 조선 사회를 변혁할 수 없다고 보았다. 이돈화는 서양의 인격이야말로 조선 사회가 새로운 문화적 개조(改造)를 이루어 내는 데에 있어 필수불가결하다고 보았다. 물론 이돈화 이전에도 인격이란 용어가 쓰인 용례들이 여럿 등장하고 있으나, 이는 법률이나 심리학적 용어로 쓰이는 것으로 일본 메이지 20~30년대 후반에 유입된 용어를 그대로 활용하는 정도였으며 인격이란 가치 자체에 주목하지 못했다. 이돈화는 서양의 인격이라는 개념을 단순히 수용하는 데에 그치는 것이 아니라 이 개념을 비판적으로 분석한 최초의 한국인이라고 평가할 수 있다.

본 연구는 이돈화를 통해 근대 한국에서 인격이라는 개념이 어떻게 철학적으로 받아들여지고, 변용되는지를 고찰한다. 먼저 2장에서는 20세기초 한국에서 어떻게 인격이라는 개념이 수용되기 시작했는지 살펴본다. 3장에서는 인격 개념을 수용한 이돈화가 유교적 전통의 관계성, 즉 '인륜(人倫)'에 대해 어떠한 대도를 취하고 있는지, 또 일본의 근대 사상가로부터 수용한 인격 개념을 어떻게 전통적 인륜과의 관계에서 재해석하고 있는지를 중점적으로 분석한다. 그리고 4장에서는 이돈화 사상의 뿌리라고 할 수 있는 동학의 핵심교리, 인내천 사상을 다룬다. 이돈화는 동학을 천도교라고 하는 신흥 종교로 재탄생 시키는데에 핵심적 역할을 한 이론가이다. 그는 진화론을 바탕으로 동학 사상을 재건립하고 있다. 이상, 이돈화의 새로운 인간 개념인 '인간격(人間格)'은 네 가지 요소, 즉 ① 신칸트학파의 인격(人格), ② 전통의 유교적 인륜(人倫), ③ 동학의 종교적 교리인 인내천(人乃天) 사상 ④ 포이어바흐의 사람주의 등을 종합하여 새롭게 제시된 것임을 밝힐 것이다.

2. 서양 인격(人格) 개념에 관한 철학적 수용

인격 개념의 수용사를 살펴보면 자유 등 여타 다른 서양 근대적 개념의 수용사만큼이나 흥미로운 점들이 존재한다. 인격(라틴어: persona)은 영어의 Person, Personality의 번역어인데, 처음부터 바로 인격이라는 용어로 정착된 것은 아니다. Person, Personality는 메이지 초기에 일본에서 각기 다른 사람에 의해 "인품(人品)", "유심자(有心者)", "영지유각(靈知有覺)", "품위(品位)", "품격(品格)" 등으로 번역되었는데, 이는 메이지 20년대에 이르는 동안 "personality"의 번역어가 아직 유동적인 상황이었음을 보여준다. 주지하다시피, 19세기 후반 독일 유학 출신인 이노우에 데쓰지로와 나카지마 리키조는 독일 신칸트파의 영향으로 서양 철학자 칸트의 인격 개념을 일본에 유입한 인물들로 알려져 있는데, 윤리적 의미의 人格 개념은 이때로부터 정착되기 시작하였다고 말할 수 있다.[3]

---

3   明治 14년에 이노우에 데쓰지로를 중심으로, 일본 최초의 철학 사전이라고 할 수 있는

한국에서 인격(人格) 개념은 본 연구의 대상인 이돈화 이전에도 당시 지식인들 사이에서 폭넓게 쓰이고 있었다고 생각된다. 특히 20세기 초 교육, 정치, 법, 심리 등 각종 학문 분야에서 인격이라는 개념을 사용하고 있는데, 이는 근대 일본 지식인들의 영향으로 보인다.[4] 다만, 인격이라는 용어를 쓰고 있는 저자들 대부분은 인격이란 개념 자체에 특별히 주목하고 있지 않다.

(1) 夫 敎育은 國家의 人格을 造ᄒ야 智識을 與ᄒ며 職業을 授ᄒ야 團體를 供홈이어늘 近日敎育에 對ᄒ야 實際을 講究ᄒᄂ 者ㅣ 少ᄒᆯ 뿐더러 弊害가 隨至ᄒ니 弊害의 原因은 三種을 由홈이라.[5]

(2) 人種을 同히 홀 事 吾人思想의 發達이 敎育에 基因홈은 再論을 不俟ᄒ려니와 敎育이 三種이 有ᄒ니 一曰 家庭敎育이오 二曰 學校敎育이오 三曰 社會敎育이 是也라. 以上 數者의 敎育을 服受ᄒ 後에야 吾人은 始乃人格된 思想을 始得ᄒᆯ지니[6]

『철학자휘』의 초판이 간행되었다. 이 사전에서 "personality"는 "인품"으로 번역되었다. 이는 아마도 이노우에 데쓰지로 자신이 만든 번역어일 것이라고 추측할 수 있다. 참고로, "Person"은 "인(人), 본신(本身)"으로 번역되었다. 이 『철학자휘』는 메이지 17년에 재판이 발행되는데, 그 재판에서도 "personality"는 여전히 "인품"으로 번역되었다. 따라서, 메이지 17년 2월에 독일에 유학 가기 전에는 이노우에 데쓰지로 자신이 "personality"의 번역어로 "인품"이라는 한자어를 사용했을 것이라고 생각할 수 있다. 더 자세한 내용은 다음을 참조. 佐古純一郞, 『近代日本思想史における人格觀念の成立』, 朝文社, 1995, 20~23.

4　근내기 한국의 서양 개념 형성사에서 중요한 『한성순보』(1883~1884), 『한성수보』(1886~1888), 그리고 유길준의 『서유견문』(1895) 등에는 自由, 權利 등 일본을 경유하여 받아들여진 서양 개념들이 등장하고 있지만, 人格이란 개념은 아직 등장하지 않고 있다. 20세기 초가 시작되면 위 인용문에서 보는 바와 같이 등장하는 빈도가 상당히 많음을 알 수 있다.

5　金成喜, 「敎育說」, 『대한자강회월보』, 제5호, 1906. 11. 25.
6　尹孝定, 「民의 政治思想」, 『대한자강회월보』, 제6호, 1906. 12. 25.

(3) 五. 權利라 홈 人格互相의 關係에 當ᄒᆞ야 其 一方이 他一方에 對ᄒᆞ야 一定의 利益을 享受ᄒᆞᄂᆞᆫ 法律上 能力이라.[7]

(4) 昔時의 人格은 家門과 門閥을 依ᄒᆞ야 扶持ᄒᆞ얏거니와 今日의 人格은 國門과 國閥을 依ᄒᆞ야 扶持ᄒᆞᄂᆞᆫ 事를 不知ᄒᆞᄂᆞᆫ가[8]

위에서 볼 수 있는바 인격이라는 개념은 20세기 초반에 여러 분야에서 쓰이기 시작하는데, 인용문(1)에서는 교육을 통해 인간의 도덕성 함양이 필요함을 역설하고 있다. 이는 인격 개념이 막 유입되어 유행하던 당시 기존의 도덕적 덕성이나 품성 개념과 유사한 의미로 인격이란 용어가 차용되고 있음을 보여준다. 인용문(2)에서는 인격 기반의 사상이 가정교육, 학교교육, 사회교육이라고 하는 세 종류의 교육을 통해서야 비로소 달성될 수 있음을 말하면서 이를 뒷받침할 국가의 공동체적 정신으로서 정치 단결이 강조되고 있다.[9] 인용문(3)에서는 법률상의 인간 권리를 규정하면서 인격 개념이 등장하고 있다. 권리라는 것은 법률이 보장하는 인간, 즉 '인격' 상호 간에 이익을 향유할 능력을 의미한다는 것이다. 인용문(4)에서는 과거와 현재의 인격 개념이 다르다는 인

---

7 薛泰熙, 「法律上 人의 權義(承前)」, 『대한자강회월보』, 제12호, 1907. 6. 25.
8 石鎭衡, 「法律의 必要」, 『대한협회회보』, 제2호, 1908. 5. 25.
9 朝陽樓主人 尹孝定, 「民의 政治思想」, 『대한자강회월보』, 제6호, 1906. 12. 25. "夫國家ᄂᆞᆫ 各其位置와 風俗과 人種의 差異홈을 隨ᄒᆞ야 或 宗敎나 或 文이나 或 武로뻐 其國을 治ᄒᆞ니 所謂 統治의 政體ᄂᆞᆫ 雖曰 千種萬樣이나 如何ᄒᆞᆫ 邦國을 不問ᄒᆞ며 古今을 不論ᄒᆞ고 苟其 國安을 保持ᄒᆞ며 國威를 昻揭ᄒᆞ야 確固不拔홀 邦國을 建立ᄒᆞ기에ᄂᆞᆫ 其國을 統治ᄒᆞᄂᆞᆫ 制度가 如何히 完美홀지라도 國民의 政治的 思想[卽愛國之觀念]이 無ᄒᆞ고 且勇往果敢遠謀深慮의 精神이 無ᄒᆞᆫ則 決코 健全ᄒᆞᆫ 國家됨을 不能ᄒᆞᆯ지니 蓋此가 無ᄒᆞᆫ則 國民의 共同一致의 精神이 無ᄒᆞᆫ 所라."

식을 기반으로, 과거의 인격은 가문을 통해서 유지되었다면 현재의 인격은 국가에 의해 유지되어 인격 양성에서 국가의 우선성을 강조하고 있다. 이는 모든 인간이 태어나면서 동등하게 부여받는 인간 그 자체로서의 존엄, 즉 칸트식의 인격 개념과는 그 쓰임이 다르다는 것을 확인할 수 있다. 이상, 위의 인용문들에서는 서양의 인격이란 의미가 무비판적으로 수용되어 소개되는 데에 그치고 있으며, 또한 당시 한국의 전통적 윤리의 덕성, 품성 개념 등과 의미상 혼용되고 있었다고 할 수 있다. 그런데 1920년대에 들어서면, 이러한 서양의 인격이라는 개념은 당시 일본의 신칸트학파, 그리고 문화주의, 인격주의 등의 사조에 영향을 받으면서 중요한 철학적 개념으로 대두되기 시작하는데, 동학 이론가였던 야뢰 이돈화가 그 대표적 인물이라고 할 수 있다.

　　이돈화의 사상 형성 과정에서 1910년대 전반까지는 동학이라는 조선의 신흥 종교 자체에 관한 이론화가 중심을 이루던 시기였다. 그 이후부터 일본의 근대 문화주의 철학 사조를 수용하고, 전통 사상을 근대적 형태로 탈바꿈하는 시기였다고 평가할 수 있다. 이돈화 사상의 독특성은 그가 일본을 경유해서 받아들인 서양의 핵심 가치를 수용하면서, 동시에 이를 동학이라는 전통 사상과 융합하여 새로운 개념으로 재창조하고 있다는 점에 있다. 그러나 단순히 이론 방면에 국한된 것이 아니라, 이돈화의 주된 관심은 당시 일제하 한국 사회를 변화시킬 이른바 사회개조론에 있었다고 볼 수 있다. 아래에서는 초기 이돈화가 주목한 서양의 핵심 가치인 '인격'의 문제를 다루고, 그가 말하는 인격이 어디에서 유래한 것인지, 또 어떠한 의미를 지니고 있는지 살펴보고자 한다. 먼저, 아래 이돈화가 『개벽』이라는 잡지에 게재한 「문화주의와 인격상 평등」(1920)이라는 글을 보자.

> 意志의 自由가 有한 人이야 卽 人의 人되는 本性을 具備한 것인데 그 人된 本性이라 함은 卽 人格이엇다. 故로 文化는 人格과 密接不離한 關係를 가지고 잇는 것이엇다.[10]

이돈화는 문화라는 새로운 개념에 주목하고 이를 세계의 신사조라고 간주하면서, 모든 이가 시대적 이상이자 책무로 삼아야 함을 강조하고 있다. 그렇다면, 이돈화가 말하는 문화란 무엇을 의미하는 것일까?

> 如斯한 文化는 人格主義로부터 出한 것이라 하면 文化는 무엇보다도 먼저 論理上 國土時代의 經驗的 內容을 超越한 先天的 基礎의 上에 立한 것일지며 그리하야 此를 有한 者는 論理上 먼저 先驗的 自我 卽 人格에 置重치 아니치 못할지로다. 故로 文化라 云하며 改造라 云함은 먼저 此와 如한 人格의 存在를 豫想할 것이며 그리하야 此와 如한 人格의 上에는 平等觀이 成立치 아니치 못할 것이로다.[11]

여기에 인용된 이돈화의 글은 쿠와키의 『文化主義と社會問題』(1920)에서 대부분 발췌한 내용이다. 쿠와키의 문화주의 철학으로부터 이돈

---

10 白頭山人(이돈화), 「文化主義와 人格上 平等」, 『開闢』, 1920. 12, 12쪽.
11 여기 필자가 인용한 구절은 다음의 쿠와키의 글과 거의 일치한다. 桑木嚴翼, 『文化主義と社會問題』, 東京: 至善堂, 1920. "文化主義の第二の系論は, 其が人格主義なることより生ずることである. 文化は論理上國土時代の經驗的內容を超越せる先天的基礎の上に立つもので, 而して之を有する者は又是等經驗に對して論理上先たねばならぬ所の先驗的自我卽人格である. 故に文化といひ改造といふ、先づ此の如き人格の存在を豫想するものである. 而して此の如き人格の上にこそ, 平等觀が成立しなければならぬのてある." 이돈화의 글은 다음을 참조. 白頭山人(이돈화), 「文化主義와 人格上 平等」, 『開闢』, 1920. 12, 13쪽.

화가 주목한 가치는 무엇이었을까? 그 핵심은 문화의 정수라 할 수 있는 인간학, 특히 도덕 영역에서의 '인격'이라는 가치에 있었다. 독일에서 유학한 쿠와키는 서양의 신칸트학파의 문화 개념을 소개하고 있는데, 이는 인격주의에 기반한 것으로 이돈화가 발췌한 글에서도 칸트의 도덕철학 용어들, 즉 경험, 초월, 선천적, 선험적, 인격 등의 개념어들을 확인할 수 있다. 여기서 쿠와키는 문화라는 개념이 인격주의로부터 나온다고 언급하는 한편, 문화는 특정한 시공간에 국한된 경험적 국가가 아닌 인격이라는 인간 본래의 선험적 기초[12] 위에 정초하고 있다고 하였다. 이러한 논리로부터 그는 어떠한 과거, 어떠한 지리적 환경을 지닌 국가라 할지라도 문화 개조 혹은 새로운 문화의 창출이 가능함을 역설하고 있다.[13]

이돈화는 쿠와키의 저술을 통해서 이러한 시대적 분위기를 읽어냈을 것이고, 그가 『문화주의와 사회문제』의 대부분을 쿠와키의 글에서 그대로 옮기고 있다는 점을 고려해볼 때, 식민지 조선의 개조를 위해 우선 이 '문화' 개념, 특히 자아의 내면적 발전이라는 요소가 동학의 핵심 교리와도 상통할 수 있음을 감지했을 것이다. 엄밀히 말해, 쿠와키와 이돈화의 글은 그 맥락 및 취지에 다소간의 차이가 있다. 쿠와키는 당시 일본 사회가 지닌 특수한 문제를 해결하기 위해 소위 개조

---

12 여기서 선천적 기초라는 말은 이돈화가 인용한 쿠와키의 책에서 중요한 의미로써 제시되고 있다. "어떤 판단이나 지식이나 행동 등의 기초가 되며, 이러한 것들을 논리저으로 가능하게 하는 요소를 그것의 '아프리오리' 즉 선천적 요소라고 한다." 桑木嚴翼, 『文化主義と社會問題』, 東京: 至善堂, 1920, 143쪽.

13 쿠와키는 당시 일본의 사회문제, 특히 외부 생활로 드러난 노동 문제가 결국은 인간 개인의 자유를 향한 내면적 요구의 표출이라고 분석하였다. 이러한 사회적 문제를 해결하기 위해 그가 주목한 것은 바로 인간의 외부적 삶 이면에 자리한 근본적인 요소, 즉 인간의 내부적 삶과 관련된 '문화' 개념에 있었다.

론의 한 형태로 문화주의, 특히 인격주의를 선천적 기초로 제시하고 있다. 그는 사회문제의 이면을 파고들어 그 문제의 원인을 제공하는 이론적 분석에 보다 초점이 있었다. 이돈화는 이와 달리 당시 조선 사회의 문화를 개조하기 위해 쿠와키가 제시한 인격주의를 일단 수용하고 있다. 「문화주의와 인격상 평등」에서 이돈화는 쿠와키의 원문에는 나오지 않는 '부인문제'를 덧붙임으로써, 조선 사회에서 필요한 개조의 구체적 대상을 부각시키고 있다.

3. 인격본위와 관계본위

이돈화는 쿠와키로부터 수용한 인격주의를 토대로 동아시아 전통의 다섯 가지 인간관계를 재해석하는데, 이는 서양의 '개인적 인격'이라는 선천적 조건 위에 동양 전통의 '공동체적 인륜'이라는 경험적 요소들을 정초하는 작업이었다고 평가할 수 있다.[14] 나아가 인격을 바탕으로 기존 동양 전통의 인륜이 재구성될 수 있는 구체적인 방법을 제시하고 있다.

이돈화는 1921년 잡지 『개벽』에 「東洋式의 倫理思想 變遷槪觀(續), 家庭倫理의 一端」(이하 「속편」)이라는 제목으로 게재하였는데, 이 글은 인격

---

[14] 이돈화는 여기서 '부인문제'만을 거론하지만, 이후 세계의 4대 문제로 노동문제, 부인문제, 인종문제, 아동문제를 거론한다. 이돈화, 「新朝鮮의 建設과 兒童問題」, 『開闢』 18, 1921. 12, 24쪽. "이른바 世界의 四大 問題라 하는 것은 勞働問題 婦人問題 人種問題 兒童問題를 가르쳐 말함이니 兒童問題가 이러틋 世界의 四大問題가 됨으로써 보아도 兒童의 硏究가 오늘날 얼마나 重且 至大함을 알 것입니다."

개념을 강조하는 이돈화가 어떻게 동양의 전통적 유교 사상의 핵심이라고 할 수 있는 인륜을 평가하는지 확인할 수 있는 자료이다. 유교의 인륜적 질서에 관한 이돈화의 태도는 당시 함께『개벽』이라는 종합월간지의 편집을 맡은 김기전[15]의 태도와 대비를 이룬다는 점이 흥미롭다.

> 실로 말이다나. 나는 儒敎에 대한 생각을 하게 되면, 엇더케 마음이 갑갑하고, 아니꼽고, 불쾌해서 견댈 수가 업다. 三綱이니 五倫이니 하야, 사람과 사람의 새를 지독하게도 尊卑, 上下, 貴賤의 관계로써 억매여 노코, 다시 禮樂刑政으로써 그것의 실행을 보장하야, 天下後世의 민중으로 하여금, 그 밧게 한 거름을 버서나지 못하게 한 그 經緯를 생각하면, 실로 可憎可憎한 일이다. 더욱히 우리 朝鮮 사람이 累百來에 그놈의 사상에 저리우고 또 저리워서, 目下 당장에 생활의 파멸을 당하는 이 지경에도, 그 사상상의 속박에서 까지 뛰여 나지 못하는 생각을 하면, 즉 사상혁명까지 주저하는 생각을 하면, 누구가 이에 대한 증오를 금할 者이랴. 이것은 필자 1인의 편견이 아니라, 이 儒敎思想의 出源處되는 中國 학자들의 견해도 同然하니, 이제 中國思想界의 巨星인 吳虞氏의 儒敎思想에 대한 비판을 摘記하면 ……[16]

위의 글은 "上下·尊卑·貴賤, 이것이 儒家思想의 基礎觀念이다"라는 제목으로 『개벽』에서 게재된 글이다. 이돈화와 쌍두마차로 활발하게 저술활동을 하던 김기전은 유교에 대한 부정적 인식뿐 아니라, 유교사상

---

15 김기전은 『開闢』에서 편집주간을 맡고 있었는데, 주로 서양 근대사상과 인물들을 소개하는 데에 역점을 두었으며, 이돈화와 마찬가지로 천도교적 사회개조를 위해 노력하였다. 김기전에 관한 설명은 다음을 참조. 허수, 『이돈화 연구』, 서울: 역시비평사, 2011, 93~99쪽.
16 起瀍 抄, 「上下·尊卑·貴賤, 이것이 儒家思想의 基礎觀念이다」, 『開闢』 45, 1924. 3, 14~20쪽.

이 집약된 삼강, 오륜과 같은 개념 자체가 신분적 계급 질서를 고착화시키는데 일조하고 있다고 간주한다. 그는 바로 아래 "孝 이것이 專制主義의 唯一한 根據"라는 항목 아래 유교에서 최고 가치라 할만한 孝 사상을 전제주의의 유일한 근거라며 맹비난을 가하고 있다. 흥미로운 점은 이러한 김기전의 글이 전통적 유교에 관한 당대 지식인의 분위기를 환기시켜준다는 점뿐 아니라, 같이 활동한 이돈화의 입장과 크게 대비를 이룬다는 점이다. 김기전과 다르게 이돈화는 인륜 개념 자체에 대해서 부정적으로 인식하고 있지는 않다.

> 前號에도 이미 말한 바와 가티 東洋人의 倫理思想과 西洋人의 倫理思想 中에 가장 엉둥한 差異点을 發見할 者는 저들은(西洋) 個人의 自由權利를 尊重히 생각하는 反對로 東洋人은 家族制度의 思想이 堅固한 것이라 함이다. 그리하야 그로부터 生하는 差異는 드듸여 東西文明의 相違한 歧点을 일너 노앗고 따라서 進步發達에 對한 離距가 彼此 逈遠한 形跡을 일너 노흔 것이라.[17]

이돈화는 유교에서 강조하는 오륜을 서양의 '인격 본위'의 윤리사상과 구분하여 '관계 본위'의 윤리사상이라고 명명한다. 다만, 그는 유교를 바탕으로 한 인륜 개념이 개인의 인격이 중시되지 않았기에 인간관계에 계급적 위계가 존재하게 되었다고 주장한다. 그는 이러한 위계질서가 역사 속에서 가부장적 봉건 질서 위에서 왜곡되어 나타나 조선

---

17 白頭山人(이돈화),「東洋式의 倫理思想 變遷槪觀(續), 家庭倫理의 一端」,『開闢』17, 1921, 32쪽.

에도 적지 않은 폐해로 나타나게 되었다고 분석하고 있다. 이러한 이돈화의 시각은 유교를 현대적으로 재해석하며 탈맥락적으로 '관계성'을 강조하는 현대 연구자들에게 일정 정도의 시사점을 제공해준다. 역사적으로 동아시아의 인간 개념은 관계성에 기반하고 있음에도, 늘 위계적 관계 내에 존재했다는 것이다. 폐망한 유교 국가의 지식인이었던 이돈화는 인륜이라는 전통적 인간관계에서 위계성에 주목하였다. 과연 전통적 인륜 관계에서 위계를 제거한 온전한 관계, 새로운 인간 관계가 가능할 수 있는가?

> 그러기에 家庭에 家長 一人의 人格은 왼통 全家庭 모든 사람의 人格을 總合하야 가지고 自己 혼자의 人格이 全家庭의 人格을 잡아먹고 말엇다. 이러케 말하면 常識이 업는 頑固한 父兄네는 動輒 그러면 父와 子, 兄과 弟의 倫理的 秩序를 破壞하는 亂倫輩의 말이라 驚怪하는 이들이 업지 아니할는지 알 수 업스나 그러나 그것은 전혀 사람의 固有한 人格과 人과 人間에 人爲로 지어 노흔 秩序關係를 混合하는 誤解에서 나온 말이엇다. 우리의 中에는 아즉도 사람이라 하는 사람의 人格과 사람과 사람새이의 關係로 생긴 組織을 混合하야 보는 까닭에 人格의 平等을 말할 때에도 문득 關係의 變動을 憂慮하는 弊害가 적지 아니하다. 例하면 父와 子의 人格을 同等으로 보라 하는 말을 父와 子의 關係를 平等으로 보라 하는 말로 誤解하고 만다. 그런 故는 우리 朝鮮의 倫理思想은 사람이라 하는 人格本位를 基礎로 하지 아니하고 사람과 사람새이의 關係를 本位로 삼는 까닭에 우리 朝鮮사람의 思想은 人格의 觀念은 稀薄하고 關係의 觀念이 濃厚하야진 것이라.[18]

---

18 白頭山人(이돈화),「東洋式의 倫理思想 變遷槪觀(續), 家庭倫理의 一端」,『開闢』17,

이돈화는 동양에서 인격 개념이 온전히 발전하지 못했던 것은 인격을 사람과 사람 사이의 관계, 즉 인륜과 혼합해서 이해했기 때문이라고 보았다. 당시 사람들은 서양으로부터 수용한 이 '인격'이란 말을 오해해서 인간에게 고유한 이 '관계성'을 파괴하는 식으로 오해하고 있다는 것이다. 예를 들어, 아버지와 자식 간의 관계에서 인격을 동등하게 보라는 말이 아버지와 자식의 관계에서의 역할을 동일한 것으로 보라는 말로 오해한다는 것이다. 따라서, 이돈화는 동양인들이 인격의 평등을 말할 때에도 아버지와 아들의 관계에서 동등한 역할이라고 오해하지만, 이는 '사람의 개인적 인격'과 '사람과 사람 사이의 관계로부터 생긴 조직'을 구분하지 못한 데에서 비롯되었다는 분석이다. 그리고 각각을 '인격본위', '관계본위'라는 말로 명명하고 있다. 이돈화는 동아시아 전통의 유교적 인륜에서 위계 질서를 극복하고, 새롭게 개조하는 방법을 다음과 같이 제시하였다.

> 以上에 所言으로 總括하야써 보면 알에가튼 두 개 條件으로써 그 精神을 代表할 수 잇나니
> 第1. 家庭의 中心을 祖先中心으로부터 子孫中心主義에 옴길 것.
> 第2. 父慈子孝의 思想을 關係本位에 두지 말고 人格本位에 둘 일.[19]

그는 두 가지 조건을 제시하는데, 하나는 부자간의 관계를 포함한 오륜을 인격 본위 위에 세우는 것, 그리고 모든 인간 관계에서 쌍방 간

1921, 34쪽.
19 白頭山人(이돈화), 「東洋式의 倫理思想 變遷槪觀(續), 家庭倫理의 一端」, 『開闢』 17, 1921, 36쪽.

의 위계적 질서를 허무는 동시에 관계의 방향성을 과거 지향, 즉 자손으로부터 선조로의 방향이 아니라 그 반대인 미래 지향으로 옮길 것을 제시한다. 다시 말해 부모와 자식 관계에서 부모가 자식보다 높은 권위를 지니는 것이 아니라, 인격이라는 인간의 평등한 권리에 기초해서 모든 관계를 다시 재구성해야 한다고 주장하였다. 이돈화는 서양의 인격 개념을 도입하고 있으나, 이를 통해서 동양식의 인륜 개념을 폐기하려는 것이 아니라, 오히려 새롭게 생명력을 불어 넣고 있다. 그는 관계의 평등이 아니라 인격의 평등을 기초로, 각자에게 주어진 관계의 역할을 충실히 할 것을 강조하고 있는 것이다. 이는 관계에 매몰되어 개인의 인격이 침해되는 상황을 타개하기 위한 해결책이자, 동아시아 전통의 인륜적 질서를 재확립하려는 시도의 일환이었다고 평가할 수 있다.

4. 새로운 인간개념, 人間格: 동학과 포이어바흐 인간학의 결합

이돈화는 초기 쿠와키로부터 수용한 칸트식의 인격주의에서 벗어나 '人間格'이라는 새로운 개념을 제시하였다. 그의 『新人哲學』에는 인간격과 인격의 구별이 두드러지게 부각되고 있는데, 이는 東學적 우주관의 새로운 인간 개념을 통해서 서양 사상의 인격주의를 넘어보려는 시도로 읽을 수 있다. 하지만 이돈화는 '인격'이라는 개념을 부정하며 배제하려는 것이 아니라 자신의 체계 내에 인간을 이해하는 형식적 틀로써 포섭하고 있다.

人間格이란 말은 普通 使用하는 人格을 이름이 아니다. 人格은 個人에 對한 格을 이르는 말이오 人間格은 全宇宙格이 人間에 依하여 表顯되었으므로 이를 人間格이라 하는 것이다. 宇宙格 即 한울格은 人間에 依하여 比較的 完全한 形態로 나타났으므로 한울格은 人間格에서 볼수 있다는 말이다.[20]

이돈화는 당시 유행하던 문화주의 사조의 인격주의를 의식하면서, 인간격이라는 개념의 차별성을 강조하고 있다. 위 인용문에서 그는 명시적으로 '인간격'이 '인격'과 다르다고 선언하면서, 두 가지 개념을 더 제시하고 있는데 우주격, 한울격이 그것이다. "宇宙格 即 한울格"이라는 표현에서 알 수 있듯이, 우주격과 한울격은 같은 것을 지칭하는 용어인데, 먼저 우주격은 인간과 우주가 공간적으로 서로 고립되어 있는 것이 아니라, 상호 연결되어 있다는 점을 나타내주는 개념이다. 한울격은 크다는 뜻의 '한'과 '우리'라는 뜻의 '울'이 합쳐진 용어로 '나'라는 개체를 포함한 시·공간 전체의 무궁한 위격을 의미한다.[21] 서양의 인격이란 개념은 다른 동물종과 구분되는 이성을 지닌 인간만의 존엄성 혹은 그 자격을 의미한다면, 한울격은 이러한 종차(種差) 위에서 형성된 개념이 아니다. 인간이란 존재는 다른 생명체와 동떨어질 수 없는, 나아가 그 뿌리가 하나인 존재라는 것이 이돈화의 생각이다. 이돈화는 "우주격이 인간에 의하여 표현되었으므로 이를 인간격이라고 말한다"고 하였는데, 여기서 '표현된 것', '볼 수 있다'는 말들이 무엇을 의미하

20　李敦化, 『新人哲學』, 天道敎中央總部, 51쪽.
21　李敦化, 『新人哲學』, 天道敎中央總部, 9~10쪽.

는지 알기 위해서는 먼저 이돈화의 우주관, 특히 본체로서의 한울(신) 개념에 대해서 알 필요가 있다.

> 至氣의 本體로서 우리에게 알려지는 것은 그의 屬性이라 할수 있다. 그리하여 그 屬性은 곧 本體의 本質로 된 것인데 그 屬性 中에서 나타나는 두 가지 現象을 우리는 物과 心이라 이름한 것이다. [22]

> 事實은 唯一의 本體的 實在가 두 가지 現象으로 나타나는 것이다. [23]

이돈화는 한울 개념을 본체로 보며, 이 유일의 본체적 실재가 물과 심이라는 속성을 통해서 현상한다고 말한다.[24] 위에서 한울격은 곧 본체로서의 神格을 의미한다면, 인간격은 신이 속성을 통해서 드러나 인간에게 표현된 것, 보여진 것, 즉 본체의 변용(현상)이라고 말할 수 있다.[25] 하지만, 인간뿐 아니라 모든 생명이 우주를 표현하고 있는 것이다.

---

22 李敦化, 『新人哲學』, 天道敎中央總部, 30쪽.
23 李敦化, 『新人哲學』, 天道敎中央總部, 29쪽.
24 여기서 이돈화의 본체와 현상 개념은 칸트보다는 스피노자 사상과 비교될 만하다. 황종원은 이돈화 사상의 우주관 및 인간관에서 스피노자의 능산적 자연 개념과 신의 내재적 원인 개념과의 유사성에 주목한 바 있다. 황종원, 「이돈화의 우주관과 인간관이 지니는 동서철학 융합적 특징 및 생명철학적 의의」, 『유학연구』 36, 2016, 596~599쪽.
25 이돈화는 본체의 한울에 대해서 우리가 어떻게 그것을 볼 수 있는가에 대해서 다음과 같이 직각을 통해서 직접 내면으로부터 알 수 있다고 하였다. 李敦化, 『新人哲學』, 天道敎中央總部, 33쪽. "우리에게는 위에 말한 論理的 科學的 知識作用 外에 따로히 別種의 知識作用이라 할만한 知가 있으니 이름하여 「直覺」이라는 것이다. 水雲은 이것을 「萬事知의 知」라 불렀다. 이 「萬事知의 知」則 「直覺」은 생명을 외측으로부터 더듬지 아니하고 直接 內面으로 부터 具體的으로 把握하고 感應하고 融化하고 직각하는 것이다. 萬事知의 知 即 直覺이야 말로 우리의 意識作用의 根底이며 本源인 것이다. 환원하면 일견 不明瞭하고 混沌漠然한 듯한 直覺的 知識作用이야 말로 全體精神生活의 本源인 것이 其外 普通의 知識 即 科學的 論理的 知識과 같은 것은 이 根本의 直覺作用에서 派生하여 特別히 發達된 부분에 對한 特殊知識에

다만, 이돈화는 인간이 비교적 완전한 형태로 우주를 표현해내고 있다고 보고 있다.

이돈화의 이러한 신과 인간의 합일적 이해에 동학뿐 아니라 독일의 포이어바흐라는 철학자의 영향은 주목할만 하다. 이돈화는 1921년 4월 『개벽』 잡지에 「페이엘빠하(Feuerbach)의 사람論에 就하야」라는 글을 쓰는데, 필자의 연구에 의하면 이 글은 단순히 포이어바흐의 사상을 요약하는 글이 아니라 포이어바흐의 『기독교의 본질』이라는 글의 발췌 번역이다. 동학적 세계관에 익숙했던 이돈화는 포이어바흐의 '사람주의'를 비교적 쉽게 이해할 수 있었다.

> 사람은 사람을 제외하고 별도로 의지, 자유, 법률, 종교, 절대 등을 설명할 만한 근거가 없다. '사람'이야말로 자유, 자아, 절대의 존재 근거이었다. '사람'이 항상 객관적으로 지칭하고 표명하는 모든 대상은 필경컨대 저 '사람' 스스로의 본질을 표현함에 불과하다. 즉 이하에서 신이라 칭하는 그 자도 또한 사람의 최고의 힘, 최고의 본질, 달리 말하면 최고의 감정, 최고의 사유로 평가하는 것에 대한 명칭에 불외한 것이었다. …… 신의 의식은 자기의 의식, 신의 인식은 자기의 인식이었다. 그러므로 어떤 일개인과 그 일개인의 신은 일치가 되나니 신은 필경 사람의 표현한 자아, 또 표현한 내적 성질이었다.[26]

不過한 것이다."

26 夜雷(이돈화), 「페이엘빠하(Feuerbach)의 사람論에 就하야」, 『開闢』 10, 1921. 4. "「사람」은 사람을 外하고 別로 意志, 自由, 法律, 宗敎, 絶對 等을 說할만한 根底가 업다. 「사람」이야말로 自由, 自我, 絶對의 存在 本據이엇다. 「사람」이 恒常 客觀的으로 稱呼하고 表明하는 모든 對象은 畢竟컨대 彼「사람」 스스로의 本質을 表現함에 不外하다. 卽 以下에 述코저 하는 神이라 稱하는 그 者도 또한 사람의 最高의 力, 最高의 本質, 달이 말하면 最高의 感情,

포이어바흐에 의하면, 인간이 신과 같은 무한자를 의식하는 것은 신의 무한성을 의식하는 것이 아니라 인간 의식의 무한을 의식하는 것이다. 즉 신은 외화된 인간의 모습, 인간이 밖으로 투영된 인간 자신의 모습인 것이다. 이돈화는 이러한 포이어바흐의 이론이 인내천(人乃天), 즉 인간이 곧 최고 존재인 天이라는 동학의 교리와 일치한다는 점을 간파하였던 것이다. 앞서 이돈화의 인간격 개념을 살펴보면, 한울이라는 최고 존재자는 외재하는 초월적 신이 아니라, 외화된 자기 신성의 표현, 자기 인식임을 알 수 있다. 앞서 "宇宙格 卽 한울格은 人間에 依하여 比較的 完全한 形態"로 나타난다고 말한 이돈화는 곧 인간에 의해서 신의 완전성이 제대로 표현될 수 있음을 말하는 것이며, 종교는 바로 최고 존재인 신이 사람, 즉 자기의 객관적 투영에 불과하다는 것을 가르쳐야 함을 강조하고 있다.

> 여기에 人間格과 人格의 差異가 어떻게 區別이 되는 것이냐 하면 人格은 以上의 말한 바와 같이 生物學上 人格 倫理學上 人格 두가지를 稱하는 것이나 人間格은 宇宙格中 最終格을 이름이므로 人間格이라 하는 말 가운데는 宇宙全體를 一元으로 보아서 宇宙의 全中心이 自然界를 通하여 人間界에 솟아오른 宇宙中樞神經의 果實을 일려 人間格이라 한 것이다.[27]

앞서 말했지만, 이돈화는 인간격이라는 새로운 인간 유형을 제시

最高의 思惟로 評價하는 者에 對한 名稱에 不外한 것이엇다. …… 神의 意識은 自己의 意識, 神의 認識은 自己의 認識이엇다」 그럼으로 어떤 一個人과 그 一個人의 神은 一致가 되나니 神은 畢竟 사람의 表顯한 自我, 又 表顯한 內的 性質이엇다."

27　李敦化, 『新人哲學』, 天道敎中央總部, 52쪽.

하고 있다. 이돈화의 인간격 개념은 동학 교리를 바탕으로 포이어바흐의 사람주의를 수용하는 한편 인격이라는 서양 고유의 이성 중심적 인간 개념을 벗어나고 있다. 즉, 자연, 생명을 포괄하는 진화론적 기반 위에서 제시된 인간격 개념은 칸트적 의미의 인격 개념과는 결이 다름을 알 수 있다. 그럼에도 이돈화 사상에서 인격이라는 개념은 인간을 설명하는 중요한 지위를 차지하고 있으며, 그가 서양의 인격을 배제하려고 했던 것은 아니다. 그가 인격을 인간격과 관련하여 어떻게 구조화하고 있는지 아래에서 살펴보자.

> 元來 普通格으로 使用되는 人格이란 말은 두가지 槪念으로 갈라 볼수 있으니 하나는 生物學上 人格이고 다른 하나는 倫理學上 人格이다. 生物學上 人格이란 것은 他動物과 人類를 相對化시키는 格이니 이 境遇에는 人類라는 全體種屬을 他動物과 對峙시켜 動物格 對 人格을 이름임으로 이 格 中에는 人類와 人類間에 絕對差別이 없고 그저 人類이면 다같이 人格을 가졌다는 말이 된다. 이를 時間上으로 보면 原始野蠻人이나 現代文明人은 倫理學上 人格에 있어서는 서로 差異가 있으나 生物學上 人格에서는 한가지로 平等한 것이다. 그러나 倫理學上 人格에 있어서는 動物과 人類를 對峙시킨 人格이 아니오 人類와 人類間의 人格을 相對로 하여 하는 말이므로 여기에는 文明人과 野蠻人의 差異를 갈라 말할수 있고 聖賢과 凡人의 區別을 갈라 놓을 수도 있다[28]

그런데 여기에 人間格과 人格의 差異가 어떻게 區別이 되는 것이냐 하면 人

---

28 李敦化, 『新人哲學』, 天道敎中央總部, 51쪽.

格은 以上의 말한 바와같이 生物學上 人格 倫理學上 人格 두가지를 稱하는 것이나 人間格은 宇宙格中 最終格을 이름이므로 人間格이라 하는 말 가운데는 宇宙全體를 一元으로 보아서 宇宙의 全中心이 自然界를 通하여 人間界에 솟아오른 宇宙中樞神經의 果實을 일러 人間格이라 한 것이다.

그는 인간격을 표준해서 동물종과 인간종이 구분될 수 있다고 말한다. 여기서 인간종은 동물과 구분되는 종차로서의 인간, 소위 이성을 지닌 동물을 의미한다. 근데, 특히 주목할 부분은 인격이라는 의미가 이러한 종차를 기반으로 하는 윤리학적 개념인데 반해, 인간격은 동물과 인간뿐 아니라 전 우주를 포괄하는 생명체의 표준이라는 점이다.

그러므로 生物學上 人格을 人間格에 對하여 보면 그는 먼저 同一 한 宇宙格 가운데 있는 動物格과 人格을 갈라놓은 것이오 倫理學上 人格은 生物學上으로 본 同一한 人格 가운데서 人格과 人格間의 高下를 갈라 놓은 말이다. 그리고 보면 人間格이란 것은 生物學上 人格이나 倫理學上 人格에 있어 大標準格이 되는 것이니 生物學上에 있어 人格이 動物格과 區別되는 點도 宇宙生活中 人間格으로 標準하여 그의 高下를 論하게 되는 것이오 倫理學上의 人格이란 것도 亦是 宇宙生活中에 있는 無窮의 格(人間格)을 標準하여 그의 差別을 論하게 된다. 그러므로 生物學上으로 人間이 他動物보다 高尙하다는 것은 宇宙格中 人間格을 標準하여 나온 말이며 倫理學上으로 崔水雲이 普通人間보다 高尙하다는것도 宇宙格中 人間格을 標準하여 말한 것이다. 이 點에서 人間格은 理想的 人格이 되는것이니 이 理想的 人格이 宇宙의 中心이 되어 無窮에서 無窮으로 發展하는 것을 人間格이라 한

다.[29]

앞서 이돈화에게 영향을 준 일본 근대 사상가의 인격주의는 칸트적 의미의 인격 개념을 기반으로 하고 있다고 말할 수 있다. 즉, 인격은 자연성을 배제하고 인간만이 지닌 실천 이성에 의해서 설명되는 개념이다. 그에 반해 이돈화의 인간격은 인간 이성에 바탕한 윤리에 국한되지 않을 뿐 아니라, 모든 생물 종을 포함한 전 우주를 표상하는 새로운 인간관이라고 말할 수 있을 것이다. 또한 이돈화는 동학 사상을 기반으로 그의 독특한 사람성주의라는 개념을 제시하면서 '사람성 무궁'[30]과 '사람성 자연'[31]을 구분한다. '사람성 자연'은 고정된 인간의 본질이 아니라, 시간성을 지닌 역사적 개념이자 진화 발전하는 개념이라는 데에 주의해야 한다. 다음을 보자.

사람性 自然은 그 各時代의 特徵에서 어디까지든지 合理的 自然이 되어 있다.「解說」사람性 自然이 時代의 물결을 지어 가지고 오는 구비는 구비

---

29 李敦化, 『新人哲學』, 天道敎中央總部, 52쪽.
30 李敦化, 『新人哲學』, 天道敎中央總部, 216쪽. "無窮한 이 理致를 無窮히 살펴내면 無窮한 이 울 속에 無窮한 내 아닌가」하셨다. 水雲先生은 이 말 한마디 만으로 萬國의 師表가 되는 大覺者이시다.「無窮한이 理致」란 것은 神이 理念人格을 이름이며「無窮한 이 울」이란 것은 神의 理念이 形相으로 表現된 大宇宙全體를 이름이며「無窮한 내」라는것은 有限人이 無限神에 合一된 大我의 境涯를 이름이다. 大我의 境涯 ―이것은 神도 아니요 사람도아니다. 神과 사람이 結合된 人乃天의 大境涯이다. 이것이 人間學의 究極이다."
31 李敦化, 『新人哲學』, 天道敎中央總部, 108~109쪽. "人間格이 自格으로 갖추워 있는 眞善美를 融化하여 그가 人間社會에 調和될 때의 極致를 人間性 自然이라 하는 것이다. 그런데 사람性 自然은 다만 人間格의 極致를 이룬 말 뿐이 아니오 歷史的으로 보면 사람性 自然은 原始時代로 부터 今日에 까지 흘러 온 것이다. 사람性 自然은 그 時代 時代 마다 調和와 均衡을 얻으면서 無窮히 發展向上하여 人間格 極致點을 얻고저 하는 것이다."

마다 合理的이라고 볼수 있다. 假令 우리가 오늘날 지나간 神話時代라든
지 浪漫時代 같은 것을 돌아 본다면 그 時代에 表顯된 사람性 自然은 모
든 것이 不合理한 것과 같이 생각이 될 것이다. 오늘날 우리의 思想에 비추
어 보아서 차마 못할 일이라고 까지 생각할 일도 얼마든지 있다. 그러나 그
時代에 돌아가 그 時代의 일을 생각해 보면 모든 事實이 그 過程에서 避치
못할 境遇、當치 아니치 못할 環境에 들어 있는 點, 그 過程이 없이는 前途
가 열리지 않을 만한 理由로 보아서 이를 合理的이라 보지 아니치 못할 것
이다.[32]

앞서 유일한 본체적 실재로서 한울 개념을 언급한 바 있다. 이 한
울 개념은 우주의 무궁성을 나타내는 개념이라면, 이 무궁한 우주가
인간에 의해서 표현되는 일정한 방식이 각 시대의 '사람성 자연'이라고
말할 수 있다. 이 우주라는 공간은 인간뿐 아니라 온 우주의 생명체를
포괄하는 공간이다.

西洋人은 宗敎的 思想에서 自然과 人間 사이에 通치 못할 塹溝가 있는 것처
럼 생각하여 人間은 自然과 孤立한 것으로 안다. 그러나 이것은 꽃과 봉우리
가 各己 다른 原理로 지어졌다 생각하는 것과 같은 誤謬의 생각이다.[33]

이돈화는 서양인들의 종교적 사상에 근본적으로 자연과 인간의
단절이 있음을 통찰하였다. 진화론에 입각해서 인간은 태초의 자연으

---

32 李敦化, 『新人哲學』, 天道敎中央總部, 115쪽.
33 李敦化, 『新人哲學』, 天道敎中央總部, 204쪽.

로부터 진화 발전하여 왔지만, 서양의 기독교적 전통에서는 자연 밖 외재적인 신으로부터 인간의 영혼이 만들어졌다는 점을 지적하고, 필연적으로 고립적 인간상을 지닐 수밖에 없다고 보았다. 위에서 직접적으로 언급한 것은 아니지만, 이돈화가 서양의 인격 개념에 만족하지 못하고 인간격 개념을 도입하게 된 것도 이러한 인식을 바탕으로 한다고 볼 수 있다. 이돈화는 우주 내에서 진화 발전하는 단계에서 인격 개념이 근대 서양에서 필요에 의해 요구되었다고 본다. 이돈화는 차후의 다가올 세상에서는 이러한 서양의 인격과 동양의 인륜 개념이 종합되어 새로운 인간 유형이 필요하다는 생각을 지니고 있었다.

이돈화 당시의 시대를 보자면, 조선 사회를 지배하던 관계 본위의 전통적 인륜 질서는 더 이상 인간이 의존할 수 있는 합리성을 제공해 주지 못하였다고 말할 수 있다. 이돈화는 당시 시대의 합리성을 서양의 근대적 인간성, 즉 인격으로부터 찾은 것이고, 이 인격에 기초하여 조선 사회의 혼란을 안정시킬 수 있다고 보았다. 다만, 이 또한 '한' 시대의 인간성 자연이라는 것이며, '한' 시대의 합리성이라는 것이다. 이돈화는 이러한 무궁한 우주의 질서를 '인간성 무궁'이라는 본체와 '인간성 자연'이라는 변용으로 구조화하면서 닫힌 체계가 아닌 열린 체계로의 인간관을 제시하고 있다.

地域	西方	東方(특히, 儒敎)	東·西 融合
主義	個人主義	集團主義	사람성主義 (人乃天)
人間 類型	人格	人倫(人間)	人間格
主要 理念	個人의 自由	共同體의 秩序	宇宙의 共生

5. 결론

본 논문은 이돈화 사상에서 '인격'이라는 서양의 중요한 가치가 어떻게 수용되게 되었는지, 또 어떠한 의미를 지니고 있는지에 대해서 살펴보았다. 이돈화는 서양 윤리 사상의 특징을 개인의 '인격'으로, 동양 윤리 사상의 특징을 공동체의 '인륜'으로 규정하면서, 이 두 요소를 융합하는 방법을 제시하였다. 흥미로운 점은 그가 동양 윤리 사상의 폐단을 지적하면서도, 그 고유한 특징으로 지적된 유교적 가치, 즉 공동체의 '인륜' 자체를 부정적으로 인식하고 있는 것은 아니라는 점이다. 위에서 살펴본 바 이돈화는 동양의 관계 본위의 윤리 사상을 고유한 특징으로 규정하고 있다는 점, 그리고 관계 본위의 윤리 사상이 야기한 당대의 폐단을 지적하고, 이러한 조선 사회를 개조하기 위해 인격을 기초로 인륜이라는 인간 관계를 재정립하는 방법을 제시하고 있다.

이돈화는 인간을 포섭하여 전 우주를 표현하는 새로운 인간 유형, 즉 인간격을 제시하고 있다. 이 개념은 동학 교리를 기반으로 서양의 포이어바흐적 신, 인간 개념을 수용하면서 독창적으로 형성되었다고 할 수 있다. 이돈화 인간관은 서양의 근대적 인간관을 수용하는데 그친 것이 아니라, 동학이 지닌 종교성을 바탕으로 인간의 이성 중심성을 벗어나 전우주를 표상하는 인간 개념을 제시하고 있다는 점에 독특성이 존재한다. 자연과 생명, 생태를 아우르는 인간 유형, 인간만의 공동체가 아니라 전 우주가 함께 하는 공동체 아래에서 인간을 사유한 이돈화는 여러 한계에도 불구하고 여전히 근대 한국 철학을 이해하기 위해 중요한 인물이라 평가할 수 있다.

참고문헌

白頭山人(이돈화),「文化主義와 人格上 平等」,『開闢』, 1920.
白頭山人(이돈화),「現代倫理思想의 槪觀, 東洋式 倫理思想의 變遷」,『開闢』16, 1921.
白頭山人(이돈화),「東洋式의 倫理思想 變遷槪觀(續), 家庭倫理의 一端」,『開闢』17, 1921.
李敦化,「新朝鮮의 建設과 兒童問題」,『開闢』18, 1921.
李敦化,『新人哲學』, 天道敎中央總部, 1930.
尹孝定,「民의 政治思想」,『대한자강회월보』6, 1906.
松堂 金成喜,「敎育說」,『대한자강회월보』5, 1906.
薛泰熙,「法律上 人의 權義(承前)」,『대한자강회월보』12, 1907.
石鎭衡,「法律의 必要」,『대한협회회보』2, 1908.
金起瀍,「上下·尊卑·貴賤, 이것이 儒家思想의 基礎觀念이다」,『開闢』45, 1924.
桑木嚴翼,『文化主義と社會問題』, 東京: 至善堂, 1920.
浮田和民,『社會と人生』, 東京: 北門館, 1912.
浮田和民,『倫理叢話』, 東京: 早稻田大出版部, 1909.
佐古純一郎,『近代日本思想史における人格觀念の成立』, 朝文社, 1995.
권석영,「일본의 초기 제국주의론과 도덕 담론 -국가적 도덕과 세계적 도덕, 또는 국민적 입장과 인류적 입장-」,『사림』45, 2013.
박영도,「표기(表記)와 무기(無記) - 경계의 사유를 위하여」,『경제와 사회』72, 2006.
박정민,「이돈화의『신인철학』에서 자아의 관념」,『인문학연구』33, 2022.
유지아,「우키타 가즈타미(浮田和民)의 애기/애타해석과 윤리적 제국주의론」,『니체연구』41, 2022.
정혜정,「이돈화의 동학사상과 시민사회: '우주생명론'과 '인간격(한울격)'의 권리를 중심으로」,『횡단인문학』10, 2022.
황종원,「이돈화의 우주관과 인간관이 지니는 동서철학 융합적 특징 및 생명철학적 의의」,『유학연구』36, 2016, 596~599.
허수,『이돈화 연구』, 서울: 역시비평사, 2011.

신시대 문예 비평 공동체의 건립과 난관 타파

왕치王琦, 옌한閆涵

다롄이공대학교 철학과 부교수, 다롄이공대학교 인문대학 중문과 석사과정

내용요약

이 논문은 신시대 중국 문예 비평 공동체의 건설과 이 과정에서 마주하는 도전과 대응 방안을 다룬다. 시진핑 총서기가 강조한 "문예 전선의 중요성"을 바탕으로, 문예 비평은 신시대 중국 특색 사회주의 건설의 핵심 역할을 수행해야 함을 논의한다. 논문은 문예 비평이 중화 문화의 전통적 가치와 현대적 변화를 통합하여, 인류 운명 공동체와 신시대 문예 비평 공동체 형성에 기여할 수 있음을 강조한다.

문예 비평은 인류 문명 발전의 일환으로서, 문명의 교류와 상호 조망을 통해 문화 다양성을 존중하며 공동체적 가치를 증진시키는 데 중요한 역할을 한다. 특히 중국 전통의 "천인합일", "화합", "대동"과 같은 개념은 인류 운명 공동체의 철학적 기반을 강화하며, 국제적 차원에서 중국의 목소리와 미학적 관점을 드러낸다. 또한, 다민족 간의 조화로운 발전과 국제 문화 교류는 신시대 문예 비평 공동체 건설의 동력으로 작용한다.

논문은 중국 전통 문예 비평과 혁명 문화, 현대 문학 비평을 융합하여, 신시대 문예 비평 공동체의 이론적 토대와 실천적 전략을 모색한다. 이를 통해, 문예 비평은 단순한 학술적 논의에 그치지 않고, 문화적 지도와 협력을 통해 중국식 현대화와 인류 문명의 새로운 형태를 형성하는 데 기여할 수 있다. 본 연구는 신시대 문예 비평 공동체가 글로벌 문화의 교량이 될 수 있는 방안을 제시하며, 중국의 문화적 자신감과 국제적 책임을 강화하는 데 의의를 둔다.

주제어: 신시대 문예 비평 공동체, 인류 운명 공동체, 문화 다양성과 융합, 중화 전통 문화, 중국식 현대화

시진핑 총서기는 「문예 사업 좌담회 연설」에서 "문예 사업은 당과 인민의 중요한 사업이며 문예 전선은 당과 인민의 중요한 전선"[1]이라 명시하고, 중화 민족의 위대한 부흥이라는 목표를 실현하고 인류 문명 공동체를 건설하기 위해서는 문예 전선의 중요한 역할을 충분히 발휘해야만 한다고 여러 차례 강조했다.

문예 비평은 문예 사업의 중요한 일환으로서 신시대 중국 특색의 사회주의 건설의 위대한 여정을 추진하는 데 있어서 마땅히 져야 할 중대한 책임이 있다. 이는 주로 첫째, 중국 특색과 민족성을 구현하고, 중화 민족이 공유하는 정신적 고향의 건설을 추진해야 하고, 둘째, 문예 비평의 지도 기능을 발휘해서 문예 사업을 '인민을 중심으로 한' 문예 건설의 방향으로 건강하게 발전하도록 인도해야 하며, 셋째, 새로운 시대의 요구에 부합하는 문예 비평 공동체의 건설을 모색하고, 국가, 민족, 문명, 문화 등 여러 차원에서 필요한 사업을 전개하여 세계의 백년에 없는 일대 변동의 시국에 문예에 있어서 '중국의 목소리', '중국의 풍격', '중국의 기풍'의 형성과 전파를 공동으로 추진해야 하고, 나아가 인류의 운명 공동체 건설을 추진하는 데 역량을 발휘해야 한다. 신시대 문예 비평 공동체의 건설은 문예의 발전과 관련이 있을 뿐 아니라 국제 문화 교류, 민족 문명의 공유, 전통 문화의 전환 등 다차원적

---

1   習近平, 『在文藝工作座談會上的講話』, 人民出版社, 2015, 1쪽.

방향과 관련된 중요한 프로젝트가 되었다. 신시대 문예 비평 공동체의 함의, 규율, 방법, 책략과 기제를 심도있게 드러내고, 세계 문예의 공동 발전을 위해 중국의 지혜와 중국의 힘을 기여하는 것은 그러므로 필연적이며 전제적인 작업이다.

1. 신시대 문예 비평 공동체의 건설은 인류 운명 공동체 건설의 중요한 구성 요소이다.

중국은 예로부터 문예의 발전을 중시해 왔고, 인류의 운명 공동체를 건설하는 과정에서도 문예 비평의 역할을 충분히 발휘했다. 역사적 문화적 논리의 관점에서 볼 때 인류 운명 공동체의 문화적 가치는 중화의 우수한 전통 문화의 토양에 깊이 뿌리박혀 있다. 중국의 전통 문화는 풍부한 공동체 사상의 자원을 내포하는데, '천인합일'과 '물아일체'의 관념은 인간과 자연 생명 공동체를 위한 이념을 뒷받침하고 있고, 『예기』의 「예운」편에서의 '천하 대동'의 가치 이념과 시진핑 총서기가 인류 운명 공동체의 건설을 제창한 것은 상호 부각된다. 중국의 '화합'의 문화는 그 연원이 깊어서 천인합일의 우주관과 화이부동의 사회관, 인심과 선의 도덕관, 수신 제가 치국 평천하의 가치관 같은 이념은 인류의 운명 공동체를 건설하는 데서 충분히 구현되었다. 인류 운명 공동체의 이념은 지금 이 시대에 중화의 우수한 전통 문예 이론의 새로운 발전과 창조적 전환을 보여주었고, 인류 운명 공동체에 대한 중국의 관심과 외침을 표현한다.

중국에서 문예 비평은 문화 교류를 촉진하고 인류 운명 공동체의 건설을 촉진하는 중요한 역할을 한다. 중국은 국제 기구와 활동에 적극적으로 참여하고, 민간 교류와 문화 대화를 촉진하여 문예 영역에서 국제 사회의 상호 신뢰와 협력을 강화하고 있다. 중국의 문예 비평은 문화의 다양성과 상호 존중을 강조하며, 개별 국가와 종족의 문화적 차이를 존중하는 것이 중국 문예 비평의 원칙 가운데 하나이다. 외국의 문예 작품에 대해서 비평하고 분석할 때 중국의 문예 비평가는 문화의 다양성을 중시해서 중국과 외국의 문예 작품 상호 간에 대화하고 서로 일깨울 수 있도록 하고 있다.

그밖에 중국의 문예 비평은 인류의 공동 문제에 대한 관심을 이끌고 있다. 세계가 당면한 전지구적 기후 변화와 빈부격차의 확대 등의 공동의 도전에 있어서 중국 문예 비평은 작품에 드러난 사회 문제의 분석을 통해 독자가 인류 공동의 운명과 책임에 대해서 생각하도록 이끌고 있다. 뿐만 아니라 중국 문예 비평은 사회의 공정, 인류의 존엄과 공동 발전에 주목하는 문예 작품을 발굴하고 창작하는 데 중점을 두어 인류 운명 공동체 건설을 위한 귀중한 문예 자원을 제공한다. 예컨대 국내의 공상 과학 영화인 〈유랑지구(流浪地球)〉는 바로 인류 운명 공동체에 대한 웅장한 서사로서, 이것은 전 인류가 공동으로 생존의 위기에 직면해 '엎어진 둥지에 온전한 알이 없는' 상황 아래 전체 인류와 개별 국가들이 일치 단결해서 건설한 공동체이다.

시진핑 총서기는 2023년 9월 14일 베이징 문화포럼 개막 축하 서한에서 "문화의 번영과 발전, 문화 유산의 보호, 문명의 교류와 상호 조망을 공동으로 추진하고, 글로벌 문명의 발의를 실천하며, 인류의 운명 공동체 건설을 추진하기 위해 튼튼하고 지속적인 문화 역량을 주입

할 것"²을 호소했다. 인류 운명 공동체의 건설은 문화의 지도와 지원과 불가분의 관계이며, 각국의 깊은 협력은 공통의 이익을 출발점과 발디딤으로 해야 하기에 문화 간 공통성을 발굴하고 협력과 원원의 가능성을 모색할 필요가 있다. 이 과정에서 문예 비평 공동체의 역량을 발휘해서 인류 운명 공동체의 건설을 위해 계속 공헌해야 한다.

2. 5개 문명의 조화로운 발전을 총괄하고 아울러 고려하는 것은 신시대 문예 비평 공동체를 건설하는 중요한 경로이다.

중국식 현대화의 새로운 길은 5개 문명이 조화롭게 발전하는 현대화의 길이다. 시진핑 총서기는 「중국 공산당 성립 100주년 경축 대회 연설」에서 "우리는 중국 특색의 사회주의를 견지하고 발전시키고 물질문명, 정치문명, 정신문명, 사회문명, 생태문명의 조화로운 발전을 추진하여, 중국식 현대화의 새로운 길을 창조하였고, 인류 문명의 새로운 형태를 창조했다."³고 언급했다. 이 위대한 창조는 마르크스주의의 총체적 문명관과 중화의 우수한 전통문화 가운데 '서로 다른 것의 조화가 새로운 사물을 낳는다(和實生物)'는 사상의 자양에 의해 길러졌으며, 중국 특색의 사회주의 시스템 건설 과정 가운데의 또 한번의 돌파이다.

2　習近平,「為推動構建人類命運共同體注入深厚持久的文化力量─習近平主席致2023北京文化論壇的賀信激勵廣大文化工作者賡續傳統開創未來」,『新華網』2023 9月 14日.
3　習近平,『在慶祝中國共產黨成立100周大會上的講話』, 北京: 人民出版社, 2021, 13~14쪽.

새로운 시대 조건 아래 인류 문명의 새로운 형태를 지속적으로 발전시켜 나가기 위해서는 반드시 본질적인 특징에 입각하고, 전체성으로부터 출발해서 5개 문명 건설의 내외적 방향을 총괄하여 5개 문명의 전면적인 제고를 실현한다.[4] 5개 문명이 전체적으로 조화롭게 발전해야만 사회 전체 문명의 진보를 촉진하고 신시대 문예 비평 공동체를 건설할 수 있는 충분한 조건을 만들 수 있다. 신시대 문예 비평 공동체의 건설은 물질 문명과 정신 문명의 조화로운 발전을 촉진하는 중국식 현대화의 길에서 가치의 인도와 정신의 인솔, 심미의 계발에 있어서 핵심적인 역할을 하는데 도움이 될 것이다.

3. 우수한 전통 문화와 신시대 문화의 공통 융합적 발전이 신시대 문예 비평 공동체를 건설하는 주된 내용이다.

중국의 문예는 유일무이한 이념과 지혜와 기개와 풍모를 갖추고 있고, 문심조룡』 등의 수없이 많은 우수한 전통 문학 비평 작품이 있다. 이러한 전통적인 문예 비평의 자원은 중국 문예 비평의 역사적 토대와 미학적 풍격을 보여주며, 신시대 문예 비평 공동체 건설의 튼튼한 기초이다.

중국 고대의 문예 비평은 현대의 수많은 범주와 명제와 고도로 유사한 사상적 핵심이 존재한다. 우리는 중국 고대 문론에서 탐구한 문

---

4 任倚步,「以"五個文明"協調發展的本質特徵把握人類文明新形態」,『唐山學院學報』第5期, 2023.

학의 형식과 심미적 요구가 현대 문론에 중요한 영향이 있다는 것을 관찰할 수 있다. 예를 들어, 고대의 문론에서는 늘 문학 작품이 반드시 '정감과 의미가 심오함'을 갖추어야 한다는 것을 강조하는 특징이 있는데, 현대의 문학 비평 가운데 우리 또한 정감의 진실한 표현을 중시하는 심미적 요구가 있다.

중국 고대의 문론은 '장법', '운율' 등과 같은 문학 형식과 예술 혁신에 대한 많은 이론을 제시했는데, 이러한 이론은 현대의 문예 이론에 대해서 여전히 중요한 지도적 작용을 한다. 중국 고대의 문론은 문학적 가치 탐구에 관해서 또한 현대 문론의 이념과 서로 호응한다. 예컨대, 중국 고대 문론 가운데에서 '문장으로써 사람을 변화시키고', '문장에 도를 싣는다' 등의 관점을 갖고 있는데, 현대 문학 비평에서 또한 사회적 의의와 정신적 계발의 가치가 있어야 한다고 강조한다.

시진핑은 사상문화 선전 작업에 대해 제출한 중요한 지시에서 "중화 문맥의 지속과 중화의 우수한 전통 문화의 창조적 전환과 혁신적 발전을 촉진하는 노력"을 강조했다. 중화의 우수한 전통 문화는 풍부한 지혜와 가치를 함축하고 있고, 국가의 통치와 개인의 사유 습관에 대해서 모두 깊은 영향을 미치며, 우리에게 지금 당면한 사회적 도전과 미래의 발전에 대한 응답에 있어서 귀중한 계발과 지침을 제공한다.

중화의 우수한 전통 문화의 자양분을 받음과 현실의 시련을 통한 단련은 중국 공산당원들에게 '홍선 정신', '대장정 정신', '연안 정신', '우주비행 정신' 등의 시대적 특징이 풍부한 혁명 문화 정신을 형성했다. 혁명 정신은 중국 현대 문예 비평이 열정적으로 구가하고 계승해야 하는 정신적 특성이며 우수한 전통 문화와 신시대 선진 문화의 상호 융합적 발전의 현실적인 묘사이다.

새 시대에 중국의 문예 비평은 중국의 국가 상황과 문예 발전의 상황에 부합해야 하고, 고대의 문예 이론과 현대의 문예 이론을 유기적 총체로 간주하고서 고금의 문예 이론 공동체를 건설해야 하며, 역사상 우수한 문예 비평 자원을 수용할 뿐만 아니라 혁명 문화와 사회주의 선진 문화를 축적함과 함께 창조적 전환과 혁신적 발전을 진행하여, 중국 특색을 갖춘 문예 비평 이론 시스템을 구축해 새로운 시대의 풍모를 발할 수 있게 한다.

4. 다민족 문화의 협동 발전은 신시대 문예 비평 공동체를 건설하는 중요한 손잡이다.

샤오캉 사회를 전면적으로 건설하고, 중화 민족의 위대한 부흥을 실현하며, 중국 특색 사회주의의 새로운 국면을 개설하는 역사적 과정 아래서, 문예 비평은 문예 작품이 민족성을 구현하고 중화 민족이 공유하는 정신적 고향의 형성을 촉진할 것을 요구한다. 신시대의 수많은 문예 작품은 다민족의 우수한 문화적 운명과 조화로운 공동의 발전을 드러내며, 문화의 매개체로서 다민족의 우수한 문화가 서로 협력해서 발전을 촉진하는 길에서 중요한 영향을 발휘한다. 예를 들자면 CCTV는 〈중화민족〉이라는 코너를 방영해서 중국 서부의 지역과 인문 환경을 소개하고, 각 민족 인민의 전통적인 습속과 문화적 전승을 알게 하며, 각 민족 동포의 정신적 면모를 표현한다. 민족적 특색을 지닌 수많은 문예 작품은 민족 간의 교류와 이해를 증진시키고, 민족 간의 정감과 역사의 상호 융합을 통해 독특한 심미적 시각을 보는 이에게 제공한다. 관람자는 감상의 과정에서 민족 간의 정감적 유대를 느끼고, 이해와 우정을 증진하며, 서로 다른 민족 간의 교류와 공동의 발전을 촉진할 수 있다.

시진핑 총서기는 사상 문화 선전 사업에 대한 중요한 지시에서 "온 민족의 문화 혁신과 창조적 활력을 충분히 불러 일으키고, 당 전체와 민족 전체가 단결하고 분투하는 공동의 사상적 토대를 끊임없이 튼튼하게 해야 한다"고 강조했다. 그는 중화 문화에 대한 강력한 인식과 자신감을 형성하고, 온 민족의 역량을 한데 모아, 위대한 민족의 화합된 힘을 형성해야 한다고 지적했다. 수많은 시냇물은 바다로 모여들고, 화화는 같은 뿌리이다. 중화의 우수한 전통 문화는 중화의 각 민족 인민에 공통된 정신적 혈맥이며, 그것은 역사의 거센 흐름 속에서 탁한 물을 흘려 보내고 맑은 물을 끌어들여, 서로 통하는 문화 심리를 구축하고 공통된 가치관의 선택을 재촉하며, 더 나아가 국가 정체성에 기초한 정신적 고향의 형성을 촉진해서 중화 민족의 위대한 부흥을 위한 사상적 초석을 제공한다.

신시대의 문예 비평 공동체를 건설하는 것은 다민족의 우수한 문화적 운명과 서로의 조화로운 발전을 중요한 시발점으로 해서 민족 단결의 교육을 끊임없이 심화시키고, 중화 민족의 공동체 의식을 공고히 하며 중국 특색의 사회주의에 대한 각 민족의 동질감과 소속감을 증강시켜 문화 교류의 교량을 건설한다. 상호 교류하는 가운데서 공통의 인식을 찾고 민족의 응집력과 구심력을 높여야 한나.

5. 국제 문화의 충분한 교류와 서로 다른 문명 간 상호 조망의 심화는 신시대의 문예 비평 공동체를 건설하는 중요한 동력이다.

서로 다른 문명이 전승과 전파에서 함께 나아가고, 교류와 상호 조망 중에 함께 번영하도록 하는 것은 중국 인민의 자기 발전과 민족 문화 발전에 대한 해답일 뿐만 아니라 국제적인 다원 문화의 교류를 처리하는 데 있어 시대적 특징과 미래의 추세를 과학적으로 파악하는 기초 위에서 문화 다양성에 응답하는 전략적 선택이다. 문화의 중요한 구성 부분으로서 문예 비평은 혁신과 발전을 해야 하는데, 말하자면 스스로 봉인하여 낡은 것을 고수하고 문을 걸어 잠그고 수레를 만들 수는 없으며, 광범위하고 심도 있는 교류와 상호 조망 가운데에서 장점을 취하고 단점을 보완하며 마음껏 함께해야 한다. 지금 시대에 중국은 세계와 100년간에 존재한 적이 없는 대변화의 국면을 맞고 있으며 글로벌 협력은 다원 문화의 충돌에 무한한 가능성을 제공한다. 시진핑 총서기는 "사상 문화의 선전 사업은 새로운 형세와 임무에 직면했기에 반드시 새로운 기상과 더불어 '문화적 자신감을 확고히 하고, 개방과 포용을 견지'해서 국제적인 커뮤니케이션 능력의 수립을 보강하고 문명의 교류와 상호 조망의 촉진에 진력해야 한다.

중화 민족은 자고이래로 모두 '예를 중용하고, 조화를 귀히 여기며', '조화를 이루지만 같지는 않고', '동일성을 추구하지만 차이를 존중하는' 것을 숭상해 왔으며, 타국의 문화를 존중하고 평등한 상호 조망을 주장했다. 중국은 일찍이 세계 각국으로부터 온 상인, 학자, 승려 등을 끌어 들였고, 유입된 다원 문화는 중국의 전통 문화와 함께 독특한 문화적 융합을 형성하였다. 예를 들자면, 불교와 이슬람교 등의 외래 문화는 중국에서 크게 발전하였고 중국적 특색을 가진 문화의 일부분이 되었다. 이밖에 중국 고대의 문인 묵객 또한 외래 문화를 적극적으로 흡수하였으며, 자기의 창작에 융합하는 가운데 국제적인 영향력을 가진 문예 작품을 형성하였다.

현재 세계화는 이미 세계 현대화의 중요한 특징이 되었고, 문예 비평 또한 시대의 조류에 순응해서 공동체의 건설을 목표로 평등한 교류와 상호 조망을 해야만 한다. 중국의 문예 종사자들은 반드시 넓은 가슴으로 시야를 전 세계와 전 인류에게로 향하게 해서 중국의 심미적 취지를 선명하게 드러내고 현대 중국의 가치 관념을 전파하며 전 인류 공통의 가치 추구를 반영하는 문예 작품을 더욱 많이 창작해야 한다. 중국의 문예 비평은 더욱 현대화한 학술 체계와 언어 체계의 건립이 필요하며, 더욱 개방적인 시야로써 문예 작품과 현상을 주시하고 신시대 문예 비평 공동체의 건설과 난관의 타파를 추구해야 한다.

한국인의 '종교 심성'에서 본 생명
: 무교(巫敎)의 생명관을 중심으로

정순종 鄭舜鍾
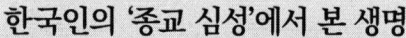
성균관대학교 유학동양한국철학과 BK 연구교수

내용요약

이 논문은 한국인의 종교심성에서 본 생명에 대한 탐구를 무교(巫敎)의 생명관을 중심으로 다룬다. 한국인은 하늘과 땅, 산천과 수목뿐만 아니라 바위 하나 빗자루 하나에도 신이 깃들어 있다고 보는 영성적 세계관을 지니고 있다. 이는 생명에 대한 깊은 존중과 배려의 태도로 나타나며, 특히 무교에서 생명은 신(神)과 영(靈)이 깃든 존재로 이해된다. 무교는 오래된 존재와 사람의 마음이 쏟아진 사물에 영이 서린다고 믿는다. 생명은 물리적 현상을 넘어서 비가시적인 '영'을 근원으로 하며, 정서적 차원에서 접근된다.

서양철학이 생명을 주로 물리 화학적 법칙의 지배를 받는 기계로 간주한 반면, 동양철학, 특히 한국 무교는 생명을 정서적이고 영적인 차원에서 접근한다. 코로나 팬데믹 이후 생명에 대한 관점의 전환이 요구되는 현대 사회에서, 무교의 생명관은 생명의 신성함을 강조하며, 생명공학과 인공지능의 발전으로 인해 제기되는 윤리적 문제에 대한 중요한 시사점을 제공한다. 이러한 무교의 생명관은 현대 인류가 직면한 전환의 시대에 공생적 세계관을 통해 문제를 해결하고 화해에 이르는 담론을 제공할 수 있다.

이 논문은 한국인의 종교심성에서 본 생명의 의미를 현대적 맥락에서 탐구하며, 무교의 생명존중과 종교적 양상을 살펴보고, 무교의 생명의미와 생명윤리를 고찰한다. 이를 통해 무교가 제시하는 생명에 대한 철학적, 윤리적 접근법이 현대 사회에 어떻게 적용될 수 있는지 논의한다.

주제어: 생명, 생명윤리, 무교(巫敎), 무속(巫俗), 종교심성

1. 들어가는 글

'생명'은 모든 존재하는 것들의 궁극이다. 존재하는 것은 모두 살기를 원하며, 삶의 지속을 간구한다. 그러나 '생명'은 단순히 존재하는 것 이상이다. 생명은 모든 존재의 근본적이고 최종적인 상태이며, 생명 없이는 존재의 의미도 없다. 이는 모든 것이 생명을 중심으로 돌아가고 있음을 의미한다. 존재에게 생명은 가장 중요한 주제이다. 특히 인간에게 생명은 중요한 의미를 갖는다. 삶과 죽음의 의미를 추구하고 생명의 가치를 실현하려는 모색 등은 인간에게 주어진 가장 중요한 과제이기 때문이다.

그러나 서양철학은 '생명'을 외면하였다. 서양철학에서 생명은 베르그송에 와서야 본격적으로 다루어진 주제였지, 생명에 대해서는 늘 침묵하였다. 베르그송 이후에도 생명의 의미를 묻는 철학은 외면되었다. 생명은 철학이 다루는 주제가 아니라 생물학자의 소임이라고 여겼기 때문이다. 하지만 생물학에서도 생명은 다루어지지 않았다. "생리학에서 우리는 생명에 대한 정의를 포기해야만 하며, 다만 그 생명 현상들의 특징에 대해서만 드러낼 수 있을 뿐이다."[1]라는 생리학자 끌로드 베르나르(Claude Bernard, 1813~1878)의 말은 이를 잘 보여준다. 그는

---

[1] 김경수, 「장자(莊子)의 생명사상」, 『생명연구』 38, 2015, 22쪽.

생물학자의 소임은 생명의 의미를 탐색하는 데 있는 것이 아니라 생명의 기능을 연구하는 것이라고 말하였고, 대부분의 생물학자들이 이를 따랐다.

물론 생명의 의미를 물었던 과학자가 전혀 없었던 것은 아니다. 물리학자인 슈뢰딩거는 『생명이란 무엇인가?』에서 생명의 의미에 천착하였다. 그런데 그는 생명을 단순히 통계법칙으로 이해하려고 했다.

"통계법칙은 엄청나게 많은 수의 원자가 상호작용하는 경우에만 적용되며, 관련된 원자의 수가 증가함에 따라 이에 비례하여 이들 집합체의 행동은 더욱 정확하게 통계법칙을 따르게 된다. 여러 가지 사건이 질서라는 특성을 가지게 되는 것은 바로 이러한 방식을 통해서 나타난다. 유기체의 생명에 중요한 역할을 한다고 알려진 모든 물리.화학법칙은 이러한 통계적인 것이다."[2]

이러한 생명에 대한 이해는 데카르트(René Descartes, 1596~1650)의 기계론에서부터 그 연원을 찾을 수 있다. 그는 생물을 포함한 물리적 우주를 하나의 기계로 간주했다. 데카르트와 갈릴레이에 의해 개념적 틀이 준비되고 뉴턴에 와서 성공적으로 완성된 이 사유에 의해 우주는 '정확한 수학법칙에 의해 지배되는 완벽한 기계'라고 인식된다. 뉴턴이 물리학적 기계론을 완성했다면 윌리엄 하비(William Harvey, 1578~1657)는 생물학적 기계론을 완성했다고 할 수 있다. 그

---

2 에르빈 슈뢰딩거(Erwin Schrödinger), 서인석.황상익 역, 『생명이란 무엇인가?』, 파주: 한울, 2001, 38쪽.

리고 서양학문에서 생명은 하비의 이해에서 벗어나지 않는다.

하비는 혈액순환 현상에 대해 기계론적인 관점을 적용하여 패러다임의 변혁을 가져왔다. 이후 생물학은 기계론적 방법론을 적용하여 인간의 신체기능을 설명해 왔다. 데카르트의 생리학에서 동물은 자극(刺戟)에 반사(反射)하는 자동기계에 불과했는데, 이제 인간도 역학적(力學的) 물체로서 기계론적으로 다루어지게 된 것이다. 그나마 데카르트의 기계론에서 인간은 특수한 위치에 있었다. 인간은 동물과는 구별되는 정신을 소유한 존재이기 때문이다. 그러나 줄리앙 드 라 메트리(Julien Offray de La Mettrie, 1709~1751)의 『인간 기계론(L'homme Machine)』에 오면 그러한 인간의 특수성마저 부정된다. 정신도 두뇌의 한 기능에 지나지 않게 됨으로써 인간도 동물과 기계라는 점에서 다를 바 없는 존재가 되었다. 라 메트리가 인간을 '지극히 복잡한 기계'로 정의하고, "인간의 몸은 스스로 태엽을 감아 영구(永久) 운동을 하는 이미지를 갖고 있는 살아 있는 기계"[3]로 간주한 것은 엄격한 기계론적 생리학의 가장 강력하고 정교한 표현이라고 할 수 있다. 이와 같이 서양의 학문 전통은 생명을 침묵의 대상이거나 물리 화학적 법칙의 지배를 받는 기계로 간주하였다.

그러나 동양철학에서 생명은 항상 중요한 주제였고, 생명에 대한 다양한 시각이 존재하였다. 본 논문에서는 한국인이 바라본 생명에 대한 관점을 한국인의 토속 신앙인 무교(巫敎)를 토대로 하여 살펴보고자 한다. 인류는 생명을 가장 진지한 주제로 다루어야 할 시대를 맞이하였다. 상상을 초월하는 AI의 발전은 포스트휴먼을 예고하고 미증유

---

3 줄리앙 드 라 메트리, 여인석 역, 『라 메트리 철학 선집』, 고양: 섬앤섬, 2020, 54쪽.

의 기후 이상, 그리고 인수공통 전염병의 창궐과 같은 위기의 시대 속에서 한국의 토속 종교인 무교의 생명관은 현대적 가치를 지니며, 새로운 생태윤리적 접근을 제공할 수 있다.

본 논문에서는 한국인의 종교심성에서 본 생명의 의미를 현대적 맥락에서 탐구하고자 한다. 이를 위해 첫째, 한국인의 종교 심성으로서의 무교와 무교의 원류로서 신선사상을 살펴보고 이 둘의 관계를 고찰한다. 둘째, 무교의 생명존중이 드러나는 종교적 양상을 살펴본다. 셋째, 무교의 생명관을 살펴보고 무교의 생명의미와 생명윤리를 고찰한다.

2. 한국인의 종교 심성

1) 한국인의 근본 신앙, 무교(巫敎)

종교 심성은 인간이 초자연적 존재나 힘을 인식하고 이를 통해 삶의 의미와 목적을 찾으려는 심리적, 정서적, 철학적 경향성을 의미한다. 이는 단순한 신앙의 문제를 넘어, 인간의 삶의 방식과 가치 체계에 깊은 영향을 미치는 요소이다. 종교 심성은 개인의 내적 경험과 사회적 상호작용을 통해 형성되며, 특정 종교나 문화적 배경에 따라 다양한 형태로 나타날 수 있다.

한국인의 종교심성은 무교(巫敎)에서 비롯된다. 그런데 한국인의 종교성을 돈 베이커(Don Baker)는 "수천 년 동안 한국인들은 지극히

'영적'인 사람들이었다"[4]고 말하고 있다. 그에 의하면, 종교적이라는 표현은 "특정한 제도적 틀 안에서 표현된 영성"으로서 "영성보다 제한된 함의"를 지니므로 한국인에게는 '종교적'이라는 표현보다 '영적'이라는 표현이 어울린다는 것이다. 그가 말한 것처럼, 한국인은 특정 종교에 소속되지 않고도 "초자연적인 힘 혹은 존재를 믿으며 그러한 힘과의 상호작용을 통해 스스로의 삶을 개선시키거나 삶을 보다 즐겁고 의미 있는 것으로 만들 수 있다."라고 여긴다는 점에서 매우 종교적, 혹은 영적이다.

필자는 이러한 한국인의 특징을 영적 심성으로 부르고자 한다. 즉, 한국인은 마음 바탕에 영성을 갖고 있다는 뜻이다. 한국인의 영적 심성은 무교(巫敎)와 민속신앙을 보면 분명하게 드러난다. 무교와 민속신앙은 한국인의 근본신앙이다. 이것은 우리 민족의 시작과 함께 영속성과 역사성을 갖는 것으로, 각종 외래 종교를 받아들이면서도 그것에 의해 와해되지 않고 오히려 그것들에 침투해서 한국적으로 변형시킨 힘이다. 또한 한국인의 일상을 지배해 온 종교적 사유로써 한국 문화사의 근간을 이룬 것이기도 하다.

한·중·일 3국은 유교와 불교라는 보편 종교를 공통으로 갖고 있으면서 동시에 고유의 특수종교를 지니고 있다. 중국의 도교(道敎), 일본의 신도(神道), 한국의 무교가 그것이다. "한국이나 일본이, 중국에서 많은 것을 받아들이면서 가장 중국적인 종교인 도교를 받아들이지 않은 것은 바로 양국에 토착 종교가 있었기 때문이다. 중국에서 도교

---

4   돈 베이커(Don Baker), 박소정 역, 『한국인의 영성』, 서울: 도서출판 모시는 사람들, 2013, 33쪽~35쪽.

가 맡아서 하는 기능을 한국에서는 무교가, 일본에서는 신도가 한 것이다."[5] 한국의 무교는 중국이나 일본의 고유종교와 구별되는 한국인의 고유종교이다.

그러나 한국의 무교는 조선 이후 한국에서 심하게 배척받았다. 고려 때까지만 해도 왕실에서도 신앙 되던 무교는 조선왕조가 들어서면서 천대와 억압의 대상이 되었다. 배타적 성격이 강했던 주자학을 국시(國是)로 한 조선왕조는 무당을 승려와 함께 천민으로 규정하여 도성 밖으로 쫓아냈다. 또 전국의 각 마을굿을 유교적 행사로 대체하였다. 일본 강점기 때는 무교가 "한국인의 전통 신앙이자 민족 기운의 원천임을 알고 처음에는 그 말살과 왜곡의 정책을 병행하였다. …… 그러면서 무교를 미신과 귀신숭배로 인식시키기 위해 힘썼다."[6] 그리고 해방 이후에 무교는 서양 기독교와 합리주의 가치관에 의해 한낱 미신에 불과한 것으로 멸시와 폄훼의 대상이 되었다. 그리하여 현재 많은 한국인들은 무교를 두고 종교가 아닌 습속에 불과하며 게다가 전근대적인 미신이라고 생각하고 있다. 그래서 이 무당 종교를 지칭할 때에도 '교'라는 단어를 쓰기보다는 '속'이라는 낱말을 쓴다.[7]

그럼에도 불구하고 고조선 이래로 전통신앙이었던 한국 무교는 끈질긴 생명력으로 한국인의 삶에 가장 큰 영향력을 미쳤다. 돈 베이커가 한국인을 '영적'인 민족이라고 했을 때, 그 '영성(靈性)'의 근원은 무교에 있다. 한국인의 이러한 영성의 근원과 그 역사적 진전을 밝히기

---

5 최준식,『무교: 권력에 밀린 한국인의 근본신앙』, 서울: 도서출판 모시는 사람들, 2012, 98쪽.
6 조흥윤,『한국의 샤머니즘』, 서울대학교출판부, 1994, xxii쪽.
7 최준식,『무교: 권력에 밀린 한국인의 근본신앙』, 서울: 도서출판 모시는 사람들, 2012, 15쪽.

에 부족함이 없는 기록은 삼국유사에 기록된 단군신화이다. 무교의 샤머니즘은 단군으로부터 시작된 것이기 때문이다.

2) 무교의 원류, 신선사상

최남선은 국조 단군을 샤먼으로 여겼다. 이러한 견해는 이후 널리 받아들여졌다. 하지만 필자는 이 샤먼이 무교의 무당과는 다소 차이가 있다고 본다. 엘리아데(Mircea Eliade, 1907~1986)는 "탈혼망아의 체험을 통해 교도를 치유하고, 사자를 명계로 인도하며, 천상계와 지하계의 신들 사이에서 중재자 역할을 하는 이가 바로 샤먼"[8]이라고 설명한다. 그에 따르면 이 샤먼은 단순히 '영신에 들린 자[빙령자(憑靈者)]'와는 구별된다. "샤먼은 사자들, 악령들, 자연의 영혼들과 교류하지만 그들의 지배를 받지 않으며 오히려 자신의 영들을 다스리는 존재"[9]이다. 무교의 무당은 '빙령자'에 해당하는 반면, 단군은 엘리아데가 언급한 중보자이다.

이 중보자에 해당하는 샤먼을 신(神) 또는 선(仙)이라 하였다. 이능화는, "왕검은 혹 신인(神人)이라고도 하고 혹 선인(仙人)이라고도 하는데 그 수(壽)가 아주 길어 산에 들어가 산신이 되었다고 한다. 대개 상고 때에는 신(神)과 선(仙)의 분별이 없었다."[10]고 밝히고 있다. 이 신선사상을 최치원은 난랑비서문에 풍류라 표현하고 있다. "풍류도는 '샤머

---

8 미르체아 엘리아데(Mircea Eliade), 이윤기 역, 『샤머니즘』, 서울: 까치, 1992, 28쪽.
9 미르체아 엘리아데(Mircea Eliade), 이윤기 역, 『샤머니즘』, 서울: 까치, 1992, 26쪽.
10 이능화, 이종은 역, 『조선도교사』, 서울: 보성문화사, 1977, 30쪽.

니즘'에 기반을 두고 환인을 동방 선파의 조종으로 삼아 선가들이 발전시킨 신선사상이며, 위대한 인격, 즉 선인(仙人)을 지향하는 한국인 고유의 교학 사상"[11]이었다.

단군으로부터 계승되는 샤머니즘은 샤먼이 되는 방법에 따라 두 갈래로 계승된다. 하나는 신선사상으로 국가를 다스리는 계층에게 전승되었다. 또 하나는 기층 민중에게 전승되는 무교이다. 신선사상은 수련을 통해 신들과 직접적인 소통이 가능한 초월적 존재가 되는 것을 목표로 한다. 이러한 신인이나 선인은 엘리아데가 언급한 '엑스터의 기술(technique of ecstasy)'을 활용하여 언제든지 신들과 소통할 수 있는 능력을 지닌 전문가이다. 반면에 무교에서는 내림굿이라는 의식을 통해 신(神)을 자신의 몸 안으로 받아들이고, 그 신들을 매개로 하여 신계와 소통하게 된다. 따라서 무당은 신들과의 소통을 위한 매개체, 즉 빙령자이다.[12]

무당이 단군으로부터 시작되었다는 것을 알 수 있는 것은 '단골'이라는 말이다. "굿할 때마다 늘 정해놓고 불러 쓰는 무당"[13]을 단골이라고 하는데, 한국어에서 단골은 거래를 할 때 정해 놓은 곳이나 손님 모두에게도 쓰이는 말이다. 그런데 단골은 단군에서 유래한 말이다.[14] 호남지역에서는 아직도 무당을 단골 또는 당골이라고 부른다.

---

11 이계학 외, 「단군신화의 곰녀 이야기」, 『인격확립의 초월성』, 서울: 청계, 2001, 80쪽.
12 정순종, 「조선 유학에 계승된 단군신화의 '하늘 관념'과 '신선사상' 탐색: 「천명도(天命圖)」를 중심으로 본 한국철학의 정체성」, 『동양학』 82, 2021, 123쪽.
13 네이버, [무당], 『표준국어대사전』, 국립국어원.
14 조흥윤, 『한국의 샤머니즘』, 서울대학교출판부, 1994, 15쪽. 단골, 단군이 알타이(Altai)어 텡그리(Tengri)에서 나왔다고 보는 학자들도 있다.

일반 백성들이 경험한 영신(迎神) 행위는 국중대회(國中大會)를 통해서였다. 그것이 바로 제천행사이다. 조성환은 "당시 중국의 제천행사는 국가의 공식적인 행사로, 그것도 천자 일인만이 거행할 수 있는 지극히 제한적인 정치적인 의례였기 때문"에 동이족의 제천행사가 "중국인들의 눈에 대단히 이색적으로 보였을 것"이라고 보았다.[15] 이 제천행사는 단순한 제천행사가 아니라 신과의 합일 경험을 추구하는 고대 한국의 신비적 제의(祭儀)행사였다. 이때가 되면 "온 나라 사람들이 모두 모여서 날마다 술 마시고 노래하고 춤을 추었다."[16]고 했는데, 음주 가무는 의식 변형 상태(ecstatic trance)로 진입하기 쉬운 방법이다.[17] 제천행사는 그러한 신비적 제의로서 기능한 국가행사였다. 제천행사의 음주 가무는 유희적 개념의 축제를 위한 것이 아니라, 신인합일의 경험을 위한 종교적 제의행사였다. 현대에도 수피즘 같은 신비주의 종교와 인도 전통 무용에서 춤을 통해 트랜스 상태에 이르는 것으로 전해진다.

　　고대로부터 동서양 종교에는 의식을 변형시켜 신비적 합일체험을 얻는 다양한 기법이 존재했다. 그중 향정신성 물질을 사용하는 방법은 가장 오래되고 일반적이었으나 중독 위험이 있었다. 이에 기도, 명상, 호흡법 등 다양한 방법이 개발되었다. 그중 음주 가무는 약물에 비해 부작용 위험이 적고 명상보다 쉬운 신비 수행법이었다. 일반 백성들이 제천행사를 통해 신인합일을 체험하였다면, 신인(神人)이나 선인(仙人)은 언제든 신과 소통할 수 있는 '접신의 전문가'였다. 그리고 무교도 신

15　조성환, 「단군신화에 나타난 한국철학의 정체성: '하늘' 관념을 중심으로」, 『한국교육철학회 학술발표회 논문집』, 2017, 5쪽.
16　『三國志.魏書』, 「東夷傳.夫餘條」: "以殷正月祭天, 國中大會, 連日飮食歌舞, 名曰迎鼓."
17　필자는 디오니소스의 축제도 이러한 성격의 종교적 제의였을 것이라고 생각한다.

인과 같은 접신의 전문가가 되어 일반 기층 민중들의 안내자가 되었던 것이다.

3. 한국 무교의 생명존중

1) 산악숭배와 수목숭배

이 세상 모든 만물에 신(神)과 영(靈)이 깃들어 있다는 애니미즘적 사유는 자연숭배로 이어진다. 문상희는 한국인의 자연숭배를 다음과 같이 6가지로 구분하고 있다.

"(1) 산악숭배(백두산·태백산·지리산·계룡산·묘향산 등의 명산이나 성산) (2) 수목숭배(신목·노목·거목·괴목·신간·목우·당산목·장승 등의 숭배) (3) 하천숭배(대천·해변·낙수·온천·정수 등의 숭배) (4) 암석숭배 (거석·선돌·고인돌·부암·석불·기암·기자암 등의 숭배) (5) 천체숭배 (일월 성진의 숭배와 칠성숭배 등) (6) 동물숭배(뱀(약수)·범(산신)·곰(하신)·족제비(재신) 등의 숭배) 등이 자연숭배에 속하는 민간신앙이다."[18]

이 중에서 산악숭배와 수목숭배는 단군신화에서부터 그 흔적을 찾을 수 있다. 즉, "환웅이 하늘에서 태백산 신단수 아래에 내려 그곳

---

18 문상희, 「한국 민간신앙의 자연관」, 『신학논단』 11, 연세대학교 한국기독교문화연구소, 1972, 46쪽.

에 신시를 차렸다는 단군신화의 기록은 한국에서 가장 오래된 산악신앙의 자취를 보여주는 것이다."[19] 한반도의 70% 정도가 산지(山地)인 한국인에게 산은 삶과 죽음을 같이 하는 곳이다. 살아서는 늘 산을 배경으로 살다가 죽어서는 산에 묻힘으로써 산을 통해 이승과 저승이 연결된다. 한국인에게 산은 "우주의 축(軸)과 같은 기능으로 인해 산(山)을 통해 지상(地上)과 천상(天上)이 연결되는 통로로서 우주의 산(cosmic mountain)이란 뜻으로 산 전체가 신성시된다."[20]

산악숭배는 곧 산신에 대한 숭배이다. 국조(國祖) 단군이 "나라를 1908년 동안 다스리고 이후 산신이 되었다"는 기록에서 알 수 있듯이, "산신의 역사가 곧 우리 민족의 역사와 궤를 같이하는 것"[21]이다. 산신숭배는 조선왕조에까지 이어졌다. 태조는 명산(名山), 대천(大川) 등의 신들에게 공(公), 백(伯)등의 봉작을 내린다. 그때의 기록을 보면 아래와 같다.

"이조에서 경내(境內)의 명산(名山)·대천(大川)·성황(城隍)·해도(海島)의 신(神)을 봉(封)하기를 청하니, 송악(松岳)의 성황(城隍)은 진국공(鎭國公)이라 하고, 화령(和寧)·안변(安邊)·완산(完山)의 성황(城隍)은 계국백(啓國伯)이라 하고, 지리산(智異山)·무등산(無等山)·금성산(錦城山)·계룡산(鷄龍山)·감악산(紺嶽山)·삼각산(三角山)·백악(白嶽)의 여러 산과 진주(晉州)의

---

19 한국민속대백과사전, 「산악숭배」, <https://encykorea.aks.ac.kr/Contents/Item/E0026277>
20 고려대학교민족문화연구원, 「민간신앙·종교 "무속신앙의 원형사고"」, 『한국민속대관』 3권, 1980.
21 박정원, 『신이 된 인간들:한국의 산신, 그 신화와 역사를 담다』, 서울: 민속원, 2018, 19쪽.

성황(城隍)은 호국백(護國伯)이라 하고, 그 나머지는 호국(護國)의 신(神)이라 하였으니, 대개 대사성(大司成) 유경(劉敬)이 진술한 말에 따라서 예조(禮曹)에 명하여 상정(詳定)한 것이었다."[22]

산에 봉작을 내린 것은 산신을 인격신으로 본 것이다. 단군신화에서 알 수 있듯이, 우리 민족에게 산신은 인격신이었다. 산신에 대한 봉작은 고려에서도 있었던 것인데, 중국의 성리학적 세계관에는 맞지 않은 것이었다. 그래서 공민왕(恭愍王) 19년(1370)에는 명이 사신을 보내어 봉호를 내리는 것이 옳지 않다며 산천신의 칭호를 고치도록 한다. "대체로 오악(五岳)·오진(五鎭)·사해(四海)·사독(四瀆)은 모두 높은 산이나 넓은 물이므로, 천지(天地)가 개벽한 뒤부터 지금에 이르기까지 영령(英靈)한 기운들이 모여 신령한 존재가 된 것"[23]이라는 것이다. 주자학의 나라 조선에서 산신의 인격화가 논란이 되는 것은 두 말할 나위 없다. 그러나 산신의 신패를 바꾸기는 하지만 산신제는 조선에서도 지속된다. 그만큼 산악신앙은 뿌리깊은 것이었다.

불교의 경우에는 산신신앙과 습합하여 한국화된 불교로 바뀐다. 산에 가까운 곳에 산신각을 배치하여 산신을 모시는 것이다. 그리고 불교의식을 집대성하여 간행한 의례서『석문의범(釋門儀範)』에는 산신청(山神請)을 통하여 산신을 신앙하고 있다.

---

22 『太祖實錄』3卷, 太祖2正月21日: "吏曹請封境內名山大川城隍海島之神: '松岳城隍曰鎭國公, 和寧.安邊.完山城隍曰啓國伯, 智異.無等.錦城.雞龍.紺嶽.三角.白嶽諸山.晉州城隍曰護國伯, 其餘皆曰護國之神.' 蓋因大司成劉敬陳言, 命禮曹詳定也."

23 『高麗史』42世家, 恭愍王19年7月: "夫嶽鎭海瀆, 皆高山廣水, 自天地開闢, 以至于今, 英靈之氣, 萃而爲神."

"산은 인간의 젖줄입니다. 인간은 산에서 났다가 산으로 돌아갑니다. 아이가 어머니 젖줄을 여의고는 살 수 없듯이 인간도 산을 떠나서는 살 수 없기 때문에 산을 경외하고 존중한 것입니다. 산신청은 바로 이 산의 수호신을 청하여 예배공양하는 것입니다."[24]

또 "불교에 수용된 산신의 위상은 삼단 신앙구조에서 찾을 수 있다."[25] 그것은 불교 본연의 예배 대상에 대한 신앙일 경우에는 상단이 중심이 되지만, 재래의 고유신앙이 불교에 수용된 경우는 상단에 불보살을 증명단으로 모시고 중단에 토속신을 모신다는 것이다.[26]

이렇게 산을 신성시하는 신앙이 뿌리 깊어서 산에 대해 어떤 인위적인 행위가 가해질 때는 산신의 허락을 구하였다. 예를 들면, 사람이 죽어 산에 묘를 짓게 될 때에는 산신에게 예를 갖추었다. 산신석이라고 하는 장방형의 돌판을 묘의 오른쪽 위에 세워 산신께 묘택을 허락해 줄 것을 고하였다. 그리고 나무 하나를 베어낼 때도 마구 베는 것이 아니라, 그 나무와 산신에게 양해와 허락을 구했다.

"신 대목장과 함께 온 30여 명의 광화문 목수들은 나무를 베기 전 산신(山神)에게 벌채 사실을 고하는 산신제를 올렸다. …… 웃는 상의 돼지가 올려진 제사상에 문화재청과 삼척시 공무원, 목수들이 절을 올리고 돼

---

24 안진호 외, 『석문의범』, 서울: 법륜사, 1982, 353쪽 인용.
25 장정태, 「한국불교 속의 산신신앙 연구: 『삼국유사에 나타난 산신신앙을 중심으로』」, 『한국불교사 연구』 3, 한국불교사연구소, 2013, 205쪽 인용.
26 홍윤식, 「한국불교의식의 삼단분단법과 불화」, 『한국불교의 연구』, 이리: 원광대출판국, 1980, 74쪽 인용.

지 앞발에 돈 봉투를 끼웠다. 활기리 주민, 전국에서 온 준경묘 봉향회원 150여 명이 함께 마음을 모았다. 산신제 전엔 준경묘 제각(祭閣)에서 전주이씨 문중 사람들이 모여 고유제(告由祭)를 치렀다. 문중 원로 30여 명이 헌관(獻官, 제사 주관자) 복식을 갖추고 조상께 나라의 귀중한 건축물에 쓰일 나무를 베겠다고 알리는 축문(祝文)을 읽고 허리를 굽혔다."[27]

산악숭배만이 아니라 오래된 나무를 신목으로 받들고 제사를 지내는 수목숭배는 지금도 한국에서 많이 볼 수 있다. 경북 안동에서는 시장(市長)으로 부임하면 '안동부 신목제사'를 지낸다.[28] 강원도 원주시 신림면에는 성황림이 있는데, 이 숲은 "숲의 나무가 다치면 동네가 망한다. 마을을 번창시키려면 마을 앞을 숲으로 막아야 한다."[29]는 믿음으로 잘 보존된 곳이다. 이곳에서는 매년 성황제를 열어 나무에게 제사를 지낸다. 이외에도 '나무고사'라 하여 많은 곳에서 마을을 지키는 신목에 대한 제사를 지내고 있다.[30] 심지어는 나무를 시집보내(嫁樹)는[31] 풍습도 있다.

---

27 「숭례문·광화문 복원용 소나무, 삼척 준경묘역서 첫 벌채」, 『한국일보』, 2008.12.11. <https://www.hankookilbo.com/News/Read/200812110070437633>
28 「안동부(安東府) 신목(神木) 제사(祭祀)」, 『포커스 경북』, 2020.02.09. <http://www.donghaeann.com/news/articleView.html?idxno=3962>
29 김학범·장동수, 『마을숲』, 서울: 열화당, 1994, 92쪽 인용.
30 한국민속대백과사전, 「나무고사」, <https://folkency.nfm.go.kr/kr/topic/detail/1858>
31 한국민속대백과사전, 「나무시집보내기」, <http://encykorea.aks.ac.kr/Contents/Item/E0011348>

2) 무교와 민간신앙의 생명존중

한국인들은 산과 나무만이 아니라, 이 세상 모든 만물에 신이 깃들어 있다고 여긴다. 우주 곳곳에 각각의 신들이 거처해 있다. 주거 공간을 예로 들면,

> "큰방·안방·작은방에는 삼신·제석·조상·말명·왕신 등이 존재한다. ······ 마구에는 우마신, 도장에는 용단지·업신·농기구신이 각각 자리 잡고 있다. 도장지신이라고 공간 이름을 직접 붙이기도 한다. 방앗간에는 방앗간신(방아지신), 농기구신이 거주한다. ······ 측간에는 변소각시로 대접하는 측간신이 존재한다. ······ 앞마당에는 마당신이 있고 뒷마당에는 터주·업신·철륭·용단지·우물신·칠성 등이 존재한다. ······ 담장에는 사신(四神)이 존재한다. 이는 성주신을 보호하는 신이다. 대문에 존재하면서 집안에 들어오는 액살을 막아주는 수문신(守門神)은 성주신을 지키는 신으로 보기도 한다."[32]

하늘에는 하느님이 있고, 땅에는 지신(地神)이 있고, 산에는 산신(山神)이 있고, 마을에는 동신(洞神)과 서낭신이 있다. 나무에도 신이 깃들고, 바위에도 신이 깃들며, 심지어는 빗자루에도 신이 깃든다. 빗자루에 깃든 신이 도깨비이다. 한국인들은 사람이 마음을 두고 오래 쓰는 물건에는 그 사람의 영(靈)이 깃든다고 생각하였다. 그래서 밖에서 남이 쓰던 물건을 함부로 집안에 들이면 '동토난다'고 하여, 그 사람에

---

[32] 한국민속대백과사전, 「가신」, <https://folkency.nfm.go.kr/kr/topic/detail/8211>

게 병이 생긴다고 믿었다. 구체적인 공간만이 아니라 방향과 시간에도 각각의 신들이 있는데, 그 신을 '손'이라 한다. 아직도 한국인은 이사를 할 때 이 '손'이 없는 날을 택해 이사날을 정한다.

이렇게 한국인은 온갖 신들과 함께 산다. 신과 인간은 서로에게 영향을 미친다. 그래서 이 신을 소홀히 하지 않고 받들었다. 옥황상제, 제석신, 삼신, 일월성신, 칠성신, 신장, 용왕, 풍신, 산신, 토지신, 영웅신 등의 위계에 따라 수없이 많은 신들이 있다. 무교는 이 수많은 신들을 섬긴다. 무교의 제의는 굿을 통해 이루어지는데, 이 굿에서 '뒷전거리'라는 무당들끼리만 하는 굿은 한국 무교의 특징을 잘 보여준다. 이것은 굿이 다 끝나고 난 뒤 굿을 부탁한 사람들과 신도들을 모두 보내고 난 뒤에 하는 따로 하는 굿이다. 이 굿에서 무당은 "처음 굿판에서 쫓아 버린 잡신들을 다시 불러다 먹이는 일"[33]을 한다. 아무리 잡신이라 해도 "굿을 하는 동안 자리를 비켜 준 데에 대한 감사한 마음으로 불러다 푸짐하게 먹이는 것이다."[34]

이렇게 하찮은 잡귀까지도 포용하고 배려하는 무교는 조상신에 대한 제사도 유교와 다르다. 유교는 재실(齋室)과 위토(位土)까지 마련하며 과거에 출세하여 부귀영달을 누린 조상에 대해 성대하게 제사를 지낸다. 그러나 무교는 "잘난 조상신을 섬기기보다 못난 조상신을 섬기는 일에 더 정성을 쏟으며, 오갈 데 없는 귀신을 달래고 저승으로 인도하는 일을 담당한다."[35] 이렇게 오히려 작고 하찮은 잡신이나 작은 신령까

---

[33] 최준식, 『무교: 권력에 밀린 한국인의 근본신앙』, 서울: 도서출판 모시는 사람들, 2012, 57쪽.
[34] 최준식, 『무교: 권력에 밀린 한국인의 근본신앙』, 서울: 도서출판 모시는 사람들, 2012, 57쪽.
[35] 임재해, 「민속신앙에서 발견되는 한국인의 자연관과 현대적 변용」, 『민속학연구』 6, 국립민속박물관, 1999, 8쪽.

지 배려하는 한국 무교의 정신은 민간신앙에서도 마찬가지이다.

가족 공동체의 주거공간에 각각의 신들이 있어서 그 집이 하나의 신성한 곳이라면, 마을도 마을의 수호신이 존재하는 신성한 곳이고, 나아가 그것들을 둘러싼 산천(山川)도 신성한 곳이다. 이것은 "예(濊)나라의 풍속은 산천(山川)을 중시하였으며, 산천마다 각각 읍락(邑落)의 구분이 있어 함부로 서로 건너거나 들어갈 수 없었다."[36]는 중국의 기록에서도 확인할 수 있다.

땅과 산천을 얼마나 신성시했는지는 한국 선도교(仙道敎) 계열의 신종교인 모악교(母岳敎)의 교주 여처자(余處子)가 그의 신도들에게 한 말에서도 볼 수 있다. 신도들의 증언에 의하면, "혹 그가 보는 앞에서 뜨거운 불덩이를 갑작스레 땅에 놓는다거나 땅이 울리게끔 무거운 것을 쿵하고 놓으면 그는 발연히 노하여 '땅님이 놀라지 않겠느냐!'하고 꾸중하였다"[37]라고 한다.

산천뿐만 아니라, 바위 하나에도 신이 깃든다고 여겼기 때문에 민간에서는 생명이 있는 것들에 대해서는 훨씬 조심하고 함부로 생명을 해치는 것을 금기시했다. 생업을 도살(屠殺)로 삼았던 백정들조차도 그들의 업을 신성하게 여겨, 도살 작업을 하기 전에는 승려가 염불을 해서 소의 명복을 빌어주었다. 그들은 자신들의 직업을 성직(聖職)으로 여겼고, 소를 도살하는 것은 소의 넋을 상계(上界)로 보내주는 것이라고 믿었다. 그래서 서정범에 의하면, 그들은 소를 잡을 때 일반어가 아닌 은어를 사용했다고 한다. 은어를 사용함으로써 소가 인간의 일반어

---

36 『三國志』卷30, 「魏書 30 烏丸鮮卑東夷傳」: "其俗重山川, 山川各有部分, 不得妄相涉入"
37 박문기, 『본주下』, 서울: 정신세계사, 2004, 34쪽.

를 알아듣고 죽음에 대한 공포심을 갖지 않도록 배려했고, 역신(疫神)도 은어를 사용하면 접근하지 못해, 소의 혼이 무사히 상계에 도달할 수 있다고 믿었던 것이다. 소를 "황태자(皇太子)·어사(御使)·마패(馬牌)·산영감(山令監)·황옥가마·대성(大聖)·홍도(弘道)·산신령(山神靈)·신령택(神靈宅)" 등으로 불러 신성시하고 존대시하기도 하였다.[38]

이상에서 본 것처럼, 한국인은 하늘과 땅, 산천과 수목뿐만 아니라 바위 하나 빗자루 하나에도 신이 깃들어 있다고 보았다. 즉, 그것들을 살아있는 것으로 보았던 것이다. 그리고 살아있는 모든 것들에 대해서 배려와 존중의 태도를 가졌다.

4. 무교의 생명관

1) 무교의 생명의미와 생명원리

생명의 의미와 원리에 대한 탐구는 인류 역사와 함께 지속되어 온 근본적인 질문이다. 특히 무교는 특정 종교의 교리에 얽매이지 않고 자연과 생명에 대한 고유한 관점을 제시한다는 점에서 주목할 만하다. '생명'에 대한 무교의 관점은 생물·무생물의 이분법적 관점을 벗어난다. 무교에서 생명은 신(神)과 영(靈)이 깃든 것이다. 그런데 신이나 영이 깃드는 것은 두 가지 원리가 있다. 첫째는 시간의 원리이다. 오래된 존재

---

[38] 서정범, 『한국특수어 연구』, 서울: 유씨엘아이엔씨, 2005.

에는 영이 깃든다. 바위나 산, 혹은 나무처럼 그것이 존재한 시간이 오래된 것일수록 영적인 것이 존재할 가능성이 높다. 산악숭배, 암석숭배, 수목숭배는 그러한 신앙의 대표적인 예이다. 이는 자연의 오랜 시간 속에 축적된 생명력을 인정하고 존중하는 태도를 보여준다. 둘째는 마음의 원리이다. 어떤 사물에 오래도록 사람의 마음을 쏟으면 그것에 영(靈)이 서린다. 도깨비나 '동토난다'는 믿음이 그것이다. 이는 인간의 정성과 염원이 사물에 생명력을 불어넣을 수 있다는 믿음을 보여준다.

이렇게 우주에 존재하는 것은 어떤 것이든 영이나 신이 깃든 존재로 인식되는 순간 그것은 생명의 의미지평에 놓이게 된다. 식물인 나무도, 무생물인 바위도 생명의 존재가 되는 것이다. 그래서 '귀(鬼)'도 생명의 의미지평에서 이해되는 것이다. 귀신은 죽은 존재가 아니라 우리와 함께 살아가는 살아있는 존재이다. 그렇기에 귀신은 두려움이나 공포의 대상이 아니라, 우리 삶의 일부이며 함께 공존해야 할 존재로 인식된다. 귀신이 만약 인간에게 해로운 영향을 끼친다면 그것은 그럴만한 이유가 있어서이다. 그 이유를 찾아 해결해주고 해소해주는 화해와 공존의 자세가 무교의 관점이다.

또한 이러한 생명의 존재들은 숭배 혹은 외경의 감정만으로 대하는 신앙의 대상이 아니라, 살아있는 사람을 대하듯 인격적인 대우를 한다. 이를테면 오래된 당산나무를 친근하게 할아버지라고 부른다든가 하는 것은 그러한 인격적인 대우의 분명한 예이다. 또 집안 사람들의 재물운, 집터의 운수와 안전을 관장하는 터주대감을 모시는 굿은 노래를 부르고 술을 마시며 집안을 도는 식으로 진행되는데, 이것 역시 신앙대상에 대한 인격적인 대우의 대표적인 예이다. 이렇게 신앙대상을 마치 살아있는 사람 대하듯 하는 것이 무교신앙의 특징이다. 이러한 관념은 생명의 근원이 바로 '영(靈)'이기 때문이다.

우주에 존재하는 살아있는 모든 것의 근원적인 생명력은 영이다. 생명체에게 생명의 근원은 하늘과 땅이다. 인간도 이 하늘과 땅의 기운을 얻음으로써 생명을 얻는데, 하늘의 기운인 영을 얻고 땅의 기운인 육을 받아 영육의 결합체로서 존재한다. 그래서 사람이 죽으면 영과 육은 각각 제 고향인 하늘과 땅으로 돌아간다. 한국인이 죽음을 '돌아갔다'고 표현하는 이유가 여기에 있다. 더 구체적으로 말하면 사람은 영혼과 육신의 결합체이다. 즉 영육(靈肉)과 혼백(魂魄)이 맞물려 생명체로서 존재한다. 하늘에서 온 영(靈)과 땅에서 온 육(肉)은 생명의 틀인 혼(魂)과 백(魄)이 맞물려 이루어지는 것이다. 그래서 혼은 하늘에서 온 영의 틀이 되고, 백은 땅에서 온 육의 틀이 되어 생명체를 맺고 생명활동을 펼친다. 영혼(靈魂)으로 맞물렸던 영과 혼은 갈라서면서 영은 하늘 위로 혼은 하늘 아래로 돌아가고, 육백(肉魄)으로 맞물렸던 육과 백은 갈라서면서 육은 땅속으로 백은 땅 밖으로 돌아간다.[39]

인간의 죽음이란 이 영혼이 육신을 떠나는 것이다. 그런데 영혼이 생명의 근원이고 근본이므로 육신을 떠난 영혼은 그 생명성을 소실하는 것이 아니다. 단지 다른 세계에서 살아가는 것이다. 사후존재는 육신만 잃었을 뿐 그 영혼은 살아있을 때와 똑같이 사고하고 행동하는 인격적 주체이다. 그리고 이승에 있는 사람은 저승의 사후존재와 연결되어 소통할 수 있다. 그것은 우리가 영적 존재이기 때문이다. 사령(死靈)과 생령(生靈)의 구분에서 보듯, 산자와 죽은자 모두 영적 존재이나.

---

39 원황철, 『행복한 동양학: 동양학의 과학적 체계 속에서 행복한 나를 만난다』, 서울: 지영사, 2004, 54~64쪽.

즉, 영(靈)은 생명세계의 근원이다.

    무교적 관점에서 우주는 '영'의 세계이기 때문에 우주는 살아있는 생명세계이고, 교령(交靈)하며 교통하고 감응한다. 부엌에 조왕신, 안방에 성주신, 뒤뜰에 업신, 변소에 측신과 같이 각각의 공간들에는 공간의 '영'이 있고, 그 '영'들은 신력과 직능의 안배에 의해 층위를 갖는다. 각각의 영들은 층위를 갖지만 동시에 서로 유기적 관련성을 맺으며 상호 소통하는 교감적인 생명세계를 구성한다. 이 생명 만물이 서로 교감하고 소통하는 근본 원리는 '감응'이다. 신령들 사이에서도, 그리고 개별 생명체들 간에도 감응이 이루어진다. 인간과 신령 사이의 이 감응은 한국인의 삶 속에 배어있다. 감응은 상호연관되고 영적인 생명세계의 존재 원리이다.[40]

    감응이 생명세계의 존재원리라고 할 때, 감응은 정서적이고 감정적인 생명활동이다. "이런 점에서 무교에서 '생명'은 감성적 개념으로 이해된다. …… '영'이 있다고 이해되는 것에 대해서는 '생명감정'이 작용하고, 역으로 '생명감정'이 느껴지는 대상에 대해서는 '영'을 인식한다."[41] 무교적 관점에서 '생명'은 물리적인 현상을 넘어서 비가시적인 '영'을 근원으로 하고 있으며 정서적 차원에서 접근한다. 그래서 생명에 대한 인식은 유형의 생명체를 넘어서며, 나아가 가시적 현실 세계를 초월한다. 그러므로 무교에서 말하는 '생명'의 개념은 생리적 '생명현상'을 가리키는 것이 아니라, 존재의 '의미로서의 생명'을 지칭하는 것이다.

    무교 신앙에서 생명에 대한 정서적 감응은 핵심적인 역할을 한다.

---

[40] 허순애, 「무속신앙의 관점에서 본 생명의 의미」, 『철학논총』 40, 새한철학회, 2005, 349쪽.
[41] 허순애, 「무속신앙의 관점에서 본 생명의 의미」, 『철학논총』 40, 새한철학회, 2005, 346쪽.

예를 들어, 자연 현상이나 생명의 탄생 및 죽음에 대해 인간이 경험하는 감정—기쁨, 슬픔, 경외감 등—은 모두 생명을 이해하고 가치를 부여하는 데 중요한 요소로 작용한다. 이러한 감정적 반응은 인간이 생명을 어떻게 대해야 하는지에 대한 윤리적 지침을 제공하며, 각 생명체의 존엄성을 인식하게 만든다는 점에서 현대적 가치를 함유한다.

5. 나가는 글

한국인들은 이승의 세계에서 온갖 신들과 함께 한다. 이 신들은 인간과 공생관계에 있다. 신들을 함부로 하면 인간에게 탈이 생긴다. 그래서 신들을 위하고 섬김으로써 더불어 살고자 하였다. 심지어 그것이 역신(疫神)과 같이 인간에게 질병을 가져다 주는 것이라 할지라도 그것을 퇴치하고 없애려고 하지 않았다. 오히려 역신을 지극히 대접하였다. 인간을 죽이기까지 하는 무서운 질병에 대해 '마마'라는 극존칭을 써 가면서 대상을 높였고, 손님으로 대접하였다. "인간이 신을 어떻게 접대하느냐에 따라 신의 태도가 결정되고, 신을 지극한 정성으로 섬기면 병을 곱게 앓도록 하고, 섭섭하게 대하든지 괄시를 하면 그 행위의 정도에 따라 벌을 내리고 있다"[42]고 믿었기 때문에 손님굿을 통해 역신을 달래고 역신과의 화해를 요청했다.

이러한 한국인의 종교심성은 현대의 인류에게 시사하는 바가 크다.

---

[42] 『한국민족문화대백과사전』, 「손님굿」, <http://encykorea.aks.ac.kr/Contents/Item/E0030480>

코로나 팬데믹 이후 인류는 질병에 대해서만이 아니라 생명에 대한 관점을 바꾸고 생명을 대하는 태도의 전환을 요구받게 되었다. 또한 생명공학과 인공지능의 발전은 인간 생명의 조작을 가능하게 함으로써 많은 논란을 야기하고 있다. 무교는 이러한 윤리적 문제에 대해 감정적이고 영적인 측면에서 접근할 수 있는 방법을 제공한다. 생명의 모든 형태가 신성하다고 보는 이 관점은, 기술적으로 조작되거나 변경된 생명 형태에 대해서도 윤리적으로 중요한 문제를 제기한다.

한국인의 종교 심성이 지닌 생명관은 인류가 직면하고 있는 전환의 시대에 훌륭한 담론을 제공할 수 있다. 그것은 한국인의 종교 심성의 생명사상이 "대상을 위하고 대상을 섬김으로써 문제를 해결하고 화해에 이르고자 하는 것은 곧 대상과 나, 신과 인간, 자연과 사회가 더불어 살아야 한다는 공생적(symbiotic) 세계관에 입각"[43]해 있기 때문이다.

또한, 이 공생적 세계관은 영성(靈性, spirituality)적 사유를 바탕으로 하고 있다는 점에서 매우 긍정적이다. 서양의 많은 사상가는 21세기가 "새로운 영성, 새로운 종교성, 새로운 정신성의 시대가 될 것이며 되어야 한다"[44]고 말한다. 한국인의 영적 심성은 새로운 영성의 시대를 모색하는 데 있어 한 방향을 제시할 수 있다고 본다. 이제 그 현대적 변용에 대해 본격적인 고민을 할 때이다.

---

43 임재해, 「민속신앙에서 발견되는 한국인의 자연관과 현대적 변용」, 『민속학연구』 6, 국립민속박물관, 1999, 6쪽.
44 이기상, 「21세기 영성: 우리 고유의 한국적인 영성이라야」, 『카톨릭프레스』, 2020.03.23. <http://www.catholicpress.kr/news/view.php?idx=6467>

참고문헌

『三國史記』
『太祖實錄』
『高麗史』
『한국민속대관』
『한국민족문화대백과사전』
『표준국어대사전』
김경수, 「장자(莊子)의 생명사상」, 『생명연구』 38, 2015.
김학범·장동수, 『마을숲』, 서울: 열화당, 1994.
돈 베이커, 『한국인의 영성』 박소정, 서울: 도서출판 모시는 사람들, 2013.
문상희, 「한국 민간신앙의 자연관」, 『신학논단』 11, 연세대학교 한국기독교문화연구소, 1972.
미르체아 엘리아데(Mircea Eliade), 이윤기 역, 『샤마니즘』, 서울: 까치, 1992.
박문기, 『본주下』, 서울: 정신세계사, 2004.
박정원, 『신이 된 인간들』, 서울: 민속원, 2018.
서정범, 『한국특수어 연구』, 서울: 유씨엘아이엔씨, 2005.
안진호 외, 『석문의범』, 서울: 법륜사, 1982.
에르빈 슈뢰딩거(Erwin Schrödinger), 서인석·황상익 역, 『생명이란 무엇인가?』, 파주: 한울, 2001.
원황철, 『행복한 동양학: 동양학의 과학적 체계 속에서 행복한 나를 만난다』, 서울: 지영사, 2004
이계학 외, 2001, 『인격확립의 초월성』, 청계.
이능화, 이종은 역, 『조선도교사』, 서울: 보성문화사, 1977.
임재해, 「민속신앙에서 발견되는 한국인의 자연관과 현대적 변용」, 『민속학연구』 6, 국립민속박물관, 1999.
장정태, 「한국불교 속의 산신신앙 연구: 『삼국유사에 나타난 산신신앙을 중심으로』」, 『한국불교사 연구』 3, 한국불교사연구소, 2013.
조성환, 「단군신화에 나타난 한국철학의 정체성: '하늘' 관념을 중심으로」, 『한국교육철학회 학술발표회 논문집』, 2017.
조흥윤, 『한국의 샤머니즘』, 서울대학교출판부, 1994.
줄리앙 드 라 메트리, 여인석 역, 『라 메트리 철학 선집』, 고양: 섬앤섬, 2020.
최준식, 『무교: 권력에 밀린 한국인의 근본신앙』, 서울: 도서출판 모시는 사람들, 2012.
허순애, 「무속신앙의 관점에서 본 생명의 의미」, 『철학논총』 40, 새한철학회, 2005.
홍윤식, 「한국불교의식의 삼단분단법과 불화」, 『한국불교의 연구』, 이리: 원광대출판국, 1980.
「숭례문·광화문 복원용 소나무, 삼척 준경묘역서 첫 벌채」, 『한국일보』, 2008.12.11.
　　<https://www.hankookilbo.com/News/Read/200812110070437633>

「안동부(安東府) 신목(神木) 제사(祭祀)」, 『포커스 경북』, 2020.02.09. <http://www.donghaean—n.com/news/articleView.html?idxno=3962>

이기상, 「21세기 영성? … 우리 고유의 한국적인 영성이라야」, 『카톨릭프레스』, 2020.03.23. <http://www.catholicpress.kr/news/view.php?idx=6467>

생명 범주와 팡둥메이(方東美) 생생미학 구축 경로의 관계를 논함

장위안 庄媛
산둥대학교 문예미학연구센터

내용요약

20세기에 생명 문제의 중요성을 생각하는 중요한 철학적 범주로 등장한 생명 범주는 중국 학자들의 문화적 성찰과 창조적 해석을 불러일으켰다. 이에 기초하여, 팡둥메이 생생미학의 구체적인 구축 경로가 전개되었다. 팡둥메이 사상의 발전 과정에서 생명 범주의 연구는 과학과 철학에 대한 사고, 중서(中西) 문화의 비교 연구 및 중국문화 본원으로의 복귀에 중점을 두었다. 이와 동시에 팡둥메이는 니체의 초인사상, 베르그송의 생명철학, 제임스의 종교철학 등에서 우주생명과 그 보편적 가치에 대한 사상적인 내용을 적극적으로 받아들였고, 이는 팡둥메이 생명 범주의 전체적인 틀과 핵심 개념의 형성에 중요한 영향을 미쳤다. 따라서 팡둥메이의 생생미학은 중국과 서양의 문화에 보이는 생명사상을 관통하고, '생명 본체' 및 '생생 본체'에 대해 인식하고 이해하며, 생생 본체를 핵심으로하는 생생미학의 사상체계를 구축하여, 생명 경계의 향상과 초월을 궁극적인 목적으로 삼는다.

주제어: 생명 범주, 팡둥메이(方東美), 생생본체(生生本體), 생생미학(生生美學)

현실과 이론의 발전이라는 측면에서 보면, 생생 범주는 인류 생명의 존재에 관한 사고이고, 현상학과 생명철학은 생명 범주의 연구에 포함될 수 있다: 먼저 현실적인 측면에서, 20세기 이래 산업사회의 발전과 유럽 과학의 위기 및 잦은 전쟁 등은 대륙철학이 생명의 존재, 생활세계와 생존 사이의 밀접한 연관성에 관심을 갖게 하여, 과학기술의 발전과 생활방식의 급격한 변화가 가져온 사상적 위기에 대응하였다. 다음으로 이론의 발전이라는 측면에서, 과학과 철학 사이의 갈등이 모순화되며 둘 사이는 서로 어떻게 적응할 것인지와 감성적인 능력과 이성적인 능력과의 관계를 어떻게 할 것인지는 지난 세기 철학 발전의 주제들 중 하나가 되었다.

이에 따라 자연스럽게 현상학이 등장하여 중요한 방법론적 토대를 제공하고 철학의 지위를 재정의하게 되었고, 생명철학은 시간의 측면에서 직관적인 인식능력의 중요성을 강조하게 되었다. 이 둘은 공통적으로 서양 문화에서의 자아 성찰의 과정을 반영하고 있다. 이는 20세기의 중국이 이질적인 문화를 추구함으로써 문화 성장의 사장적인 발전을 도모하려 했던 요구와 부합한다.

다시 말하면 중요한 철학적 범주로서의 '생명'은 서양철학에서 깊은 연원을 가지고 있고, 현대에는 점차 생명철학과 현상학의 철학사조가 형성되었다. 또한 반이성철학의 선봉이자 대표로서, 생명 범주 연구의 중요한 요새가 되었다. 중국 근현대 학술연구 발전사에서 서양 현상학의 연구방법과 생명철학사상의 유입은 중국 학자들의 창의력을 자극했다. 이에 중국문화를 반성하는 기초 위에서 서양의 현상학과 생명철학의 방법과 사상의 내용을 받아들이고 채택했으며, 중국 전통철학사상에 대해 혁신적인 해석을 진행하게 되었다. 또한 세계적인 시각에서 중국이 직면한 문제들을 사고하고, 서양의 선진문화사상을 받아들이는 기초 위에서 중국문화의 생명력을 일깨우게 되었다. 이것은 실제로 팡둥메이 사상의 전개 과정에서 생명 범주가 탄생하고 발전하게 된 사상적인 기초와 시대적인 배경을 구성한다. 여기에서부터 팡둥메이 생생미학(生生美學)의 구체적인 구축 경로가 전개되었다.

1. 팡둥메이 사상의 전개 과정에서 생명 범주의 탄생과 발전

팡둥메이 생생미학사상 체계의 구축에 있어, 다음과 같은 세 가지 중요한 문제점에 대한 해결과 설명이 필요하다. 첫째, 팡둥메이 생생미학의 근거가 되는 사상에는 어떤 것들이 있으며, 그것들이 다른 사상을 받아들이고 참고하는 과정에서 어떠한 사상적 경향을 반영하고 있는가이다. 둘째, 팡둥메이 생생미학의 전체적인 구성이 왜 논리적이고 합리적인지, 즉 그 미학 구성의 핵심적인 사고방식과 그 근거가 되는 기본적인 연구방법은 무엇인지에 대한 설명이 필요하다. 셋째, 미학 연구의 핵심직인 문세에 대해 것으로, 팡둥메이 생생미학의 구성과정에서 가장 핵심적인 문제의 기본적인 탐구 요령을 분석한다. 이 세 가지 문제의 해답에 기반하여, 팡둥메이의 사상에서 생명범주의 탄생과 발전 및 그 근거가 되는 사상적 자원들로부터 시작하여 그 사상의 전개를 설명하고, 아울러 '생생(生生)'을 본체로 하는 철학적 미학의 구축 과정을 결합하여, 종합적으로 그 생생미학 사상체계의 구성과정을 분석하고 설명한다.

팡둥메이의 미학사상은 그 철학체계의 전반적인 틀 속에 내재화되어 있다. 그중 팡둥메이의 생명범주사상의 발전과 생생미학사상은 서로 떼어놓을 수 없는 관계에 있다. 팡둥메이 철학연구의 여정을 통해 보면[1], 그의 철학연구는 생명철학을 기점으로 하여 관련 해설과 분석을 전개하고 있으며, 생명범주는 생명철학의 영향 하에서 생겨난 중요한 철학적 패러다임이 되어 그의 철학체계에서 시스템의 틀로 작용했다. 팡둥메이는 생명범주의 비교연구 과정에서 중국문화와 철학사상을 서양철학 중 생명과 관련된 사상들과 비교하여, 양자는 일정한 유사성을 가지고 있을 뿐 아니라, 상호 해석할 수 있는 가능성이 크다고 생각했다. 그 밖에도 팡둥메이는 서양 현대철학의 방법론을 훈련받았는데, 서양 실용주의철학·헤겔철학·현상학·니체의 철학과 베르그송의 생명철학·화이트헤드의 과정철학 등은 팡둥메이의 생명범주사상 탄생과 발전의 중요한 이론적 원천이다. 팡둥메이 생명범주사상의 발전 과정을 보면, 한편으로 그 탄생과 발전은 팡둥메이 철학연구의 발전과정에서 구현된 것이고, 다른 한편으로는 팡둥메이의 중서철학에 대한 종합적인 고찰을 반영하고 있다. 또 팡둥메이 생생미학의 형성과 발전이라는 측면에서 보면, 팡둥메이는 생명범주의 사고에 관한 효과적인 길을

---

[1] 팡둥메이의 경력과 학술적 생애에 대해서는 다음을 참고할 수 있다. 馮滬祥編著, 『方東美先生的哲學典型』, 台灣學生書局 2007版 ; 蔣國保,餘秉頤, 『方東美哲學思想研究』, 北京大學出版社 2012版.

제시했을 뿐 아니라 생생미학사상이 나아갈 길의 기본적인 틀을 만들었다.

구체적으로 말하자면 팡둥메이의 학문과 인품이나 철학사상은 중국철학의 인생관·우주관·도덕관에 그 뿌리를 두고 있으며, 서양철학의 사상과 방법을 탐구하고 성찰하는 속에서 상호 해석을 실현했다. 그의 사상과 학문의 구체적인 전개과정에 비추어 보면, 팡둥메이의 생명범주에 대한 연구는 (1) 과학과 철학에 대한 사고, (2) 중서문화의 비교 연구, (3) 중국문화의 본질 회복이라는 세 가지 측면에 집중되어 있다.

1) 과학과 철학에 대한 사고

팡둥메이의 과학과 철학에 대한 사고의 시작과 구체적인 전개 과정을 살펴보자. 팡둥메이는 베르그송의 생명철학·실용주의 철학·신실재론(新實在論) 등의 사상적인 내용과 가치를 종합적으로 고찰하여 서양철학 연구의 전반적인 기초를 닦았다. 그 구체적인 내용을 보면, 과학과 철학에 대한 팡둥메이의 연구는 최종적으로 인생문제에 대한 사고를 정립하게 되었다. 이는 『과학철학과 인생』이라는 책에서 파헤친 우주론과 인생론의 관계에 대한 논술에서 엿볼 수 있다. 팡둥메이는 1937년의 제2회 중국 철학대회에서 발표한 「철학삼혜(哲學三慧)」라는 글에서, 고대 그리스철학과 근대 서양철학 및 중국철학의 사상적 특징을 더욱 비교 분석하였다. 이는 서양의 과학과 철학에 대한 팡둥메이의 반성을 토대로 발전한 것이다. 간단히 말하자면 팡둥메이의 과학과 철학에 대한 사고의 전개는 생명사상의 기본 철학 구조를 형성하는 과정이었고, 이에 따라 그 생명범주의 사상적 내용은 구체적으로 전개될 수 있었다.

2) 중서문화의 비교 연구

1931년에 팡둥메이는 『문예총간(文藝叢刊)』 제1권 제1기에서 「생명정조(生命情調)와 미감(未感)」이라는 글을 발표했다. 이 글은 「철학삼혜」와 그 취지가 같은데, 모두 문화의 전체 구조에 입각하여 서로 다른 문화의 정신과 그 특징을 분석한 것이다. 「생명정조」는 고대 그리스와 근대 서양 및 중국의 문화와 철학 정신의 표현과 그 미의식의 특징을 비교 분석한 것이다. 여기에서 팡둥메이는 이렇게 말한다. "각 민족의 미의식은 언제나 생명의 정서에 달려 있고, 생명의 정서는 그 민족이 몸 담고 있는 우주의 규모인 것이다. 이 세 가지는 신이 그림자에 닿고 그림자가 물체의 형상에 닿은 것과도 같아서, 서로 감응하는 관계이기에 그 중 하나만 알아도 나머지는 미루어 알 수 있다. 지금 논의하는 내용은 우주의 형상에 비추어 생명에 담긴 의미를 파악하고, 생명의 표현에 따라서 예술의 규칙을 포착하는 것이다."[2] 이로부터, 팡둥메이는 민족문화의 특징이 그 우주관 및 인생관과 밀접한 관계라고 생각했음을 알 수 있다. 1943년에 팡둥메이는 『청년잡지(青雜誌)』 제1권 제4기에서 「동서문화(東西文化) 희극의 표징」이라는 글을 발표하여, 동서양 문화의

---

2 方東美, 『生生之德: 哲學論文集』, 中華書局 2013版, 92쪽.

각 갈래를 세분화하였다. 여기에서 팡둥메이는 서양문화를 그리스문화와 근대 유럽문화로 나누었고, 동양문화는 중국문화와 인도문화로 구분하였다. 서로 다른 문화의 특징으로부터 비교와 분석을 시작하였는데, 이는 팡둥메이가 문화의 전체성을 중시하는 비교문화연구로 나아갔음을 보여준다. 이것은 팡둥메이 생명범주 사상의 사고에서 중요한 지위를 차지하며, 팡둥메이 생생미학 사상의 구성과정에서 중요한 연구 범위와 방법이 되었다.[3]

　　팡둥메이 철학연구의 역사적 발전의 여정을 보면, 그의 철학연구는 서양에서 시작하여 중국으로 전개되어 중국과 서양을 아우르는 특징을 보여준다. 항일전쟁 시기에 팡둥메이는 중국인의 인생철학을 중시하면서 점차 서양철학에서 중국 민족문화, 특히 중국 철학사상의 연구로 전환하게 된다. 이와 동시에 그는 중국철학으로 완전히 전향하지는 않은 상태에서 줄곧 서양철학의 사고와 연구를 견지한다. 팡둥메이가 대륙에서 20년간 가르쳤던 중요 과목들은 서양철학사, 지식론, 본체론, 플라톤과 인생철학 등이다.[4] 이는 그가 오랫동안 가르치고 연구하는 삶을 살면서도 중서철학 비교연구의 길에서 벗어나지 않았음을 보여준다. 중서철학 비교연구의 측면에서 보면, 팡둥메이는 기존의 철

---

[3] 「생명의 정조와 미감」, 「동서문화 희극의 표징」, 이 두 편 글의 내용과 거기에 나타난 사상 변화의 특징은 팡둥메이의 문화 비교 연구의 관점과 방법상의 변화를 명확하게 반영한다. 이에 대해서는 이 장의 3절에서 다시 논의하므로 여기서는 반복하지 않는다.

[4] 팡둥메이의 교과 과목은 팡둥메이가 민국 34년(1945년)에 제출한 '휴직연수 교과표'에 나오는 것을 참고한다. 이 파일은 中央大學 역사기록관(현 南京大學 역사기록관) 648-1828호 기록물 115쪽에 보관돼 있다. 팡둥메이는 이 신청서의 휴직 연수 계획에서 말하길, "올해 집필한 문화형태학(『중국, 인도, 그리스 근대유럽의 4종 생명정신과 문화형태에 대한 종합연구』)은 집필하면서 옛날의 장서가 손실된 와중에 미적거리며 착수할 수가 없었다." 여기서 볼 때 팡둥메이에게서 연구의 초점은 줄곧 '문화 형태학'에 대한 종합적인 연구에 있었음을 알 수 있다.

학과 문화의 문제에 대한 해석에 중점을 두었다. 예컨대 그는 1960년에 미국 미시간대학교에 방문했을 때「비교철학으로 중국문화 속의 인간과 자연을 고찰한다.」라는 강연을 하였다. 여기에서는 서양인들의 분리주의 사고 경향과 중국인들의 융합주의 사고 경향의 차이를 분석하고, 살아있는 생명을 관조하고 끊임없이 창조하는 우주생명을 긍정하는 중국문화에 대해 설명했다. 1964년에 팡둥메이는 미국 미시간주립대학교에서 토론 과정인 〈플라톤과 소크라테스〉, 〈동서비교철학〉[5] 등의 강의를 맡아, 서양의 학자들과 동서철학의 유사점과 차이점에 대해 탐구했다. 같은 해에 그는 미국으로 건너가 하와이대학교에서 주최한 제4회 동서양 철학자대회에 참가했다. 회의에서 발표한「중국 형이상학에서의 우주와 개인」에서는 중국의 형이상학을 '초월적 형이상학'으로 규정하여, 현상과 본체가 서로 융회관통하는 유기체의 특징을 구체적으로 구현하였다. 이 글은 각국 학자들의 극찬을 받았고, 옥스퍼드대학교의 이안 맥머런(Ian Mcmorran)교수는 이렇게 평가했다. "동양인이 영어로 저술하여 서양에 중국의 철학사상을 설명할 줄은 참으로 몰랐는데, 그 영어 문장의 조예가 이처럼 아름답고 우아한(elegant) 것은 당대의 영미학자들에게서도 찾아보기 힘듭니다."[6]

이로써 보면, 팡둥메이는 한편으로는 중서 문화사상의 차이를 분석하고 다른 한편으로는 서양의 철학사상과 방법을 받아들여 중국 전통문화와 철학사상을 새롭게 해석하였다. 또 연구의 전개 과정을 보면,

---

5   張佛千의「삼가 팡둥메이 선생님을 애도함」이라는 글에 나오는 것으로, 이 글은 楊士毅가 편집한『팡둥메이 선생 기념문집』(正中書局, 1982)에 수록되어 있다.
6   楊士毅,『方東美先生紀念集』, 正中書局, 1982, 83쪽.

그의 중서 비교연구는 받아들이고 내보내는 것을 병행하고 중국의 문화와 철학의 번역과 보급을 매우 중시했다. 이러한 연구 방식은 그의 생명범주 연구와 생생미학 구성의 전 과정을 관통하고 있다.

3) 중국문화의 본질 회복

팡둥메이는 민족문화에 대한 정체성이 매우 강렬한 학자이다. 그의 한평생 학술연구의 길을 살펴보면, 중국문화 생명력의 활성화를 목적으로 하고 있는데, 이는 항일전쟁 시기에 중국 인생철학의 지혜를 부르짖었던 것에서도 알 수 있다. 대만에서 활동하던 1960년대에는 당시 청년들의 사상과 습관에서 문화적 전통이 사라져 버린 것을 보았다. 그는 중국문화의 연구로 완전히 방향을 바꾸고, 나아가 중국문화 본질의 회복을 구현했다. 1960년대에서 1970년대까지 팡둥메이는 중국철학과 사상에 대한 전면적인 강의를 진행했다. 그가 강의했던 원고들은 『원시 유가도가철학』, 『중국 대승불교』, 『화엄종철학』, 『신유가 18강』 등으로 정리되어, 중국의 철학과 사상에 담겨 있는 무한한 생명력을 충분히 설명했다. 그는 또 중국의 철학과 지혜는 현대에도 여전히 중요한 사상적 가치를 가지고 있으며, 그 사상적 가치는 인생문제의 해결에 지도적 역할을 발휘하고 중국의 철학과 사상의 현대적 가치에 대한 탐구를 반영한다고 생각했다.

팡둥메이의 중국철학 정신에 대한 해석을 합해보면, 중국문화와 인생 문제 해결과의 상호 관련성을 확고히 파악하고 있음을 알 수 있다. 또 단지 문화 내부의 상호작용이 낳은 정신적 가치를 강조할 뿐만 아니라, 현실사회에 대한 관심도 반영하고 있음을 알 수 있다. 따라서 팡둥메이는 문화사상 의의의 창출과 표현이라는 실질적인 요구를 확고히 파악하고 있었고, 이것이 바로 중국문화에 내재된 인문주의 사상의 핵심적인 요체이다.

2. 팡둥메이 생명 범주 중 주요 사상 내용의 기원

팡둥메이의 생명범주는 현대 서양철학사상을 기반으로 구축되었다. 현대 서양철학사상의 도입은 단지 생명의 가치를 탐구하는 사상적 자원을 제공했을 뿐 아니라, 아울러 그 인문주의적인 입장과 방법의 실현 가능성과 필연성을 재차 확인하게 해 주었다. 팡둥메이는 생명의 가치를 탐구하며, 서양 현대철학에는 참고할 만한 사상적 내용이 적지 않다고 생각했다. 이와 관련된 내용들 중 니체의 초인사상에서 추앙하는 초월적인 정신적 인격, 베르그송과 제임스의 우주생명과 그 보편적인 가치에 대한 탐구, 하이데거의 실존주의 현상학에서 보여주는 직관적인 지혜 등은 팡둥메이 생명범주의 기본적인 요지를 집중적으로 구현했으며, 그가 설명한 보편적인 생명정신의 중요한 사상적 뒷받침이 되었다.

1) 니체의 초인사상과 그 가치에 대한 평가

팡둥메이는 니체가 19세기 유럽 철학의 기인 중 하나라고 보았고,

또 다른 기인은 헤겔이었다. 팡둥메이 생명범주의 구축 과정에서 니체의 초인사상이 특히 큰 영향을 미쳤는데, 주로 다음과 같은 네 가지 측면의 사상적 내용을 포함하고 있다.

첫째, 생명에 대한 욕구와 생명의 확장. 팡둥메이는 니체의 철학이 스펜서와 다윈의 진화론이라는 기초 위에서 건립되었고, 니체는 이에 의거하여 자신의 초인사상을 펼쳐 생명 현상을 해석하는 데에 활용했다고 분명하게 지적한다. 둘째, 휴머니즘의 초인철학. 팡둥메이는 니체를 이렇게 평가한다. "지혜의 쇠퇴와 문화의 쇠미를 슬퍼하여, 이상적인 초인을 제시했다. 만길의 벽을 세우고, 절세의 천재를 높이며, 다시 없을 행동을 촉발하고, 아름다운 가치를 높이고, 새로운 경지를 창조하여, 인류의 앞날에 무한한 비전을 제시하며 최고의 희망을 실현했다."[7] 팡둥메이는 이와 같이 니체의 초인사상을 찬탄했다. 가장 중요한 이유는 니체가 생명을 높은 이상적 경지로 끌어올려 초월하도록 한 후, 최고의 이상과 진리를 이해한 뒤에는 반드시 최고의 이상향을 현실세계로 내려 연결시킴으로써 현실의 생활에 활용해야 한다고 주장하기 때문이다.

셋째, 종교 및 신앙과 가치 평가. 니체의 철학이 출현한 이후, 니체의 초인사상이 반종교적이고 반신앙적이라는 목소리가 끊임없이 쏟아졌다고 생각했다. 팡둥메이는 니체철학에 대한 이러한 오해에 대해, 니체철학의 참뜻을 제대로 파악하지 못한 평가라고 생각했다. 종교와 신앙의 측면에서 볼 때, 팡둥메이는 니체가 종교와 신앙의 역할을 없애려 했던 것이 아니라 종교와 신앙의 의의를 재조명하여 이 두 가지의

---

7   方東美, 『生生之德: 哲學論文集』, 中華書局, 2013, 126쪽.

가치 영역에서의 작용을 충분히 발휘하려 했던 것이라고 생각했다. 또 가치평가라는 측면에서 볼 때, 팡둥메이는 니체가 『짜라투스트라는 이렇게 말했다』라는 저술에서 언급한 '초인사상'의 목적은 최고의 가치를 가진 이상의 연원을 설명하고, 무가치하고 허망한 종교와 무감각해지고 저속해진 신앙에 반대하며, 이미 있었거나 새롭게 출현한 모든 편향적인 종교와 신앙의 가치를 재평가하고, 숭고한 정신적 인격을 확인하고 세우려는 데에 있다고 보았다. 넷째, 권력에 대한 의지와 진리에 대한 탐구. 팡둥메이는 니체의 초인사상에서, 진리를 탐구하는 일련의 사상적 원칙을 깨달았다. 그 사상적 원칙은 '권력에의 의지'라는 개념을 핵심으로 한다. 이것은 한편으로는 끊임없이 이해하며 진리를 탐구하고 설명하는 과정으로 표현되었다. "이해할 수 없는 것은 기어코 탐구하고 이해하려 하며, 설명할 수 없는 것은 도리어 일련의 문장들을 찾아내어 설명을 더하고자 애쓴다. 만약 이러한 문장들 속에 그러한 범주가 없다면, 반드시 새로운 범주를 다시 만들어내야 한다."[8] 또 다른 한편으로는 포용적인 열린 마음으로 철학의 사상체계를 대할 것을 주장한다. 팡둥메이는 니체의 철학연구가 서로 다른 철학사상들을 연결할 수 있는 가능성을 내포하고 있다고 생각했다. 이는 더욱 심층적이고 근원적인 철학사상을 밝힐 수 있는데, 팡둥메이는 이것을 "잠재된 철학(concealed philosophy)"[9]의 발굴과 이해라고 불렀다.

---

8 方東美, 『華嚴宗哲學』(上), 中華書局, 2012, 243쪽.
9 方東美, 『華嚴宗哲學』(下), 中華書局, 2012, 573쪽.

2) 시간과 창조: 베르그송 생명철학사상의 비판적인 수용

베르그송의 생명철학에 대한 팡둥메이의 분석은 그의 생생미학 사상체계 형성의 핵심적인 고리가 되었다. 베르그송의 생명철학은 팡둥메이의 생생철학 탄생에 이처럼 중요한 영향을 주었는데, 그 이유는 주로 베르그송의 생명철학에서 '시간'과 '창조'에 관련된 개념들이 팡둥메이의 '생명'이라는 범주에 대한 종합적인 이해를 활성화시켰기 때문이다. '시간'과 '창조'는 팡둥메이 생생철학의 핵심적인 개념이 되어, 그의 우주 본체론, 인식론 등의 내용이 담긴 사고와 그 구축 과정을 관통하고 있다. '시간'과 '창조'의 개념은 팡둥메이 생생철학의 사상적 근원 중 하나이다. 팡둥메이는 베르그송의 철학사상은 '생명'이라는 범주로 통합되어 있고, 베르그송철학에서 '시간'과 '창조'의 사상적인 내용은 단지 서양철학에서의 '존재'라는 개념의 변화와 발전만을 반영한 것이 아니라 동양철학과 서로 부합할 수 있는 가능성을 담고 있다고 생각했다. 팡둥메이는 주로 다음과 같은 네 가지 측면에서 비판적으로 해석하고, 베르그송의 생명철학사상을 받아들였다.

(1) 베르그송 철학의 '동양'과 '현대'의 경향

팡둥메이는 베르그송철학을 정의하는 과정에서, 단일한 개념으로 베르그송의 철학을 요약하는 것은 매우 곤란하다고 생각했다. 이는 "베르그송의 철학은 그 안에 많은 동양과 현대의 경향을 포함하고 있는 특이한 융합이기"[10] 때문이다. 여기에서 가리키는 '동양'의 경향은 큰 틀에서 문화 정신이라고 요약할 수있다. '동양'의 경향이라는 문화정신은 한편으로는 시간의 측면에서 영원한 가치를 구현하고, 다른 한편으로는 창조와 변화에 대한 중시를 구현한 것이다. '현대'의 경향은 베르그송철학이 현대과학에 기초한 것을 반영한 것이다. 팡둥메이는 동양과 현대라는 두 가지 경향성에서 출발하여 베르그송철학의 기원이라는 문제를 탐구했다. 팡둥메이는 베르그송철학에 담긴 이 두 가지 경향성 때문에, 이를 '변화의 철학(The Philosophy of Change)'이라 명명하지 않고 '생명의 철학(Yhe Philosophy of Life)'이라는 용어를 선택한 것이다. 이는 생명의 영원한 가치와 그 창조와 변화의 성질에 대한 베르그송의 사고를 강조한 것이며, 이것은 '시간'과 '창조' 개념의 중요한 내용이 되었다.

(2) 시간의 지속: 생명의 '시간 중심적' 개념

본체론의 측면에서 보면, 팡둥메이는 생명에 대한 '시간 중심적' 개념(Temporalistic Concept of Life)이 베르그송철학에서 '시간' 개념과 관련된 가장 중요한 이론적 내용이라고 보았다. 그는 시간의 '지속'과 관련이 있는 베르그송의 네 가지 일시적인 생명 개념의 문제를 분석했다. 이는 베르그송 우주관의 '동시성'이라는 관점의 문제, 생명력의 창조성과 그 특징의 문제, 생명과 인식의 관계에 관한 문제, 생명과 물질과의 관계에 관한 문제 등이다. 주목할 만한 것은, 팡둥메이는 베르그

---

[10] Thomé H. Fang, A Critical Exposition of the Bergsonian Philosophy of Life, Wisconsin: University of Wisconsin, 1922, p. 1.

송이 시간의 흐름 속에서 생명의 특성과 기원의 문제를 분석했던 관점을 온전히 받아들이지 않았다는 것이다. 그는 러셀의 분석철학이나 제임스의 실용철학 등 다양한 인식의 관점들과 결합하여 베르그송 생명철학의 미진한 부분을 살펴보는 비판적 수용의 태도를 보였다. 팡둥메이가 보기에, 생명력의 창조성과 시간 '지속'에 관한 베르그송의 사상은 모두 서양의 정지된 시간이 실재한다는 개념을 동태적으로 변화하는 직관적인 시간개념으로 혁신하는 중요한 의의를 가지고 있지만, 그 자체로는 논리적인 모순이 있다. 그러나 팡둥메이는 이러한 모순이 치명적이고 해결 불가능하다고는 여기지 않았고, 제임스의 '예정된 현재' 이론을 빌려 초보적인 해결을 할 수 있다고 생각했다. 지식론의 측면에서는 베르그송철학의 지식론과 기타 철학과의 대화를 통해서, 베르그송 생명철학의 지각 및 직관과 서로 관련이 있는 '생명과 물질' 관계의 문제, 생명체의 선택과 창조의 문제 등을 설명하고 탐구할 수 있다. 따라서 팡둥메이는 지식론의 관점에서, 베르그송의 생명철학에 대해 한층 비판적인 해석을 하였다.

(3) 생명의 창조: 지식론과 생명론의 연계.

팡둥메이는 베르그송의 '시간 중심적'인 생명 개념에 대해 단순하게 형이상학적인 분석만으로는 충분치 않다고 생각했다. 왜냐하면 생명론은 지식론에 앞서고, 또 이 둘 사이의 관계는 밀접하기 때문이다. 따라서 반드시 이 둘을 연계시켜 생명의 보편적인 성질과 진화 운동의 의의를 고찰해야 한다고 생각했다. 팡둥메이는 단순한 지식론(논리적 사유와 이성적 도구)과 단순한 생명론은 생명의 본질과 그 진화의 의의에 대한 이해를 제대로 실현할 수 없으며, 마찬가지로 선택과 사유의 목적도 달성할 수 없다고 생각했다. 사상의 성향이라는 측면에서 보면, 팡둥메이는 베르그송이 직관적인 지식을 중시하고 지식의 두 가지 유형 사이를 구별하고 종합하려는 시도에 기본적으로 찬성한다. 주목할 점은, 팡둥메이는 '시간 중심적'인 생명 개념을 논하며 이미 베르그송이 시간의 개념 위에서 제시했던 문제인 생명과 의식, 생명과 물질 사이의 관계라는 문제를 설명했다. 이는 베르그송의 지식론에서의 두 가지 지식 도구, 특히 '직관적인 지식'의 이론을 통해 어느 정도 해석할 수 있었다. 따라서 팡둥메이는 베르그송의 감성적 경험에 대한 개념적 가설에 공감하고 비판적으로 수용하는 기초 위에서, 그 생명론에서의 생명 '창조'의 가능성과 그 방식에 관련된 사상들을 논평했다.

(4) 자유창조의 생명: 베르그송의 생명철학에 대한 비판적 성찰

팡둥메이는 베르그송이 진심으로 '생명'을 옹호하는 사람이라고 생각했고, 이렇게 말했다. "생명은 지극히 진취적이며, 의미와 희망과 활력으로 가득 차 있다."[11] 그리고 지속적이고 창조적인 생명의 실현에는 두 가지 상황의 지원이 필요한데, 팡둥메이는 이를 ① 생동감 있는 개성의 발전과 ② 자유의지의 활용으로 요약했다. 따라서 팡둥메이는 베르그송의 '생명'이 비판적이지 않은 까닭은 그의 생명철학이 생명의 특성에 대한 분석에 치중하지 않고 생명의 '시의(詩意)'에 대한 상징적 표현의 설명에 치중했기 때문이라고 생각했다. 이에 팡둥메이는 이렇게

---

11 Thomé H. Fang, A Critical Exposition of the Bergsonian Philosophy of Life, Wisconsin: University of Wisconsin, 1922, p. 66.

말한다. "베르그송은 기껏해야 시인이나 소설가, 생명에 대한 평가자가 어울린다. 그의 형이상학은 일종의 문학 심리학 위에서 만들어진 것이다. 그는 매우 고조된 격정과 사랑의 중심에 있는 것처럼, 삶의 모든 것에 관심을 두었다."[12] 팡둥메이는 베르그송 생명철학의 형이상학은 '문학 심리학'을 바탕에 두고 세워졌다고 여겼다. 이는 베르그송이 '비판하지 않는 생명 숭배자'가 되고, 생명은 베르그송이 유일하게 숭배하는 '아름다움'이 되도록 만들었다.

따라서 팡둥메이는 베르그송의 생명철학을 비판적으로 해석하는 과정에서, 한편으로는 베르그송 생명철학이 '시간' 및 '창조'의 개념과 서로 관련 있는 내용들을 찾아내 해석함으로써 생명의 유동성과 물질과의 직접적이고도 불가분의 관계에 대해 설명했음을 알았다. 또 다른 한편으로는 기본적인 이론 설정에 기반하여 베르그송 생명철학의 '내재적인 시간의 지속'에 대한 비판적인 분석을 진행했다. 이러한 방법은 장점과 단점이 매우 분명하다. 장점은 곧 팡둥메이가 이러한 비교분석을 통해 베르그송 생명철학의 내적인 시간과 외적인 물질세계가 통일될 수 없는 모순성을 포착했다는 것이다. 단점은 곧 기본적인 '생명'의 개념을 미리 정해 두었기 때문에, 베르그송의 '감각-운동'에 대한 이론에서 이미 설명했던, 대뇌가 신체 및 기억과 갖는 관계가 현실적이고 심지어는 초월적인 특징을 갖는다는 것에 그가 주목하지 못하게 되었다는 것이다.

베르그송의 생명철학에 대한 비판적인 해석을 거쳐, 팡둥메이는

---

[12] Thomé H. Fang, A Critical Exposition of the Bergsonian Philosophy of Life, Wisconsin: University of Wisconsin, 1922, pp. 67-68.

어떻게 베르그송 생명철학에 보이는 '시간'과 '창조'의 개념에 관한 사상을 자신의 생생철학 구성의 과정 속으로 내재화시켰을까?

팡둥메이가 베르그송의 생명철학이 자신의 사상 전개에 미친 영향을 비판적으로 해석한 것을 보면, 팡둥메이가 이해한 '생명(life)', '변화(changing)', '생성(becoming)', '진화(evolution)', '시간(time)' 등의 개념들은 모두 중요한 의미를 갖는다. 팡둥메이는 베르그송철학의 주된 목적이 '생명에 대한 종합적인 이해(comprehend life)'라고 생각했다. 여기에서 '종합적인 이해'는 중국인의 인생철학인 '광대한 화합의 길(comprehensive harmony)'에 대한 팡둥메이의 분석에 중요한 영향을 미쳤다. 따라서 우리는 철학사상의 전개과정을 유추해보는 측면에서, 팡둥메이 생생철학의 기원이라는 문제에 대해 생각해 볼 수 있다. 팡둥메이는 베르그송 생명철학의 기원에 대해 연구하며, 다양한 철학체계에 대한 베르그송의 견해를 확인했다. 팡둥메이의 생생철학과 생생미학체계의 수립 과정 역시 마찬가지여서, 다양한 철학체계에 대한 그의 견해를 확인해 볼 수 있다. 따라서 우리는 팡둥메이의 베르그송 생명철학의 기원에 대한 분석과정으로부터, 팡둥메이 생생철학의 연구과정과 방법론이 철학의 역사주의적 연구, 과학과 철학의 관계에 대한 종합적 이해, 사유 방식의 기본적인 특성의 분석이라는 세 가지로 귀결될 수 있음을 알 수 있다. 이로써 우리는 베르그송의 생명철학에 대한 팡둥메이의 비판적 해석이 이미 그의 생생철학의 사고 안에 내재화되어 있음을 알 수 있다. 과학과 형이상학 등의 지식들을 결합하여 이를 향상시킨 베르그송의 방식은 과학과 철학과 인생(생명)을 대하는 팡둥메이의 기본적인 입장의 핵심적인 사상이 되었다. 베르그송의 변화와 생명철학이 현대과학과 갖는 관계 및 그 기본적인 특징들에 대한 팡둥메이의 정리로부터, 팡둥메이의 '과학철학과 인생' 및 '철학적 지혜'에서 과학과 철학의 관계에 대한 비교분석에 중요한 영향을 미쳤음을 알 수 있다.

3) 제임스의 종교철학과 휴머니즘의 확인

1921년에 팡둥메이는 「제임스의 종교철학」이라는 글을 지었는데, 자신이 번역한 『실험주의(실용주의)』라는 책을 토대로 지식론, 신앙, 종교, 생명의 가치 등의 네 가지 측면에서 제임스의 사상을 정리하고, 제임스 철학사상에 대한 자신의 이해를 설명하였다. 주목할 만한 것은 팡둥메이가 실용주의철학에 대한 논문에서 '생명 범주'라는 개념을 처음으로 제시했다는 점이다. "실험주의는 생명의 기저 범주인 the categories of life를 기본으로 인정하면서, 생명을 중심으로 삼는 철학이다. 이른바 생명이란 영원하고 절대적인 것이 아니라 사람과 동물이 일시적으로 영위하는 생명이고, 본능과 욕망의 생명이며, 환경에 적응하는 생명이다. 생명의 본질은 행위이기 때문에, 실험주의를 행위의 철학(Philosophy of action)이라고 부르는 이도 있다."[13] 여기에서 팡둥메이는 생명범주의 철학은 생명을 중심으로 삼는 철학이고 행동의 철학임을 분명하게 밝히고 있다. 생명범주에 대한 실용주의의 동질성에 기반하여, 팡둥메이는 베르그송이 어느 정도 실용주의철학의 대열에 속한다고 보았다. 팡둥메이의 생명범주에 제임스의 종교철학이 미친 영향

13　方東美,「詹姆士底宗教哲學」,『少中國』第2卷第11期, 1921, 13쪽.

의 측면에서 보면, 제임스 철학사상에서의 의상(意象: idea), 신앙, 우주관이라는 세 가지 사항에 대한 이해는 팡둥메이가 생명의 끊임없는 탄생과 진화의 과정 및 그 가치를 고안해 내고 표현하는 데에 어느 정도 계발이 되었다.

(1) '의상(意象: idea)'에 관한 문제

팡둥메이는 이를 실용주의 지식론의 중요한 개념이라고 생각했다. 제임스 지식론의 측면에서 보면, 그는 "이른바 지식(知識)이란 곧 앎(知: Knowing)을 구하는 과정이다."[14]라고 하였다. 제임스는 '지향과 기호'를 의상(idea)과 의상이 가리키는 사물과의 관계에서의 두 가지 요소로 보았다. 팡둥메이는 의상에 대한 제임스의 지식론적 관점이 후자의 형이상학의 기초를 다졌다고 보았다. 따라서 팡둥메이는 제임스 지식론에서의 '진리'에 대해, 두 가지의 결론을 내렸다. 첫째, 진리는 사람이 구할 수 있는 진리이며, 각 사상들의 역사 속에 들어있다. 둘째, 진리라는 두 글자는 의상의 형용사에 불과하지만, 다행히도 의상을 만났다. 이는 의상과 의상이 가리키는 사물과의 관계로부터 생겨난다. 진리는 의상의 속성이고, 진정 사람의 사유의 과정에서 드러난다.[15] 팡둥메이가 밝히고 해석한 우주 생명의 가치를 드러내고 표현하는 과정에 있어, 제임스를 대표로 하는 실용주의 철학의 지식론을 방법론의 측면에서 본다면, 언어학과 기호학에 대해 준용할 수 있다.

14　方東美,「詹姆士底宗教哲學」,『少中國』第2卷第11期, 1921, 13쪽.
15　方東美,「詹姆士底宗教哲學」,『少中國』第2卷第11期, 1921 14쪽.

(2) '신앙(信仰: belief)'에 관한 문제

제임스는 신앙의 합법성이 '생명의 전진'에 있다고 생각했다. 신앙에 대해 말하자면, 그것은 의상에 대한 의지의 태도이고, 생명의 전진에는 신뢰할 수 있는 의상을 길잡이로 삼아 신중하게 선택할 필요가 있고, 신앙은 생명의 전진을 이끄는 의지가 된다. 신앙의 합법성에 관한 문제의 분석에서, 팡둥메이는 제임스의 과학과 종교의 차이에 관한 분석 과정을 풀이했다. 후자는 과학과 종교 모두에 진리성이 있다고 인정하지만, 아직 알 수 없는 미래의 생명에 대해 말하자면 신앙이 탐구되어야 하고, 종교의 신앙은 우주 전체에 대한 사고를 반영한다. 이러한 생명의 전진성과 신앙의 인도성에 대한 제임스의 관점은 팡둥메이의 생명의 경지를 향상시키는 데에 있어 어느 정도 계발하는 측면이 있다.

(3) '우주관'에 대한 문제

제임스의 종교철학은 생명력의 도덕성과 종교성에 대한 수용에 기초하고 있다. 제임스는 개인의 종교를 중시했는데, 개인의 종교는 신앙이 가지고 있는 '선택적' 본질을 보여주는 것이라고 생각했다. 이는 팡둥메이가 사람과 신의 관계 및 종교의 특성을 이해하게 되는 데에 중요한 영향을 미쳤다. 팡둥메이는 사람과 신의 관계는 도덕적이며, 종교적인 감성은 삶의 새로운 질료라고 생각했다. 또 삶의 가치를 실현하는 중요한 세력권이기 때문에, 종교는 반성과 성찰의 동기를 가지고 있다고 여겼다. 그밖에, 제임스의 종교철학에서는 우주에 큰 내가 있다고 가정하는데, 이것이 잠재의식의 자아(Subconscious Self)이다. 팡둥메이는 이 잠재의식의 자아를 심리의 실체라고 여겼다. 의식을 가진 작은 나는 끊임없이 계속해서 더 광대한 큰 나와 연결된다. 큰 나는 작은 나와 힘을 합쳐, 더 높고 더 나은 삶을 실현한다. 제임스가 심리학의 원리를 활용해서 해석한 신인관계(神人關係)는 초인 의식과 우주의 가치를 제고시키는 문제에 대한 팡둥메이의 이해를 촉진시켰다. 팡둥메이는 이렇게 여겼다. "우리가 몸을 붙이고 사는 우주는 단지 작은 나를 중심으로 자동적으로 환경에 적응하고 환경을 지배하여, 우리의 머리속에서는 하나의 세계만을 떠올리고 있다. 이러한 섬세한 작업의 성과는 초인 의식(Superhuman consciousness)의 마음, 의식의 확장, 온전한 세계의 도움을 받지 않을 수 없으며, 이것은 인간과 신이 함께 짊어진 사명이다. …… 초인의식은 우리와 가까워져야 하고, 우리들 각자는 관심을 갖고 세계를 그려나가 우주의 가치를 높여야 한다."[16] 따라서 우주의 다원성과 비정형성에 대한 제임스의 이와 같은 견해는 생명의 창조력과 우주의 보편적 생명에 대한 팡둥메이의 관점에 중요한 영향을 미쳤다.

 이상을 종합해 보면, 중국철학과 서양철학의 상호작용 과정에서, 팡둥메이 생명범주의 형성 과정은 서양의 생명철학, 현상학, 실용주의 철학, 신실재론과 과정철학 등의 영향을 깊이 받았다. 이는 팡둥메이 사상의 전개 과정에서 특히 두드러지게 나타난다. 구체적으로, 팡둥메이 생명범주의 체계를 살펴보면, 팡둥메이 생명범주의 본체론에서는 니체의 '초인사상'과 베르그송의 시간 지속 및 생명의 의지에 관한 철학사상이 팡둥메이의 생명의 가치는 '상하 양방향'에 있다는 사고의 전개과정 및 광대한 조화의 경지에 대한 규명과 이해에 큰 영향을 주었

---

16 方東美,「詹姆士底宗敎哲學」,『少中國』第2卷第11期, 1921. 23쪽.

다. 그밖에, 생명의 구조에 대한 팡둥메이의 유기체주의적 관점은 주로 실용주의철학과 화이트헤드 과정철학에서 영감을 받았다. 팡둥메이는 후기에 실용주의철학의 방법을 포기했는데, 그 주된 이유는 '광대하고 조화로운 철학체계'로의 개선과 갱신에 있다. 생명범주에 대한 실용주의의 사고에는 반성적인 의미가 담겨 있기는 하지만, 완전히 부합하는 것은 아니었다. 이는 실용주의철학이 생명의 초월과 향상의 과정을 구현하기 어렵고, 이러한 과정은 팡둥메이의 생명범주에서 체계적이고 종합적인 작용을 하기 때문이다. 리우슈시앤(劉述先, 1934~2016)은 팡둥메이 인생철학의 전후 차이에 대한 회고와 비교를 통해, 그가 실용주의철학을 포기한 이유와 과정을 설명했다. 리우슈시앤은 팡둥메이의 『인생철학』에 대한 강의를 들을 때, 그가 비록 우주론, 인성론, 종합적인 전체관의 순으로 써 내려갔지만 그 내용은 黃振華가 적어 놓은 『인생철학』과 차이가 많았다고 하였다. 리우슈시앤은 이렇게 추측한다. "이것은 팡둥메이선생님이 많은 새로운 자료들을 받아들여 기존의 처리 방식을 바꾸려 했던 결과이다. 아마도 주로 야스퍼스(Jaspers), 하이데거(Heidegger) 등 실존주의철학자들의 영향을 받아, '움벨트(Umwelt: 주변환경)', '내부 세계', 다양한 세계에 대한 묘사와 규정 등의 전혀 새로운 개념으로 발전시켰을 것이다."[17] 따라서 팡둥메이 생명범주의 형식과 방법 또한 끊임없이 갱신하는 과정을 실천하고 있음을 알 수 있다. 이는 사상의 실현 방법이라는 측면에서, 끊임없이 만들어 내고 전개하는(創化不息) 생생(生生)의 관점에 대한 팡둥메이의 사상적 실천을 보여주는 것이다.

---

17 楊士毅, 『方東美先生紀念集』, 正中書局, 1982, 129쪽.

3. '생명 본체(生命本體)'의 인식과 '생생본체(生生本體)'의 이해

팡둥메이의 '생생'을 본체로 삼는 미학 구성의 문제에서 다시 한번 강조할 필요가 있는 것은 그의 생생미학이 철학적 미학의 형태이며, 그 형이상학적 측면의 미학 구축 과정에서 본체론과 우주론의 문제가 서로 관통하고 또 서로 간에 전화(轉化)하는 특징을 보인다는 점이다. 이러한 내적 논리에 기반을 두고, 팡둥메이의 생생본체론은 생명 그 자체에 대한 이해 및 인식과 서로 떼어 놓을 수 없으며, 그의 '생생' 본체와 관련된 사상은 그 생명본체론으로부터 전화하고 발전한 것임을 분명하게 해야 한다. 팡둥메이의 생명 본체에 대한 인식은 그의 생생 본체에 대한 이해의 전제가 된다. 이를 바탕으로, 팡둥메이의 '만물유생론(萬物有生論: 만물은 생명을 가지고 있다)'의 인식은 생명본체가 생생본체로 전화하는 연결고리가 되었다. 팡둥메이의 생생미학 체계에서 '역(易)'의 논리의 현대적 구성은 곧 생생본체의 구성과정인데, 그는 중국에서 전해 온 역학사상에 대한 이해를 토대로 생생본체와의 내적 관련성과 그 존재의 의미가 드러나는 문제에 대한 구체적인 탐구 과정을 보여주었다. 이를 기초로 '역'의 핵심이 되는 여러 논리들이 팡둥메이에 의해 강조되었고, 이는 생생본체의 개척과 확장의 가능성을 만들었다. 이러한 생생본체의 내재적 논리 속에서, 팡둥메이 생생미학의 사상체계는 한층 더 형성되고 발전할 수 있었다. '생생'에 내재된 논리의 현대적 구성에 관한 다른 글에서의 분석은 여기에서 기술하지 않는다.

팡둥메이 생명범주의 사상은 완전한 구성 체계를 가지고 있다. 그는 서양 생명철학의 '생명의 욕구', '생명의 정신', '생명의 의지' 등의 사상을 받아들인 이래로, 먼저 주체적인 생명정신에서 출발하여 "생명을 중심으로 하는 본체론"의 문제를 생각하게 되었다. 따라서 팡둥메이의 생명범주사상은 처음부터 생명본체를 중심으로 전개되었고, 그 안에는 생명본체에 대한 정의 및 그 성격과 구현 방식에 대한 해석과 분석이 포함되어 있다고 할 수 있다. 주목할 만한 것은 팡둥메이 생명범주체계의 구축은 중국 철학정신의 계승과 발전 및 문화에 대한 성찰을 기반으로 정립되었다는 것이다. 따라서 팡둥메이의 생명범주 체계에서는 주객이 통합되고 관통된 '보편 생명'이 본체론 문제의 토론의 중심이 되었다. 이러한 '보편 생명'은 서양 생명철학에서의 실체적인 개념이 아니고, 중국 인문주의 정신의 본질을 구현한 것이다. '생생'이 생명을 낳고 전개시키는 과정은 '보편 생명'의 기본적인 성질이다. 이는 철학·예술·종교 등의 측면에서 종합적으로 구현되며, 궁극적으로는 생명의 의미와 가치를 향상시키는 이상적인 문화의 실현을 목적으로 삼는다. 이로부터, 생겨나 유전하는 특성을 가진 생명본체에 대한 깊은 이해를 거쳐, 생명본체에 대한 팡둥메이의 이해는 점차 생생본체에 대한 이해로 발전하게 된다. 생명본체론과 비교하여, 그의 생생본체론은 생명의 고취와 초월을 궁극적인 목적으로 하며, 시적(詩的)인 삶의 자세와 사유 방식을 통해 생명의 문제를 이해할 것을 주장한다.

 팡둥메이는 생명의 실재와 관련된 서양철학의 이론과 사상적 내용들을 의식적으로 받아들였고, 이를 중국의 전통철학에 연결시켰다. 철학의 범주라는 측면에서 보면, 생명범주는 팡둥메이철학의 근본 범주가 되었다. 이는 "생명을 중심으로" 전개하는 것이지, 단지 정태적(靜態的)인 생명의 형상을 해석하는 것은 아니다. '생명'에 대한 팡둥메이의 분석 과정을 보면, 그는 '생명'을 변화하고 바뀌는 동태적인 과정 속에서 이해한 것이지, 단지 절대적인 존재로만 보았던 것은 아니다. 또한 균형을 이루고 상대적으로 안정된 생명의 존재를 보장하는 명확한 지점이 있으며, 구체적으론 주체와 객체가 서로 바뀌거나 하나로 융합되는 유기적인 전체의 형태로도 나타난다.

1) '생명 본체론'에 대한 확인과 정의

생명의 본체 문제에 대한 팡둥메이 연구의 출발점을 살펴보면, 그는 생명과 우주의 관계에 대한 문제를 생명의 존재를 이해하는 객관적인 기초로 삼고 있다. 팡둥메이는 초기에 서양의 생명철학, 특히 베르그송의 생명철학을 받아들이고, 아울러 중국철학의 본체론을 살펴보았다. 이에 '생명'에 대해 이해하고, 그 안에 담긴 우주론적인 의의와 가치에 집중하게 되었다. 팡둥메이가 1936년에 출간한 『과학철학과 인생』이라는 책에서, 그는 생명과 우주와의 관계에 기반하여 '생명'이라는 개념을 정의하고 있다. 그가 보기에 생명과 우주는 비록 '관계된 전체' 안에서 통일되어 있지만, 한 연속체의 양 끝단으로서 그 특성과 존재에는 명확한 차이가 있다. 곧, 우주는 생명이 존재하는 '생명 환경'이고, 우리는 이러한 객관적 세계의 존재를 부정할 수 없다. 생명이 제 역할을 하려면, 객관적 세계라는 기초 위에서 사상적인 측면으로 확장하고 초월해야 한다는 것이다.

팡둥메이가 생명과 우주의 관계라는 문제로부터 생명의 존재라는 문제를 탐구하게 된 까닭은 그가 중국의 선현들이 남긴 우주관의 정수를 배웠기 때문이다. 중국 선현들의 우주관이라는 측면에서 보면, 팡둥메이는 유가·도가·묵가가 중국 선현들 중의 삼대 종주(宗主)라고 보았다. 이와 함께, 비록 그들이 우주를 언급한 방식이 "노자는 도(道)를 말하고, 공자는 원(元)을 말하고, 묵자는 애(愛)를 주장하여" 제각각이지만, 우주에 대한 세 학파의 기본적인 관점은 일치한다고 생각했다. 즉, "우주는 단지 기계적인 물질이 활동하는 장소가 아니라, 보편적인 생명이 유행(流行)하는 경지이다. 즉, 우주는 모든 것을 갖추고 있는(包羅萬象) 위대한 생명력으로, 잠시라도 창조하지 않는 때가 없고, 한 곳이라도 흘러 관통하지 않는 곳이 없다."[18] 이것은 존재와 가치가 통합된 개념을 나타내어 체용합일(體用合一) 사상의 우주론적 기반이 되었고, 음양을 도라고 한다(陰陽之謂道)라는 사상은 생명의 근원이자 주요 가치가 되었다. 이에 따라 생명은 우주론적 차원에서의 존재가 되었다. 또한 본체론의 차원에서는 더욱 보편적인 의의와 가치를 갖게 되어, '보편적 생명'이라 불릴 수 있게 되었다. 팡둥메이가 보기에, 보편적 생명은 곧 만물이 자신의 생명력을 드러내고 인류가 자신의 창조적인 정신을 발휘하는 근원이다.

따라서 중국 선현들의 우주관에 담긴 보편적인 생명의 사상이라는 측면에서 보면, 팡둥메이는 중국철학은 일련의 생명철학이며, 선진(先秦) 시기로부터 시작하여 생명을 중심으로 생명과 그 가치에 대한 토론을 전개했다고 생각했다. 중국철학에서 생명은 만물이 가지고 있는 것이고, 물질의 기계적인 절차는 아니며, 생명의 존재는 가장 원초적인 존재인 것이다. 또한, 팡둥메이는 중국의 선현들은 인간의 생명에서 출발하여 만물과 우주 전체의 생명을 깨닫는 방식에 익숙하다고 생각했다. 따라서 그는 중국의 본체론을 "생명을 중심으로 하는 본체

---

18 方東美, 『方東美先生演講集』, 中華書局, 2013, 前言 3쪽.

론"이라고 귀결시켰다. 이처럼 생명을 중심으로 하는 본체론은 "모든 것을 생명에 집중시키고, 생명의 활동은 도덕적 이상과 예술적 이상 및 가치의 이상에 의거한 생명의 창조 활동을 통해 완성된다."[19] 『주역』 에는 가치를 중심으로 하는 본체론 체계가 실려 있는데, 중국 철학체계의 기본적인 특징인 '생명과 가치를 중심으로 하는 철학체계'를 공통적으로 구성하고 있다.

2) 만물유생론(萬物有生論)의 기본적인 표현들

생명 본체론에 대한 확인과 정의의 과정에서, 팡둥메이는 생명이 우주의 환경에서 존재하고 발전함을 강조한다. 그는 '보편적 생명'이 그 가치와 의미의 원천이라고 보았다. 이러한 정의는 '만물유생론'이라는 사상적 특징으로 나타난다. '만물유생론'에 담긴 기본적인 함의를 살펴보면, 첫 번째로는 만물이 가지고 있는 생장과 발전의 생명력을 반영한다는 것이고, 두 번째로는 우주의 보편적인 생명을 구현하는 것이라고 팡둥메이는 생각했다. 팡둥메이는 보편적인 생명을 요약하여, '우주 최고 경지의 정신적 역량'이라고 하였다. 이는 아래로 흘러 만물에 이르고, 만물이 생명의 가치를 얻을 수 있는 가능성을 갖도록 만든다. 이러한 생명의 가치를 얻으려면, 인류의 창조적인 정신과 만물의 생명이 생생불식하는 특징이 서로 융합해야 한다.

팡둥메이의 생명 본체론이 생생 본체론으로 바뀌는 과정에서, '만

---

19 方東美, 『原始儒家道家哲學』, 中華書局, 2012, 146쪽.

물유생론'은 중요한 중요한 사상적 매개가 된다. 어째서인가? 이는 '만물유생론'의 기본적인 표현에 대한 팡둥메이의 분석을 통해, 구체적인 해답을 얻을 수 있다. 팡둥메이는 중서철학에서의 생명사상, 인간과 자연, 과학적 측면 등으로부터 '만물유생론'의 기본적인 표현들을 구체적으로 분석하였다.

먼저 중서철학의 생명사상에 대한 비교 연구를 통해, 팡둥메이는 고대 그리스와 중국은 모두 '만물유생론(Hylozoism)'적인 관념을 가지고 있었다고 생각했다. 근대 서양의 기계론적 관점에 비해 중국철학은 근본적으로 생명철학이며, 우주의 생명이 만물을 길러내는 생기와 생명력을 반영하고 있다. 팡둥메이는 이처럼 세 가지 서로 다른 생명 본체의 개념을 아래와 같은 그림으로 표현했다.

그리스　　: 본체(Substance) ──────── 자연(Physis)
중국　　　: ┌─ 본체(Substance) ─── 생명(Life)
　　　　　　└─ 본체의 양상(Modes of substance) ─── 물질(matter)
근대 유럽 : 으뜸(Primus) ──────── 물질(Matter)
중국　　　: 으뜸(Primus) ──────── 생명(Life)

〈 동양과 서양의 우주 생명관 비교 〉[20]

여기에서 중국과 고대 그리스에서의 '만물유생론'의 차이에 대해, 팡둥메이는 중국인의 우주는 "모든 것을 갖추고 있는(包羅萬象) 위대한

---

[20]　方東美, 『人生哲學講義』, 中華書局, 2013, 86쪽.

생명력으로, 생명의 유행(流行)이며, 잠시라도 창조하지 않는 때가 없고, 한 곳이라도 흘러 관통하지 않는 곳이 없는"[21] 곳이고, 본체의 측면에서는 생명의 중심으로 삼는다고 여겼다. 고대 그리스철학에도 비록 '만물유생론'이 있었지만, 고대 그리스철학의 생명에 대한 입장은 중국과는 다르다. 팡둥메이는 양자의 차이를 이렇게 분석했다. "그리스에서는 '만물유생론(Hylozoism)'이 있어도 생명이 물질 안에 감추어져 있고, 물질이 주체가 된다. 그러나 중국에서의 물질은 생명으로부터 나오며, 생명이 본체가 되고 물질은 곧 생명 안에 있는 두 가지의 모습이다."[22] 다시 말하면, 팡둥메이가 보기에 중국인의 우주관에서의 생명은 물질을 초월하고 우주의 경계를 넘나들며 유행하는 특성을 가지고 있다.

사람과 자연의 관계에서 보면, 중국철학은 생명 친화적인 사상과 감정의 특징을 구현했다. 팡둥메이는 「비교철학으로 살펴 본 중국문화의 인간과 자연」이라는 글에서 이에 대해 정리했다. 중국인의 사상 속에서의 자연은 '우주의 보편적 생명이 크게 바뀌며 유행하는 영역'이다. 달리 말하면 모든 것이 갖추어져 만물이 만들어지고 변화하는 영역으로, "시간 속에서는 잠시라도 창조하고 기르지 않는 때가 없고, 공간 속에서는 한 곳이라도 흘러 들어가 서로 융합하지 않는 곳이 없다."[23] 따라서 무한한 이치를 가지고 있다. 이는 또한 지혜로운 중국인의 눈에, 자연이 친절하고 신성하며 행복한 곳으로 보이게 한다. 이러한 자연에서 만물을 평등하게 대하고, 만물과 하나가 되며, 보편적인 생명이

---

21 方東美, 『人生哲學講義』, 中華書局, 2013, 85쪽.
22 方東美, 『人生哲學講義』, 中華書局, 2013, 86쪽.
23 方東美, 『生生之德: 哲學論文集』, 中華書局, 2013, 231쪽.

유행하는 생명정신을 존중하고 아끼며 만물의 생명을 사랑한다.

과학적 차원에서, 만물유생론은 만물의 생명에 대한 욕구의 발생과 지속으로 나타난다. 팡둥메이는 "각종의 생물들은 하나의 생명에 대한 욕구를 대표하여 앞으로 나아가고 끝없이 분투하여, 그 개체와 무리의 생명 연장을 추구한다."라고 여겼다."[24] 이로써 보면, 생명이 자연계에서 생존한다는 것은 곧 진화의 과정에서 생명의 환경에 대한 적응을 보여주는 것이다. 생명현상에 대한 생물학의 해석으로부터, 팡둥메이는 생명현상은 단지 물질현상에만 비추어 설명해서는 안 되고, 심리적 차원에서의 해석에 주의를 기울여야 한다고 생각한다. 생명현상은 물질현상의 측면에서 온갖 생물들이 협력하며 공존하는 관계를 보여주며, 지극히 밀접한 유기적 관계를 보여준다. 팡둥메이는 만약 물질과학의 기계적 법칙만을 사용하여 생명체의 물질적 속성 및 형태와 관계 등을 설명한다면, 생물들 사이의 유기적인 전체 관계와 복잡다양한 생명현상 등을 해소하기 어렵다고 보았다. 따라서 팡둥메이는 물질적인 생명의 객관적인 속성을 탐구하는 바탕 위에서, 만물의 생명이 끊임없이 전개되는 본질과 풍부한 생명의 정취를 파악하고, 우주와 생명의 조화로운 경지로부터 만물의 생명 존재와 그 가치를 파악해야만 한다고 강조한다.

---

[24] 方東美, 『科學哲學與人生』, 中華書局 2013版, 135쪽.

3) 보편적인 생명과 생생 본체의 작용 과정

팡둥메이는 '만물유생론'의 기본적인 내용에 기반하여, 보편적인 생명의 기본적인 특징들은 만물이 진화하는 '작용 과정'에서 드러난다고 생각한다. 이로부터 만물유생론에 대한 팡둥메이의 사고는 생생본체의 의미와 가치를 탐구하고 발견하는 과정, 즉 생생의 덕을 확인하는 과정에서 초보적으로 드러나게 된다. 우주가 크게 바뀌며 유행(流行)하는 속에서 모든 보편적인 생명에 내재되어 있는 '생생의 덕(生生之德)'은 인간이 우주의 생명과 조화로운 경지를 구현하며 '낳고 또 낳으면서도 조리가 있는(生生而條理)' 특징을 가지고 있다. 여기에서의 '생생(creative creativity)'은 곧 만물을 빚어내는 '무한한 움직임의 근원'인 '보편적 생명'을 가리킨다. 따라서 팡둥메이는 보편 생명의 성격과 구체적인 드러남을 중심으로, '생생'의 본체의 특성과 그 중요성에 대한 분석을 전개한다.

우선, '보편적 생명'의 성격은 만물이 만들어져 전개되는 '작용 과정'에서 드러난다. 팡둥메이는 이를 습성의 개선, 지혜를 계발하여 일을 이룸(開物成務), 끊임없는 진보, 철학적 변화, 영원한 계승 등의 다섯 가지의 요점으로 정리했다.[25] 보편적인 생명이 시간이 지남에 따라 갖게 되는 다섯 가지의 요점을 구체적으로 살펴보자. 팡둥메이는 먼저 '체용(體用)'의 측면으로부터 보편적 생명의 특징을 분석한다. 그중 '체

---

[25] 팡둥메이가 말한 보편적인 생명의 다섯 가지 요점에 관한 해석은 '삶의 이치'의 통섭의 요점이다. 이는 생명의 창조정신 구현에 관한 팡둥메이의 중요한 이론으로, 본문 제3장 2절의 '생생지미의 본질과 특징' 부분에서 생명 창조정신의 구현으로서의 가치와 의의를 전개하며 상세히 분석할 것이며, 여기에서는 더 이상의 자세한 설명은 하지 않는다.

(體)'의 관점에서 보면, "생명은 보편적으로 유행하는 거대한 조화의 본체로, 공간에 가득 차 있으며, 그 창조력은 더할 수 없이 강건하여 어떠한 공간적 제한도 깨뜨리고 나갈 수 있다."[26] 반면에 '용(用)'의 관점에서 보면, "생명은 시간의 흐름 속에서 크게 작용하여, 빠르게 확장하고 무한히 작동하며, 바삐 치달을 때에는 동태적이고 단단한데, 본체에 있을 때에는 정적이고 유연하다."[27] 간단히 말하면, 보편적 생명은 끊임없이 두루 흘러다니며 음양을 조화시킨다. 따라서 보편적 생명은 습성의 개선, 지혜를 계발하여 일을 이룸(開物成務), 끊임없는 진보, 철학적 변화, 영원한 계승 등 다섯 가지 요점의 특징을 가지고 있다. 그중 '습성의 개선'은 우주의 전개 과정에서 창조적인 생명력이 개체와 집단의 생명 속에서 줄곧 이어져, 생명은 이로부터 새로운 형식을 얻게 된다는 것이다. '지혜를 계발하여 일을 이룸'은 생명의 창조를 통해, 가지고 있던 무한한 운동에너지와 생명의 가치가 부단하게 증가하는 과정을 구현한다는 것이다. '끊임없는 진보'는 우주의 보편적인 생명들이 '그 시작에서부터 끝까지' 확장되는 과정이라는 것이다. '철학적 변화'는 곧 시간의 무한한 변화 과정 속에서 낳고 또 낳으며 서로 계속되고 마음에서 마음으로 이어져, 무한한 정취를 얻는 것이다. '영원한 계승'은 보편적 생명이 생명의 전개 과정에서 드러나는 생명력을 구현하고, 생생불식의 창조 활동 속에서 생명의 가치를 실현하는 것이다. 팡둥메이는 보편적 생명의 이와 같은 다섯 가지 요점을 '생의 이치(生之理)'라 하였고, 시간 개념의 3대 형이상학적 원칙인 곡진한 이치(旁通之理), 성의 이

26　方東美, 『中國人生哲學』, 中華書局 2012版, 123쪽.
27　方東美, 『中國人生哲學』, 中華書局 2012版, 124쪽.

치(性之理: 生生之理), 화육의 이치(化育之理)를 결합하여 보편적 생명의 특성과 그 가치를 얻은 과정을 개괄적으로 설명했다.

다음으로, 보편적 생명은 생명 정신의 차원에서 구체적으로 드러난다. 팡둥메이의 생명범주사상은 우주론, 본체론, 가치론의 사고 위에서 세워지고, '생명을 중심으로 하는 본체론'이라는 기초 위에서 정의되었으며, 팡둥메이는 생명의 본체론적 의의와 그 가치의 구현을 분석하였다. 생명에 대한 그의 사유 과정에서의 '생명'은 정적(靜的)이거나 선험적인 실체가 아니라, 주체와 객체를 초월하는 '보편적 생명'이다. 이러한 특징은 곧 천인합일(天人合一)의 관계에 반영되었고, 보편적 생명은 정신과 물질이 융합을 이루는 관계를 구현함으로써 우주와 인류 생명의 생산과 발전을 유지하게 된다. 중국철학의 연구와 문화의 비교연구에 기반하여, 보편적 생명의 구체적인 내용이 드러날 수 있게 되었다.

중국 본연의 유가와 도가의 철학으로 보면, 팡둥메이는 『중용(中庸)』에 담긴 만물의 생명에 대한 존중이 유가의 '인애(仁愛)'의 정신으로 구현되었다고 생각했는데, 이러한 점이 『논어』에서는 깊이 설명되지 않았다. 유가의 이러한 만물의 생명을 대하는 '인애'의 정신은 생물이 가진 생명에 대한 경애(敬愛), 곧 생생지덕(生生之德)의 구현이다. 『중용』에서의 "그 성을 다 발휘한다.(盡其性)"라는 관점은 『주역』에서의 생생(生生)에 대한 해석과 서로 대응이 되어, 시간의 흐름 속에서 창조적인 생명의 정신을 구현한다. 그밖에, 음양오행(陰陽五行)과 12율(律) 등은 생명현상과 생명의 발전과정에 대한 중국의 '자연철학'사상을 구현한 것인데, 반고(班固, 32~92)의 『백호통(白虎通)』에서 집중적으로 논술하고 있다. 팡둥메이는 이러한 것들 역시 『주역』의 생생사상과 맞물려 생명의 의미와 가치를 결정하는 과정을 보여준다고 생각한다. "물성(物

性)과 인성(人性)은 물론이고 심지어 생명의 영역 안에 있는 각종 동식물들의 속성까지도 모두 철저히 이해한 후에야, 비로소 삶의 의의와 가치 및 지위를 확정할 수 있는 하나의 사상이 생겨난다."[28]

팡둥메이는 시간의 영역에서 생명의 정신을 향상시키는 유가와 비교하여, 도가는 무한한 우주에 놓여 있는 생명을 물질공간의 한계 속으로 들이지 않는 '태공인(太空人, space-man)'이라 불릴 수 있다고 생각했다. 따라서 도가는 "허령한 예술적 경지의 태공인이지, 기하학적 체계의 물질적 공간 속에서의 태공인이 아니다."[29] 팡둥메이는 도가의 생명정신이 고양된 공간의 영역을 시, 그림, 예술의 공간(pictorial space, poetical space, as well as artistic space)으로 규정했다. 여기에서 팡둥메이는 노자의'도체(道體)'는 보편적 생명에 대한 깨달음을 드러낸 것이라고 생각했다. 팡둥메이는 도에 대해 이렇게 말하였다. "사실 노자 자신은 도체(道體)에 정통하여, 도는 만물을 낳고 또 낳는 근원이고(生生之原), 우주를 두루 유행하며(周行宇宙), 광활하면서도 하나로 화합하고(溥博和同), 텅 비어 있으면서도 다함이 없고(虛而不竭), 움직일수록 더욱 세차게 나와(動而愈出), 하나의 사물이라도 도의 본체를 잃지 않고, 한 곳이라도 도의 오묘한 쓰임이 없는 곳이 없다. 이러한 대도(大道)는 진정 보편적으로 유행하는 생명이며, 심오하고 오묘하며, 생명의 창조를 그치지 않는다."[30]라고 생각했다. , 그밖에도 팡둥메이는 장자를 시와 철학의 두 방면에서 모두 생명 정신을 고양시킨 위대한 천

---

28 方東美, 『方東美先生演講集』, 中華書局 2013版, 136쪽.
29 方東美, 『方東美先生演講集』, 中華書局, 2013, 85쪽.
30 方東美, 『中國人生哲學』, 中華書局, 2012, 48쪽.

재라고 보고, 이렇게 말했다. "장자의 온 정신은 우언(寓言)으로 된 위대한 사상체계의 완성에 있었다. 그는 세상을 풍자하는 터무니없는 행동과 지루함을 빌려, 정신 해탈의 중요성을 밝히고 이상적인 생명의 숭고한 의의를 철저하게 깨달았다." 궁극적으로 장자의 생명정신은 '스스로를 소요(逍遙)에 맡기는' 자유의 경지에 이르렀다. 장자가 보여준 생명정신의 고양은 그 목적이 생명의 숭고한 의의를 깨닫는 데에 있으며, 팡둥메이는 이를 이렇게 정리한다. "생명의 숭고함은 경험 범위의 확장과 가치에 대한 관념의 심화에 달려 있다. 고양된 생명정신은 우리의 정신을 승화시키고 도체와 합일하게 하며, 우리들로 하여금 세상의 쾌락과 천도(天道)의 지극한 즐거움을 하나로 만들게 한다."[31] '대도(大道)'에 대한 이해로 노자와 장자를 종합하면, 팡둥메이는 노자와 장자의 생명정신은 평등의 정신, 곧 만물을 가지런히 여기고(齊物) 도를 지켜나가는 큰 중(中)을 구현한 것이라고 생각한다.

　송명유학(宋明儒學)은 생명을 시간적인 현실에 투사했다. 팡둥메이는 유가에서는 '변역(變易)'을 이해함과 동시에 '불역(不易)'에 주의해야 한다는 문제가 있다고 생각했다. 이것은 영원한 생명의 가치가 실현되는 관건이니, 곧 공간적 차원의 허망함에서 벗어나 생명의 가장 높은 의의와 가치를 표현하고 자유로운 초탈과 해방을 얻는 것이다. 따라서 팡둥메이는 송명리학(宋明理學)의 단점은 곧 소승불교의 습성과 순자(荀子)의 선악 이원론(善惡二元論)에 물든 것이라고 여겼다. 노장사상과 비교해 보면, 송유(宋儒)들의 이성(理性)은 'speculative reason(사변적 이성)', 'tnanscendental reason(초월적 이성)', 또는 'divine reason(신

31　方東美,『生生之德: 哲學論文集』, 中華書局, 2013, 226쪽.

성神聖한 이성)', 심지어는 'natural reason(자연 이성)', 'human reason(인류 이성)'인 것이다.[32] 따라서 송유들의 이성이 보여주는 생명은 위축되어, 생명의 분위기는 어색해지고 정서와 감정과 열정의 삶은 결핍되어 나타난다. 그러나 송명의 이학가(理學家)들은 유·불·도의 사상을 종합하여, "생명과 우주의 조화를 주장하고, 천지와 합하여 하나가 되고 일체가 되는 경지를 만들어내어, '시간과 공간을 종합한' 의의를 갖는다."[33] 따라서 팡둥메이는 송명유학을 '시간과 공간을 종합한 사람(Concurrent space-time man)'이라고 불렀다.

인간의 생명을 초월하는 과정을 구체적으로 말하면, 곧 생생본체의 '작용 과정'이다. 팡둥메이는 생생본체의 작용과정에 대해, 인류 생명의 숭고한 가치를 발견하는 과정이며 그 중에서 매우 중요한 것은 생명의 가치에 대해 긍정적으로 작용하는 '고도(高度) 심리학'이라고 생각했다. "인성을 숭고하고 위대한 정신의 사다리로 삼아 한층 한층 올라가면서, 계속해서 사람의 생명을 진(眞)·선(善)·미(美)라는 가치들이 통일된 이상에 귀속시켜야 그의 생명은 비로소 목적에 도달할 수 있고, 그의 인성은 비로소 드러날 수 있다."[34] 팡둥메이는 이러한 '고도 심리학'이 중국의 철학정신을 파악할 수 있는 중요한 방법이라고 보았다. "사변적 이성의 관점에 근거하여, 참된 인성을 깨닫고 생명 창조의 원동력을 이해하며 문화적인 차원의 진보를 꿰뚫어본다."[35] 그밖에, 여기에

---

32 方東美, 『新儒家哲學十八講』, 中華書局, 2012, 69~70쪽.
33 方東美, 『原始儒家道家哲學』, 中華書局, 2012, 40쪽.
34 方東美, 『方東美先生演講集』, 中華書局, 2013, 206쪽.
35 方東美, 『生生之德: 哲學論文集』, 中華書局, 2013, 291쪽.

서는 천문학, 생물학과 심리학이라는 세 가지 근대과학의 가치를 명확하게 이해해야 한다. 팡둥메이는 과학과 고도 심리학을 종합하여 인간의 생명 가치 실현, 즉 생명력을 고양하고 문화의 가치를 창조하는 잠재력을 촉발하는 작업에 함께 작용할 수 있도록 해야 한다고 생각한다.

이상을 종합해 보면, '생생' 본체론에 대한 합리적인 해석과 설명은 팡둥메이 생생미학사상이 성립할 수 있는지의 관건이다. 여기에서는 먼저 팡둥메이의 미학사상이 '생명미학'인지, 아니면 '생생미학'인지의 문제를 다루었다. 팡둥메이의 미학사상을 연구한 기존의 대다수 문헌자료들은 이를 '생명미학'으로 정의하고 있는데, 그 주된 이유는 대다수 연구가 '생명'을 팡둥메이 미학의 본체로 보기 때문이다. 이 글에서는 본체론의 차원에서, 팡둥메이의 생명본체론은 생생본체론으로 전화되는 경향이 있다고 보았다. 생생미학은 철학적 미학의 형태이고, '생생'은 미학사상의 범주이다. 그 미학사상 체계의 본질을 설명하며, '생생'을 본체로 구성하여 팡둥메이의 미학사상이 보다 보편적인 의의와 가치를 얻을 수 있도록 하였다. 이것이 바로 이 글에서 팡둥메이의 미학사상은 '생생미학'이지 '생명미학'이 아니라고 보는 중요한 이유이다.

그밖에 팡둥메이 사상체계의 전체적인 측면에서 보면, 그의 생생미학사상은 그의 철학연구와 서로 보완이 되어 서로를 전제로 하는 전체를 구성했다. 팡둥메이는 '생생'은 곧 원시 유가철학의 핵심적인 개념에서 시작하여 중국철학을 개괄하는, 중국 철학정신의 가장 중요한 개념이라고 보았다. 팡둥메이는 원시 유가가 두 가지의 형이상학적 기조를 구축했다고 생각했다. 첫 번째는 『상서(尙書)』「홍범(洪範)」의 '대중(大中)'이 원초적인 상징을 중심으로 시작하여 광대하면서도 모든 것이 구비된 '중정(中正)'의 원리를 낳은 것인데, 여기에서는 인성의 가치를 강조하며 영원한 세계를 갈망한다. 두 번째는 『역경』에서 인정하는 건원천도(乾元天道)의 창조력이다. 이는 동적인 화육(化育)의 범주 체계에 대한 해석으로 구현되어, '천인합덕(天人合德)'으로 귀결된다. 팡둥메이는 이에 기반하여 중국 전통철학에서의 '우주 기원론'에 대한 분석을 진행하고, 중국의 본체론에 대하여는 그가 '초월 형이상학(transcendental metaphysics)'이라 부르는 것과 이 본체론의 특징을 총결하여 두 가지 사항으로 정리했다. 바로 "한편으로는 현실세계에 깊이 뿌리내리고 있다는 것이고, 다른 한편으로는 높이 솟구쳐 숭고한 이상의 경지로 나아가 현실을 환하게 밝힌다는 것이다." 팡둥메이의 '생생' 본체론은 곧 이러한 '초월적 형이상학'의 관점에서 전개되었고, 이는 생생미학사상이 전개될 수 있는 기초적인 사상의 원칙이 되었다.

유가의 '불언지미(不言之美)'와 '신언지미(慎言之美)'의 생생 미학적 함의와 인격 경지에 대해 논함

친티엔秦天
산동대학교 문예미학연구센터 박사과정

내용요약

『논어』 「양화편」의 "하늘이 무슨 말을 하던가"라는 표현은 '천'은 '말하지 않는다[不言]' 특징을 드러내고 있으며, 심후한 미학적 함의를 지니고 있다. 일반적으로 유가의 '불언(不言)'의 미(美)는 "말과 뜻의 관계"를 염두에 두고 말한 것이다. 필자는 불언의 미는 먼저 '동천(同天; 천지에 함께 참여함)'의 유가의 인생 경지를 가리키는데, 그것은 천지만물의 '생생' 본체에 대한 체득을 드러내 보여주고, 다음으로 "말은 다함이 있으나, 뜻은 다함이 없다"는 언어적 심미를 가리킨다. 이러한 언어적 심미는 마땅히 유가의 '신언(愼言; 말을 삼가함)'의 미에 대한 인식으로 귀결되어야 한다. 필자는 유가의 신언지미가 인격 경지이며, "말을 다듬어 성실함을 세움"과 "상으로 뜻을 말함"의 두 측면을 함의하고 있다고 생각한다. 요컨대 천지의 '생생' 본체에 대해 유가는 이미 '무언'의 최고 경지를 가지고 있을 뿐만 아니라, 또한 '신언'의 인격 경지를 가지고 있어 '무언'과 '신언'은 하나로 합해진 관계이다.

주제어: 천(天), 생생(生生), 유가, 불언(不言), 신언(愼言)

『논어』에는 다음과 같이 실려 있다. "공자가 말하였다. '나는 말하지 않으런다.' 자공이 말하였다. '선생님께서 말하지 않으시면, 저희들은 무엇을 기술합니까?' 공자가 말하였다. '하늘이 무슨 말을 하던가? 사계절이 돌아가고 만물이 태어나는데, 하늘이 무슨 말은 하던가?'"[1] 주광치엔(朱光潛) 선생은 말하였다. "이 단락은 무언(無言)을 찬미한 말로, 본래 교육적인 측면에서 생각하였다. 그러나 무언의 함의를 분명히 하려면, 미술적 관점에서 연구해야 한다."[2] 주 선생의 견해는 '불언'의 미학적 함의를 드러내 주었다. 유가는 '불언'은 '천(天)'의 특징이라고 생각하였다. 필자는 선진 유가의 사상에서 '천'은 도덕적 함의가 있을 뿐만 아니라 자연적 요소가 있다고 생각한다. 공자의 "하늘이 무슨 말을 하던가"라는 말은 유가의 '불언지미'의 심미 사상을 나타낸 것이며, 동시에 유가의 '신언지미'의 인생 경지를 간직하고 있다고 생각한다. 이하에서는 이에 대해 나누어서 논의한다.

1　[淸] 劉寶楠 撰, 『論語正義』, 北京: 中華書局, 1990, 698쪽.
2　朱光潛, 「無言之美」, 參見 『朱光潛全集』(第一卷), 合肥: 安徽敎育出版社, 1987, 62쪽.

1. 심미 대상으로서 '천': '생생 본체'

공자의 이 단락의 말에서 '불언'은 '천'의 특징이다. 우리가 말한 불언지미는 '천'을 심미 대상으로 삼는다. 유가 사상에서 '천'은 어떤 함의가 있을까?

춘추 시기에 '천'은 먼저 자연 현상을 가리킨다. 예를 들어 『국어』에서는 "천의 재앙은 돌고 돌아서 국가들이 번갈아 겪는다."[3]라고 하였는데, 하늘의 재앙은 곧 천재(天災)로, 자연 세계의 재화(災禍)를 가리킨다. 『좌전』에는 "동숙이 말하길, '천도(天道)가 서북쪽에 많이 있다. 남쪽의 군사는 이롭지 못하니, 반드시 성공하지 못할 것이다.'라고 하였다."[4] 여기에서 '천'은 즉 천상(天象; 천체 현상)으로, '천도'는 전체 현상인 별들의 운행 법칙을 가리킨다. 『국어』에는 "천도는 가득 차도 넘치지 않고, 왕성하여도 교만하지 않으며, 수고로워도 자신의 공을 자랑하지 않는다. 무릇 성인은 때에 따라 행하니, 이것을 '수시(守時)'라 한다. 천시(天時)가 일어나지 않으면 타인의 빈객이 되지 않으며, 인사(人事)가 일어나지 않으면 먼저 시작하지 않는다. 지금 군주께서는 아직 차지도 않았는데 넘치고, 왕성하지도 않았는데 교만하며, 수고롭지도 않으면서 자신의 공을 자랑하며, 천시가 일어나지 않았는데 타인의 빈객이 되고, 인사가 일어나지 않았는데 시작하려고 하니, 이것은 천을 거스리고, 사람들을 화목하게 하지 않는 것이다."[5]라고 하였다. "가

3　徐元誥 撰, 『國語集解』, 北京: 中華書局, 2002, 308쪽.
4　[唐]孔穎達 撰, 『春秋左傳正義』, 台北: 藝文印書館, 2007, 579쪽.
5　徐元誥 撰, 『國語集解』, 앞의 책, 575쪽.

득 차도 넘치지 않고"는 즉 사물이 지극함에 이르면 반드시 되돌아간다[物極必反]는 도리이다. '천시'는 해와 달이 차고 기우는 것과 봄·여름·가을·겨울의 시간적 변화를 가리킨다. 여기에서 '천'은 자연 세계를 가리킨다. 그러나 이 당시에 '천'은 또한 신비적 색채가 있었다.『좌전』에는 "제(齊)와 진(晉) 또한 하늘이 내려준 것인데, 어찌하여 반드시 진(晉)의 승리만 보장하겠는가?"[6]라고 하였는데, 여기에서 인사(人事)는 바로 '천'에 의해 주어진 것이다.『국어』에는 "군주께서 진(晉)나라 군주에게 은혜를 베푸는데도 진나라 임금은 자신의 백성들에게 은혜를 베풀지 않습니다. 이제 가뭄이 들어서 [진(秦)나라] 임금의 명령을 따르고 있으니, 천도입니다."[7] 진(晉)나라 혜공이 진(秦)나라 임금에게 은혜를 받았으나, 그는 은혜를 알면서 보답할 줄을 모르니, 이러한 행위는 진(晉)나라에게 가뭄의 재앙을 받게 하였다. 이것은 천이 사람에게 벌을 내릴 수 있음을 말한다. '천'은 또한 사람에게 상을 내릴 수도 있다.『국어』에는 "천도는 선한 자에게는 상을 주고, 악한 자에게는 벌을 준다."[8]라고 하였다. 그래서 '천'은 또한 인격화된 신비한 의미가 있다. 아울러 '천'은 또 도덕적 함의가 있다. 천의 "선한 자에게는 상을 주고, 악한 자에게는 벌을 준다"는 것은 천의 도덕적 심판 능력을 포함하고 있다.『좌전』에는 "자복혜백(子服惠伯)이 숙손(叔孫)에게 말하길, '하늘은 아마도 악한 사람을 부자로 만들려나 보다. 경봉(慶封)이 또 부자가 되었으니.'라고 하였다. 목자(穆子)가 말하길, '선한 사람이 부자가 되는 것

---

6 [唐]孔穎達 撰,『春秋左傳正義』, 앞의 책, 426쪽.
7 徐元誥 撰,『國語集解』, 앞의 책, 308쪽.
8 徐元誥 撰,『國語集解』, 앞의 책, 68쪽.

을 상(賞)이라 하고, 악한 사람이 부자가 되는 것을 앙(殃)이라 한다. 하늘이 그에게 재앙을 내리려고 그 족인들을 모아 섬멸하려는 듯하다.'라고 하였다."[9] 덕이 있는 사람은 하늘의 상을 받을 수 있다. 덕이 없는 사람은 설사 재물의 부유함을 얻더라도 일시적이어서 그는 매우 빨리 재화(災禍)를 당할 수 있다.

이상의 문헌에서 춘추 시기에 '천'은 세 가지 함의가 있음을 알 수 있다. 구분하자면, 자연 현상, 신비적 요소, 도덕규범이다. 그러나 공자의 사상에서 '천'의 신비적 색채는 비교적 약하며, 그는 '천'의 자연법칙과 도덕규범의 의미를 더욱 중시하였다.

『논어』에는 "공자께서는 괴력난신(怪力亂神)을 말하지 않으셨다."[10]라고 하였다. 공자는 신비한 색채를 띤 '천'에 대해서 공경은 하되 멀리하는 태도를 가졌다. 그는 "사람을 섬길 수 없다면, 어떻게 귀신을 섬길 수 있겠는가"[11]라고 하였고, 또 "사람이 지켜야 할 도리에 힘쓰고, 귀신을 공경하되 멀리하면 지혜롭다고 할 만하다"[12]라고도 하였다. 이것은 '천'의 신비한 색채에 대해서는 논하지 않으면서 부정도 긍정도 하지 않고, 다만 '천'의 자연적 의미와 도덕적 지향에 주목한 것일 뿐이다. "하늘이 무슨 말을 하던가? 사계절이 돌아가고 만물이 태어난다"는 봄·여름·가을·겨울의 사계절의 변화와 자연 만물의 생로병사가 모두 소리 소문 없이 진행된다는 것으로, 이것은 '천'의 자연법칙이

---

9 [唐]孔穎達 撰,『春秋左傳正義』, 앞의 책, 656쪽.
10 [淸]劉寶楠 撰,『論語正義』, 앞의 책, 372쪽.
11 [淸]劉寶楠 撰,『論語正義』, 앞의 책, 449쪽.
12 [淸]劉寶楠 撰,『論語正義』, 앞의 책, 336쪽.

다. 공자는 50이 되어서 천명을 안다[五十而知天命]고 하였다. 그렇다면 그의 천명은 무엇인가? 그는 "문왕께서 이미 돌아가셨으니, 문(文)이 여기에 있지 않은가. 하늘이 장차 이 문을 없애려 했다면, 뒤에 죽은 자가 이 문에 참여할 수 있겠는가! 하늘이 아직 이 문을 없애지 않았으니, 광(匡) 땅 사람들이 나를 어찌 하겠는가?"[13]라고 말하였다. 공자는 예의 전승을 천명으로 생각하였다. 주희는 "천명은 즉 천도가 유행하여 사물에 부여한 것이니, 바로 사물이 마땅히 그래야 하는 까닭인 것이다."[14]라고 말하였다. 공자의 천명은 천도에 순응하는 것이며, 그것은 우리들이 앞에서 언급한, '천'이 선한 자에게 상을 주고 악한 자에게 벌을 줄 수 있는 도덕법칙에 부합함을 알 수 있다. 그래서 진성자(陳成子)가 간공(簡公)을 시해한 후 공자는 노나라 애공에서 글을 올려 그를 토벌할 것을 청하였는데, 왜냐하면 이것은 엄중한 예를 위반한 행위이자 도덕에 반하는 매우 악랄한 행위이기 때문이다.

요컨대, 공자의 사상에서 '천'의 신령한 색채는 이미 약해졌고, 그것은 주로 자연과 도덕의 '천'으로 나타났다. 공자는 다음과 같이 '천'에 대한 공문(孔門) 유학의 기본적 인식을 확립하였다. 즉, '천'은 먼저 자연 세계를 가리킨다. 일월성신부터 산천하류(山川河流)에 이르기까지, 사계절의 변화부터 꾀꼬리가 날고 풀이 자라는 것까지 모두 '천'의 범주에 속하며, 사람을 포함한 천지 만물이 모두 자연 세계의 일부분에 속한다. 사람은 하늘과 땅 사이에서 태어나고, 사람과 자연은 공생하는 하나의 몸이다. 『역전』에서는 "『역』이란 책은 광대하여 모두 갖추어

---

13 [淸]劉寶楠 撰, 『論語正義』, 앞의 책, 327쪽.
14 [宋]朱熹 撰, 『四書章句集注』, 北京: 中華書局, 1983, 54쪽.

져 있다. 그 안에는 천도(天道)가 있고, 인도(人道)가 있고, 지도(地道)가 있다. 삼재를 겸하여 둘로 하였기 때문에 6이다. 6은 다른 것이 아니라 삼재의 도이다."15라고 하였다. 『이정유서(二程遺書)』에서는 "인(仁)이란 혼연히 만물과 한 몸을 이루는 것이다."16라고 하였고, 또 "인(仁)한 자는 천지만물을 한 몸으로 여기니, 자신이 아님이 없다."17라고 하였다. 이 두 단락의 문헌은 수많은 학자들에 의해 유가의 "천인합일"의 경지를 설명하는데 사용되었다. 이것은 동시에 사람과 천지만물이 함께 호흡하고 함께 장단을 맞추는 생생 관념을 드러내 보여준다. 『역전』에서는 "옛날 포희씨(包犧氏)가 천하에서 왕노릇할 때, 우러러 하늘에서는 상을 관찰하고, 굽어 땅에서는 법칙을 관찰하였으며, 새와 짐승의 문장과 천지의 마땅함을 살펴보았으며, 가까이는 자신에게서 취하고, 멀게는 사물에게서 취하였으니, 이에 비로소 팔괘를 지어 신명의 덕에 통하고 만물의 실정을 분류하였다."18라고 하였다. 사람은 초목, 산천, 하류, 새와 짐승 등의 천지만물과 함께 떼려야 뗄 수 없는 하나의 긴밀한 전체를 이루고 있다.

유가 사상에서 '천'의 운행 규칙은 자연 세계에서는 '도'로 나타나고, 인류사회에서는 '덕'으로 나타난다. 진위웨린(金嶽霖)은 "말할 수 없는 도는 각 학파에서 말하고자 하나 다할 수 없었던 도로, 나라 사람들이 그것을 대함에 절로 경모하는 마음이 생기는 도야말로 중국 사

---

15 [唐]孔穎達 撰, 『周易正義』, 台北: 藝文印書館, 2007, 175쪽.
16 [宋]程頤, 程顥, 『二程集』, 北京: 中華書局, 1981, 16쪽.
17 [宋]程頤, 程顥, 『二程集』, 앞의 책, 15쪽.
18 [唐]孔穎達 撰, 『周易正義』, 앞의 책, 166쪽.

상에서 가장 숭고한 도이자 가장 기본적인 동력이다."[19]라고 하였다. 도는 중국 사람의 숭고한 동력이다.[20] 유가의 '도'는 형이상적인 본체의 의미가 있다. 『역전』에서는 "천지의 대덕(大德)을 생(生)이라고 한다."[21]라고 하였다. '도'는 인류사회에서는 소덕(小德)이 되고, 천지만물에서는 대덕(大德)이 되어 도와 덕은 합하여 하나가 된다. 그것들은 모두 '천'의 운행 규칙을 가리키지만 층차가 다를 뿐이다. '도'는 자연의 도일뿐만 아니라 천지인이 모두 통하는 도이다. 비록 중국 고대에는 현대적인 '자연' 개념은 없었지만, 유가의 '천'은 사실 우리들이 현재 말하고 있는 자연 세계와 밀접한 관련이 있다. 유가의 '천'은 사람과 세계 만물을 모두 그 안에 포함하는 자연 세계이다. 바로 청상잔(程相占) 교수가 말한 것처럼, 자연·'천'·'천지'·'건곤(乾坤)'·'도는 하나의 개념이다.[22] 이로써 유가의 '천'은 만사만물을 모두 그 안에 포함하는 자연 세계를 가리킬 뿐만 아니라, 동시에 형이상학적 특징을 가진 개념이며 본체성을 가지고 있음을 알 수 있다.

『역전』에서는 "천지의 대덕(大德)을 '생(生)'이라 한다"라고 하였는데, 이 구절은 '생생'은 천지만물이 공통적으로 따라야 하는 규칙임을 말하며, 이것은 '천'이 '생생'의 본체적 의미를 내포하고 있음을 의미한다. 쩡판런(曾繁仁) 선생이 지적했듯이, "'생생지미'는 천지 생명의 변화와 창조 과정에 침투하여 '도'의 '뿌리'를 깊게 내리고 있고, 이 때문에

---

19 金嶽霖, 『論道』, 北京: 商務印書館, 1985, 16쪽.
20 趙奎英, 『中西語言詩學――基本問題比較研究』, 北京: 中國社會科學出版社, 2009, 106쪽.
21 [唐]孔穎達 撰, 『周易正義』, 앞의 책, 66쪽.
22 程相占, 「生生美學的十進程」, 『鄱陽湖學刊』 2012 第6期.

본체성을 지니고 있다."²³라고 하였다. 그렇다면 무엇을 '생생'이라 하는가? 먼저 '생생'은 천지가 만물을 화육(化育)시키는 본성을 가리킨다. 『역전』에서는 "위대하도다, 건원(乾元)이여. 만물이 의지하여 시작하니, 이에 하늘을 통솔하도다. 구름이 떠다니고 비가 내려 만물이 형체를 이룬다."²⁴라고 하였고, 또 "지극하도다, 건원(乾元)이여. 만물이 의지하여 생겨나니, 이에 순조롭게 하늘을 받는다. 두터운 곤(坤)이 물건을 실음은 덕이 끝이 없음에 부합한다."²⁵라고 하였다. 건은 즉 천이고 만물을 생기게 하는 것이며, 곤은 즉 지(地)이고 하늘의 운행에 짝하여 만물을 낳는 사명을 완성한다. 이것은 즉 저 "천지의 대덕을 생이라고 한다"를 증명하는 것이다. 그래서 "천지가 감응하여 만물이 변화여 생겨난다",²⁶ "천지가 변혁하여 사계절이 이루어진다."²⁷ 다음으로 '생생'은 천지의 시간적 발전 변화의 본성을 가리킨다. 『역전』에서는 "천지의 도는 항구하여 그치지 않는다. 가는 것이 이롭다는 것은 마치면 끝이 있기 때문이다. 해와 달이 천리를 얻어 오래 비출 수 있고, 사계절이 변화하여 오래 이룰 수 있으며, 성인은 그 도에 오래 해서 천하가 교화되어 이루어지니, 그 항상된 바를 보면 천지만물의 실정을 알 수 있구나!"²⁸라고 하였다. 이로써 해와 달이 차고 기우는 것, 사계절이 변화하는 것이 천지의 도가 생생불이(生生不已)하는 본성임을 알 수 있다. 『예기』에

---

23 曾繁仁,「'生生美學': 對黑格爾'美學之問'的回應」,『文藝美學研究』 2019 秋季卷.
24 [唐]孔穎達 撰,『周易正義』, 앞의 책, 10쪽.
25 [唐]孔穎達 撰,『周易正義』, 앞의 책, 18쪽.
26 [唐]孔穎達 撰,『周易正義』, 앞의 책, 82쪽.
27 [唐]孔穎達 撰,『周易正義』, 앞의 책, 111쪽.
28 [唐]孔穎達 撰,『周易正義』, 앞의 책, 84쪽.

는 "애공(哀公)이 물었다. '감히 묻건대, 군자는 어찌하여 천도를 귀하게 여깁니까?' 공자가 대답하였다. '그치지 않음을 귀하게 여기는 것입니다. 예를 들어 해와 달이 동서로 서로 따르며 그침이 없는 것이 천도입니다. 그 오래됨을 그치지 않는 것이 천도입니다. 인위적으로 하는 것이 없어도 만물이 이루어지는 것이 천도입니다. 이미 이루어져서 밝게 드러나는 것이 천도입니다.'"[29]라고 하여, 공자도 천도의 본성이 생생불이에 있음을 지적하였다. 팡둥메이(方東美)도 "중국 철학에 근거하면, 전 우주는 일이관지하는 생명의 흐름에 의해 두루 관통해 있는데, 그것이 어디로부터 오는지, 혹은 어느 곳으로 가는지는 진실로 신비적 영역에 속하며 영원이 감추어져서 알기 어렵다. 그러나 생명은 본래 무한이 이어지고 확장되는 것이니, 그래서 무한한 생명은 '무한'의 위에서 오는 것이다. 그리고 '무한'을 마주하여 유한한 생명은 또 계속 이어지고 이로 인해 모든 생명은 크게 변화하고 유행하는 가운데 변천하고 발전하여 생생불식하고 끊임없이 돌아간다."[30]라고 하였다.

이상의 내용을 종합하면, 유가의 천도는 개인의 세계에서 '덕'으로 표현되고, 자연의 세계에서는 '도'로 표현된다. 유가 사상에서 '천'은 기본적으로 자연 세계를 가리키는데, 그것은 형이상의 '도'의 의미를 가지고 있을 뿐만 아니라 사람의 실제 행위와 관련이 있는 '도덕'의 내용도 포함하고 있다. 근본적으로 말해서 유가의 '천'은 '생생'의 본체성을 지니고 있다. 유가 사상은 사람은 "도에 뜻을 두고, 덕에 근거하며, 인

---

29 [唐]孔穎達 撰, 『禮記注疏』, 台北: 藝文印書館, 2007, 851쪽.
30 方東美, 『中國人生哲學』, 杭州: 浙江人民出版社, 2019, 107쪽.

에 의지하고, 기예에 노닐어야 한다"[31]고 주장한다. 사람의 행위에서 가장 기본적인 것은 '예(禮)'에 부합하고 '덕'에 근거하는 것이며, 동시에 사람은 가능한 한 도를 이해하고 도의 경지를 깨달아야 한다. 천도에 대한 유가의 추구는 일종의 '무언'의 추구이며, 형이상적인 특징을 가지고 있으며, 그 안에는 미의 의미를 함축하고 있다.

2. '불언(不言)'의 미의 '동천(同天)' 경지

우리가 서두에서 언급한, 주 선생이 말한 '미술적 연구'는 주로 미학에서의 '말과 뜻의 관계'를 대상으로 말한 것으로, 즉 이른바 "말은 뜻을 다하지 못한다[言不盡意]"와 "뜻은 말 밖에 있다[意在言外]", "말은 다함이 있으나 뜻은 다함이 없다[言有盡而意無窮]"라고 하는 것이다. 이것은 문학 예술 속에 함축된 미를 가리킨다. 그는 "미술로 사상과 정감을 표현할 때 사실대로 다 드러내는 것보다 다소 함축적인 것만 같지 못하며, 모든 것을 다 토해내 말하는 것보다 감상자가 스스로 이해할 수 있게 대부분을 남겨두는 것만 같지 못하다. 왜냐하면 감상자의 머릿속에 생긴 인상과 미적 감각은 사실대로 다 드러낸 것보다 함축적인 것이 더 깊이 각인되기 때문이다."[32]라고 생각하였다. 주 선생이 말한 것은 사리에 맞지 않는다. 왜냐하면 언어에 대한 유가의 기본적 인식은 언어가 결코 화자의 뜻을 충분히 표현할 수 없다는 것이기 때문

---

31 [淸]劉寶楠 撰,『論語正義』, 앞의 책, 257쪽.
32 朱光潛,「無言之美」, 參見『朱光潛全集』(第一卷), 合肥: 安徽教育出版社, 1987, 66쪽.

이다.『역전』에서는 "글은 말을 다하지 못하고, 말은 뜻을 다하지 못한다."[33]라고 하였다.『맹자』에서는 "시를 설명하는 자는 글로써 말을 해쳐서는 안 되고, 말로써 본래의 뜻을 해쳐서도 안 된다. 자신의 뜻으로 본래의 뜻을 맞춰보아야 제대로 알 수 있다."[34]라고 하였다. 이것은 '글[文]'과 '말[辭]'이 뜻을 표현하는 측면에서 제한적임을 가정한 것이다. 서양의 중국학 학자인 스티븐 오웬(Stephen Owen)은 유가의 언어학적 특징은 언어의 "함축된 전체는 필연적으로 축소된 겉면을 드러내고, 이러한 특별한 부분을 통해 전체를 알 수 있다."[35]라고 하였다. 이것은 언어 및 그 의미에 대한 유가의 파악이 전체적이며, '말은 뜻을 다하지 못한다'는 것이 언어에 대한 유가의 기본적 인식임을 말한다.

　　유가의 '불언지미'는 확실히 '말과 뜻의 관계'에 대한 논의를 포함한다. 그러나 필자는 '불언지미'는 먼저 유가의 인생 경지이며, 그것은 천지만물에 대한 '생생' 본체에 대한 깨달음을 가리키고, 그 다음이 주선생이 말한 '미술적 연구'라고 생각한다. 어떤 사람은 유가의 '말은 뜻을 다하지 못한다'는 인식은 '생생' 본체에 대한 깨달음의 인생 경지에서 세워진 것이라고 말한다. 정상잔 교수가 말한 것처럼, "중국의 철학 미학에서 밝혀낸 것은 심령 경지의 철학 기초 및 그것이 이끄는 심미 체험이고, 중국의 예술 미학은 다만 일종의 심령 경지인 심미 체험의 예술 부호를 전달하는 것에 불과하다."[36] 이 때문에 '불언지미'는 유가

33　[唐]孔穎達 撰,『周易正義』, 앞의 책, 157~158쪽.
34　[淸]焦循 撰,『孟子正義』, 北京: 中華書局, 1987, 638쪽.
35　[美]宇文所安,『中國文論: 英譯與評論』, 王柏華, 陶慶梅譯, 上海:上海社會科學院出版社, 2003, 32쪽.
36　程相占,「生生美學的十進程」,『鄱陽湖學刊』 第6期, 2012.

의 인생 경지를 가리키지 주광치엔이 말한 것처럼 단순히 '미학적 연구'만 될 수 없다.

"하늘이 무슨 말을 하던가"라는 이 구절은 자공(子貢)의 질문에 공자가 대답한 것이다. 주희는 『논어집주(論語集注)』에서 "사계절이 운행하고 만물이 생장함에 천리가 발현하여 유행하는 실질이 아님이 없으니, 말을 기다리지 않더라도 알 수 있다. 성인이 한번 움직이고 한번 멈추는 것은 오묘한 도와 정밀한 의리가 발현된 것이 아님이 없으니, 또한 하늘일 뿐이다. 어찌 말을 기다려 드러나겠는가? 이 또한 자공에게 가르침을 간절하게 보여주신 것인데, 애석하구나, 자공은 끝내 깨닫지 못하였으니."[37]라고 하였다. 자공은 언어로 성인과 천지의 도를 보았으나, 공자는 오히려 천도는 말로 표현할 수 있는 것이 아니라 '행동[行]'으로 나타나는 것임을 지적하였다. 공자는 자공에게 천지의 '불언'의 행동에 유념할 것을 보여주었다. 이것은 바로 맹자가 "하늘은 말하지 않고 행위와 일로써 보여줄 뿐이다."[38]라고 말한 것과 같다. 공자는 성(性)과 천도를 드물게 말하였는데, 이것은 그가 '천'의 '불언'의 행동에 더욱 주목했기 때문이다. 『역전』에는 "복(復)에서 천지의 마음을 볼 수 있을 것이다."[39]라고 하였는데, 왕필(王弼)의 주에서는 "복(復)은 근본으로 돌아감을 말하니, 천지는 근본을 마음으로 삼는 자이다. 무릇 움직임이 그치면 고요하니, 고요함은 움직임과 반대되는 것이 아니다. 말이 그치면 침묵하니, 침묵은 말과 반대되는 것이 아니다. 그렇다면 천지

---

37 [宋]朱熹 撰, 『四書章句集注』, 北京: 中華書局, 1983, 180쪽.
38 [淸]焦循 撰, 『孟子正義』, 앞의 책, 643쪽.
39 [唐]孔穎達 撰, 『周易正義』, 앞의 책, 65쪽.

가 비록 커서 풍족하게 만물을 소유하고 우레가 치고 바람이 불어 운화(運化)가 수만 가지로 변하나 고요하여 지극함이 없으니, 이것이 그 근본이다. 그러므로 움직임이 땅 안에서 그칠 때 천지의 마음이 보인다. 만약 '있음[有]'을 마음으로 삼는다면 다른 부류는 모두 함께 존재할 수 없을 것이다."[40]라고 하였다. 비록 천지는 언제나 바람과 구름이 변하는 가운데 처해 있지만, 그것은 시종일관 "고요하여 지극함이 없는" 태도를 유지한다. 예를 들어 정호(程顥)가 "상천(上天)의 일은 소리도 없고 냄새도 없으며, 그 몸[體]은 '역(易)'이라 하고 그 이치[理]는 '도'라 한다"[41]라고 말한 것처럼, '불언'은 '천'의 특징이다. 펑여우란(馮友蘭)은 "유가의 최고 경지는 비록 그들이 분명하게 말한 적은 없지만, 또한 상상할 수 없는 것이다", "상상할 수 없으니, 또한 이해할 수 없다"[42]라고 말하였다. 따라서 유가의 학설에서 '불언'은 '천'도에 대한 일종의 이상적 태도이고, '불언'은 인생의 경지를 가리킨다.

펑여우란은 『신원인(新原人)』이란 책에서 인생의 네 가지 경지를 총결하였는데, 즉 자연 경지[自然境界], 공리 경지[功利境界], 도덕 경지[道德境界]와 천지 경지[天地境界]이다. 자연 경지는 배고프면 먹고 따듯하게 입는 것이다. 이러한 경지에 처한 사람은 가장 기본적인 생존 욕구에 만족한다. 공리 경지는 일종의 요구의 경지로, 사람이 자기의 이익을 추구하는 것이다. 도덕 경지는 의를 구하는 경지로, 사람이 자기의 이로움을 추구할 뿐만이 아니라 사회를 위해 이익을 도모하는 것이다.

---

40 [唐]孔穎達 撰, 『周易正義』, 앞의 책, 65쪽.
41 [宋]程顥, 程頤, 『二程集』, 北京: 中華書局, 1981, 4쪽.
42 馮友蘭, 『新原人』, 北京: 北京大學出版社, 2014, 180쪽.

천지 경지는 최고의 경지로, 이 경지에 있는 사람은 "이미 완전하게 성(性)을 아는데, 이미 하늘을 알기 때문이다. 따라서 그는 사람이란 사회의 완전한 일부분일 뿐만 아니라, 우주의 완전한 일부분임을 안다."[43] 펑여우란의 이러한 네 가지 경지에서 첫 번째는 동물의 상태이고, 두 번째는 가장 기본적이면서 도달할 수 있는 사람의 상태이다. 뒤의 두 경지는 사람들이 자신의 선택으로 인해 창조할 수 있는 것으로, 이 두 가지는 일종의 이상적 경지이다.

유가의 '불언지미'가 가리키는 인생 경지는 펑여우란이 언급한 최고의 경지, 즉 '천지 경지'를 가리킨다. 펑여우란은 나아가 천지 경지는 또한 '지천(知天)'·'사천(事天)'·'낙천(樂天)과 "동천(同天)', 이 네 가지 층차로 구분된다고 한다. 그는 "천명을 아는 것은 천을 아는 것과 같고, 천명에 순응하는 것은 하늘을 섬기는 것과 같으며, 마음이 하고자 하는 대로 따라도 법도에 어긋남이 없는 것은 하늘을 즐기는 것과 같다."[44]라고 하였다. '동천'은 최고의 경지로 지천·사천·낙천은 동천의 준비 단계이다. '지천'은 사람이 주동적으로 천지의 시각에서 만사만물을 보는 것이고, '사천'을 체득하면 사람은 '지천'의 기초 상에서 천지에 동참할 수 있으며, "사계절이 운행하고, 만물이 생겨남"을 체득할 수 있다. '낙천'은 사람이 하늘을 섬기는 과정에서 체득했던 심미적 향수로, 즉 "공자와 안자가 즐거워한 것"과 "나는 증점과 함께 하겠다"는 쾌락이다. 앞의 세 단계를 실현할 수 있는 사람은 최종적인 '동천'의 경지에 도달한다. 청샹잔 교수는 "동천의 경지는 생각할 수도 없고 말할

---

43 馮友蘭, 『新原人』, 앞의 책, 65쪽.
44 馮友蘭, 『新原道』, 參見 『三松堂全集』(第五卷), 鄭州: 河南人民出版社, 2001, 20쪽.

수도 없는데, 왜냐하면 동천의 경지는 전체[大全]과 동일하기 때문이다. 전체는 포함하지 않는 것이 없으니, 만약 전체를 생각하면 생각의 대상으로 변하고, 전체는 이 생각을 포함할 수 없기 때문에 더 이상 전체가 아니다. 그래서 전체에 대한 생각은 필연적으로 잘못된 것이다."[45] '동천' 경지의 특징은 말할 수 없다는 것이다. 유가의 학설에서 '불언'은 천지만물에 대한 일종의 이상적 태도이다. 유가는 '지극한 성실함은 그침이 없다.'[46]라고 생각하였다. 『중용』에서는 "넓고 두꺼움은 땅과 짝하고, 높고 밝음은 하늘과 짝하며, 멀고 오래감은 끝이 없는 것이다. 이와 같은 자는 보여주지 않아도 드러나며, 움직이지 않아도 변하며, 하지 않아도 이루어진다."[47]라고 하였다. 『중용』에는 "『시』에 '나는 밝은 덕을 지닌 사람이 목소리와 얼굴빛을 중요하게 여기지 않음을 그리워한다.'라고 하였다. 공자는 '목소리와 얼굴빛은 백성을 교화시키는데 지엽적인 것이다.'라고 하였다. 『시』에 '덕의 가벼움은 터럭과 같으니, 터럭은 그래도 비교할 대상이 있다. 상천의 일은 소리도 냄새도 없다.'라고 하였으니, 지극하구나!"[48]라고 하였다. 이러한 문헌들은 유가가 천은 '불언'의 도이며, 사람이 천지 사이에 태어나서 가장 이상적인 상태는 '불언'의 태도로 행동하는 것이며, 가장 좋은 정치는 '소리도 냄새도 없는 것'이라고 생각했음을 분명하게 보여준다. 유가와 도가는 모두 '불언'의 인생 경지를 표현하였다. 『노자』에는 "이 때문에 성인은 무위의 일

---

45 程相占,「馮友蘭人生境界論的審美維度」,『孔子研究』2004 第5期.
46 [宋]朱熹 撰,『四書章句集注』, 앞의 책, 34쪽.
47 [宋]朱熹 撰,『四書章句集注』, 앞의 책, 34쪽.
48 [宋]朱熹 撰,『四書章句集注』, 앞의 책, 40쪽.

에 처하고, 불언의 가르침을 행하며, 만물을 일으키더라도 다투어 만들지 않고, 낳더라도 소유하지 않으며, 만물을 기르면서도 자신의 능력을 믿지 않고, 공이 이루어져도 자처하지 않는다. 오직 자처하지 않기 때문에 공이 사라지지 않는다."[49]라고 하였다. 『장자』에는 "천지는 큰 아름다움이 있으면서도 말하지 않고, 사계절은 밝은 법이 있으면서도 의론하지 않으며, 만물은 이루어진 이치가 있으면서도 말하지 않는다. 성인은 천지의 아름다움을 따져 만물의 이치에 통달한다. 이 때문에 지인(至人)은 무위하고, 대성(大聖)은 작위하지 않으니, 천지에서 살펴보았음을 말한 것이다."[50]라고 하였다. 이로써 살펴보건대, 유가와 도가는 최고의 심미적 이상에 대한 인식이 동일하며, 그들은 모두 '불언'으로 천지의 '생생' 본체를 마주하여 "천지에 함께 참여하는" '동천'의 경지에 이르렀다. 유가와 도가뿐만 아니라 이러한 천지 관념은 선진 시기 기타 각 학파의 학설에서도 볼 수 있다. 예를 들어 『관자』에는 "사람은 천과 조화를 이룬 이후에야 천지의 미가 생긴다."[51]라고 하였고, 또 『관자』에는 "그러므로 반드시 불언과 무위의 일을 안 이후에야 도의 규칙을 알 수 있다."[52]라고 하였다. 『한비자』에서는 "군주의 도는 마음을 비우고 조용한 태도를 보배로 여긴다. 스스로 일을 주관하지 않으나 졸렬함과 기교부림을 알고, 스스로 계책을 세우지 않으나 화와 복을 안다. 이 때문에 말하지 않아도 잘 응하고, 일하지 않아도 잘 진척시킨

---

49 [魏]王弼 注, 『老子注』, 北京: 中華書局, 2002, 2쪽.
50 [淸]郭慶藩 撰, 『莊子集釋』, 北京: 中華書局, 2002, 321쪽.
51 [淸]戴望 撰, 『管子校正』, 北京: 中華書局, 2002, 242쪽.
52 [淸]戴望 撰, 『管子校正』, 앞의 책, 219쪽.

다."[53]라고 하였다.

앞에서 이미 서술하였듯이, 심미 대상으로서의 '천'은 '생생'하는 본체적 존재이다. 유가는 '불언'의 태도로 '천'이 대표하는 그러한 생생의 우주에 도달하고자 하였다. 장파(張法) 교수는 "중국의 우주는 기화(氣化)가 유행하고 음양이 서로 이루어주며 허와 실이 서로 낳는 우주이다. 기의 우주에서 기화가 유행하고 만물을 낳고, 만물이 죽으면 또 다시 우주의 기로 돌아간다."[54]라고 하였다. 『노자』에는 "도가 일(一)을 낳고, 일이 이(二)를 낳으며, 이가 삼(三)을 낳고, 삼(三)이 만물을 낳는다."[55]라고 말하였는데, 천지는 기에 의해 생겨나고 기의 유행 변화는 우주가 하나의 음양이 상생하는 생명의 경지이게 한다. 그래서 대진(戴震)은 "만물에 대한 기화(氣化)는 한 마디 말로 다할 수 있으니, 생생을 이르는 것이리라!"[56]라고 하였다. 이로써 유가는 '불언'의 태도로써 생생의 우주에 접근하고, 이러한 행위는 "천지와 서로 참여하는"것임을 알 수 있다. 이것은 『관자』에서 "사람은 하늘과 조화를 이룬 이후에야 천지의 미가 생긴다."[57]고 말한 것과 같다. 따라서 무언의 미는 중국 미학에서 최고의 미이며, 그것은 천인의 경지에 도달한 것이다. 이것은 유가의 "우주는 미(美)와 선(善)이 일체된 생기(生機)의 우주임을 증명하는 것이며", 이로부터 파생되어 나온 "'생기(生機)'·'생기(生氣)'·'생의(生意)'·'생취(生聚)'·'천공(天工)'·'화공(化工)'·'자연(自然)'…… 등 자연의

53　[淸]王先愼, 『韓非子集解』, 北京: 中華書局, 2002, 20쪽.
54　張法, 『中國美學史』, 北京: 高等敎育出版社, 2015, 7쪽.
55　[魏]王弼 注, 『老子注』, 앞의 책, 26쪽.
56　[淸]戴震, 『原善』, 參見 戴震, 『戴震全集』(第一卷), 北京: 淸華大學出版社, 1991, 11쪽.
57　[淸]戴望 撰, 『管子校正』, 앞의 책, 242쪽.

조화와 밀접하게 관련된 일련의 술어들은 중국 고전 미학의 핵심어가 되었다."[58]

유가는 '불언'의 태도로 생생의 우주를 가리킨다. 이 같은 세계관 아래에서 천지만물의 면모는 변화한다.

펑여우란은 다음과 같이 말하였다.

하늘을 알 수 있는 자는 다만 그가 행한 일이 그에게 다른 새로운 의미가 있을 뿐만 아니라, 그가 본 사물이 그에게 또한 다른 의미가 있다. 예를 들어 『논어』에는 "공자께서 시냇가에서 말하였다. '가는 것이 이와 같으니, 밤낮으로 쉬지 않는구나.'"라고 하였는데, 송나라 유자들은 공자가 물이 흘러가는 것에서 도체(道體)가 유행하는 것을 보았다고 생각하였다. 『중용』에서는 『시』를 인용하여 "솔개는 하늘 높이 날고, 물고기는 연못에서 뛰는구나."라고 하였는데, 송나라 유자들은 이것에서 "낳고 기름이 유행하여 위아래가 밝게 드러남이 이 이치의 쓰임이 아님이 없음"을 알 수 있다고 생각하였다. 이러한 주장은 비록 『논어』와 『중용』의 본의에 꼭 맞지는 않지만, 물의 흘러감 및 솔개가 날고 물고기가 뛰는 것이 하늘을 아는 자에게 모두 다른 의미가 있을 수 있으니, 이렇게 말할 만한 것이다.[59]

물의 흐름을 마주하여 공자가 체득한 것은 그 배후에 있는 생생의 의미이다. 동물의 행위에서 우리들은 천지의 활발한 생기를 볼 수 있다. 이것은 세속·공리·성패·득실·시비·선악을 벗어나고, 아울러 도

---

58 程相占, 「生生美學的十進程」, 『鄱陽湖學刊』 2012 第6期.
59 馮友蘭, 『新原人』, 앞의 책, 174쪽.

덕을 초월하여 생생 본체인 인생의 최상의 경지에 도달한 것이다. 이와 같은 인생의 경지는 또한 공자의 정치적 이상에서도 드러난다. 공자가 자로(子路)·증석(曾晳)·염유(冉有)·공서화(公西華) 등 네 사람 모두에게 어떤 정치적 주장을 가지고 있는지를 물었을 때, 나머지 세 사람은 용기로써 나라를 다스리거나, 예로써 나라를 다스리거나, 제사와 외교로써 나라를 다스린다고 하였지만, 다만 증석만이 무위로 나라를 다스린다고 하여 최고로 공자의 칭찬을 받았다. 증석은 "늦은 봄에 봄옷이 만들어지면, 관을 쓴 대여섯 명과 아이들 예닐곱 명을 데리고 기수(沂水)에 가서 목욕하고 무우(舞雩)에서 바람을 맞고 노래를 부르면서 돌아오겠다."[60]라고 말하였다. 이것은 일종의 '불언'의 정치 태도이며, 동시에 그것은 '불언'의 최고 이상을 함축하고 있고, 형이상의 의미를 가지고 있다. 이것은 천도에 대한 심미적 체득으로, 장자가 말한 "천지는 큰 아름다움이 있으면서도 말하지 않는다"는 것과 상통한다. 『맹자』는 "군자가 지나는 곳마다 변화하고 마음을 두는 곳마다 신묘해지며, 위아래로 천지와 그 흐름을 같이 한다."[61]라고 하였다. '동천'은 유가의 최고 경지이다.

3. '신언(愼言)'의 미의 인격 경지

앞에서 이미 서술했듯이, 유가의 '불언지미'는 근본적으로 '동천'의

---

60 [清]劉寶楠 撰, 『論語正義』, 앞의 책, 466쪽.
61 [清]焦循 撰, 『孟子正義』, 앞의 책, 895쪽.

'천지 경지'를 가리키는데, 주 선생이 말한 "말은 뜻을 다하지 못한다"는 것은 '천지 경지'의 아래에 두고 이해해야 한다. 그렇다면 우리는 천지 경지의 아래에서 '말[言]'에 대한 유가의 인식을 살펴보아야 한다.

비록 유가는 '불언'으로 '동천'의 경지에 접근하였지만, 이것은 결코 유가가 말을 완전히 반대함을 의미하지 않는다. 그와는 반대로 유가는 말을 매우 중시한다. 예를 들어 『좌전』에는 공자가 "『지(志)』에 '말로 뜻을 드러내고, 문채로 말을 수식한다.'라고 하였다. 말하지 않으면 누가 그 뜻을 알겠는가? 말에 문채가 없으면, 멀리 전해질 수가 없다."[62]라고 한 말을 실어 놓고 있다. 다른 예로 『논어』에는 "명(命)을 알지 못하면 군자가 될 수 없고, 예(禮)를 알지 못하면 설 수가 없으며, 말을 알지 못하면 사람을 알 수 없다."[63]라고 실려 있다. 『논어』에서 공자는 한 마디 말로 나라를 흥하게 할 수도 있고, 한 마디 말로 또한 나라를 망하게 할 수도 있음을 인정하였다.[64] 『역전』에서는 "말과 행동은 군자의 지도리와 오늬이다. 지도리와 오늬의 발함이 영욕의 주체이다. 말과 행동은 군자가 천지를 움직이는 것이니, 어찌 신중하지 않을 수 있겠는가!"[65]라고 하였다. 따라서 이로써 비록 유가는 우주의 생생 본체가 '불언'적인 것임을 인정하였지만, 그들은 언어를 결코 배척하지 않았음을 알 수 있다. 유가는 언어의 사용에 대해 신중한 태도를 취한다. 『예기』

---

62 [唐]孔穎達 撰, 『春秋左傳正義』, 앞의 책, 623쪽.
63 [淸]劉寶楠 撰, 『論語正義』, 앞의 책, 769쪽.
64 定公問: "一言而可以興邦, 有諸?"孔子對曰: "言不可以若是其幾也.人之言曰: '爲君難, 爲臣不易.'如知爲君之難也, 不幾乎一言而興邦乎?"曰: "一言而喪邦, 有諸?"孔子對曰: "言不可以若是其幾也.人之言曰: '予無樂乎爲君, 唯其言而莫予違也.'如其善而莫之違也, 不亦善乎? 如不善而莫之違也, 不幾乎一言而喪邦乎?" 參見[淸]劉寶楠撰, 『論語正義』, 앞의 책, 533쪽.
65 [唐]孔穎達 撰, 『周易正義』, 앞의 책, 151쪽.

에는 다음과 같은 내용이 실려 있다.

> 공자가 말하였다. "왕의 말이 실과 같으면 그것이 나오는 것은 굵은 실과 같고, 왕의 말이 굵은 실과 같으면 그것이 나오는 것은 새끼줄과 같다. 그러므로 대인은 유언(遊言)을 떠들지 않는다. 말 할 만하나 행할 수 없는 것을 군자는 말하지 않으며, 행동할 만하나 말 할 수 없는 것을 군자는 행하지 않는다. 그러면 백성들이 말을 행동보다 높게 하지 않고, 행동을 말보다 높게 하지 않는다. 『시』에 '너의 행동을 조심하고 신중히 해서 위의(威儀)에 어긋나지 않게 하라.'라고 하였다."

> 공자가 말하였다. "군자는 말로 사람을 인도하고 행동으로 사람을 단속한다. 그러므로 말은 반드시 그 끝나는 바를 생각하고, 행동은 반드시 그 폐단이 되는 바를 헤아린다. 그러면 백성들은 말에 삼가고 행동에 신중히 한다. 『시』에 '너의 내뱉는 말을 삼가고 너의 위의를 공손히 하라.'라고 하였고, 「대아(大雅)」에 '훌륭하신 문왕이여, 아 끊임없이 공경을 밝히셨도다.'라고 하였다."[66]

이 두 단락의 말은 공자가 말한 것이다. 공자는 "대인은 유언(遊言)을 떠들지 않는다"고 하였는데, 공영달(孔穎達)의 소(疏)에서는 "'유(遊)'는 '뜨다[浮]'와 같으니, 쓸모 없는 말이다."[67]라고 하였다. 이것은 신분상 지위가 있는 사람의 말은 반드시 신중해야 하는데, 그들의 언어는

---

66 [唐]孔穎達 撰, 『禮記注疏』, 앞의 책, 928~929쪽.
67 [唐]孔穎達 撰, 『禮記注疏』, 앞의 책, 929쪽.

대중들에게 모범적인 역할을 하기 때문이다. 공자는 "옛날에 말을 함부로 하지 않은 것은 몸이 미치지 못함을 부끄러워서였다."[68]라고 말하였다. 옛날 사람들은 결코 쉽게 인정하지 않았으며, 그들은 말이 행동을 이기는 것을 부끄럽게 여겼다.

이로써 '불언'은 이상적 태도이고, '신언'은 현실적 태도임을 알 수 있다. 군자는 말은 적게 하고 행동은 많이 해야 하며, "말에는 어눌해도 행동에는 민첩해야 한다." 공자는 "많이 들어서 의심나는 것은 빼고, 그 나머지를 신중히 말하면 허물이 적을 것이다. 많이 보고서 위태로운 것을 빼고, 그 나머지를 신중히 행동하면 후회가 적을 것이다. 말에 허물이 적고 행동에 후회가 적으면, 봉록은 그 안에 있을 것이다."[69]라고 하였다. 확신이 없는 말은 말하지 말고, 확신이 없는 일은 하지 않는다. 설사 확신이 있더라도 신중하게 말하고 신중하게 행동해야 한다. 이것은 자오쿠이잉(趙奎英) 교수가 언급한 것처럼, 유가의 '무언(無言)'은 사람들에게 말을 버리라는 것이 아니라, 사람들에게 '신언(愼言)'하거나 혹은 '행동'의 방식으로 말하라는 것이다.[70] 왜 유가는 이와 같은 태도를 가지는가? 현실의 환경에서 보면, 춘추 시대 이후로 중국 사회는 전란이 빈번한 시기, 즉 유가가 말한 '예악이 무너진[禮崩樂壞]' 시기에 들어서 개인의 생명은 항상 보장받을 수 없었다. 『노자』에서 "천지가 불인하여 만물을 추구(芻狗)로 삼는다."[71]라고 말한 것은 이 시대

---

68 [清]劉寶楠 撰, 『論語正義』, 앞의 책, 158쪽.
69 [清]劉寶楠 撰, 『論語正義』, 앞의 책, 62쪽.
70 趙奎英, 『中西語言詩學――基本問題比較研究』, 앞의 책, 156쪽
71 [魏]王弼 注, 『老子注』, 앞의 책, 3쪽.

의 현실적 모습이다. 공자 본인도 항상 위험한 상황에 처하였다. 『사기』에는 "공자가 노나라를 떠나 송나라에 갔을 때 제자들과 큰 나무 아래에서 예를 익혔다. 송나라 사마환퇴(司馬桓魋)가 공자를 죽이고자 그 나무를 뽑아버렸다. 공자는 그곳을 떠났다."[72]라는 내용이 실려 있다. 당연하게도 공자는 "나라에 도가 있으면 말과 행동을 고상하게 하고, 나라에 도가 없으면 행동은 고상하게 하되 말은 공손하게 해야 한다."[73]라고 하였다. 따라서 현실적 측면에서 개인은 반드시 말과 행동을 신중히 해야만 자신을 보전할 수 있다. 이것은 『역전』에서 "어지러움이 생김에 언어가 섬돌이 된다. 군자가 신중하고 치밀하지 않으면 신하를 잃고, 신하가 신중하고 치밀하지 않으면 몸을 잃으며, 사태를 보는 것이 신중하고 치밀하지 않으면, 해로움이 생기니, 이 때문에 군자는 신중하고 치밀하게 하여 말을 함부로 하지 않는다."[74]라고 말한 것과 같다. 천지의 본체에서 유가의 '천'은 생생하는 본체의 특징이 있을 뿐만 아니라, 도덕적 요소를 가지고 있다. 『논어』에는 "군자에게는 세 가지 두려운 것이 있으니, 천명을 두려워하고, 대인을 두려워하고, 성인의 말을 두려워한다. 소인은 천명을 알지 못하여 두려워하지 않고, 대인을 함부로 대하고, 성인의 말을 업신여긴다."[75]라고 하였다. 쉬푸관(徐復觀)은 공자가 천명을 두려워한 것은 실제로는 자신에게 내재된 인격 세계의 무한한 도덕적 추구와 책임에 대한 경외라고 하였다.[76] 따라서 공자

---

72 [漢]司馬遷, 『史記』(第六冊), 北京: 中華書局, 1963, 1921쪽.
73 [清]劉寶楠 撰, 『論語正義』, 앞의 책, 554쪽.
74 [唐]孔穎達 撰, 『周易正義』, 앞의 책, 152쪽.
75 [清]劉寶楠 撰, 『論語正義』, 앞의 책, 661쪽.
76 徐復觀: 『中國人性論史』(先秦篇), 上海: 三聯書店, 2001, 80쪽.

의 '지천명'은 사실 "자신의 본성과 자기 마음속의 도덕성에서 획득한 철저한 자각이자 자증(自證)"으로, 공자는 "그 자신의 본성과 천명 혹은 천도와의 융합을 실현하였다."[77] 천지의 대덕(大德)은 생(生)을 좋아하는 것이지만, 사람의 예의적 행동은 천지의 덕에 부합해야 한다. 그렇지 않으면 화를 피하기 어렵다. 공자는 헤아릴 수 없는 신비한 '천'을 도덕화시켰고, 그는 천지의 도를 사람의 인격과 도덕으로 변화시켰는데, 그 기본적인 출발점은 '경외'이다. 그래서 『역전』에서는 "그 도가 매우 커서 온갖 일을 폐하지 않는다. 두려움으로 시작하고 끝마치면 결국에 허물은 없을 것이니, 이것을 역의 도라고 한다."[78]라고 하였다. 공영달의 정의(正義)에서는 다음과 같이 말하였다.

"그 도가 매우 커서 온갖 일을 폐하지 않는다"는 것은 역의 도의 기능이 매우 커서 온갖 종류의 사물이 그것에 의지하여 그치거나 폐하지 않음을 말한다. "두려움으로 시작하고 끝마치다"는 것은 항상 시작과 끝을 두려워할 수 있어서 시작에서는 끝을 생각하고, 끝에서는 시작을 생각함을 말한다. "결국에 허물은 없다"는 것은 만약 시작과 끝에서 모두 두려워할 수 있다면, 결국에 흉함과 허물이 없게 될 것임을 뜻한다. "이것을 역의 도라고 한다"는 것은 역의 도는 만약 시작과 끝을 두려워할 수 있으면 허물이 없을 것이니, 이것은 역에서 사용하는 도이고, 그 대체가 이와 같음을 말한 것이다.[79]

77　劉越, 劉鴻鶴,「儒家人文主義德源頭――徐複觀論'憂患意識'」,『社會科學輯刊』2014 第6期.
78　[唐]孔穎達 撰,『周易正義』, 앞의 책, 175~176쪽.
79　[唐]孔穎達 撰,『周易正義』, 앞의 책, 176쪽.

사람은 천지 사이에서 행동하면서 화를 없게 하려면, 천지의 도에 따라 행동해야 한다. 그러나 천지는 헤아릴 수 없기 때문에 귀신에 대해서는 공경은 하되 멀리하고, 사람이 할 수 있는 유의미한 일을 "두려움으로 시작하고 끝마쳐서" 언제나 경각심을 유지하고 자신의 언행에 주목하여 개인의 덕을 천지의 대덕에 부합시켜야 한다. 『역전』에는 "말과 행동은 군자의 지도리와 오늬이니, 지도리와 오늬의 발함이 영욕의 주체이다. 말과 행동은 군자가 천지를 움직이는 것이니, 신중하지 않을 수 있겠는가?"[80]라고 하였다.

바꾸어 말하면, 펑여우란이 말한 '동천'의 경지는 어려운 것으로, 모든 사람이 도달할 수 있는 것이 아니다. 예를 들어 리싱핑(黎馨平)이 다음과 같이 말하였다. "아직 본체의 수준까지 이르지 못한 사람에게 완전한 선을 추구하는 과정에서 비교적 안전하고 확실한 선택은 마땅히 무엇인가? 옛사람들은 이러한 문제를 처리할 때 일반적으로 '신언'하는 경향이 있었는데, 즉 최대한 말을 하지 않는 것으로부터 시작하였다."[81] '신언'은 먼저 '천인합덕(天人合德)'을 위한 것이고, 다음으로 자기 보전을 위한 것이다. 이로써 겉으로는 유가의 '신언'이 펑여우란이 말한 '도덕'의 경지에 가깝고, 그것은 '천지'의 경지에 들어가기 이전의 상태임을 알 수 있다. 그러나 실제로 유가의 '신언'은 펑여우란이 말한 '천지'의 경지에 포함된다. 공자는 그가 50세에 예에 어긋나지 않는 상태에 이르렀고, 70세가 되어서야 "마음이 하고자 하는 대로 따라도 법도에 어긋나지 않았다."라고 말하였다. 이것은 공자가 먼저 천지의 경지

---

80 [唐]孔穎達 撰, 『周易正義』, 앞의 책, 151쪽.
81 黎馨平, 「試論『周易』與『論語』中的語,默觀」, 『周易研究』 2004 第2期.

를 자신이 추구할 것으로 삼은 이후에야 예에 어긋나지 않는 상태에 이르러 언제나 도덕이 요구하는 경지 부합하였음을 말해준다. 공자의 인격의 추구는 "도에 뜻을 두고, 덕에 의거하고, 인에 의지하고, 예에서 노니는 것이다."[82] '도에 뜻을 둔다'는 전제가 되고, '덕에 의거한다'는 것은 동천(同天)의 경지 아래에 있는 인격의 추구이다. 따라서 '신언'에 대한 유가의 추구는 사실 '천지'의 경지에 해당하며, 그것은 '천지' 경지의 '사천(事天)'의 층차 위에 자리한다. 필자는 이것을 '인격 경지'라 부른다.

이상의 유가의 세계관은 '불언'의 미의 또 다른 함의인 --'신언'지미를 결정한다. 신언지미는 두 종류의 인격 경지를 가리킨다.

1) "말을 다듬어 성실함을 세우는[修辭立其誠]" 인격 경지

『역전』에는 "군자는 덕을 기르고 학업을 닦는다. 충실함과 믿음이 덕을 기르는 것이고, 말을 다듬어 성실함을 세우는 것이 학업을 수행하는 것이다."라는 내용이 실려 있다.[83] "말을 다듬어 성실함을 세운다"는 것은 유가의 인격 경지로, 그것은 사람의 도덕과 긴밀하게 관련되어 있다. 『역전』에서는 "장차 배반하려는 자는 그 말에 부끄러움이 있고, 속 마음에 의심이 있는 자는 그 말이 갈라지며, 길(吉)한 사람의 말은 적고, 조급한 사람의 말은 많으며, 선을 모함하는 사람은 그 말이

---

82 [清]劉寶楠 撰, 『論語正義』, 앞의 책, 257쪽.
83 [唐]孔穎達 撰, 『周易正義』, 앞의 책, 14쪽.

겉돌고, 자신이 고수하는 것을 잃은 자는 그 말이 비굴하다."[84]라고 하였다. 이렇듯 한 사람이 말하는 수식 효과에서 그의 도덕적 인격이 어떠함을 알 수 있다. "말을 다듬어 성실함을 세운다"는 것은 말을 꾸미는 자가 정직한 마음을 유지하고, 아울러 경외의 감정을 품고 자신의 언어에 대해 절실하게 책임을 질 것을 요구하는 것이다. 『좌전』에서 공자는 "『지』에 '말로 뜻을 드러내고, 문채로 말을 수식한다'고 하였다. 말하지 않으면 누가 그 뜻을 알겠는가? 말에 문채가 없으면, 멀리 전해질 수가 없다."[85]라고 하였다. 문채는 사람의 언어를 고정시키고 아울러 전할 수 있는 전제 요소이다. 그래서 공자는 "시를 배우지 않으면 말을 할 수 없다."[86]고 하였다. 따라서 언어에 대한 유가의 태도는 도덕적 요구도 있을 뿐만 아니라 수사(修辭)적 요구도 있는데, 이 두 가지는 하나로 합쳐진 것이다. 이것이 인격 경지이다.

2) "상으로 뜻을 말하는[以象言意]" 인격 경지

'언어'는 유가가 생각하는 사람이 천지에 참여하여 도울 수 있는 한 방식이다. 『역전』 「계사 상」에서는 다음과 같이 말하였다.

이 때문에 하늘은 신성한 물건을 낳아 성인이 그것을 본받으며, 천지가 변화하여 성인이 그것을 본받으며, 하늘이 상을 드리워 길흉을 보여 성인이

---

84 [唐]孔穎達 撰, 『周易正義』, 앞의 책, 177쪽.
85 [唐]孔穎達 撰, 『春秋左傳正義』, 앞의 책, 623쪽.
86 [淸]劉寶楠 撰, 『論語正義』, 앞의 책, 668쪽.

그것을 본뜬다. 하수에서 그림을 내고 낙수에서 글을 내어 성인이 그것을 본받는다. 역에 사상(四象)이 있는 것은 보여주는 것이다. 말을 달아 놓은 것은 알려주는 것이다. 길흉을 정하는 것은 결단하는 것이다.[87]

공자가 말하였다. "글은 말을 다하지 못하고, 말은 뜻을 다하지 못한다. 그렇다면 성인의 뜻을 볼 수 없다는 것인가?" 공자가 말하였다. "성인은 상을 세워서 뜻을 다하고, 괘를 설치하여 실정과 거짓을 다하였으며, 사(辭)를 달아 말을 다하였으며, 변하여 통하게 하여 이로움을 다하였고, 북돋고 춤추게 하여 신묘함을 다하였다."[88]

유가의 입장에서 천지의 도는 성인의 '말과 글'로 나타난다. 성인은 천지에 통하는 능력이 있다. 『설문』에서는 "'성(聖)'은 '통하다[通]'는 뜻으로, '이(耳)'로 구성되어 있으며, '정(呈)'이 소리이다."[89]라고 하였다. 『백호통』에서는 "성인이란 무엇인가? '성(聖)'은 '통하다', '길[道]', '소리'라는 뜻이다. [성인의] 도는 통하지 않는 곳이 없고, 밝음은 비추지 않는 곳이 없다. 소리를 듣고 실정을 안다. 천지와 덕을 합하고, 일월과 밝음을 합하며, 사계절과 질서를 합하고, 귀신과 길흉을 합한다."[90]라고 하였다. 중국학 학자인 데이비드 홀(David Hall)과 로저 에임스(Roger Ames)는 "성인은 소통의 큰 스승이다. 최초『설문』의 정의에서

---

87 [唐]孔穎達 撰,『周易正義』, 앞의 책, 157쪽.
88 [唐]孔穎達 撰,『周易正義』, 앞의 책, 157~158쪽.
89 [漢]許慎 撰,『說文解字』, 北京: 中華書局, 1963, 250쪽.
90 [淸]陳立 撰,『白虎通疏證』, 北京: 中華書局, 1994, 334쪽.

'이(耳)'는 '성(聖)'의 뜻 부분을 규정하는데, 이것은 교류하는 가운데 '들음'의 역할을 매우 강조하는 것이다. 만약 어원학적 의미를 더 고찰하여 '성(聖)'에 대해 전체적인 측면을 파악하려면, 반드시 경청하는 소통의 측면을 부각시켜야할 뿐만 아니라, 그 표면적인 측면을 강조해야 한다."[91]라고 하였다. 왜냐하면 성인의 말과 글은 천지와 소통하는 중요한 기능이 있기 때문이다. 그래서 '오경(五經)'은 중국의 전통문화에서 중요한 위치를 차지하고 있다. 유가는 소홀히 하지 않을 뿐만 아니라, 도리어 '말과 글'의 기능을 매우 중시한다. 이것은 후세의 『문심조룡(文心雕龍)』에서 말한 다음과 같은 것이다. "글의 덕은 크구나! 천지와 함께 생겨난 것은 어째서인가? 검은색과 누른색이 뒤섞이고, 방형과 원형이 구분되며, 해와 달은 벽옥을 겹쳐놓은 것 같아서 하늘의 형상을 드리웠고, 산천은 비단에 새겨 놓은 듯하여 땅이 형체를 펼쳐 놓았다. 이것이 도의 문(文)이다. 우러러 토하는 빛을 보고, 엎드려 품고 있는 무늬를 살피며, 높고 낮음이 자리를 정하였기 때문에 양의(兩儀)가 이미 생겨난 것이다. 오직 사람만이 그것에 참여하여 성령(性靈)이 모인 것이니, 이것을 삼재(三才)라 한다. 오행 중에 빼어난 것이며 진실로 천지의 마음이다. 마음이 생겨나서 말이 세워졌고, 말이 세워지자 글이 밝혀졌으니, 자연의 도이다."[92]

이 때문에 '신언'은 성인의 '상으로 뜻을 말하는' 인생 경지를 가리킨다. 구체적으로, 그것은 유가의 "상으로 말을 보완한다[以象補言]", "상을 비유함으로써 뜻을 다한다[以喩象盡意]"는 언어 사용 방식으로

---

91 [美]郝大維, 安樂哲, 『通過孔子而思』, 何金俐 譯, 北京: 北京大學出版社, 2005, 321쪽.
92 範文瀾 注, 『文心雕龍注』, 北京: 人民文學出版社, 1962, 1쪽.

표현할 수 있다.[93] 이것은 『논어』의 곳곳에서 볼 수 있는데, 예를 들어 "날이 추워진 이후에야 소나무와 잣나무가 늦게 시드는 것을 알 수 있다."[94], "덕으로 정치를 행하는 것은 북극성처럼 제자리에 있는데 뭇 별들이 그것을 중심으로 도는 것과 같다."[95], "군자의 덕은 바람이요, 소인의 덕은 풀이니, 풀 위에 바람이 불면 반드시 쓰러진다."[96], "군자의 허물은 일식이나 월식과 같다."[97]는 등과 같은 것이다.

4. 맺는말

선진 유가의 사상에서 '천'은 자연 만물의 생생 변화를 가리킬 뿐만 아니라, 인간 세상의 도덕과 긴밀하게 연관되어 있다. 바꾸어 말하면, '천'은 형이상적인 생생의 본체성이 있을 뿐만 아니라, 실제적인 도덕의 지향성이 있다. 그래서 '천'은 '불언'의 근본적 특징이 있으며, 또한 '신언'의 도덕적 의미가 있다. 사람은 천지 사이에 태어났으니, 마땅히 천지 경지를 추구해야할 최고의 목표로 삼아야 한다. 그래서 불언의 미는 유가의 최고의 미이다. 사람의 실제 행위는 마땅히 천지의 경지를 목표로 삼아야 하지만, 절대 다수의 사람이 결코 이러한 경지에 도달할 수 없다. 이 때문에 '불언'은 이상적 태도이고, '신언'은 현실적

---

93 呂逸新,「『論語』的'慎言'意識及其文體意義」,『管子學刊』2011 第4期.
94 [清]劉寶楠 撰,『論語正義』, 앞의 책, 357쪽.
95 [清]劉寶楠 撰,『論語正義』, 앞의 책, 37쪽.
96 [清]劉寶楠 撰,『論語正義』, 앞의 책, 506쪽.
97 [清]劉寶楠 撰,『論語正義』, 앞의 책, 749쪽.

태도이다. 그래서 '신언'도 사람이 마땅히 갖추어야 하는 행위 취향이며, 그것은 도덕적 의미를 지닌 인격 경지이다. "말을 다듬어 성실함을 세우는" 것은 말할 것 없이 "상으로 뜻을 말하는" 것은 모두 현실의 경지에서 언어의 미에 대한 유가의 깨달음이다.

참고문헌

[淸]陳立撰,『白虎通疏證』, 北京: 中華書局, 1994.
[宋]程顥, 程頤,『二程集』, 北京: 中華書局, 1981.
程相占,「馮友蘭人生境界論的審美維度」,『孔子硏究』2004第5期.
程相占,「生生美學的十進程」,『鄱陽湖學刊』2012第6期.
[淸]戴望撰,『管子校正』, 北京: 中華書局, 2002.
[淸]戴震,『戴震全集』(第一卷), 北京: 淸華大學出版社, 1991.
範文瀾撰,『文心雕龍注』, 北京: 人民文學出版社, 1962.
方東美,『中國人生哲學』, 杭州: 浙江人民出版社, 2019.
馮友蘭,『新原人』, 北京: 北京大學出版社, 2014.
馮友蘭,『三松堂全集』(第五卷), 鄭州: 河南人民出版社, 2001.
[淸]郭慶藩撰,『莊子集釋』, 北京: 中華書局, 2002.
[美]郝大維, 安樂哲,『通過孔子而思』, 何金俐譯, 北京: 北京大學出版社, 2005.
[淸]焦循撰,『孟子正義』, 北京: 中華書局, 1987.
金嶽霖,『論道』, 北京: 商務印書館, 1985.
[唐]孔穎達撰,『春秋左傳正義』, 台北: 藝文印書館, 2007.
[唐]孔穎達撰,『禮記注疏』, 台北: 藝文印書館, 2007.
[唐]孔穎達撰,『周易正義』, 台北: 藝文印書館, 2007.
黎馨平,「試論『周易』與『論語』中的語,默觀」,『周易硏究』2004第2期.
[淸]劉寶楠撰,『論語正義』, 北京: 中華書局, 1990.
劉越, 劉鴻鶴,「儒家人文主義德源頭――徐複觀論'憂患意識'」,『社會科學輯刊』2014第6期.
呂逸新,「『論語』的'愼言'意識及其文體意義」,『管子學刊』2011第4期.
[漢]司馬遷,『史記』(第六冊), 北京: 中華書局, 1963.
[魏]王弼注,『老子注』, 北京: 中華書局, 2002.
王齊洲,「'修辭立其誠'本義探微」,『文史哲』2009第6期.
[淸]王先愼,『韓非子集解』, 北京: 中華書局, 2002.
徐複觀,『中國人性論史』(先秦篇), 上海: 三聯書店, 2001.
徐元誥撰,『國語集解』, 北京: 中華書局, 2002.
許愼撰,『說文解字』, 北京: 中華書局, 1963.
[美]宇文所安,『中國文論: 英譯與評論』, 王柏華, 陶慶梅譯, 上海: 上海社會科學院出版社, 2003.
曾繁仁,「'生生美學': 對黑格爾'美學之問'的回應」,『文藝美學硏究』2019秋季卷.
張法,『中國美學史』, 北京: 高等敎育出版社, 2015.
趙奎英,『中西語言詩學――基本問題比較硏究』, 北京: 中國社會科學出版社, 2009.

朱光潛,『朱光潛全集』(第一卷), 合肥: 安徽教育出版社, 1987.
[宋]朱熹,『四書章句集注』, 北京: 中華書局, 1983.